21世纪应用心理学教材

管理心理学

21世纪的新进展

施俊琦 汪默 编著

北京大学出版社
PEKING UNIVERSITY PRESS

图书在版编目(CIP)数据

管理心理学:21世纪的新进展/施俊琦,汪默编著. —北京:北京大学出版社,2013.3
ISBN 978-7-301-22211-9

Ⅰ. ①管… Ⅱ. ①施… ②汪… Ⅲ. ①管理心理学-高等学校-教材 Ⅳ. ①C93-05

中国版本图书馆 CIP 数据核字(2013)第 036401 号

书　　　　名:	管理心理学:21世纪的新进展
著作责任者:	施俊琦　汪　默　编著
责 任 编 辑:	陈小红
标 准 书 号:	ISBN 978-7-301-22211-9/B·1113
出 版 发 行:	北京大学出版社
地　　　　址:	北京市海淀区成府路 205 号　100871
网　　　　址:	http://www.pup.cn
新 浪 微 博:	@北京大学出版社
电 子 信 箱:	zpup@pup.cn
电　　　　话:	邮购部 62752015　发行部 62750672　编辑部 62752021　出版部 62754962
印 　刷 　者:	北京大学印刷厂
经 　销 　者:	新华书店

787 毫米×1092 毫米　16 开本　18 印张　416 千字
2013 年 3 月第 1 版　2014 年 7 月第 2 次印刷

定　　　　价:　38.00 元

未经许可,不得以任何方式复制或抄袭本书之部分或全部内容。
版权所有,侵权必究
举报电话:010-62752024　电子信箱:fd@pup.pku.edu.cn

前　言

美国工业与组织心理学会的年会(Society for Industrial and Organizational Psychology,简称SIOP)是管理心理学界最具影响力的国际会议。本书的两位作者每次参加完这个高水平的学术会议之后,总是感觉这个领域研究的进展真可谓日新月异,主要体现在下面几个方面:(1)统计方法的不断更新和完善,如果你随时跟进最新研究成果就会发现,即使是五年之前的顶级杂志上的文章(AMJ或者JAP),所使用的统计方法在一段时间之后会被发现是存在缺陷的;(2)研究设计更加严谨,研究者更加强调变量之间因果关系的验证,因此现在的研究多采用纵向追踪研究的范式,也大大增加了数据收集的难度;(3)对理论贡献的要求逐年增加,现在的研究者往往会从多个不同的角度去考察自变量和因变量之间的关系,可以使研究的结论更加具有说服力。

反观国内相关领域的研究,虽然与自身相比,也取得了长足的进步,但是与国际一流水平之间的差距似乎仍有进一步扩大的趋势。究其原因不外乎两个方面,一是由于国内的商学院或者心理学系中专门从事统计分析的人员较少,无法跟上现在的研究对统计技术的要求;二是由于部分国内的研究者对理论基础不够重视,从研究设计开始就缺少理论依据。要解决第一方面的缺陷,可能需要国内各大商学院和心理学系加大人才引进的力度,提高统计方面的教学质量和研究水平。就第二方面的缺陷而言,我们觉得还是可以通过我们的努力,为国内管理心理学的研究发展尽自己的一些微薄之力,这也是我们写这本书的初衷。

本书的写作从人—组织匹配的理论出发,探讨了四个研究领域的研究。第一个研究领域是人格特质理论方面的新进展,其中介绍了主动性人格、核心自我评价、自我监控和目标取向四个概念;第二个领域是社会交换理论方面的新进展,其中介绍了感知到的社会支持、领导成员交换以及联结点模型和渗漏效应三个相关的概念;第三个领域是资源和自我调控理论方面的新进展,其中介绍了自我效能和目标设定、情绪劳动、健康与经济压力的动态模型以及员工退休的转变和调整这四个方面的内容;最后一个领域是员工态度和情感理论方面的新进展,其中介绍了工作态度、工作投入、人际信任以及动机和绩效的情感影响等四个方面的内容。读者在阅读本书的时候,不仅仅需要了解前人的一些研究成果,可能更加重要的是熟悉这些研究背后对理论的探讨,这才有利于不同领域研究的深入和完善。

我们的学生帮助我们完成了大量的文献整理的工作,他们是周乐和刘漪昊(美国佛罗里达大学商学院博士研究生),盛子桐(美国乔治梅森大学心理学系博士研究生),宋弋(北京大学心理学系博士研究生),黄阳、骆晶、王益婷、侯易宏和冉亚威(北京大学心理学系硕士研究生),和悦和邵晓琳(北京大学心理学系本科生),没有他们的辛勤劳动,也不可能在这么短的时间内将大量的文献整理成稿。

最后需要说明的一点是,由于本书篇幅的限制,在每一讲的参考文献中,并没有列出正文中所有提及的全部文献,我们只是将相关的重要文献列在了每一章的参考文献部分。如果读者发现有部分的参考文献无法在本书中找到,请将文中提及的人名和年代信息输入 Google 学术搜索,即可查到相关的文献出处(例如,Kristof,1996 或者 Schneider, Goldstein, & Smith, 1995)。

在编撰本书的过程中,有大量的文献整理的工作,其中部分的主题也不是我们所从事的研究领域,因此在编写过程中,难免会出现纰漏,谨请读者不吝赐教。

中山大学岭南(大学)学院,美国佛罗里达大学商学院

施俊琦　汪默

2013 年 2 月

目　录

绪　论 …………………………………………………………………………… (1)

第1章　主动性人格 …………………………………………………………… (11)
§1　主动性人格的概念 ………………………………………………………… (11)
§2　主动性人格的测量 ………………………………………………………… (15)
§3　实证研究与理论解释 ……………………………………………………… (16)
§4　研究局限和展望 …………………………………………………………… (20)

第2章　核心自我评价 ………………………………………………………… (24)
§1　核心自我评价的概念 ……………………………………………………… (24)
§2　核心自我评价的组成部分 ………………………………………………… (25)
§3　核心自我评价的主要测量方法 …………………………………………… (26)
§4　核心自我评价与工作结果变量的关系及其分析 ………………………… (28)
§5　国内关于核心自我评价的研究现状 ……………………………………… (34)
§6　研究展望 …………………………………………………………………… (35)

第3章　自我监控 ……………………………………………………………… (39)
§1　自我监控的概念 …………………………………………………………… (39)
§2　自我监控的理论发展 ……………………………………………………… (40)
§3　自我监控的实证研究 ……………………………………………………… (41)
§4　自我监控的测量方式 ……………………………………………………… (46)
§5　研究展望 …………………………………………………………………… (47)

第4章　目标取向 ……………………………………………………………… (51)
§1　引言 ………………………………………………………………………… (51)
§2　目标取向的定义 …………………………………………………………… (51)
§3　目标取向框架 ……………………………………………………………… (54)
§4　目标取向的理论意义 ……………………………………………………… (58)
§5　目标取向的实证研究 ……………………………………………………… (60)
§6　研究展望 …………………………………………………………………… (64)

第5章　组织支持感 …………………………………………………………… (67)
§1　社会交换理论 ……………………………………………………………… (67)
§2　组织支持感与社会交换理论 ……………………………………………… (74)

§3 组织支持感的前因变量 ……………………………………………… (74)
§4 组织支持感的结果变量 ……………………………………………… (77)
§5 组织支持感的结构与测量 …………………………………………… (80)
§6 研究展望 ……………………………………………………………… (82)

第6章 领导成员交换 …………………………………………………… (86)
§1 LMX 的理论框架 …………………………………………………… (87)
§2 LMX 的前因变量和结果变量 ……………………………………… (88)
§3 LMX 的测量 ………………………………………………………… (96)
§4 研究展望 ……………………………………………………………… (97)

第7章 联结点模型和渗透模型 ………………………………………… (101)
§1 联结点模型的研究进展 ……………………………………………… (101)
§2 渗透效应 ……………………………………………………………… (105)
§3 研究展望 ……………………………………………………………… (110)

第8章 自我效能与目标设定的动态模型 ……………………………… (115)
§1 自我调节理论与自我效能的概念 …………………………………… (115)
§2 不同理论模型中的自我效能 ………………………………………… (118)
§3 自我效能与动机关系的四种模型 …………………………………… (125)
§4 研究展望 ……………………………………………………………… (128)

第9章 情绪劳动 ………………………………………………………… (132)
§1 情绪劳动的定义发展 ………………………………………………… (133)
§2 情绪劳动的核心概念 ………………………………………………… (138)
§3 情绪劳动的前因变量和结果变量 …………………………………… (142)
§4 国内有关情绪劳动的研究现状 ……………………………………… (153)
§5 研究展望 ……………………………………………………………… (154)

第10章 健康与经济压力的动态模型 …………………………………… (159)
§1 资源保存理论 ………………………………………………………… (159)
§2 健康与经济压力的动态模型 ………………………………………… (167)
§3 健康与经济压力的动态模型的实证研究 …………………………… (172)
§4 研究展望 ……………………………………………………………… (175)

第11章 员工退休的转变和调整 ………………………………………… (178)
§1 退休的理论研究综述 ………………………………………………… (178)
§2 退休相关的实证研究:退休决策 …………………………………… (184)
§3 退休相关的实证研究:过渡型就业 ………………………………… (186)
§4 退休相关的实证研究:退休适应 …………………………………… (187)
§5 研究展望 ……………………………………………………………… (188)

第12章 工作态度 ……………………………………………………………… (193)
§1 工作满意度 …………………………………………………………… (193)
§2 组织承诺概念研究的新进展 ………………………………………… (203)
§3 研究展望 ……………………………………………………………… (210)

第13章 工作投入度 …………………………………………………………… (213)
§1 工作投入度的研究概况 ……………………………………………… (213)
§2 工作投入度的理论模型——以 Macey 和 Schneider 的模型为例 …… (214)
§3 对 Macey 和 Schneider 的模型的批评 ……………………………… (224)
§4 研究展望 ……………………………………………………………… (226)

第14章 信任 …………………………………………………………………… (228)
§1 信任的定义 …………………………………………………………… (228)
§2 信任的理论模型 ……………………………………………………… (229)
§3 认知型信任与情感型信任 …………………………………………… (232)
§4 信任的实证研究 ……………………………………………………… (236)
§5 研究展望 ……………………………………………………………… (243)

第15章 绩效的情感影响 ……………………………………………………… (247)
§1 情感事件理论 ………………………………………………………… (247)
§2 绩效的时间性 ………………………………………………………… (252)
§3 绩效的情感影响模型 ………………………………………………… (256)
§4 情感影响的实证研究 ………………………………………………… (260)
§5 研究展望 ……………………………………………………………… (264)

第16章 如何推进管理心理学的研究 ………………………………………… (269)
§1 管理心理学所面临的挑战 …………………………………………… (269)
§2 如何推进管理心理学的研究 ………………………………………… (274)
§3 思索:管理心理学研究的收获 ………………………………………… (277)

绪　　论

工业与组织管理心理学关注的焦点是组织中个体的行为,这样的一些行为既可能会对组织的有效性产生影响,也会影响组织中个体的满意度和幸福感。因此,这个领域的一个研究重点就是去探究影响组织中个体行为的主要因素。

工业和组织管理心理学的研究已经有了一百年左右的历史。随着社会的发展与进步,研究所关注的焦点也在发生着变化。上世纪中期,工业与组织管理心理学的研究主要关注的是组织的特性对个体行为的影响;而到了上世纪末和本世纪初,随着心理测量学科的不断完善,工业与组织管理心理学的研究逐渐将研究的重心转移到了个体的自身的特征,考察个体自身的因素对个体行为和工作结果的影响。

随着这两方面研究的不断深入,研究者也开始意识到组织的环境因素与个体本身的特性都有可能对个体的组织行为产生重要的影响。研究者提出组织中的个体行为,以及行为主体都存在于一个动态的开放系统中(Katz & Kahn, 1978)。我们在当下观察到的个体的行为,既可能会受到其过去行为和环境条件的影响,也可能会受到其对于未来行为和环境预期的影响。个体作为一个系统,是嵌套在其他的系统中的,例如团队或者工作的小组。而个体所在的团队或者工作小组又同时嵌套在更大的组织系统中。所有的这些系统都是开放的,可以与外界建立一定的联系,包括家庭成员、顾客或者其他的潜在因素,这些外界的因素都会影响到组织成员的行为。

尽管开放系统的观点能够体现心理学的复杂性,能够解释个体行为发生的具体条件,但是工业和组织管理心理学还是将关注的焦点放在个体和环境之间的交互作用上,这里所说的环境可以是物理性的(任务、工作内容、工作条件和组织结构等),也可以是社会性的(上级、下属或者同事)。对这方面知识的了解有助于我们更好地对组织的有效性和员工的幸福感进行预测。

人—组织匹配的理论

从心理学上来讲,我们非常关注组织中的个体因素,包括个体的人格特质、动机水平和态度与情感因素等内容。我们对于这些个体特征变量的关注基于一个内隐的理论假设——当组织的目标、期望与环境条件与个体的特征有一个很好的匹配时,组织和个体才能够得到最佳的工作效果,一般称这样的理论是人—组织匹配的理论。

从这样一个观点出发,达到个体与组织之间的匹配的目的可以通过很多条途径。首先,考虑个体和组织在属性上是否是匹配的,可以通过测量的方法考察两者各自的属性,然后通过双向选择的过程来达到两者之间的匹配。也就是说,组织可以选择与其属性相匹配的员工,员工也可以选择与其属性相匹配的组织。第二种方法,双方都可以为了与对方进行很好的匹配而进行适当的改变。从个体的角度而言,改变最好的方法就是培训和适应。而从组织的角度而言,可以采取工作设计、组织发展、制定组织变革的政策或措施等相关的方法。就任何一个具体的例子而言,有很多因素可以影响个体与组织之间的匹配,而且这样的匹配是动态的,会随着时间发生变化。

人—组织匹配的模型认为,员工的个体特征与组织的特性之间的匹配对于个体的绩效、员工的保留,乃至整个组织的有效性都是非常重要的。支持人—组织匹配的模型的证据就来自于个体特征与组织特性交互作用的研究中。例如,Cable 和 Judge(1994)的研究就发现在控制了薪酬系统特征这个主效应的基础上,员工的人格特征与薪酬体系特点之间的匹配性可以提高员工的薪酬满意度和工作的吸引力。Gustafson 和 Mumford(1995)的研究发现当个体的人格特征与工作条件相互匹配的情况下,员工的工作满意度和工作绩效更好,这样的研究结果支持了人—环境匹配的理论观点。

在描述人—组织匹配的模型中,最具影响力的是吸引—选择—流失(attraction-selection-attrition,简称 ASA)模型(Schneider,1987)。持这样理论观点的研究者认为,个体会对现有组织中的成员的人格、价值观和其他属性进行评估,如果发现这些属性与自己的属性是相类似的,则会认为这样的企业是有吸引力的;而组织则会根据现有员工所拥有的知识、技能和能力作为挑选员工的标准,只有那些具备了类似属性的候选人才会被选中。如果企业给应聘者发出了邀请,越是与企业现有人员相似的候选人就越可能接受这份工作,也越可能成功地融入这个组织。经过一段时间以后,那些与企业环境没有很好匹配的员工会选择离职。这样,一个基于员工和组织需求及期望之间的匹配性的吸引、同化和流失的连续过程就形成了。ASA 理论中最重要的一个假设就是引力假设,这个假设认为经过一段时间之后,组织中的个体会趋向于组织所推崇的价值观和态度。实证研究的数据也证实了这样的观点,例如,Wilk,Desmarais 和 Sackett(1995)的研究就发现员工的一般认知能力就能够很好的预测其五年之后的工作复杂性。Schneider 等研究者(1995)也指出如果使用 ASA 理论来考虑人员选拔的问题,人—组织匹配的观点是非常重要的。因此,在工作分析的过程中必须包含组织诊断这个过程,而人格应该成为员工离职和工作绩效的一个很好的预测源。Schneider 等研究者(1995)同时认为,在组织发展的初始阶段,组织成员的同质性(也就是组织成员拥有相类似的人格特征、价值观和态度)会有利于组织的发展,因为组织的同质性更加有利于组织成员之间的合作和沟通;但是经过一段时间之后,这样的一种同质性可能会对组织的发展造成一定的阻碍,让组织没有办法去适应外部环境的变化。

从前面的论述我们可以看到,人—组织匹配的理论是一个非常有说服力的理论,而且还得到了一些实证研究的证据,但是如果从实际研究的角度出发,这个理论还是会存在一定的局限性。

第一个问题来自于人—组织匹配这个概念的测量和指标选取的问题。有研究者(Kristof,1996)已经指出这个概念的测量存在很大的难度。首先,我们在实际测量人—组织匹配这个概念的时候,可能会和人—职业匹配或者人—工作匹配的概念混淆在一起。其次,就人—组织匹配这个概念而言,也存在着直接和间接测量两种不同的方法。如果使用直接的测量,就需要询问被访者对匹配度的感受;如果使用间接的测量,就需要分别测量个体的特征和组织的特征,然后计算两者之间的相似性和差异。第三,具体选择哪些特征或者指标来进行匹配呢？Edwards（1994）提出了一个有价值的指标体系，并建议使用多项式回归（polynomial regression）的方法来进行统计分析，但是也有研究者指出这样的方法存在着很大的局限性（Kristof，1996；Schneider，Goldstein，& Smith，1995）。

第二个问题，吸引—选择—流失理论中最重要的一个假设就是引力假设——组织中的个体会趋向于组织所推崇的价值观和态度。但是在这个理论中，我们并没有找到任何的理论解释来说明这个过程。为什么组织的员工会存在着这样的一种行为倾向？是什么样的一个过程促使员工发生改变来趋向于组织所推崇的价值观和态度？

第三个问题，在吸引—选择—流失理论中的第三个阶段，当组织和员工之间出现不匹配的情况时，员工就会出现离职的行为。这里就存在着一定的逻辑问题，既然员工选择企业的时候是一个双向选择的过程，企业认为应聘者的特征与企业的特征之间是匹配的，才向应聘者发出工作的邀请；而应聘者也是评估了自己与企业之间的匹配度之后才接受某个工作的，怎么样才会出现不匹配的情况呢？这其中的机制是怎么样的呢？

最后一个问题，我们在本章最初的论述中就强调了人—组织之间的匹配，最终会影响组织的有效性。但是，组织的有效性具体是使用什么样的指标来进行衡量呢？人和组织之间的匹配过程是动态的，可能会随着时间发生变化。那么从组织有效性的角度出发，这样一种匹配的动态关系是如何体现的呢？

从现在的研究现状来看，仅仅使用人—组织匹配的理论是没有办法来解决上面的四个问题的，因此需要管理心理学从不同的角度去探讨个体与环境之间的互动问题。事实上，上述的四个问题也是现在管理心理学中研究的热点问题，管理心理学家从人格理论、社会交换理论、资源保存与目标设定理论和态度与情感理论的角度，分别进行了大量的研究，得到了许多实证研究的结果。本书将从这四种不同的理论角度出发，介绍21世纪管理心理学的最新研究进展。

管理心理学在人格特质学说基础上的新进展

这方面的研究，部分解决了我们上面的第一个问题——我们需要找到一些个体特征的变量和一些组织的变量进行匹配，那么选择个体特征变量的标准是什么呢？从逻辑上来讲，我们所选择的个体特征变量如果能够证明与工作结果变量之间存在着某种联系，这样的变量当然是符合要求的。但是，传统心理学中的人格概念（例如大五人格），与工作绩效这样关键的工作结果变量关系并不大（只有尽责性和工作绩效之间存在着正相关关系）。因此就需要管理心理学家从人格心理学的角度出发，找出一些全新的人格特质变量，它们与工作结果变量之间的关系是比较紧密的。

经过管理心理学家不懈的努力，这方面的研究有了一些新的进展。我们将分别介绍主动性人格（第1章）、核心自我评价（第2章）、自我监控（第3章）和目标取向（第4章）这四个人格特质概念。

主动性人格（Bateman & Crant，1993）的定义是，人们具有的不受环境的限制并想要改变环境的特质。具备主动性人格的个体善于发现机会，创造机会，在面对困难的时候也具备了更高的坚持性，善于建立人际网络，最终达成更高的工作绩效。因此，主动个体的成就可以为组织带来更大的收益，如主动解决长期存在的问题，发现机会，坚持努力直到为组织做出建设性的贡献(Crant,2000)。

核心自我评价是个体对自身能力和价值所持有的基本的评价(Judge, Erez, & Bono, 1998)。核心自我评价是一种相对持久和基本的对自己作为一个个体的评价。在表征层面上,核心自我评价较高的个体具备了下面一些特征——自信,自我价值感,认为自己有能力,远离焦虑,总是对自己抱有积极的评价。Judge等研究者(1997)从众多的人格特质中筛选出四种特质来描述核心自我评价,它们分别是自尊、控制源、神经质和一般自我效能。Judge和Bono(2001)的研究就发现核心自我评价与工作绩效存在着一定的相关关系。

自我监控的概念与我们的日常生活息息相关。在工作和生活中,人们无时无刻不在对自己的外在形象进行控制,而这种行为一直都受到很多心理学家的关注。Snyder(1974)提出了自我监控这个概念——指个体在社会情境中对自己公众形象的观察、调节和控制(Snyder, 1987)。Snyder认为自我监控的目标应该有以下几点:通过加强自我表现以更准确的表达情绪状态;即便体会到了不恰当的情绪也并不会流露出来;表现出恰当的情绪以掩饰不恰当的情绪状态;伪装出某种情绪以配合他人的情绪状态。

目标取向这一概念最初出现于教育心理学的文献中,用来解释学生学习行为的差异(Diener & Dweck, 1978, 1980; Dweck, 1975)的能力。Dweck发现由于学生所追求的目标不同,他们所采取的行为方式也是不同的。她的研究揭示了两种目标倾向:成绩目标取向(performance goal orientation),这样的个体通过寻求关于自身能力的肯定性评价、避免否定性评价来展示自身的能力;学习目标取向(learning goal orientation),这样的个体倾向于发展掌握新技能、适应新环境。这样的一个概念后来被运用到了组织管理心理学的领域,用于解释新员工的适应和其在企业中的学习行为。

管理心理学在社会交换理论基础上的新进展

这方面的研究,部分解决了我们上面的第二个问题——个体与环境之间的直接交换关系。其中,社会交换理论是研究个体与社会环境的交换关系时应用最广的理论。

社会交换理论(Social Exchange Theory, SET)是多学科交叉的产物,将人类学、社会心理学、社会学等学科联系在了一起,是目前用来解释个体工作行为的最有影响力的理论之一。所谓的社会交换是指"发生在两个或两个以上个体之间,伴随着一定的付出与回报的交换行为"(Homans, 1961)。这样的交换具有不确定性的特点,即尽管个体在帮助他人时期望有所回报,但是回报的时间和方式往往都是不确定的(Blau, 1964)。不过,由于交换双方之间的一系列互动往往是相互联系的,即其中一方的行为会因为另一方在之前的交换中的行为而有所不同。因此,就工作环境而言,员工倾向于与同事、领导以及组织建立长期社会交换关系,通过互惠在交换中找到平衡(Rousseau, 1989)。

另外,组织中的社会交换往往会遵循某些交换规则,如互惠规则(Gouldner, 1960)和商谈规则(Molm, 2000, 2003)等。交换资源也是社会交换理论中的重要方面,Foa(1974)曾提出社会交换中的六种资源,包括爱、地位、信息、金钱、商品和服务。现在,我们更倾向于将这六类资源简化为经济资源和社会情感资源两类。总之,社会交换关系的本身,再加上交换的规则和资源,构成了社会交换理论的核心内容。

在社会交换理论的背景下,诞生了许多重要的概念和理论,在这一部分,我们将介绍组织支持感(第5章)、领导成员交换(第6章)以及联结点模型和渗漏效应(第7章)。

组织支持感涉及的是个体与组织之间的社会交换。组织支持感是指员工对组织如何评价他们的贡献以及对他们幸福的关心程度的总体信念(Eisenberger et al., 1986)。根据社会交换理论,Eisenberger及其同事认为这种信念影响了员工对于组织对自己的承诺感的感知(即组织支持感),反过来就会影响员工对于组织的承诺感。较高的组织承诺感会产生责任感,它不仅会让员工觉得自己也应该忠于组织,还会让员工感到自己有义务用支持组织目标的行为回报组织。

个体不仅会与组织产生社会交换,还会与他们的上级进行社会交换,于是产生了领导—成员交换的概念。领导—成员交换(leader-member exchange, LMX)是指领导与员工之间所发展出的社会性交换关系(Liden, Sparrowe, & Wayne, 1997)。这一概念认为,由于领导只有有限的时间和资源,无法与他/她管理的所有下属都形成高质量的关系连结,因此会有差别地对待下属。

组织支持理论和领导—成员交换理论也对于理解组织中的联结点效应提供了新的理论视角。所谓联结点,是指在组织中存在着的一些跨越不同团队或部门的职位。它们对组织的运行起着关键的作用,并能影响整个组织的绩效和他们所领导的员工的组织行为(Likert, 1961)。联结点模型的核心是组织中位于不同层级上级—下级对子中的个体(联结点),他们在联结起这些对子使组织成为一个有效的纵向多层系统中发挥着重要作用。与之相对应,还有一个重要的模型称为渗透模型,它刻画的是某一组织行为构念位于多个组织层次(例如高层领导—部门领导—一般员工)或不同角色(领导—下级—顾客)时,它们之间的相互渗透关系。

管理心理学在资源和目标设定理论基础上的新进展

在本书的第三部分,我们将详细介绍与资源保存理论以及目标设定理论有关的管理学课题,包括自我效能和自我调控(第8章)、情绪劳动(第9章)、经济压力与健康(第10章)以及退休(第11章)。这方面的研究部分解决了我们上面的第三个问题——从资源和目标设定的角度来看待个体与环境之间的关系。

资源保存理论(Hobfoll, 2001)的核心思想是:人们具有保存、保护及建立其所重视的资源的基本动机。当个人面对工作负荷时,若遭到资源丧失的威胁、遭到实际资源的丧失,或在投入资源后却无法获得资源回报时,便会感到心理上的不适,因此人们会本能地努力去获取、保留、保护并促成有价值的资源,并努力使能导致资源损耗的任何威胁最小化。

Hobfoll(1989)将资源分为客体、条件、个人特征与能量四种类型,而在实际的工作中,通常资源损耗的威胁主要来自角色需求以及为了合乎这些角色需求而花费的精力和努力。员工把自己一定的资源投资到工作需求的实现上,期望获得积极的结果作为奖励。在遭受损失之后,人们通常需要对资源进行补充,而补充资源的过程中,通常是需要消耗其他资源的。而如果有价值的资源不能重新获取,员工就会感到压力,这时人们会倾向于投入更多的其他资源来弥补,最后造成资源损失的恶性循环(Hobfoll, 1989)。

我们可以看到这样的一个理论就是结合了个体的特征与环境特征两个方面的因素,因此在学界引起了广泛的关注,我们将在本书的第10章中详细介绍资源保存理论。

除了资源保存理论之外,我们在这一部分还讨论了自我调节和目标设定理论相关的内容。调节(regulation)指的是个体通过控制外界的干扰因素,使某一事物或进程维持有规律的运转状态的过程(Vancouver,2000)。这种所要保持的状态即被称为期望状态。当调节的对象是自身行为时,上述调节过程则被称为自我调节。在自我调节框架中的期望状态属于一种心理表征,在心理学上被定义为"目标"(Austin & Vancouver,1996)。由于自我调节理论往往是用来描述目标导向行为的,因而"目标"和"自我调节"这两个概念是密不可分的(Kanfer,1990)。有关这一理论,我们主要在第 8 章进行了详细介绍。

自我效能是指人们对自己实现特定领域行为目标所需能力的信心或信念,属于一种对自身行为信心的期望(Bandura,1986;1989)。自我效能的形成既来自于信心的个体差异(不同个体对于完成特定任务的信心水平不同),也来自于环境因素提供的反馈(如任务的完成情况)。然而,有关自我效能的理论解释,学者们存在诸多分歧,其中最主要的两派理论解释是控制理论和目标设定理论,它们都对自我效能如何影响行为动机做出了自己的解释,这些内容可以在第 8 章中找到。

自我效能涉及员工在工作中的动机和目标调节,而情绪劳动则涉及员工在服务过程中的情绪调节。对于情绪劳动这一概念,不同研究者从不同角度给出了多种定义:Hochschild(1983)是最早提出情绪劳动概念的,并提出了情绪劳动产生的三个条件以及由情绪劳动引发的倦怠、工作压力等结果变量;Ashforth 和 Humphrey(1993)在 Hochschild(1983)的基础上,更加强调情绪劳动这一行为的可观测性,关注的结果变量也与 Hochschild(1983)不同,他们弱化了情绪劳动带来的压力感而更强调其对行为绩效的影响。与前两种理论观点不同,Morris 和 Feldman(1996)是以一种相互作用的观点来看待情绪劳动这一话题的,认为情绪是在环境中表达的,也会受到社会环境的影响。他们还提出了四维度模型,并试图对情绪劳动进行测量。Grandey(2000)试图对前三种理论加以整合,提出了将情绪劳动分为前因聚焦的情绪调节和反应聚焦的情绪调节两种的观点。Brotheridge 和 Grandey(2002)则是从与前人完全不同的角度,将情绪劳动分为工作焦点的情绪劳动和员工焦点的情绪劳动。在第 9 章,我们将介绍情绪劳动的概念发展以及与情绪劳动有关的其他变量。

近年来,经济压力与身心健康之间的关系逐渐成为管理心理学领域的重要主题。经济问题会给个体带来心理压力,甚至出现身体不适,而身心健康的损害又会进一步加剧经济压力。而如果经济压力得到了有效缓解,那么就将有助于个体恢复身心健康;同时,良好的身心健康又有助于获得更多的经济收益。因此,如何有效缓解经济压力,进而实现经济与身心健康之间的良性循环,或者说,在经济压力面前,个体如何才能实现经济与身心健康的"双赢"成为了一个重要的课题。在第 10 章,我们从资源保存理论的角度详细阐述了经济压力与身心健康各部分之间的关系,在此基础上提出健康与经济压力的动态模型。这一模型很好地描述了经济压力与身心健康之间的双向关系,并为实现经济与身心健康的"双赢"提供了可行方案。

退休是个体毕生发展的重要事件之一,在人口老龄化加剧的今天,这一问题也得到了管理学家们的重视。在第 11 章,首先从不同的角度重新审视了退休这一概念,这些角度包括决策、适应过程、职业发展阶段和人力资源发展。另外,针对近 20 年的退休相关研究,我们选取了退休决策、过渡型就业和退休适应等三个比较重要的课题,对相关研究进行了文献综述。

管理心理学在态度和情感理论基础上的新进展

在这一部分的前三章,我们主要介绍在现在的管理心理学领域用于衡量组织有效性的指标——包括工作满意度和组织承诺(第 12 章)、工作投入(第 13 章)和人际信任(第 14 章)。最后一章,我们考察情绪对绩效的影响(第 15 章)。这方面的研究,部分解决了我们上面的第四个问题——组织有效性的衡量标准以及绩效的动态模型的问题。

工作态度是员工对工作所持有的情感、认知和行为倾向,是管理心理学中最重要的研究内容之一。工作态度在管理心理学中起到很重要的桥梁作用:态度形成会受到组织环境、个体差异和工作特征等许多个体内部和外部的因素的影响,同时,工作态度还会作用于个体在组织中的工作绩效以及其他行为,如组织公民行为和离职行为等。在第 12 章,我们主要关注了工作满意度和组织承诺这两种重要的工作态度,从理论上对这两种态度进行了新的解释。

工作投入度近些年来受到越来越多的关注,特别是得到了企业管理者的关注。企业管理者们已经意识到让员工投入工作并保持这种投入状态的重要性,同时开始将工作投入度的测量作为员工绩效考核的一部分。然而,在研究领域,这一概念存在着很大的模糊和混淆,在第 13 章中,我们对工作投入度的研究现状进行了讨论,并根据 Macey 和 Schneider (2008)的建议从特质投入度、状态投入度以及行为投入度三个角度对工作投入进行了梳理。

人际信任是另一个十分重要的管理学课题,然而,到目前为止,学术界就组织信任的概念尚未达成一致意见。Colquitt,LePine,Piccolo 与 Zapata(2012)总结了以往研究中信任定义的三种类型:① 信任是一种单一维度的积极的期待;② 信任是一种多维度的积极期待;③ 信任是甘愿成为弱势并承担风险的意愿。在第 14 章,我们对人际信任的概念进行了简要总结,然后重点梳理了人际信任这一概念的理论发展以及实证研究。

组织是一种充满了情感的环境,复杂多样的情感决定着员工愿意做什么,喜欢与什么人合作;而工作的过程和结果又会让员工感到快乐、骄傲、焦虑或是抑郁。情感伴随、影响并塑造着员工,贯穿了员工的整个工作过程,无时无刻不在影响着员工的工作绩效。最后在第 15 章,我们对上述提到的情感事件理论进行了详细的综述,并且讨论了情感事件理论在理解工作绩效这一概念中的应用,试图为情感领域的研究提供一个综合框架。

情感事件理论认为人们的情绪在一定程度上由工作环境的各种特征所决定。稳定的工作环境特征导致积极或者消极工作事件的发生,而对这些工作事件的体验会引发个体的情感反应(这个过程受到个体特质的影响),情感反应又进一步影响个体的态度与行为(Weiss & Cropanzano,1996)。情感反应通过两种方式影响人们的行为:一是直接影响员工的行为,二是通过影响员工的工作态度(如工作满意度、组织承诺)间接影响行为。该理论进一步区分了两类不同性质的行为:一类是直接由情感反应驱动的行为,即情感驱动行为。如员工被领导批评,产生挫折或不愉快的情感反应,第二天仅因心情不好而迟到或旷工;另一类是间接由情感反应驱动的行为,即情感反应先影响员工的工作态度,再进一步由这种态度驱动行为,称为判断驱动行为,又称为态度驱动行为。如员工离职一般不只是出于情绪冲动,而更可能是长期消极情感的累积而导致工作满意度、组织承诺等工作态度的变化,深思熟虑之后对工作形成总体的评价判断,如"觉得这样不会有发展前景",进而做出决策(Weiss,

2002)。

情感事件理论通过"事件—情感—态度行为"这一完整链条,系统地揭示了工作场所中员工的情感作用机制。举一个常见的情境来说明这一过程:压力较大的工作条件(环境特征)易导致上司对组织成员的公开批评(事件),从而使组织成员体验到愤怒或挫折(情感反应)。当然,此时那些具有消极情感特质的人也许比具有积极情感特质的人更易体验到这种愤怒或挫折(特质的调节作用)(Huelsman, Furr, & Memanick, 2003)。接着可能会导致直接与上司公开争吵(情感驱动行为),也可能因员工对工作有了更多的不满意(工作态度),而降低其继续留在公司的意愿并最终离职(判断驱动行为)。

管理心理学研究的实用性问题

管理心理学的研究也受到了一些质疑。一方面,从事这一领域研究的研究者发现,在这一领域顶级杂志(例如,*Academy of Management Journal*, *Journal of Applied Psychology* 以及 *Personnel Psychology*)上发表文章的难度越来越大。想要在这样的杂志上发表自己的研究成果,不仅需要非常严谨的研究设计,而且需要很强的理论贡献。另一方面,这一领域的从业人员发现,要读懂这样的文章的难度也越来越大,这样的文章往往是一个复杂的理论模型,里面还有艰涩难懂的统计分析过程。作为一个实践人员,很难将研究人员的研究成果转化成能够指导实践的具体措施。

另外一个很重要的趋势是,有越来越多的从事管理心理学研究的研究人员从心理学系转到了商学院。例如 Aguinis (2003) 比较了 *Journal of Applied Psychology* 和 *Personnel Psychology* 这两本杂志 1977 年和 2002 年编委会成员的构成。结果发现从 20 世纪 90 年代开始,有越来越多的编委会成员来自商学院。1977 年,JAP 这个杂志的编委会中 10% 的成员是来自商学院的,而到了 2002 年,有 50% 的编委会的成员是来自于商学院。*Personnel Psychology* 这个杂志的编委会的构成也存在着类似的情况。

我们认为这是一个比较好的趋势,毕竟商学院的老师和企业接触的机会比较多,能够更多地了解企业的实际需求。这些研究者在选择自己研究课题的时候,能够更多地考虑企业的实际需求,并将更多的研究成果直接运用到企业的管理实践中去。我们希望能够在不久的将来,管理心理学理论与实践之间的鸿沟能够大大缩小。

参考文献

Aguinis, H. (2003, April). I/O psychologists in business schools. In H. Aguinis (Chair), I/O psychologists in business schools. Panel discussion conducted at the annual meeting of the Society for Industrial and Organizational Psychology, Orlando, FL.

Ashforth, B. E., & Humphrey, R. H. (1993). Emotional labor in service roles: The influence of identity. *Academy of Management Review*, 18, 88—115.

Austin, J. T., & Vancouver, J. B. (1996). Goal constructs in psychology: Structure, process, and content. *Psychological Bulletin*, 120, 338—375.

Bandura, A. (1986). *Social foundations of thought and action*. Englewood Cliffs, NJ: Prentice Hall.

Bandura, A. (1989). The concept of agency in social-cognitive theory. *American Psychologist*, 44, 1175—1184.

Bateman, T. S., & Crant, J. M. (1999). Proactive behavior: Meanings, impact, and recommendations. *Business Horizons*, May-June, 63—70.

Blau, P. M. (1964). *Exchange and power in social life*. New York: Wiley.

Brotheridge, C. M., & Lee, R. T. (2002). Testing a conservation of resources model of the dynamics of emotional labor. *Journal of Occupational Health Psychology*, 7, 57—67.

Cable, D. M., & Judge, T. A. (1994). Pay preferences and job search decisions: A person-organization fit perspective. *Personnel Psychology*, 47, 317—348.

Colquitt, J. A., LePine, J. A., Piccolo, R. F., & Zapata, C. P. (2012). Explaining the justice-performance relationship: Trust as exchange deepener or trust as uncertainty reducer? *Journal of Applied Psychology*, 97, 1—15.

Crant, J. M. (2000). Proactive behavior in organizations. *Journal of Management*, 26, 435—462.

Diener, C. I., & Dweck, C. S. (1980). An analysis of learned helplessness: II. The processing of success. *Journal of Personality & Social Psychology*, 39, 940—952.

Diener, I., & Dweck, C. S. (1978). An analysis of learned helplessness: Continuous changes in performance, strategy, and achievement cognitions following failure. *Journal of Personality & Social Psychology*, 36, 451—462.

Dweck, C. S. (1975). The role of expectations and attributions in the alleviation of learned helplessness. *Journal of Personality & Social Psychology*, 31, 674—685.

Edwards, J. R. (1994). The study of congruence in organizational behavior research: Critique and a proposed alternative. *Organizational Behavior & Human Decision Processes*, 58, 51—100.

Eisenberger, R., Huntington, R., Hutchison, S., & Sowa, D. (1986). Perceived Organizational Support. *Journal of Applied Psychology*, 71, 500—507.

Foa, U. G., & Foa, E. B. (1974). *Societal structures of the mind*. Springfield, IL: Charles C Thomas.

Grandey, A. (2000). Emotion regulation in the workplace: A new way to conceptualize emotional labor. *Journal of Occupational Health Psychology*, 5, 95—110.

Gouldner, A. W. (1960). The norm of reciprocity: A preliminary statement. *American Sociological Review*, 25, 161—178.

Gustafson, S. B., & Mumford, M. D. (1995). Personal style and person-environment fit: A pattern approach. *Journal of Vocational Behavior*, 46, 163—188.

Hobfoll, S. E. (1989). Conservation of resources: A new attempt at conceptualizing stress. *American Psychologist*, 44, 513—524.

Hobfoll, S. E. (2001). The influence of culture, community and the nested-self in the stress process: Advancing conservation of resources theory. *Applied Psychology: An International Review*, 50, 337—396.

Hochschild, A. (1983). *The managed heart*. Berkeley: University of California Press.

Homans, G. C. (1961). *Social behavior: Its elementary forms*. New York: Harcourt Brace.

Huelsman, T. J., Furr, R. M., & Memanick, R. C. (2003). Measurement of Dispositional Affect: Construct Validity and Convergence with a Circumplex Model of Affect. *Educational and Psychological Measurement*, 63, 655—673.

Judge, T. A., & Bono, J. E. (2001). Relationship of core self-evaluation traits-self-esteem, generalized self efficacy, locus of control, and emotional stability-with job satisfaction and job performance: A meta-analysis. *Journal of Applied Psychology*, 86, 80—92.

Judge, T. A., Erez, A., & Bono, J. E. (1998). The power of being positive: The relationship between positive self-concept and job performance. *Human Performance*, 11, 167—187.

Judge, T. A., Locke, E. A., & Durham, C. C. (1997). The dispositional causes of job satisfaction: A core evaluations approach. *Research in Organizational Behavior*, 19, 151—188.

Kanfer, R. (1990). Motivation theory in I/O psychology. In M. D. Dunnette & L. M. Hough (Eds.), *Handbook of industrial and organizational psychology* (2nd ed., Vol. 1, pp. 75—170). Palo Alto, CA: Consulting Psychologists Press.

Katz, D., & Kahn, R. L. (1978). *The social psychology of organizing* (2nd ed.). New York: Wiley.

Kristof, A. L. (1996). Person-organization fit: An integrative review of its conceptualizations, measurement, and implications. *Personnel Psychology*, 49, 1—50.

Liden, R. C., Sparrowe, R. T., & Wayne, S. J. (1997). Leader-member exchange theory: The past and potential for the future. In G. R. Ferris (Ed.), *Research in personnel and human resources management* (Vol. 15): 47—119. Greenwich, CT: JAI.

Likert, R. (1961). *New patterns of management*. New York: McGraw Hill.

Macey, W. H., & Schneider, B. (2008). The meaning of employee engagement. *Industrial and Organizational Psychology*, 1, 3—30.

Molm, L. D. (2000). Theories of social exchange and exchange networks. In G. Ritzer & B. Smart (Eds.), *Handbook of social theory*, 260—272. Thousand Oaks, CA: Sage.

Molm, L. D. (2003). Theoretical comparisons of forms of exchange. *Sociological Theory*, 21, 1—17.

Morris, J. A., & Feldman, D. C. (1996). The dimensions, antecedents, and consequences of emotional labor. *Academy of Management Review*, 21, 986—1010.

Rousseau, D. M. (1995). *Psychological contracts in organizations: Understanding written and unwritten agreements*. Thousand Oaks, CA: Sage.

Schneider, B. (1987). The people make the place. *Personnel Psychology*, 40, 37—453.

Schneider, B., Goldstein, H. W., & Smith, D. B. (1995). The attraction, selection and attrition framework: An update. *Personnel Psychology*, 48, 747—773.

Vancouver, J. B. (2000). Self-regulation in organizational settings: A tale of two paradigms. In M. Boekaerts, P. R. Pintrich, & M. Zeidner (Eds.), *Handbook of self-regulation* (pp. 303—341). San Diego, CA: Academic Press.

Weiss, H. M., & Cropanzano, R. (1996). Affective events theory: A theoretical discussion of the structure, causes and consequences of affective experiences at work. *Research in Organizational Behavior*, 18, 1—74.

Weiss, H. M. (2002). Deconstructing job satisfaction. Separating evaluations, beliefs and affective experiences. *Human Resource Management Review*, 12, 173—194.

Wilk, S. L., Desmarais, L. B., & Sackett, P. R. (1995). Gravitation to jobs commensurate with ability: Longitudinal and cross sectional tests. *Journal of Applied Psychology*, 80, 79—85.

1

主动性人格

在全球竞争激烈化的背景之下,员工的工作主动性对组织繁荣和个人发展越来越重要(Frese, Garst, & Fay, 2007; Grant & Ashford, 2008; Morrison & Phelps, 1999)。对于组织来说,由于新的管理机制弱化了对员工的监督,因而凸显了员工自主去发现和解决问题的重要性(Frese, Fay, Hilburger, Leng, & Tag, 1997)。而对于员工来说,如果想取得更高的职位,仅仅完成由公司布置的任务是不够的,他们必须主动争取才能超过别人而得到晋升(Chan, 2006; Erdogan & Bauer, 2005; Frese & Fay, 2001; Parker, Bindl, & Strauss, 2010)。

工作中的主动性一般体现在与工作相关的主动性行为上,如反馈寻求,向组织提出建议,对现状进行挑战等(Crant, 2000)。由于这些行为可以显著的提高组织效率(Bateman & Crant, 1999),因而无论是公司还是学者都非常关注主动性行为的前因变量,而主动性人格就是其中之一。已有研究表明,主动性人格可以通过促进主动性行为而带来很多积极的工作结果(如,Bateman & Crant, 1993; Brown, Cober, Kane, & Levy, 2006; Chan, 2006; Crant, 2000; Kim et al., 2005)。在本章节中,我们会从概念、测量、理论和实证研究等几个方面对这个概念进行介绍,希望读者能对该领域有更深一步的了解。

§1 主动性人格的概念

1.1 主动性行为

虽然本章的主题是主动性人格,但是为了更好地了解这一概念,我们需要先对更加基础的部分——主动性行为进行一个介绍。研究者认为,个体并不只是消极的接受当前状况,而是会通过主动性行为对现状进行挑战(Bateman & Crant, 1993)。Crant(2000)将主动性行为(proactive behavior)定义为"个体为了改变现有环境或者创造新环境而主动进行的行为"。对于工作中的员工来说,他们在角色行为(in-role behavior)和角色外行为(extra-role behavior)中都可以体现主动性。比如,在角色行为中,为了提高绩效,销售代理可以在结束销售的时候主动寻求客户在技术方面的反馈。而在角色外行为中,个体通过参加职业管理方面的活动可以找到扩展自己工作范围的机会,或是投身到更加感兴趣的其他领域中。

主动性行为也可以在团队的水平上发挥作用。在一个组织中,主动性可以在一系列行为中有所体现,主要有以下几个方面:员工会主动提出自己的意见(Graham, 1986),为想法寻找支持(McCall & Kaplan, 1985)并对任务进行修正(Staw & Boettger, 1990);员工会勇于创新并承担相应的风险(Hirschman, 1970; Dutton, Ashford, O'Neill, & Lawrence, 2001);员工会有更多的组织公民行为(Organ, 1988),更愿意鼓励他人(Hornstein, 1986),并且会进行自我的行为管理(Saks & Ashforth, 1996)。由此可知,主动性高的个体总是会去积极的寻找机会来解决问题,并强调创新和改变的重要性,进而促进了组织的发展。然而主动性低的个体则通过强调稳定性或者缩减组织(如裁员和削减开支)来适应外部的环境变化(Miles & Snow, 1978),因而最终可能会给组织带来不利的影响。

1.2 主动性行为的理论模型

在介绍了主动性行为的基本概念之后,我们选择了两个有关主动性行为的理论模型,希望读者可以通过这两个模型了解与主动性行为有关的变量,并由此引入主动性人格的概念。

1.2.1 Crant 的主动性行为模型

Crant 的模型(如图 1.1 所示)中包含了六个主要的部分:"主动性行为结构"用来描述个体做出主动性行为的倾向和潜能,具有一般性;"其他个体因素"包括另外一些特质变量,与特殊情境中的行为相关;"一般性的行为"包含了一般性的主动性行为,在任何一种工作相关的情境中都可能出现;"具体情境下的行为"描述了在一些具体领域或情境中发生的主动性行为;"背景因素"中的变量会影响个体决定是否进行主动性行为;"结果"指主动性行为可能带来的一些影响。下面我们会对其中所包含的具体变量进行简单的介绍。

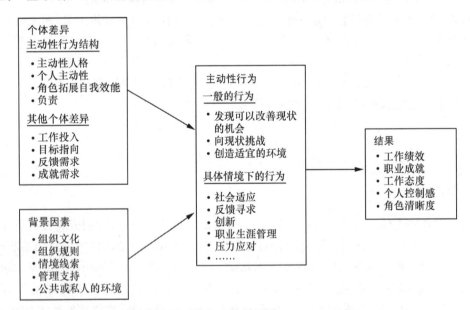

图 1.1　主动性行为模型(引自 Crant, 2000)

(1) 主动性行为结构,共包括四个概念:主动性人格,指个体倾向于采取行动以改变环境的特质(Bateman & Crant, 1993);个人主动性,指个体在工作需求之外所体现的自主性(Frese et al., 1996, 1997);角色拓展自我效能,指个体对于完成本职工作之外任务的能力感知(Parker, 1998);负责,指员工在工作的过程中勇于承担改善任务的责任(Morrison &

Phelps,1999)。以上四个概念虽然在行为层面有所重叠,但是它们共同描述了个体做出主动性行为的倾向,涉及了个体主动改变工作环境的不同方面(Crant,2000),因此缺一不可。

(2) 一般性的行为。根据主动性行为的定义可知,主动的个体都擅于"发现机会来改善环境","挑战现状",并为自己的发展"创造出适宜的环境条件"(Bateman & Crant, 1993; Morrison & Phelps, 1999)。这三种行为是主动性人格最一般性的体现,不会受环境的限制。

(3) 具体情境下的行为,共包括五种行为:社会化,指新员工为了成为高效的组织成员而采取的行为(Fisher, 1986);反馈寻求,指员工为了得到反馈而直接询问或间接从环境中推断(Ashford & Cummings, 1983);创新,指个体直接产生或借鉴得到有价值的想法(Kanter, 1988; Van de Ven, 1986);职业生涯管理,指个体主动的对职业发展进行干预(Fryer & Payne, 1984);压力应对,指在可能的压力事件发生之前,个体通过采取行为防止其发生或减弱其带来的影响(Aspinwall & Taylor, 1997)。这些行为都是在特定情境之下发生的,补充了一般的主动性行为,完善了人们对这一概念的理解。

(4) 其他个体差异,包括工作投入,目标定向,反馈需求和成就需求。下面我们以主动性行为中的"反馈寻求"为例,简要介绍这些差异对主动性行为的影响。工作投入指个体在心理上对于工作的认同感。高工作投入者对自己从事的工作更加满意,他们不会只把工作当成赚钱的工具,而是把它看作是生命乐趣的体现。相比于低工作投入者,高工作投入者更看重自己的工作表现,他们需要反馈以进一步提高工作绩效,因此工作投入可以促进反馈寻求(Ashford & Cummings, 1985)。目标定向中的学习目标定向指个体通过积极的技能学习来提高竞争力。由于反馈有利于对技能的掌握,因此学习目标定向的个体倾向于主动的寻求反馈(VandeWalle & Cumings, 1997)。另外,个体的反馈需求越高,对于反馈的寻求也就越多(Fedor, 1992)。最后,由于反馈对于员工来说是一种珍贵的资源,可以帮助他们实现目标,因而高水平的成就需求能够促进个体寻求反馈(Vancouver & Morrison, 1995)。

(5) 背景因素,包括组织文化,组织规则,情境线索,管理支持以及公共或私人的环境。下面我们以主动性行为中的"反馈寻求"为例,简要介绍这些差异对主动性行为的影响。Festinger(1954)认为,人们在不确定的环境中通常会根据情境线索来决定是否要进行某一行为。当环境中出现了某种行为的情境线索,比如说组织规范了反馈寻求这一行为的频率,那么员工更有可能做出该行为(Ashford & Northcraft, 1992)。

除了以上五个部分,模型中还包括了主动性行为带来的一些结果变量,我们将在本章后面的"实证研究和理论解释"中进行更为详细的介绍。

1.2.2 Parker 等人的主动工作行为模型

Parker 的模型(如图 1.2 所示)的很多成分和 Crant 的模型相一致,但是在主动性人格和主动性行为这两个部分中加入了认知状态的部分,因而可以看作是 Crant(2000)模型的扩展(Parker et al., 2006)。下面我们将进一步介绍认知状态所包含的两个成分,即"角色拓展自我效能"和"灵活的角色定位"。

(1) 角色拓展自我效能。在决定是否要进行主动性行为时,个体会先对该行为可能产生的结果进行细致的评估。比如说,个体在决定是否要进行一项任务时,先要评估该任务所带来的风险是否大于可能获得的收益(Morrison & Phelps, 1999)。研究者认为,一般性的

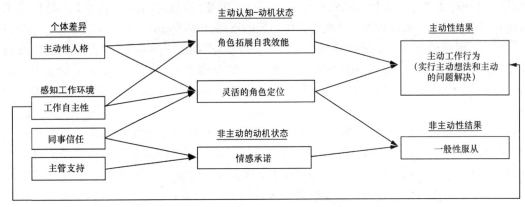

图 1.2 主动工作行为模型(引自 Parker et al., 2006)

自我效能会影响这种评估。自我效能指个体相信自己有能力实现某一行为目标的信念,是一个很重要的动机变量(Gist & Mitchell, 1992)。而角色拓展自我效能所关注的行为目标与工作相关,包括由工作角色延伸出来的积极的、人际的和综合性的活动(Parker, 1998)。自我效能高的个体相信自己有能力控制行为的结果,在完成任务的过程中更有效率(Barling & Beattie, 1983)、能够坚持努力(Lent, Brown, & Larkin, 1987)、更好的应对变化(Locke & Latham, 1990)并采取更有效的策略完成任务(Wood, George-Falvy, & Debowksi, 2001)。因此自我效能可以增大对任务的控制感和成功的可能性,进而促进了主动性行为的出现(Morrison & Phelps, 1999)。已有研究证明了角色拓展自我效能可以促进主动性行为,如提出改善建议(Axtell et al., 2000)。

(2) 灵活的角色定位。研究者认为,个体做出主动性行为是因为他们相信这种行为可以实现他们的目标或者理想。而在实现这些目标的过程中,个体也会获得成就感,反过来增加了员工的主动性。因此目标的设定对于主动性行为有很重要的影响(Frese & Fay, 2001; Parker, 2000)。另外,目标设定的范围也会起到一定的作用。灵活的角色定位指个体不会将自己的工作角色限定在组织要求的工作范围之内,在面对一项工作任务时,他们更倾向于接受而不会以"这不是我的工作"来拒绝(Parker, Wall, & Jackson, 1997)。相比于目标范围狭窄的员工,角色定位灵活的员工会更主动的参与问题解决、提出想法和建议(Howell & Boies, 2004; Axtell et al., 2000)并在本职工作之外的领域中寻求进步。综上所述,灵活的目标指向会促进主动性行为。

在对以上两个模型的介绍之后,我们清楚了主动性行为会受到个体因素和环境因素的影响。在个体因素中,主动性人格这一概念描述了个体做出主动性行为的倾向和潜能(如图1.1所示),并且会通过主动的认知—动机状态影响主动性行为(如图1.2所示)。在接下来的部分,我们就从定义、测量、理论和实证研究几个方面对主动性人格进行更为细致的介绍。

1.3 主动性人格

Bateman 和 Crant(1993)将主动性人格定义为个体主动采取行动以改变环境倾向。拥有主动性人格的个体擅于发现并抓住机会,坚持采取行动直到产生有意义的改变。相比之下,不具有主动性人格的个体很难发现机会,更不用说抓住机会去改变现状,所以他们更倾向于去适应环境而不是改变环境(Crant,2000)。另外,由于主动性的个体关注并积极改善环境,因此会为组织带来很多结构性的重要改变,比如说解决组织中长期存在的问题。而非主动性的个体则倾向于在被分配的任务中提高绩效,其所获成就都是属于个体的(Bateman & Crant,1993)。因此,无论是对于个体还是对于组织来说,主动性人格都是很重要的特质变量。

虽然大部分研究证明了主动性人格或者主动性行为可以带来积极的结果,但值得注意的是,并不是所有主动性行为的结果都是积极的——不适宜的主动性行为也会引发消极的后果。比如说,当个体不能准确的发现、理解以及有效回应工作的需求时,其主动性大多会体现在不适宜的行为上,如无意义批评,消极评价,无效抗议,不公正抱怨等(Li et al.,2010)。积极的做出这样的行为只会引起反效果,即拥有主动性人格的个体并不能改善环境,只能使情况越来越糟(Chan,2006)。

另外,既然主动性人格是一种稳定的人格特质,那么它与其他的特质有什么样的关系呢？Bateman 和 Crant(1993)发现,主动性人格与大五人格中的尽责性、外向性成正相关,而与神经质、宜人性和开放性无关。Crant 和 Bateman(2000)则发现,主动性人格与外向性、责任心和开放性成正相关,和神经质成负相关,其中开放性和主动性人格的相关程度最高。研究者认为,主动性人格扩大了大五人格因素的内涵,使有关人格特质的研究能够更加全面(Crant,1995)。

§2 主动性人格的测量

Bateman 和 Crant(1993)以美国大学生为被试,编制了第一个测量主动性人格的量表(Proactive personality scale)。该量表由17道题目组成,采用7点里克特量表计分。随后他们通过实证研究证明了这个测量量表具有较高的内部一致性信度(3个样本的内部一致性系数介于0.87和0.89之间)、合理的重测信度(3个月之后的重测信度系数是0.72)、以及显著的聚合效度、区分效度和效标关联效度。该量表在主动性人格的研究领域中有比较广泛的应用。

之后,Seibert等人(1999)对主动性人格量表进行了修订,修订后的量表仍是单一维度,采用7点里克特量表计分。经过一系列统计分析后,他们将题目数量删减为10道。简化版的量表和原量表高度相关(相关系数为0.96),删除的7道题目对量表的信度几乎没有影响(原量表的一致性系数为0.88,而简化版量表的一致性系数为0.86)。因此主动性人格量表的简化版和原量表同样可靠,都具有较高的内部一致性信度、重测信度、聚合效度、区分效度和效标关联效度。

上述两个版本的主动性人格量表都是以美国大学生和MBA为被试,在西方文化背景下测量的结果。为了考察主动性人格量表在中国文化背景下的适用性,国内Zhou and Shi(2009)以中国545名员工及其上级为被试,考察了主动性人格量表中文版本的心理测量学特性,证实此量表是一元结构,并确定最终量表为6道题目。该量表同样具有较好的内部一致性信度、重测信度、聚合效度、区分效度和效标关联效度。

§3 实证研究与理论解释

在介绍了有关主动性人格的概念和测量之后,我们对已有的实证研究及相关理论进行回顾。其中,我们选择了一些工作相关的变量,介绍主动性人格和它们之间的关系,以及这些关系所蕴含的理论机制。

3.1 工作绩效

国内外学者的研究都证实了主动性人格和工作绩效之间的关系。Crant(1995)在一项长期研究中以职业销售者为被试,检验了主动性人格和工作绩效之间的关系。在控制了经验、一般心理能力、尽责性、外向性和社会赞许性之后,主动性人格解释了工作绩效中8%的变异。通过选择和改变销售环境,如关注熟悉的市场或者积极招揽顾客,高主动性的个体提升了他们的工作绩效。近期国内的研究得到了类似的结论,温瑶和甘怡群(2008)发现,即便除去了大五人格和社会赞许性的影响,主动性人格还可以解释工作绩效中8.5%的变异。

社会资本观点为主动性人格和工作绩效之间的关系提供了一个有力的解释。Lin(2001)将社会资本定义为"嵌于社会结构中的资源",并且"可以通过有目的的行为获取或转移"。个体与他人的关系网络便是一种社会资本,它对于人际关系协调有着非常重要的作用(Putnam, 1993; Bolino, Turnley, & Bloodgood, 2002),决定了个体在组织中得到信息、施加影响以及引起变化的能力(Brass, 2001; Burt, 1992; Coleman, 1988)。高主动性的个体通过赢得关系网络中的支持以达到自己的目标,如提高工作绩效(Thompson, 2005)。这一过程包括两个方面:首先,主动性人格通过三种途径促进关系网络的发展:① 员工可以为了相互帮助而完成一些超越了本身工作需求之外的任务,② 员工可以为了集体的利益而降低个人的需求③ 员工对于集体的活动和任务投入更多的精力(Bolino et al., 2002);其次,关系网络(网络建设)可以通过两条途径影响工作绩效:① 通过采取主动来影响工作绩效,② 直接影响工作绩效(Thompson, 2005)。

图1.3 主动性人格和绩效的社会资本模型(引自 Thompson, 2005)

Thompson(2005)选择了126名公司的员工作为被试,用结构方程验证了关系网络影响工作绩效的模型,如图1.3所示。结果表明,模型的拟合度良好($\chi^2(32)=43.0$, $p>0.05$; $CFI=0.988$; $SRMR=0.057$)。Thompson在该研究中对这两条路径做了进一步的阐述。首先,主动的员工倾向于寻求可以支持他们主动性的社会资源,因此会与拥有权势和力量的人主动接触,进而促进了网络建设。另外,建立强有力的社会网络有利于员工发展自身的社会资本和名誉(Burt, 1997),使个体在工作中更愿意采取主动。因此,网络建设可以促进员工在组织中发挥主动性。由于员工在工作中采取主动进而促进了组织的发展,因此会提高上级对自己的绩效评价(Frese et al., 1996)。综上所述,网络建设可以通过采取主动间接影响工作绩效。

其次,网络建设也可以直接影响工作绩效:在网络建设的过程中,主动性员工可以越来越熟练的使用一些政治技巧(如逢迎),在给领导留下积极形象的同时也可以得到更多的信息。这两点都会在工作绩效的评价中起到积极的作用,因而网络建设对于绩效存在一个直接的影响(Thompson,2005)。

除了一般意义上的工作绩效,组织公民行为也会受到主动性人格的影响。组织公民行为是工作绩效的行为维度之一,它与主动性人格有一个共同点:均通过关注工作角色需求之外的行为间接的对组织有效性做出贡献(Frese et al.,1996)。因此当员工体现主动性的时候,为组织做出贡献的动机较高,最终可能会体现在组织公民行为上。比如说,主动性较高的员工会积极地参与一些可以促进组织进步的活动(Parker,1998)。因此,研究者们认为主动性人格可以积极预测组织公民行为(Campbell,2000;Crant,2000)。Li,Liang 和 Crant(2010)以200名中国员工为被试,证明了主动性人格与组织公民行为之间存在显著的正相关。

3.2 学习动机

工作中的学习动机指个体参与工作相关训练的意愿。学习动机高的个体往往能得到更好的发展,而整体学习动机高的组织有更强的竞争优势(Appelbaum & Gallagher,2000; Major,2000)。在有关学习动机的理论中,需求—动机—价值理论认为个体的特质(如控制感、尽责性和焦虑)会影响个体的目标设置以及对周围环境的认知构建,最终会影响动机(Kanfer,1992;Colquitt et al.,2000)。特别是当环境因素并不十分积极的情况下,稳定的人格特征对于激发学习动机尤为重要(Major,2006)。由于主动性人格的表现包括设定更高的目标,并使用所有可获得的资源去达到这些目标(Crant,1996),因此可能预测学习动机水平。在这样的理论背景下,Major 等人(2006)以183名经济公司的员工作为被试,用结构方程模型证明了主动性人格可以预测员工发展性活动的参与情况。即便排除了外向性和开放性,主动性人格的积极作用依然存在。

3.3 工作满意度

早期的研究者已经从人格特质的角度(Dispositional approach)来解释工作满意度的个体差异了。他们认为工作满意度是一系列信息加工过程的结果,而特质差异会影响这些过程,如评估、回忆和报告等(Motowidlo,1996)。之后有研究认为工作满意度是一个跨时间和空间的相对稳定的变量,因此会被个体一个或更多持久的特质所影响(如,Ilies & Judge,2003;Staw,Bell,& Clausen,1986;Staw & Cohen-Charash,2005)。由于主动性高的个体在工作中倾向于选择和创造出更有利于自己成功的环境(Seibert et al.,1999),同时也更容易得到他人的帮助(Bateman & Crant,1993),因此可以显著的提升工作满意度(Ng,Eby,Sorensen,& Feldman,2005)。Chan(2006)以139名被试进行研究,通过自评的方式获得了主动性人格和工作满意度得分,经过统计分析之后发现高主动性的员工确实有更高水平的工作满意度。Li 等人(2010)的研究也得到了类似的结论。

3.4 领导行为

研究表明,领导在主动性人格上的得分可以正向预测其变革型领导行为和魅力型领导行为。根据变革型领导理论(Bass，1985，1996)，变革型领导行为包括抓住工作重点,准确预期未来,改变整个组织的观念和鼓励员工等。而魅力型领导理论指出(Conger & Kanungo，1987，1998)，魅力型领导行为包括采取具有创意的策略,勇于冒险,擅于定义以及抓住机会等。追根究底,这些行为都来源于一些典型的主动性体现：不甘于被动地接受环境,擅于在环境中发现机遇,主动采取行动并坚持直到有所改变改善等,因此主动性人格可以引发以上两种领导行为(Bateman & Crant，1993；Crant & Bateman，2000)。一项有趣的研究再次证明了以上观点：研究者阅读了从华盛顿到里根的所有美国总统的档案并且评价每位总统的主动性程度,发现与其魅力型领导得分成正相关(Deluga，1998)。

也有研究将领导成员交换(Leader-member exchange)与主动性人格进行联系,如Li等人(2010)证明了主动性员工和领导之间确实有着更高水平的领导成员交换。根据领导成员交换理论,领导和员工之间的关系会随时间而发展。在这个过程中双方通过互动来进行角色的协商,以便更好地承担职责并满足组织对他们的期望(Bauer & Green，1996；Dienesch & Liden，1986；Graen & Scandura，1987)。最终,领导和每一位员工之间都建立了独特的交换关系。由于主动性的个体想要在工作环境中发现潜在的问题和可以做出贡献的机遇,因此他们会更加积极地寻求与管理者之间的社会交换(Li et al.，2010)。同时,管理者也倾向于给更努力并且有远大目标的主动性员工以指导和支持,因此主动性人格得分高的员工与他们的管理者可以建立一个更好的交换关系(Campbell，2000)。

3.5 职业生涯

已有研究表明,主动性人格会影响个体的求职行为和求职结果。如,Frese等人(1997)发现主动性高的失业者更容易找到工作；Claes and De Witte(2002)证明了主动性人格对大学生寻找工作的行为有积极的影响。近期的研究发现自我效能在主动性人格和求职结果之间起到了中介作用,如Brown等人(2006)证明了在控制了自尊和责任感的基础上,主动性人格通过自我效能影响大学毕业生的求职成功率。商佳音和甘怡群(2009)证明了主动性人格对大学生职业决策自我效能的影响。主动性人格能够解释职业决策自我效能感中15.3%的变异,证明了主动性人格在职业生涯初期所发挥的积极作用。

社会认知理论对主动性人格和求职结果之间的关系提供了一种解释。该理论认为人们可以发挥出的力量取决于个体的自我效能(Bandura，2001；Bandura & Locke，2003)。如前所述,自我效能指的是个体相信自己有能力完成某项工作的信念。这种信念越强,人们就更有可能坚持并获得成功。Frese和Fay(2001)认为个体所具有的积极特质(如主动性人格)会蔓延到特定的某一领域(如求职行为)中,进而影响个体在这一领域中的自我效能。因此,主动性人格可以通过自我效能对求职行为产生影响。

主动性人格不仅仅会影响求职行为,也会进一步影响整个职业生涯(Brown et al.，2006)。由于主动性的个体在求职过程中有更多的职业选择,因此最后投身的行业不仅仅使他们感觉满意,也更符合他们个人的偏好和价值观。进入这样的行业可以积极影响员工的态度、承诺以及离职意愿(Cable & Judge，1996),最后决定了员工职业生涯的成功与否。Seibert等人(1999)的研究表明,即便控制了可以预测职业成就的变量(如人口学变量、动机以及组织相关变量),主动性人格仍然可以显著的积极预测职业成就。长时研究同样验证了两者的关系:主动性人格能促进创新、获得政治知识并体现职业主动性,因而最后有利于事业进步以及职业满意度的提升(Seibert,Kraimer,& Crant,2001)。

3.6 环境因素

虽然主动性人格可以引发一些积极的结果,但是也有研究表明,这一特质能否发挥作用还与环境因素有关。特质激活理论(trait activation theory)认为行为是个体"对环境中与特质相关的线索的回应"(Tett & Guterman,2000)。该理论强调个人与环境之间的交互:当环境中呈现的线索与特质相关行为表达有关时,拥有该特质的人才会表现出特质相关的行为(Tett & Burnett,2003)。鉴于前文所述,主动的个体更有可能做出组织公民行为(Campbell,2000;Crant,2000),因此可以认为组织公民行为是主动性人格的一种表达形式。由此可以假设,主动性人格和组织公民行为之间的关系是否存在与环境中的线索有关。Li等人(2010)选择了程序性公正氛围(procedural justice climate)作为环境线索进行了验证。程序性公正氛围指组织中的团队对其是否受到组织公平对待的感知,这一感知被团队成员所共享(Naumann & Bennett,2000)。Li等人认为,如果团队有着较高水平的程序性公正氛围水平,那么该团队的员工会认为组织重视这个团队,员工与组织的关系也会更好。因此在这样的环境中,主动的员工会觉得更容易发挥主动性(Frese & Fay,2001)。另外,员工也会用自己的主动性行为来回报组织的公平对待。研究结果证明了该猜想——团队中的程序性公正氛围在主动性人格和组织公民行为中的关系中起到了积极的调节作用。

除了组织公民行为,主动性人格和领导成员交换之间的关系同样受到环境因素的调节。根据特质激活理论,主动性的员工并不是在"真空"的环境中工作——在改变环境的过程中,他们需要从其他个体中得到社会支持来实现他们的目标(Erdogan & Bauer,2005)。因此员工的主动性会被其他的工作个体所影响,而团队中的领导也许是影响中所占权重最大的部分(Campbell,2000)。当领导者和其下属在主动性人格这方面拥有一致的程度时,他们就会有相似的工作目标,因而在一同做出决策的过程中就会节省双方的时间和精力(Kristof-Brown,1996;Kristof-Brown,Zimmerman,& Johnson,2005)。另外,双方可以更好的理解对方的行为期许,即便在缺乏一致性的环境中,两者的行为依然不会有太大的偏离。因此从长期的角度考虑,这种相似的工作目标有利于改善员工和领导的关系,如高水平的领导成员交换。

在近期的一项研究中,Zhang等人(in press)用156对领导—成员组作为被试,验证了领导和员工主动性的一致对于领导成员交换的影响。研究得出了两个结论:首先,即使领导和员工的主动性都处在较低的水平,但这种一致性仍然可以带来较高的领导成员交换。其次,在不一致的情况中,主动性水平的"领导高—员工低"比"领导低—员工高"对于领导成员交换的消极影响更大。如何解释这种不平衡的情况呢?研究者认为,在"领导高—员工低"的情况中,主动性低的员工往往会被主动性高的领导惩罚,而他们本身又没有什么动机去改善自己和领导之间的关系,因此导致了低水平的领导成员交换。但是,在"领导低—员工高"的情况中,员工通过主动性行为可以给领导提供更多的资源(Wilson,Sin,& Conlon,2010),帮助领导更有效的进行工作。另外,主动性的员工往往有很高的政治技能(Seibert et al.,2001)并懂得如果想要控制资源就必须要建立强大的社会网络(Thompson,2005),因此他们会努力通过这些政治技能巧妙的减少领导对他们的不满。因此,即便领导会因为员工的主动性而感到威胁,但是这种不良好的感觉会被主动性所带来的益处削弱甚至完全抵消(Zhang et al.,in press)。

综上所述,主动性人格在组织行为和结果相关的研究中得到了广泛的应用。这些研究证明了主动性人格是员工、团队和公司有效性的重要影响因素。它与很多企业所期望的结果有关,如较高水平的工作绩效、工作满意度以及更多的组织公民行为等。

§4 研究局限和展望

4.1 研究方法

在主动性人格这一领域中,大多数研究仅仅从单一来源中获得数据,因此研究结果很有可能被共同方法偏差所影响(Brown et al,2006;Li et al,2010;Parker,Williams,& Turner,2006)。首先,很多研究在测量主动性人格和工作结果变量(如工作绩效)时,采用的是自我报告的方法(Crant,1995;Crant & Bateman,2000;Seibert et al.,1999,2001)。但是由于存在社会赞许性的影响,员工可能并不会根据自己真实的主动性和绩效进行评分,而是过高的报告。因此,即便这两者在统计分析上显示出很高的相关,这一结果也缺乏可信度(Chan,2006)。另外,有很多研究采用他评的方法进行测量,比如说让领导对于员工的主动性进行评分。但是这也存在一定的风险,因为领导并不会看到每一位员工的全部主动性尝试。Kim等人(2005)认为如果能使用多个数据源,如结合自评和他评的数据,共同方法偏差的影响就会减少。

研究者还应该注意被试的选择是否具有代表性。每个职业有自己独特的主动性评价标准,工作的类型、级别以及特定的工作背景和组织气氛对主动性人格和结果变量之间的关系都会有所影响,不可同一而论(Parker et al.,2006)。研究所得的结论应该具有普遍的适用意义,因此今后应该在不同工作类型、工作背景中重复和延伸相关的结果,为相关理论的完善做出贡献(Chan,2006)。

最后,研究者应该重视研究所得结论是否能进行因果推论。首先,虽然很多研究的数据是分两次收集的,但是这并不能使我们得到确定的因果关系(Parker et al.,2006;Thompson,2005;Zhang et al.,in press)。根据Ployhart和Vandenberg(2010)的建议,今后的研究应该在多个时间点测量感兴趣的变量,并且使用时间序列分析来检验员工行为在一段时间内的变化情况,这样就可以从长远的角度对职业发展、员工绩效变化等问题进行研究(Li et al.,2011)。其次,研究者可以在实验室的情景中探究主动性人格如何影响行为。实验法主要有以下两个优势:可以操纵一个或者多个变量,控制这些变量变化的方向和程度;通过随机将被试分配到实验条件和控制条件之下,实验法可以减少混淆变量对结果的影响,因此可以得到较为可靠的因果关系推论。一般认为,相比于限制较强的环境(如实验室实验),限制较弱的环境(如在公司填写问卷)更利于主动性的发挥(Ickes,1982;Mischel,1977;Monson,Hesley & Chernick,1982;Weiss & Adler,1984)。

4.2 研究方向

首先,主动性人格和相似概念之间的关系仍然很不明确。比如说,个体主动性(personal initiative)与主动性人格间的差别就需要进一步进行探究。个体主动性指的是一种自发性的行为倾向,具有长期性、目标指向性和持久性的特点,与主动性人格很相似(Crant, 2000; Frese & Fay, 2001)。除此之外,成就努力(achievement striving)与主动性人格也有概念上的重叠(Brown et al., 2006)。将这些概念包含在一个研究中可以帮助研究者分辨这些相似的概念。

其次,主动性人格与更多的结果变量有关(Crant, 2000; Chan, 2006)。可供选择的变量有印象管理(impression management)、经理行为(managerial actions)、生活满意度(life satisfaction)和亲密关系(close relationship)等。以印象管理为例,当个体认为自己的主动性行为会损害他在别人眼中的形象时,主动性人格的表达就会受到抑制。但是,当个体想要通过某些行为达到美化公众形象的目的时,主动性人格的表达就会得到增强(Crant, 2000)。

第三,研究者可以关注情景因素在主动性人格和结果变量之间所起的调节作用。如,虽然主动性人格可以积极预测个体的学习动机,但是当公司提供了学习的时间和资源并将学习结果和工资进行联系时,个体的主动性对于学习动机的影响就会减弱(Major et al., 2006)。其他一些情景因素如自我归因方式和自我概念,也会作为调节变量影响主动性人格的表达(Bell & Staw, 1990; Swann & Ely, 1984)。

第四,研究者还应该关注主动性和结果变量之间涉及的情感、动机、认知和行为的机制。如,动机(如期望)和情绪(如愤怒)都可以作为主动性人格和工作满意度的中介变量存在(Chan, 2006)。再如,虽然已有研究证明了主动性人格可以通过政治技能影响职业满意度(Seibert et al., 2001),但没有人探究主动性个体所采取的政治技能是否能影响其他的职业结果。这方面的研究可以在社会资本的理论指导下继续深入(Thompson, 2005)。除了本章中提到的一些行为,其他的典型主动性行为,如向领导提出意见、寻求反馈、修正任务、自我行为管理等,都可能成为主动性人格与工作绩效关系之间的中介变量(Thompson, 2005)。

最后,主动性人格和工作结果的关系还应该在多种文化背景中得到验证(Li et al., 2010)。研究表明,文化的氛围和规则会影响主动性人格的表达(Frese et al., 1996)。中国的文化强调集体主义,希望个体更多的与集体保持一致,因此会给个体造成较强的限制,进而影响主动性人格的表达。另外,中国领导的权力距离较大,因此员工更可能向同事寻求帮助而不是领导(Hofstede, 1980)。同时,在评价工作环境的时候,员工会增加对领导行为评价所占的比重(Zhang et al., in press)。这两点可能会影响该领域中涉及领导力和组织环境的研究。

主动性人格是一个较为新颖的概念,国外研究的某些结论尚且不能统一和解释,国内的研究就更是凤毛麟角。鉴于主动性人格本身的重要性以及文化背景对于该领域研究的显著影响,国内学者也应该把目光集中于主动性人格的研究,并通过和国外研究结果的比较来深化对于主动性人格的了解。希望通过刚刚的知识介绍和研究展望,本章能为国内研究者提供一些参考思路。

参考文献

Ashford, S. J., & Cummings, L. L. (1985). Proactive feedback seeking: The instrumental use of the information environment. *Journal of Occupational Psychology*, 58, 67—79.

Aspinwall, L. G., & Taylor, S. E. (1997). A stitch in time: Self-regulation and proactive coping. *Psychological Bulletin*, 121, 417—436.

Bateman, T. S., & Crant, J. M. (1993). The proactive component of organizational behavior. *Journal of Organizational Behavior*, 14, 103—118.

Bateman, T. S., & Crant, J. M. (1999). Proactive behavior: Meanings, impact, and recommendations. *Business Horizons*, 42, 63—70.

Brown, D. J., Cober, R. T., Kane, K., & Levy, P. E. (2006). Proactive personality and the successful job search: A field investigation with college graduates. *Journal of Applied Psychology*, 3, 717—726.

Campbell, D. J. (2000). The proactive employee: Managing workplace initiative. *Academy of Management Executive*, 14, 52—66.

Chan, D. (2006). Interactive effects of situational judgment effectiveness and proactive personality on work perceptions and work outcomes. *Journal of Applied Psychology*, 91, 475—481.

Claes, R., & De Witte, H. (2002). Determinants of graduates' preparatory job search behaviour: A competitive test of proactive personality and expectancy-value theory. *Psychologica Belgica*, 42, 251—266.

Crant, J. M. (1995). The proactive personality scale and objective job performance among real estate agents. *Journal of Applied Psychology*, 80, 532—537.

Crant, J. M. (1996). The proactive personality scale as a predictor of entrepreneurial intentions. *Journal of Small Business Management*, 34, 42—49.

Crant, J. M. (2000). Proactive behavior in organizations. *Journal of Management*, 26, 435—462.

Crant, J. M., & Bateman, T. S. (2000). Charismatic leadership viewed from above: The impact of proactive personality. *Journal of Organizational Behavior*, 21, 63—75.

Deluga, R. (1998). American presidential proactivity, charismatic leadership, and rated performance. *Leadership Quarterly*, 9, 265—291.

Erdogan, B., & Bauer, T. N. (2005). Enhancing career benefits of employee proactive personality: The role of fit with jobs and organizations. *Personnel Psychology*, 58, 859—891.

Fryer, D., & Payne, R. (1984). Proactive behavior in unemployment: Findings and implications. *Leisure Studies*, 3, 273—295.

Grant, A. M., & Ashford, S. J. (2008). The dynamics of proactivity at work. *Research in Organizational Behavior*, 28, 3—34.

Kim, T., Cable, D. M., & Kim. (2005). Socialization tactics, employees proactivity, and person-organization fit. *Journal of Applied Psychology*, 90, 232—241.

Li, N., Harris, B., Bosewell, W. R., & Xie, Z. (2011). The role of organizational insiders' developmental feedback and proactive personality on newcomers' performance. *Journal of Applied Psychology*, 96, 1317—1327.

Li, N., Liang, J., & Crant, J. M. (2010). The role of proactive personality in job satisfaction and organizational citizenship behavior: A relational perspective. *Journal of Applied Psychology*, 95,

395—404.

Major, D. A., Turner, J. E., & Fletcher, T. D. (2006). Linking proactive personality and the Big Five to motivation to learn and development activity. *Journal of Applied Psychology*, *91*, 927—935.

Parker, S. K., Bindl, U. K., & Strauss, K. (2010). Making things happen: A model of proactive motivation. *Journal of Management*, *36*, 827—856.

Parker, S. K., Williams, H. M., & Turner, N. (2006). Modeling the antecedents of proactive behavior at work. *Journal of Applied Psychology*, *91*, 636—652.

Seibert, S. E., Crant, J. M., & Kraimer, M. L. (1999). Proactive personality and career success. *Journal of Applied Psychology*, *84*, 416—427.

Seibert, S. E., Kraimer, M. L., & Crant, J. M. (2001). What do proactive people do? A longitudinal model linking proactive personality and career success. *Personnel Psychology*, *54*, 845—874.

Thompson, J. A. (2005). Proactive personality and job performance: A social capital perspective. *Journal of Applied Psychology*, *90*, 1011—1017.

Zhang, Z., Wang, M., & Shi, J. (2012). Leader-follower congruence in proactive personality and work outcomes: The mediating role of LMX. *Academy of Management Journal*, *55*, 111—130.

Zhou, L., & Shi, J. (2009). Examination of psychometric properties of the proactive personality scale in Chinese. *Psychological Reports*, *105*, 43—56.

商佳音,甘怡群(2009).主动性人格对大学毕业生职业决策自我效能的影响.北京大学学报(自然科学版),45(3):548—554.

温瑶,甘怡群(2008).主动性人格与工作绩效:个体—组织匹配的调节作用.应用心理学,14(2):118—128.

2

核心自我评价

近些年管理心理学中出现了一个重要的新概念:核心自我评价。它的出现为管理心理学提供了崭新的研究方向,有助于更好地理解人格特质与工作行为变量之间的关系。本章将从核心自我评价的概念、组成部分以及与工作结果变量的关系等多个角度系统地对核心自我评价进行阐述。

§1 核心自我评价的概念

核心自我评价是个体对自身所持有的基准的评价(Judge, Erez, & Bono, 1998a)。它是一种对自己作为一个个体的、相对持久和基础的评价。

一直以来,工作满意度都是管理心理学研究的重要内容。特别是近些年来,有关工作满意度的预测研究成为人们关注的热点问题。关于工作满意度的研究大致可以划分为以下三种取向:一是工作特征取向,认为工作满意度源于工作特征和工作环境(Hackman & Oldham, 1980)。二是人格取向,认为稳定的人格特征独立于工作特征或工作情境,影响着人们的工作满意度(Staw & Ross, 1985)。三是个体与环境相互作用的研究取向(Dawis & Lofquist, 1984),认为工作满意度是工作的属性与个体在具体情境中的需求相互作用的结果,是人格特质与工作环境相互匹配的结果(Holland, 1985)。工作满意度的人格取向研究受到很多研究者的重视(如 Arvey, Bouchard, Segal, & Abraham, 1989; Brief, Butcher, & Roberson, 1995; Cropanzano, James, & Konovsky, 1993; Ilies & Judge, 2003; Staw & Ross, 1985),并且在实证研究方面取得了一定的成果。但在很多研究中,这些人格特质只是作为完全独立的变量进行研究,而且这些独立的人格变量对工作结果(工作满意度、工作绩效等)的预测效果并不十分理想。在这种背景下,Judge 等人(1997)综合了 8 个领域(哲学角度、临床心理学研究、临床心理学实践、工作满意度、压力、儿童发展、人格心理学以及社会心理学)的研究结果,首次提出核心自我评价(core self-evaluations, CSE)这一人格概念。

核心自我评价属于核心评价的一种,而核心评价这一概念的提出与评价理论(Appraisal theory)密不可分。评价理论认为,情感是个体根据自身所觉察到的价值、需要或承诺而对客体、个人或者事件进行潜意识评价的一种形态。Packer(1985)认为,不同的评价处于不同的水平,那些针对特定情境的评价受到更深层次的、更为基本的评价的影响。这些基本的评价叫做"核心评价",它是所有其他评价的基础,影响着其他的次要评价。Packer 将核心评价定义为"人们潜意识中持有的最基准的评价",这些评价可以分为三种类型:对自己的核心评价、对他人的核心评价(core other evaluations)和对现实的核心评价(core world evaluations)。Judge等(1997)重点研究对自己的核心评价(即核心自我评价),并将其定义为个体对自身能力和价值所持有的最基本的评价。

§2 核心自我评价的组成部分

核心自我评价是一种宽泛的、潜在的人格结构。那么它究竟包含怎样的人格特质呢?组成"核心自我评价"的特质需要满足三个条件:评价性(evaluative)、根源性(fundamental)和宽泛性的(scope)(Judge,1997)。首先,该特质必须是评价性的,这是相对于描述性而言,不是对事实的陈述而是对程度的评价(Judge,1997)。举例来说,一些人格特质比如宜人性就是描述性的,因为它是对一系列行为(如乐于助人、同情心等)的描述。而其他一些特质比如自尊就是评价性的,因为它是个体对自我和自身价值的评价。Judge等人(1997,1998a)研究发现相对于描述性的特质而言,评价性的特质对工作满意度的影响更直接。其次,该特质必须是根源性的,是与个体的自我概念更为接近的特质。Cattell(1965)曾把特质划分为表面特质和根源特质两大类。根源特质是制约表面特质的潜在基础,与其他特质、知觉和态度等紧密联系。Judge等人(1997,1998a)的研究表明,相对于表面特质而言,根源性的特质对于工作满意度的影响更大。因为根源性特质可以通过更多的途径(例如态度和表面特质等)影响到个体对于工作的评价(Judge et al.,1997)。最后该特质还需要是宽泛性的,这是指特质的范围要广泛和全面。例如一般自尊(general self-esteem)相对于组织自尊而言(organization-based self-esteem)就是较为宽泛的概念。前者反映的是以自我为基础的评价,而后者是以特定领域为基础的评价。特质越宽泛,包含的对象(objects)和实体(entities)越多,评价涉及的或者可推广的工作领域也就越广泛(Judge et al.,1997)。

依据以上三条核心自我评价特质的选择标准,Judge(1997)等从众多的人格特质中筛选出四种特质来描述核心自我评价。它们分别是自尊(self-esteem)、控制源(locus of control)、神经质(neuroticism)和一般自我效能(generalized self-efficacy)。

(1) 自尊(Rosenberg,1965)是个体对自身总体情况的评价。它是个体内在心理活动的动态系统,反映个体整体的自我接受程度、自我欣赏程度和自我尊敬程度。自尊是自我概念的一个评价性成分,与个体的认知、情感和行为过程有着广泛的联系(Blascovich & Tomaka,1991)。

(2) 控制源(Rotter,1966)是指个体相信成功的结果源于自己的行为而不是命运或者其他外界力量的程度。就心理控制源的结构而言,较为普遍的区分方法是分为内控和外控两种类型。内控者有强烈的自我信念,认为自己所从事的活动的结果是由自身所具有的内部因素决定的。他们认为成功和失败取决于个体的能力、技能和所做出的努力程度等,而不是外部的各种力量。与之相反,外控者习惯认为自己行为的结果是受外部力量控制的,这种外部力量可以是运气、机会、命运、权威人士的操控以及周围其他复杂而无法预料的力量等。他们认为人无法掌握自己的命运。

(3) 神经质(Eysenck,1990)是情绪稳定性的反面,是大五人格特质的一个因素,主要指的是个体情绪的波动情况。情绪稳定性低(高神经质)的个体容易担心、害怕、产生压力感和无助感,而情绪稳定性高(低神经质)的个体则倾向感到平静和安全。

(4)一般自我效能(Chen, Gully, & Eden, 2001)是指在一个跨情境的综合水平上,个体对自己能够做得多好的判断,是对基本的应对能力、表现能力和成功能力的估计。

从四个特质的定义上可以看出,这些特质之间有很高的相似性。首先,自尊和一般自我效能之间都涉及对自己的能力、表现和价值的评价。其次,一般自我效能和控制源也有很强的相似性,从逻辑上说,那些认为自己在不同的情境中都能很好地展现能力的人通常认为他们可以控制自己所处的环境(Bono & Judge, 2003)。最后,自尊和神经质之间也存在密切联系。高自尊者通常表现出低神经质,而低自尊者会伴随高神经质(Rosenberg, 1965; Eysenck, 1990)。

Judge 等(2002)对 127 篇文章进行元分析发现这四个特质之间是有较高相关的:控制源与情绪稳定性相关为 0.40,控制源与自尊的相关为 0.52,控制源与一般自我效能的相关为 0.56,情绪稳定性与自尊的相关为 0.64,情绪稳定性与一般自我效能的相关为 0.62,自尊与一般自我效能的相关为 0.85。核心自我评价的 4 个特质间的平均相关系数为 0.60;去除控制源之后,平均相关系数为 0.70。

Judge 和同事(1998a, 2001)采用因素分析的方法,企图了解特质之间关系的本质。例如,Erez 和 Judge(2001)对 4 个人格特质的得分进行验证性因素分析,结果表明自尊在高阶因子上的载荷为 0.91,控制源的载荷为 0.74,情绪稳定性的载荷为 0.73,一般自我效能的载荷为 0.81。这说明了单因素的模型是成立的,自尊、控制源、一般自我效能和神经质属于一个维度。

既然核心自我评价是对一些人格特质的整合,同时又与特质(尤其是自尊)联系相当紧密,那么为什么还要引入这个新的概念呢?首先,心理学概念的宽广程度影响着它的预测效度。Buss(1989)认为不同人格变量在跨时间、跨情境下的结合可以显著地提高预测效度。核心自我评价的概念宽于自尊等概念,因此核心自我评价能够更好或者说更一致地预测结果。其次,与其说核心自我评价是一个新的概念,倒不如说它是现有概念的一种综合。由相关成分整合构成的新的核心概念能够为研究带来很大的突破。核心自我评价综合了四种重要的人格特质,使得相关的研究更加深入,有助于理解人格倾向与行为变量之间关系的心理过程和机制以及实现对工作结果更加有效的预测。

§3 核心自我评价的主要测量方法

正如上面所讨论的,核心自我评价是由自尊、一般自我效能、控制源以及神经质组成的多维的人格结构。到目前为止,已有一些不同的方法被研究者用于测量核心自我评价。这些测量方法的一个最基本的区别在于它测量的是核心自我评价结构本身(直接测量),还是测量的核心自我评价的四个特质(间接测量)。

3.1 间接测量

间接测量是对核心自我评价的四个特质进行分别测量,然后推导出个体在潜在的核心自我评价结构上的得分。为了确保间接测量的有效性,所有适合的特质都应该被测量。但是在有些研究中,就存在相关的特质被漏测的情况。例如,Judge 等(1999)的研究中没有测量神经质;Rode(2004)的研究遗漏了控制源的测量;Sager 和 Johnson (2006)漏测了自尊和神经质。既然核心自我评价代表着四个特质之间的共享方差,那么这四个特质都应被测量(Johnson, Rosen, & Levy, 2008),遗漏某些特质的测量可能会造成核心自我评价与其他变量关系的估计偏差(Chang, et al., 2011)。

计算核心自我评价分数的一种方法是对所有题目的得分进行加总(如 Best, Stapleton, & Downey, 2005)或者是先计算出四个特质的得分,然后进行加总(Bono & Colbert, 2005; Johnson, Marakas, & Palmer, 2006)。也有研究者不计算出核心自我评价的总分,只是把每个特质作为一个单独的变量进行分析(Avery, 2003; Creed, Lehmann, & Hood, 2009; Judge, Heller, & Klinger, 2008)。上述方法存在两方面的问题:第一,核心自我评价代表的是四个特质的共享方差,但是这样的方法将每个特质独特的方差也包含在内了;第二,这种方法赋予了每个特质相等的权重,但是实际上每个特质对于更高级结构的贡献是不均等的。Judge 等(1998a)的研究就发现自尊和自我效能对于核心自我评价的贡献要多于其他两个特质。

此外,还有一些更为复杂的计算方法:使用主成分分析法或者探索性因素分析得到每个特质或者每条题目的载荷,然后再根据不同的载荷计算出核心自我评价的分数(Piccolo, Judge, Takahashi, Watanabe, & Locke, 2005)。这种方法的一个优点在于认识到了不同的特质对于核心自我评价的不同贡献。但是主成分分析法并不应该用来计算核心自我评价的分数,因为它还是没有区分特质的共享方差和独特方差(Fabrigar, Wegener, MacCallum, & Stranhan, 1999)。

最后一种间接的测量方法是用被试在题目水平或特质水平的得分建构一个高阶的核心自我评价结构(Boyar & Mosley, 2007)。研究者如果使用间接的方法来测量核心自我评价,这应该是首选的测量方法(Chang et al., 2011)。首先,它明确地考察了特质间的共享方差,同时也考虑到了不同特质在高阶因子上的不同载荷。第二,它让研究者在研究高阶结构的效应之余,也可以研究每个特质的效应。这样做是非常有价值的,因为研究者可以分别观察到的效应是来源于高阶因子还是来源于低阶的特质(Johnson, Rosen, Chang, Djurdjevic, & Taing, in press)。

间接测量最突出的优势在于它对于核心自我评价所包含的特质进行了直接的测量,但是它也存在一些局限性:第一,四种分量表集合在一起造成测量题目数量过多,耗费更多的测验时间,容易造成应答者的疲劳效应,这可能会影响到测量的效度。第二,采用问卷组合而成的量表是一种间接的测量方法,只从不同的侧面反映核心自我评价,而非直接测量。

3.2 直接测量

直接测量的方法是开发出专门测量核心自我评价的量表,不再使用四个特质的分量表进行测量。核心自我评价量表(Core Self-Evaluations Scale, CSES)是最常见的直接测量的工具。到目前为止,已经有很多的研究验证了核心自我评价量表的效度(Gardner & Pierce, 2010; Holt & Jung, 2008)。Judge, Bono 和 Thoresen(2003)在仔细分析四个一阶因子量表(包括自尊、一般自我效能、控制源以及神经质)、大五人格量表和生活满意度量表的题目后,筛选出一个由 65 道题目组成的题目库。经过一系列的测量学检验之后,最终编制出由

12道题目组成的核心自我评价量表。该量表在四种独立的样本中,内部一致性信度为0.81~0.87,重测信度为0.81(间隔3个月),验证性因素分析的结果表明12个项目在一个单一维度上具有较好的载荷(Judge, Bono, & Thoresen, 2003)。Judge等(2003)的研究还发现:相对于由四个特质集合而成的量表而言,核心自我评价量表对工作满意度和工作绩效有更高的预测效度。此外,该量表的跨文化研究也得到了较为一致的结果:在西班牙和荷兰国内选取大学生和雇员为被试,采用西班牙和荷兰版本的核心自我评价量表进行施测,结果发现量表的信度与效度指标以及验证性因素分析的结果和英文版本的量表基本一致(Jugde et al., 2004)。

与间接测量相比,直接测量最突出的优势在于测量的题目相对较少,节省测量的时间。但是总的来说,间接测量和直接测量很难直接评判孰优孰劣,二者各有利弊。

§4 核心自我评价与工作结果变量的关系及其分析

核心自我评价概念诞生以后,大量的学者研究了核心自我评价与工作满意度以及其他工作结果变量之间的关系(如 Bono & Colbert, 2005; Dormann, Fay, Zapf, & Frese, 2006; Judge & Bono, 2001; Judge, Bono, Erez, & Locke, 2005; Judge, Locke, Durham, & Kluger, 1998; Rode, 2004; Schinkel, van Dierendock, & Anderson, 2004; Wanberg, Glomb, Song, & Sorenson, 2005)。过去十余年关于核心自我评价的研究表明它比单个的人格特质对于工作结果有更好的预测作用。

4.1 核心自我评价与工作结果变量的关系

4.1.1 核心自我评价与工作满意度

Judge等在1998年最早对核心自我评价和工作满意度的关系做了研究,发现当个体自己报告时,核心自我评价与工作满意度的相关为0.48;当由重要他人报告个体的核心自我评价时,两者的相关为0.36。Judge和Bono(2001)对169项相关研究进行元分析时发现:自尊与工作满意度的相关为0.26,控制源与工作满意度的相关为0.32,神经质与工作满意度的相关为-0.24,一般自我效能与工作满意度的相关为0.45。当把四种核心特质作为一种单一的、潜在的核心自我评价结构时,与工作满意度的相关为0.41。Judge等(2008)的一个纵向研究发现:在25年的时间跨度里,低核心自我评价的个体与高核心自我评价个体的工作满意度差距由0.06增加到了0.18。这说明高核心自我评价的个体的工作满意度最初就高于低核心自我评价的个体,而且工作满意度的增长幅度也相对较快。Chang等(2011)的元分析也显示核心自我评价与工作满意度的相关为0.31。这些结果都表明核心自我评价水平高的个体,对自己的工作更为满意。

4.1.2 核心自我评价与工作绩效

Judge和Bono(2001)的元分析结果表明:自尊与工作绩效的相关为0.26、控制源与工作绩效的相关为0.22、神经质与工作绩效的相关为-0.19、一般自我效能与工作绩效的相关为0.23。当把四种核心特质作为一种单一的、潜在的核心自我评价结构时,与工作绩效的相关为0.23。Judge(2009)对277名工人进行的核心自我评价和工作绩效调查,结果表明核心自我评价较高的被试的平均工作绩效显著高于核心自我评价较低的被试。Chang等(2011)

的元分析显示核心自我评价与任务绩效的相关为 0.16,与组织公民行相关为 0.19。这样的研究结果表明核心自我评价水平高的员工有较高的任务绩效,即能够负责任、较好地完成本职工作,同时他们的关系绩效也较好,即能够主动帮助同事,构建和谐的工作关系,推动组织发展;他们一般不会在工作场所中实施蓄意伤害组织利益或与组织利益有关的其他成员的行为。

4.1.3 核心自我评价与工作压力

Best,Stapleton 和 Downey(2005)的研究发现核心自我评价水平高的个体压力较小,职业倦怠水平较低。Chang 等(2011)的对核心自我评价的元分析显示核心自我评价与压力源的相关为－0.25,与紧张的相关为－0.35。压力源是指对员工产生威胁,并且需要员工付出努力来应对的环境刺激。紧张指的是对压力源的不良应对,包括心理的压力(如消极情绪),生理的压力(如抱怨)和行为的压力(如滥用药物)等(Lazarus & Folkman,1984)。高核心自我评价的个体更加关注工作环境中的积极因素,更为积极地对工作环境进行评价,因而感受到的工作压力会比较小。

4.1.4 核心自我评价与组织承诺

Chang 等(2011)的研究表明核心自我评价与情感承诺呈显著的正相关,相关系数为 0.25。核心自我评价与继续承诺有显著的负相关,相关系数等于－0.17,这也就意味着员工的核心自我评价越高,越不会被目前的职位而困扰,跳槽的意愿也越低。具有积极核心自我评价的人更关注他们周围环境的积极方面,而对于工作中消极的刺激(例如工作缺少选择性)则不敏感。

4.1.5 核心自我评价与目标设定

Chang 等人(2011)的研究表明核心自我评价与目标水平的相关为 0.16,目标承诺(goal commitment)相关为 0.33,与内在动机(intrinsic motivation)相关为 0.27。这些结果表明核心自我评价越高的个体越会选择有挑战性的目标,他们有更强的内部动机去追求设定的目标。此外,高核心自我评价的个体倾向于设定来源于自我的兴趣、价值观、爱好以及内心的认同程度高的目标,而且对目标的追求非常的坚持(Gagne & Deci,2005)。

4.2 核心自我评价与工作结果关系的分析

那么核心自我评价究竟怎样影响工作结果呢?Judge 等(1997)认为核心自我评价通过直接和间接两种方式影响工作结果。首先,核心自我评价能够直接影响工作结果。因为拥有积极的核心自我观念的个体相信自己的能力,认可自己的价值。他们相信工作的结果是自己可以掌控的,依赖于个体自己的努力程度和能力。他们相信自己无论在什么样的情境下都能够很好地发挥自己的能力。此外,核心自我评价水平高的个体情绪稳定性高,能够友好地、真诚地对待他人,信任同事。这些更为适合的人格特质都为个体取得更好的工作结果提供了可能(Judge et al.,1998a)。此外,Judge 等(1997)提出核心自我评价通过情感泛化直接影响工作满意度,他们认为工作满意度是个体通过一系列的评价产生的情感体验,而核心自我评价是个体在具体情境里(包括工作情境)进行评价的基础。核心自我评价水平高的个体拥有积极的情感,而这种积极的情感能够影响个体在潜意识对其他的物体、人和事件做出的评价(Judge et al.,1998a)。Judge 等(1998a)把具体情境的评价类比成一个人离地的高度,个体的核心自我评价越高,他离地的高度就越高,他对具体情境的感觉就越好。核心自我评价水平高的个体就好像是站在更高的舞台上,他们能够用更积极的态度来看待工作,对工作的情感越积极,因而满意度也比较高。这并不是否认情境对于评价的影响,只是强调核心自我评价水平高的个体拥有更适合的人格特质。

其次,核心自我评价通过间接途径(中介和调节变量)影响个体的工作结果,下面具体分析核心自我评价和工作结果的关系中的中介机制和调节效应。首先,表2.1详细地列举了18个检验核心自我评价中介机制的研究。Judge和他的同事(1997)提出核心自我评价通过两种类型的中介机制影响工作结果:情境评估和个体行为。情境评估包括对于工作(如工作特征)的知觉和认识、其他事情与自身的关系的判断和估计(如社会比较)。个体行为包括个体根据自己的核心评价采取的行动,例如工作的选择、在挫折面前的坚持性等(Judge et al.,1997)。从表格中我们看到大约半数的研究都是关于工作满意度的,其中对工作特征的中介效应的研究是最频繁的。Judge等(1998a)认为内在的工作特征在核心自我评价与工作满意度之间起到了明显的中介作用。内在工作特征是指一些工作本身的属性,它包括工作重要性、复杂性、变化性、任务反馈以及任务自主性等。Judge等(1998a)研究发现对工作本质特征的知觉能够解释37%的核心自我评价对工作满意度的预测方差。具有积极核心自我评价的个体对工作特征的评价较高,总是认为他们的工作和工作环境都是那么的具有吸引力。

表 2.1 核心自我评价和中介机制

研究	中介变量	结果变量	中介变量类型
Judge, Locke, et al. (1998a)	工作特征的感知 工作特征的感知和工作满意度	工作满意度 生活满意度	情境评估 情境评估
Judge, Bono, & Locke (2000)	客观的工作特征和对工作特征的感知	工作满意度	情境评估和个体行为
Erez & Judge (2001)	动机 设立目标的动机 设立目标的动机和销售行为 设立目标的动机、销售行为和销售额	任务绩效 销售行为 销售额 任务绩效	个体行为 个体行为 个体行为 个体行为
Best, Stapleton, & Downey (2005)	职业倦怠	工作满意度	个体行为
Judge, Bono, Erez, & Locke (2005)	自我目标一致性 自我目标一致性 自我目标一致性	生活满意度 工作满意度 目标获得	个体行为 个体行为 个体行为
Brown, Ferris, Heller, & Keeping, (2007)	社会比较 社会比较 社会比较,工作满意度,情感组织承诺	工作满意度 情感组织承诺 求职行为	情境评估 情境评估 情境评估
Salvaggio et al. (2007)	服务质量定位	服务气氛	个体行为
Judge & Hurst (2008)	教育程度 教育程度 教育程度 健康状况 健康状况	工作满意度的增加 薪资的增长 职业地位的提高 工作满意度的增加 薪资的增长	个体行为 个体行为 个体行为 个体行为 个体行为
Garcia, Triana, Peters, & Sanchez (2009)	自我提升	知觉的工作选择	个体行为

(续表)

研究	中介变量	结果变量	中介变量类型
Judge, Hurst, & Simon (2009)	收入	经济负担	个体行为
Scott & Judge (2009)	声望	获得帮助	个体行为
Stumpp, Hulsheger, Muck, & Maier (2009)	任务重要性 任务重要性	工作满意度 情感组织承诺	情境评估 情境评估
Grant & Sonnentag (2010)	职业倦怠 员工自我表达	任务绩效 对于绩效反馈的满意度	个体行为 个体行为
Kamer & Annen (2010)	员工自我表达	目标承诺	个体行为
Rich, LePine, & Crawford (2010)	工作投入 工作投入	任务绩效 关系绩效	个体行为 个体行为
Srivastava, Locke, Judge, & Adams (2010)	寻求复杂性 寻求复杂性和知觉的工作特征	知觉的工作特征 工作或任务满意度	个体行为 个体行为和情境评估
Ferris et al. (2011)	避免动机 避免动机 避免动机 接近动机	任务绩效 关系绩效 工作场所偏离行为 工作场所偏离行为	个体行为 个体行为 个体行为 个体行为
Sears & Hackett (in press)	角色清晰度	领导—成员交换	情境评估

来源：Chu-Hsiang (Daisy) Chang, D. Lance. Ferris, Russell E. Johnson, Christopher, C., Rosen, James A. Tan. (2012). Core Self-Evaluations, A Review and Evaluation of the Literature. *Journal of Management*, 38, 45—80.

在考察核心自我评价与工作绩效关系的研究中，动机是被研究的最多的中介变量。Judge 等(1998a)发现个体的动机在核心自我评价与工作绩效之间起了中介作用。个体的核心自我评价水平越高，完成工作任务的动机越强烈，而动机又是工作绩效的主要决定因素。因此，具有积极核心自我评价的个体能够更加成功地完成他们的工作。Erez 和 Judge (2001)的研究也证明了这样的观点。首先，让受测者解字谜的实验室研究结果表明：核心自我评价与自我报告的任务动机的相关为 0.39，与坚持性相关为 0.24，与任务绩效的相关为 0.35。其次，对保险销售员的现场研究表明，核心自我评价与自我设定目标的相关为 0.42，与目标承诺的相关为 0.59，与活动水平的相关为 0.32，与客观销售绩效的相关为 0.35，与主观的销售绩效相关为 0.44。在以上两种情境中，动机在核心自我评价与工作绩效之间起了中介作用，这种中介作用的效应大约占到 50%。纵观表 2.1 我们可以发现：关于核心自我评价与工作满意度和工作绩效的研究远远多于其他一些工作变量的研究。

Chang(2011)等强调今后的研究需要注意以下两点：首先，研究者在进行新的中介研究之前，需要对该领域已有的研究有全面的了解。不管研究的是新的中介变量还是已经被研究过的变量，都需要在前人研究的基础之上进行，必要时应对已经研究过的中介变量加以控制。研究者也有责任在研究中说明"新"的中介变量与"旧"的中介变量的区别,这样才能真正地推动核心自我评价研究的发展。另外,中介变量的选取以及中介机制的解释都缺乏综合的理论基础。关于中介变量的研究虽然很多,可是它们都是在各自的研究角度进行解释,缺乏一个统一的理论基础。

我们再来分析一下与核心自我评价有关的调节效应。表2.2列举了13个核心自我评价通过与其他变量相互作用来预测工作结果的研究。从表中可以看到研究者们主要关注核心自我评价与压力源、个体特征、工作特征这些变量的相互作用(Chang et al.,2011)。因此,可以把调节变量分成四个类别:压力源、工作特征、个体特征和其他。

表2.2 核心自我评价和调节效应

研究	调节变量	结果变量	调节变量类型
Best, Stapleton, & Downey (2005)	感知到的组织约束	职业倦怠	压力源
Bono & Colbert (2005)	反馈的水平	发展性目标的承诺	其他
Judge & Hurst (2007)	父母的学历	收入	个体特征
	父母的职业声望	收入	个体特征
	免于家庭贫困	收入	个体特征
	教育年限	收入	个体特征
	高中的GPA	收入	个体特征
	标准化测试的成绩	收入	个体特征
Tsaousis, Nikolaou, Serdaris, & Judge (2007)	积极情感	身体健康	个体特征
	消极情感	身体健康	个体特征
	生活满意度	身体健康	个体特征
Harris, Harvey, & Kacmar (2009)	感知的社会压力	工作满意度	压力源
	感知的社会压力	利他主义	压力源
	感知的社会压力	离职倾向	压力源
Kacmar, Collins, Harris, & Judge (2009)	感知的办公室政治	工作绩效	压力源
	感知到的领导的效力	工作绩效	其他
Pierce & Gardner (2009)	工作特质感知	组织自尊	工作特征
Rosopa & Schroeder (2009)	认知能力	学术成就	个体特征
Grant & Sonnentag (2010)	感知到的亲社会影响	情绪耗竭	个体特征
	感知到的亲社会影响	情绪耗竭	个体特征
Grant & Wrzesniewski (2010)	亲社会动机	工作绩效	个体特征
	宜人性	工作绩效	个体特征
	责任	工作绩效	个体特征
Ng & Feldman (2010)	年龄	情感组织承诺	个体特征
	个别协议	情感组织承诺	工作特征
	年龄×个别协议	情感组织承诺	个体特征和工作特征
Simsek, Heavey, & Veiga (2010)	环境动态性	创业导向	其他
Tasa, Sears, & Schat (2011)	团队水平的集体效能	绩效管理行为	其他

来源:Chu-Hsiang (Daisy) Chang, D. Lance. Ferris, Russell E. Johnson, Christopher, C., Rosen, James A. Tan. (2012). Core Self-Evaluations, A Review and Evaluation of the Literature. *Journal of Management*,38,45—80.

第一,核心自我评价与压力源的相互作用关系的研究结果比较不一致。部分研究者认为核心自我评价可以缓解压力源(如社会压力、组织约束等)与工作结果变量的负相关(Harris et al.,2009;Best et al.,2005)。这主要是因为积极的核心自我评价为个体提供了一种对工作的控制感和积极的评价,从而更好地应对压力(Harris,Harvey,& Kacmar,2009)。但是,有些研究者发现压力源(办公室政治)反而削弱了核心自我评价与工作绩效的积极相关(Kacmar et al.,2009)。此外,有些研究并没有证明核心自我评价与压力之间存在着相互作用(例如 Best et al.,2005;Luria & Torjman,2009)。

第二,核心自我评价与工作特征的相互作用关系。研究者发现工作特征和工作结果的关系要依不同的核心自我评价而定(Pierce & Gardner,2009)。Judge 等(1997)提出核心自我评价能够影响员工对环境的评价,例如对于核心自我评价水平较高的员工来说,工作特征的积极方面更为突出(Judge,Erez,et al.,1998a),因而工作结果(如组织自尊等)也相对较好(Pierce & Gardner,2009)。但是 Ng 和 Feldman(2010)的研究却得到了相反的结论:当个体核心自我评价水平较低时,有利的工作特征与积极的工作结果关系增强。所以,到目前为止核心自我评价与工作特征的关系并不明朗。

第三,核心自我评价与个体特征之间的相互作用关系。研究发现核心自我评价增强了个体特征(如社会经济地位和亲社会倾向等)与结果变量(如财富和健康等)之间的正相关(Grant & Wrzesniewski,2010;Judge & Hurst,2007;Rosopa & Shroeder,2009)。这可能是由于以下几个原因:① 核心自我评价水平较高的个体以更为积极的方式评价环境,能够更加有效地进行自我调节,更好地发挥自身的优势;② 核心自我评价水平较高的个体以积极的自我观点进行自我验证和归因;③ 核心自我评价水平较高的员工更为积极地追求呈现在他们面前的机会(Grant & Wrzesniewski,2010;Judge & Hurst,2007)。

第四,核心自我评价与其他变量之间的相互作用。研究者也发现在集体效能高的团队里,核心自我评价与工作绩效的关系比较弱(Tasa et al.,2011)。此外,员工感知到自己工作的亲社会影响能够缓解核心自我评价与情感枯竭的负相关(Grant & Wrzesniewski,2010)。当自己和他人的反馈差异较大时,核心自我评价与追求发展性的目标的正相关增强(Bono & Colbert,2005)。

总的来说,① 压力源和工作特征与核心自我评价的关系比较混乱,还没有得出统一的结论。② 核心自我评价与个体利用有益的条件的能力有关。具体来说,核心自我评价与个体在机会出现时的动机和追求行为存在着一定的关系。③ 工作环境制约着高核心自我评价的积极作用,弥补低核心自我评价的消极作用(Grant & Wrzesniewski,2010)。

无论是直接作用还是间接作用,研究者都尝试使用趋向—规避框架(An approach/avoidance framework)来整合和系统地解释核心自我评价的影响机制(Chang et al.,2011)。趋向—规避框架理论认为人类的心理现象都可以按照对积极和消极信息的不同敏感程度划分为趋向和规避两种类型(Elliot,1999)。有些人格特质对积极的刺激敏感(如外向等),有些人格特质对于消极刺激敏感(如神经质等),也有些特质对积极和消极的刺激都敏感(如自恋、乐观等)(Carver & White,1994;Morf & Rhodewalt,2001)。态度、动机和情感等也都可以根据趋向积极刺激和规避消极刺激的程度进行不同的分类(Carver,Sutton,& Scheier,2000)。趋向—规避理论还能够解释人格、动机和情感之间的关系。例如,神经质是一种规避的特质,那么神经质的个体就更容易体验到以规避为基础的情绪(如害怕),同时他也会更多地关注消极的信息。关于核心自我评价和趋向—规避理论的实证研究表明核心自我评价水平高的个体对积极的刺激(趋向)敏感,而对于消极的刺激(规避)则相对不敏感(Ferris et al., 2011)。这种趋向(积极刺激)和规避(消极刺激)的差异影响了个体在具体评价情境中对于积极和消极信息不同的关注程度(Fergyson & Bargh, 2008),影响着个体设立不同的目标(Elliot & McGregor, 2001),影响到个体体验到不同的情绪(Carver, Avivi, & Laurenceau, 2008)。实证研究表明核心自我评价水平较高的个体会采用趋向成功的目标(Judge, Bono, Erez, & Locke, 2005),而核心自我评价水平低的个体则采用规避失败的目标(Srivastava, Locke, Judge, & Adams, 2010)。这种趋向和规避的差异最终导致了特质和工作结果之间的关系。核心自我评价水平高的个体有较强的趋向动机,追求积极的工作目标,关注工作环境中积极的方面,因而工作结果比较满意(Chang, 2011)。此外,使用趋向—规避理论能够使核心自我评价与很多变量(自我目标一致性、声望等)之间的关系变得清晰。例如:Judge和同事(2005)认为自我目标一致性本质上是趋向积极刺激,因而比较容易被核心自我评价水平较高的个体所采纳。同样地,获得声望(Scott & Judge, 2009)本质上也是趋向积极社会目标,这也正是核心自我评价水平较高的个体所追求的。除了提供一个简洁的理论框架之外,使用趋向—规避理论解释核心自我评价也为未来的研究提供了方向。趋向—规避理论在很多心理学研究领域被讨论,如神经心理学(Cain & LeDoux, 2008)、动机(Elliot, 1999)和决策(Higgins, 2006)等。了解核心自我评价的趋向和规避的本质,使核心自我评价理论推广到新的领域进行研究成为可能。例如,Higgins(2006)认为个体做出的决策是符合自己趋向积极刺激还是规避消极刺激的倾向的;而Miller等(2002)研究发现有高度规避倾向的个体,通常会对他人动机做出错误的判断。总之,趋向—规避理论能够帮助我们理解核心自我评价的本质和效应,是整合解释核心自我评价的很好的理论。

§5 国内关于核心自我评价的研究现状

对于Judge等人提出的核心自我评价概念,国内的研究主要从以下理论角度和应用角度进行研究。理论角度的研究主要是验证核心自我评价在中国的实用性,提出中国的核心自我评价的理论构想以及对核心自我评价的量表进行修订等。吴超荣和甘怡群(2005)检验了核心自我评价概念对中国人的适用性。二阶验证性因素分析结果显示:对于华人来说二级结构仍然稳定地存在,自我评价水平高者拥有较高的自尊水平和一般自我效能,同时更多趋向于内控,情绪比较稳定。初步支持了核心自我评价这一建构的跨文化普遍性。甘怡群,王纯和胡潇潇(2007)提出中国人核心自我评价的理论构想,包括四种核心特质,即善良、才干、处世态度和集体自尊。

应用角度的研究主要集中在三个领域:工作领域、心理健康和学习行为。国内关于核心自我评价在工作背景下的研究表明核心自我评价与工作满意度呈正相关,与工作倦怠呈负相关,与工作绩效呈正相关(张建、杜建政,2011)。王婷等(2009)研究发现加入集体自尊维度的核心自我评价对工作投入和工作倦怠均有较好的预测作用。但是,多数国内研究只关注核心自我评价与工作结果变量的直接关系,较少探讨其中的作用机制。谢义忠等

(2007)发现核心自我评价能有效调节经济困难和心理健康之间的关系。近些年来,国内又出现了核心自我评价与学业行为的研究。甘怡群,奚庄庄等(2007)的研究表明:神经质与学业倦怠水平呈正相关,一般自我效能、自尊水平与学业倦怠水平呈负相关,内外控与学业倦怠的相关不显著。马利军和黎建斌(2009)研究发现:核心自我评价水平较高的大学生更少出现厌学情绪和厌学行为。

§6 研 究 展 望

6.1 核心自我评价的结构效度

尽管核心自我评价已经被广泛应用于不同领域的研究,但是它的结构效度还存在一些不确定性(Johnson, Rosen, Chang, et al., in press)。这些不确定性源自于核心自我评价的特质的选择标准和核心自我评价特质之间共享方差的来源。解决上述的不确定因素,不仅为未来的研究提供了方向,也能帮助我们加深对核心自我评价的认识,从而扩展核心自我评价在基础和应用研究的预测作用。

关于核心自我评价结构效度的第一个思考是核心自我评价特质的入选标准。核心自我评价的定义本身是比较模棱两可的,很多个人格特质似乎都符合这个要求。例如,当这个概念最早被提出的时候,积极情感、消极情感和乐观都被认为是核心自我评价的特质(Judge et al., 1997)。近年来,也有学者建议将外向加入到核心自我评价的结构中,而将控制源剔除(Johnson, Rosen, & Djurdjevic, 2011; Johnson et al., 2008)。此外,核心自我评价的特质的三条筛选标准本质上也是概念性的,不容易检验。所以核心自我评价非常需要一些可以进行实证性检验的筛选标准(Johnson, Rosen, & Djurdjevic, 2011),例如为特质在高阶因子上的载荷设立一个最小的临界值,为特质重测信度设立一个最小临界值等(Chang et al., 2011)。未来研究的一个重要方向就是为核心自我评价设立合适的入选标准,然后用于检验现有的特质以及其他候选的特质(Johnson, Rosen, & Djurdjevic, 2011)。只有当特质同时符合理论的和实证的标准时,才能够作为高阶核心自我评价结构的一个指标。

关于结构效度的另一个考虑是排除一些与研究无关却导致核心自我评价高阶因子出现的因素(Johnson, Rosen, Chang, et al., in press)。尽管核心自我评价的特质之间存在着中度到高度的重叠(Judge et al., 2002),但其中的某些共享方差可能是由其他的因素而非特质引起的。在几乎所有的研究中,核心自我评价特质的数据都是在同一时间通过单一的来源搜集的。这就增加了得到的数据中出现共同方法偏差的可能性。共同方法偏差指的是由于测量方法而非所测构想造成的变异(Podsakoff, MacKenzie, Lee, & Podsakoff, 2003)。此外,还有一些其他的变量(如一般认知能力)也可能增加了核心自我评价特质间的共享方差(Johnson et al., 2008)。未来的研究需要以系统的方式排除共同方法变异和其他的混淆变量之后,再对核心自我评价的高阶结构进行检验。

6.2 个体内部核心自我评价水平的变化

从实践的角度看,很多管理者都毫无疑问地对个体的核心自我评价是否具有可塑性十分感兴趣。虽然多数人格特质具有遗传性并能够保持相对的持久稳定性,但这并不意味着它们在人的一生中是一成不变的。随着生理的成熟和环境的变化,人格也会产生或多或少的变化(Roberts & Mroczek, 2008)。虽然 Judge 等人认为核心自我评价的稳定性较高,但他也承认这种稳定性并非不能改变(Judge et al., 2000)。事实上,研究也证明了核心自我评价的水平会随着时间而变化,Roberts 等(2006)发现神经质的平均水平是会发生变化的。随后,Orth 等(2010)也发现自尊的平均水平也会随时间而变化。有趣的是,研究发现个体社会角色经验的增加(包括员工角色)与人格特质的变化是有关系的(Heller, Ferris, Brown, & Watson, 2009; Wood & Roberts, 2006)。但是关于社会角色经验究竟如何影响个体人格特质的理论机制还没有被论证。早期的理论关注的是社会角色经验如何影响目标选择和动机,而目标选择和动机又如何影响人格特质水平的变化等。例如,把积极的结果作为追求目标的个体更趋向于外向,而把避免消极的结果作为目标的个体更趋向于神经质(Heller, Komar, & Lee, 2007)。

但是到目前为止还没有学者正式研究过核心自我评价水平的决定因素(Chang et al., 2011)。这个课题有广阔的研究前景,同时也将使整个人格心理学和管理心理学受益。

6.3 其他核心评价的研究

纵观有关核心评价的研究,不难发现研究者们都主要关注核心自我评价。但是最初核心自我评价是与核心他人评价和核心现实评价一同被提出的。然而,相比核心自我评价的研究,几乎没有关于核心他人评价和核心现实评价的研究。核心他人评价是个体对其他人更为具体的核心评价(如信任与怀疑)。核心现实评价是个体对于现实的一般核心评价(仁慈、公正、恶毒和危险等)。很明显,核心他人评价和核心现实评价的分类之间有一定的重叠,核心他人评价是核心现实评价的一个方面,可以将二者合并为核心外部评价(core external evaluations)来进行研究(Judge et al., 1998a)。核心现实评价与核心他人评价之间究竟存在怎样的关系(Chang et al., 2011)?对他人的敌意与个体的消极世界观存在相关吗?信任他人和乐观对于核心外部评价的作用一样吗?既然核心自我评价能更好地预测工作结果,那么核心外部评价也有更好的预测效度吗?这些问题在之前的研究中都被忽视了(Chang et al., 2011),也就意味着未来的研究还有更广的领域可以探索。研究核心外部评价不仅有助于我们更好地理解他人的评价,也是对 Packer(1985)和 Judge(1997)最初提出的关于核心评价方法的很好的验证。

参考文献

Best, R. G., Stapleton, L. M., & Downey, R. G. (2005). Core self-evaluations and job burnout, The test of alternative models. *Journal of Occupational Health Psychology*, 10, 441—451.

Bono, J. E., & Colbert, A. E. (2005). Understanding responses to multi-source feedback, The role of core self-evaluations. *Personnel Psychology*, 58, 171—203.

Bono, J. E., & Judge, T. A. (2003). Core self-evaluations, A review of the trait and its role in job satisfaction and performance. *European Journal of Personality*, 17, 5—18.

Bowling, N. A., Wang, Q., Tang, H. Y., & Kennedy, K. D. (2010). A comparison of general and work-specific measures of core self-evaluations. *Journal of Vocational Behavior*, 76, 559—566.

Boyar, S. L. , & Mosley, D. C. , Jr. (2007). The relationship between core self-evaluations and work and family satisfaction, The mediating role of work-family conflict and facilitation. *Journal of Vocational Behavior*, *71*, 265—281.

Chu-Hsiang (Daisy) Chang, D. Lance. Ferris, Russell E. Johnson, Christopher, C. , Rosen, James A. Tan. (2012). Core Self-Evaluations, A Review and Evaluation of the Literature. *Journal of Management*, *38*, 45—80.

Creed, P. A. , Lehmann, K. , & Hood, M. (2009). The relationship between core self-evaluations, employment commitment, and well-being in the unemployed. *Personality and Individual Differences*, *47*, 310—315.

Djurdjevic, E. , Rosen, C. C. , & Johnson, R. E. (2010). Enhancing the prediction of core self-evaluation by considering trait interactions. In A.-G. Albrecht & D. S. Ones (Chairs), *New insights into core self-evaluations at work*. Paper presented at the 70th Academy of Management Annual Meeting, Montreal, Quebec, Canada.

Dormann, C. , Fay, D. , Zapf, D. , & Frese, M. (2006). A state-trait analysis of job satisfaction, On the effect of core self-evaluations. *Applied Psychology, An International Review*, *55*, 27—51.

Erez, A. , & Judge, T. A. (2001). Relationship of core self-evaluations to goal setting, motivation, and performance. *Journal of Applied Psychology*, *86*, 1270—1279.

Grant, A. , & Wrzesniewski, A. (2010). I don't want to let you down or will I? Core self-evaluations, otherorientation, anticipated guilt and gratitude, and job performance. *Journal of Applied Psychology*, *95*, 108—121.

Harris, K. J. , Harvey, P. , & Kacmar, K. M. 2009. Do social stressors impact everyone equally? An examination of the moderating impact of core self-evaluations. *Journal of Business and Psychology*, *24*, 153—164.

Johnson, R. E. , Rosen, C. C. , & Levy, P. E. (2008). Getting to the core of core self-evaluations, A review and recommendations. *Journal of Organizational Behavior*, *29*, 391—413.

Judge, T. A. , & Bono, J. E. (2001). Relationship of core self-evaluation traits-self-esteem, generalized selfefficacy, locus of control, and emotional stability-with job satisfaction and job performance, A meta-analysis. *Journal of Applied Psychology*, *86*, 80—92.

Judge, T. A. , Bono, J. E. , Erez, A. , & Locke, E. A. (2005). Core self-evaluations and job and life satisfaction, The role of self-concordance and goal attainment. *Journal of Applied Psychology*, *90*, 257—268.

Judge, T. A. , Erez, A. , Bono, J. E. , & Thoresen, C. J. (2002). Are measures of self-esteem, neuroticism, locus of control, and generalized self-efficacy indicators of a common core construct? *Journal of Personality and Social Psychology*, *83*, 693—710.

Judge, T. A. , Erez, A. , Bono, J. E. , & Thoresen, C. J. (2003). The core self-evaluations scale, Development of a measure. *Personnel Psychology*, *56*, 303—331.

Judge, T. A. , & Hurst, C. (2007). Capitalizing on one's advantages, Role of core self-evaluations. *Journal of Applied Psychology*, *92*, 1212—1227.

Judge, T. A. , & Hurst, C. (2008). How the rich (and happy) get richer (and happier), Relationship of core self-evaluations to trajectories in attaining work success. *Journal of Applied Psychology*, *93*, 849—863.

Judge, T. A. , Hurst, C. , & Simon, L. N. (2009). Does it pay to be smart, attractive, or confident (or all three)? Relationships among general mental ability, physical attractiveness, core self-evaluations, and income. *Journal of Applied Psychology*, 94, 742—755.

Judge, T. A., Locke, E. A., Durham, C. C., & Kluger, A. N. (1998). Dispositional effects on job and life satisfaction, The role of core evaluations. *Journal of Applied Psychology*, 83, 17—34.

Judge, T. A., Van Vianen, A. E. M., & De Pater, I. E. (2004). Emotional stability, core self-evaluations, and job outcomes, A review of the evidence and an agenda for future research. *Human Performance*, 17, 325—346.

Judge, T. A. (2009). Core Self-Evaluations and Work Success. *Current directions in psychological science*, 18, 58—62.

Kacmar, K. M., Collins, B. J., Harris, K. J., & Judge, T. A. (2009). Core self-evaluations and job performance, The role of the perceived work environment. *Journal of Applied Psychology*, 94, 1572—1580.

Kluemper, D. H. (2008). Trait emotional intelligence, The impact of core self-evaluations and social desirability. *Personality and Individual Differences*, 44, 1402—1412.

Piccolo, R. E., Judge, T. A., Takahashi, K, Watanabe, N., & Locke, E. A. (2005). Core self-evaluations in Japan, Relative effects on job satisfaction, life satisfaction, and happiness. *Journal of Organizational Behavior*, 26, 965—984.

Resick, C. J., Whitman, D. S., Weingarden, S. M., & Hiller, N. J. (2009). The bright-side and the dark-side of CEO personality, Examining core self-evaluations, narcissism, transformational leadership, and strategic influence. *Journal of Applied Psychology*. 94, 365—1381.

Sager, J. K., Strutton, H. D., & Johnson, D. A. (2006). Core self-evaluations and salespeople. *Psychology and Marketing*, 23, 95—113.

Simsek, Z., Heavey, C., & Veiga, J. (2010). The impact of CEO core self-evaluation on the firm's entrepreneurial orientation. *Strategic Management Journal*, 31, 110—119.

甘怡群,奚庄庄,胡月琴,张轶文(2007). 核心自我评价预测学业倦怠的新成分:集体自尊. 北京大学学报(自然科学版),43(005),709—715.

甘怡群,王纯,胡潇潇(2007). 中国人的核心自我评价的理论效度. 心理科学进展,15(2),217—223.

马利军,黎建斌(2009). 大学生核心自我评价、学业倦怠对厌学现象的影响. 心理学发展与教育,3,101—106.

王婷,高博,刘君,孙鉴,甘怡群(2009). 科研技术人员核心自我评价与工作倦怠、工作投入的结构方程分析. 应用心理学,15(2),148—154.

吴超荣,甘怡群(2005). 核心自我评价:一个验证性因素分析. 北京大学学报(自然科学版),41(4),622—627.

谢义忠,时勘,宋照礼,牛雄鹰(2007). 就业动机因素与核心自我评价对失业人员心理健康的影响. 中国临床心理学杂志,15(5),504—507.

许思安,杨晓峰(2009). 核心自我评价:教师心理幸福感的重要影响因素. 中国特殊教育,105,90—96.

杨晓峰,许思安,郑雪(2009). 大学生社会支持、核心自我评价与主观幸福感的关系研究. 中国特殊教育,12(114),83—89.

张翔,杜建政(2011). 核心自我评价对员工心理与行为影响的实证研究. 心理研究,4(1),44—48.

3

自 我 监 控

一位著名的演员曾经说过,高超的演技实际上来源于生活。在每天的社会交往中,我们都在使用各种"演技"去表现实际可能并没有体会到的情绪或态度,比如说控制面部表情、手势、身体姿势、声音以及其他非语言的表达。这种对于自我表现的控制非常普遍,是个体为了有效进行社会交往而做出的一种善意的努力(Guthrie, 1971)。当然,很多不光彩的社会交往行为也需要依靠这些技巧,比如说撒谎、隐藏真正意图或者表现出虚假的自我。心理学家为了系统的研究人们对这些"演技"的使用,提出了自我监控(self monitoring)这一概念。自我监控对于组织来说非常重要。在组织这个大背景之下,员工会使用多种策略来观察和控制自我形象(Snyder & Copeland, 1989)。这个过程不仅会影响同事或领导对员工的评价,同时也会影响工作关系的建立和维持。如果组织没有建立一个有效的关系网络,那么实现组织目标就会出现困难(Day & Schleicher, 2006)。因此,研究自我监控的概念及理论对组织的健康发展非常关键。

§1 自我监控的概念

在工作和生活中,人们无时无刻不在对自己的外在形象进行控制,而这种行为一直都受到很多心理学家的关注。早期就有研究者认为,个体可以刻意的通过声音或者面部表情来表达他们的情绪,以便让别人更为准确地知道自己的感情(Davitz, 1964)。随着相关研究的发展,人们逐渐意识到控制情绪表达的能力对社会和人际交往十分重要。比如说,Goffman(1959)将社会交往比作一场戏剧演出,因为无论是在语言方面还是非语言方面,个体都必须使其自我表现和当前环境相一致。Ekman(1971)认为个体为了适应不同的社会准则,会加强、淡化甚至完全掩饰自己的内部情绪表露。

为了更有效地研究个体对自我表现的控制,Snyder(1974)提出了自我监控这个概念。自我监控指个体在社会情境中对自己公众形象的观察、调节和控制(Snyder, 1987)。Snyder认为自我监控的目标应该有以下几点:通过加强自我表现以更准确的表达情绪状态;即便体会到了不恰当的情绪也并不会流露出来;表现出恰当的情绪以掩饰不恰当的情绪状态;伪装出某种情绪以配合他人的情绪状态。比如说,当同事因为得到奖金而高兴时,员工依然可以通过自我监控来表达出为他高兴的状态,即便实际上并没有体会到这种情绪。

虽然自我监控在提出的时候是作为一种行为进行定义的,但是之后的研究者更多的用这个概念来形容一种人格特质,即个体采取自我监控行为的稳定倾向。也就是说,高自我监控者更倾向于对自己的表现进行监控,而低自我监控者则正好相反。自从这一概念提出以来,就一直是研究者关注的焦点(Lennox & Wolfe, 1984)。已有研究表明,自我监控水平可以显著影响个体与他人的沟通与合作,并与晋升、关系绩效、社会网络复杂性、评价有效性和印象管理有关(如,Mehra, Kilduff, & Brass, 2001; Soda & Bizzi, 2008; Turnley & Bolino, 2001)。自我监控量表也被广泛使用,但是一直争议不断(Briggs & Cheek, 1988)。下面我们首先从自我监控理论入手,介绍研究者如何对自我监控的个体差异进行系统的解释。

§2 自我监控的理论发展

并不是每一个人都想对自我表现进行控制,也并不是每个人都有控制自我表现的能力。这种差异引起了许多疑问:为什么一些人想对自我表现进行控制?什么样的特质会使个体擅于控制自我表现?环境因素在这个过程中起到了什么作用?这种控制又会产生怎样的结果?研究者发现,对于这些问题的解释可以形成一个新的理论框架,即自我监控理论(Snyder, 1974)。该理论阐述了个体在控制自我表现方面存在差异的原因以及这种差异可能带来的结果,因而帮助人们更好的理解自我监控在社会互动中所起的重要作用(Gangestad & Snyder, 2000)。

自我监控理论的基本假设在于,个体进行自我监控行为的动机和能力是存在很大差距的,而正是这种差距造成了不同自我监控水平个体行为上的差异(Gangestad & Snyder, 1985, 1991; Snyder, 1974, 1979, 1987)。Parks 和 Mount(2005)认为,高自我监控者的动机是获得地位的提升(Status enhancement motive)。他们希望通过得到他人的赞赏来实现自己的目标,因此会以迎合他人为目的来构建自己的形象。高自我监控者总是会思考这样的问题:什么样的表现比较适合现在的环境?我怎样才能表现出这种形象(Snyder, 1979)?而低自我监控者的动机则是自我验证(self-validation motive),希望自己的外在形象与个体内在的价值观及信念保持一致(Gangestad & Snyder, 2000; Day & Schleicher, 2006)。也就是说,低自我监控者总是会思考:我是什么样的人?在这样的情境中怎么样才能表现出最真实的自我(Snyder, 1979)?另外,个体对自己在公众面前表现出来的形象有不同的态度(Gangestad & Snyder, 2000)。高自我监控者希望自己能给别人留下良好而深刻的印象,因此他们非常重视对这种外在形象的创造和培养。但是低自我监控者则认为个体在社会中表现出来的形象应该与内在的自我保持一致,刻意的控制形象就成了一种欺骗性的行为。研究者认为,两种态度的不同很可能造成不同自我监控水平个体的动机差异(Gangestad & Snyder, 2000)。

从能力方面讲,高自我监控者对社会情境和人际交往中的适宜性线索非常敏感(Costanzo & Archer, 1989; DeBono & Snyder, 1989)。根据这些从观察得来的线索,他们能够有效地监控自己的行为和情绪。已有研究表明,高自我监控者能够通过恰当的印象管理技术来改善自己的形象,但是在低自我监控者采取同样技巧的时候,却恶化了自己的形象(Turnley & Bolino, 2001)。因此,高自我监控者有能力去准确理解他人的行为和表情,并且可以按照他人想要的方式进行自我表现,而这种能力正是低自我监控者所欠缺的。

在自我监控理论提出之后,研究者并没有马上进行与自我监控相关的实证研究,而是用该理论为心理学历史上的一个争论提供了解释(Gangestad & Snyder，2000)。在对个体的行为进行研究时,人们一直抱有这样的疑问:行为是否具有跨情境的一致性? 或者说,是特质因素还是环境因素决定了个体的行为? 自我监控理论认为,由于高自我监控者更加重视情境线索,因此当情境中适宜性行为的线索改变时,高自我监控者就会相应的调整自己的表现。因而他们的行为更多的被环境因素所决定,缺少跨情境的一致性。对于他们来说,在社会线索少的情况下,行为才更能反映自己内心的态度和感受(Snyder，1974)。但是低监控者更擅于表现内在的自我,因此其行为可以更好的被稳定的个人特质所预测,跨情境的行为也有更强的一致性(Gangestad & Snyder，2000)。也就是说,在长时间的观察中,低自我监控者的态度、意图和行为更倾向于保持稳定(Gangestad & Snyder，2000；Harrison & Price，2003)。自我监控理论为这个争论提供了一个折中的解释,即对高自我监控者来说,环境因素能更好地预测行为,而对低自我监控者来说,则是特质因素起到了更大的决定作用。

这个理论提出十年之后,才引起了心理学研究者的广泛兴趣。研究者们将这个概念引入了很多的研究领域:亲密关系(Snyder & Simpson，1984),消费者行为(如,DeBono & Snyder，1989),人事选拔(如,Snyder，Berscheid, & Matwychuk，1988),组织行为(如,Caldwell & Burger，1997),社会化和发展进程(如,Eisenberg，Fabes，Schaller，Carlo, & Miller，1991),工作绩效(如,Soda & Bizzi，2008),职业发展(如,Kilduff & Day，1994),印象管理(如,Turnley & Bolino，2001),社会网络(如,Mehra et al.，2001)以及跨文化的研究等(如,Gudykunst，1985)。以上的研究结果说明了自我监控涉及个人生活的方方面面,不仅仅会影响他们的公共形象,也会改变他们的浪漫关系、消费行为和职业生涯等。在接下来的部分中,我们将选取几个与工作领域相关的变量进行介绍,希望读者能够更加深入的了解自我监控这一概念,以及自我监控的理论是如何被应用在实证研究中的。

§3 自我监控的实证研究

3.1 印象管理

印象管理是指个体尝试着去影响自己在他人眼中形象的过程(Rosenfeld，Giacalone, & Riordan，1995)。已有研究表明有效的印象管理策略可以改善他人对自己的评价(Villanova & Bernardin，1989),而自我监控在印象管理和形象改善的关系中起到了调节作用。根据自我监控理论,高自我监控者想要并有能力改善自己在他人眼中的公共形象(Snyder，1974,1987；Snyder & Gangestad，1982),因此他们应该倾向于使用印象管理技术。比如说,Fandt 和 Ferris(1990)发现高自我监控者倾向于通过操纵信息以呈现出一个更加积极的形象。Gabrenya 和 Arkin(1980)发现高自我监控者通过留意他人的行为以获得印象管理的线索,并根据这些线索恰当的使用印象管理策略。

但是,如果印象管理的技术使用不当,那么个体反而会恶化自己在他人眼中的形象。自我监控水平低的个体在使用自我管理技巧时,常常会被感知成一种虚假的行为,比如在使用逢迎技术时被别人当成"马屁精"(Turnley & Bolino，2001)。而高自我监控者在使用自我管理技巧时,可以有效的提高竞争力并得到别人的支持和喜爱,因此通常能获得成功(Zaccaro, Foti, & Kenny, 1991)。比如说,Turnley 和 Bolino(2001)证明了高自我监控者在使用逢迎、模仿和自我推销三种印象管理策略的时候能有效的改善形象。

3.2 工作绩效

工作绩效并不是一个单一的维度,可以分为任务绩效和关系绩效两个方面(Borman & Motowidlo, 1993),而自我监控对于这两个方面有不同的贡献。任务绩效关注的是与员工生产产品或提供服务直接相关,或者是能够间接的为组织核心技术过程提供支持的行为。简单来说,任务绩效就是指本职工作的绩效——员工运用技术或知识来完成一项工作都与他们的任务绩效有关(Scotter, Motowidlo, & Cross, 2000)。根据前面的理论论述可知,高自我监控者主要擅于依据环境线索来改变自我形象,但是这并不意味着他们就一定可以更好的完成本职工作,因此两者之间应该没有显著的相关(Kilduff & Day, 1994)。

而对于关系绩效来说,情况就大为不同了。关系绩效所关注的行为会影响员工在进行工作时的心理环境和社会环境(Borman & Motowidlo, 1993)。当员工经常帮助他人完成任务,主动与主管合作,或者提出改善组织的建议时,他们就会有较高的关系绩效(Scotter, Motowidlo, & Cross, 2000)。由于高自我监控者会像变色龙一样根据别人的期望调节自己的公众行为和态度,因此他们更倾向于是实用主义者(Snyder, 1987),在环境中缺乏利他行为线索的时候不太可能主动地做出利他行为。已有研究发现,当助人行为可能会带来奖励时,高自我监控者会有更多的助人行为,但是其志愿性的助人行为却显著地少于低自我监控者(White & Gerstein, 1987)。由于建立良好的工作关系、增强对组织的承诺和通过帮助他人以提高团队的绩效都属于利他行为(Caligiuri & Day, 2000),而这些行为与关系绩效的评价标准紧密相关,因此许多研究者认为自我监控的水平应该与关系绩效呈负相关(Caligiuri & Day, 2000; Kilduff & Day, 1994)。

但是在一项近期的研究中,Soda 和 Bizzi(2008)发现自我监控水平和领导评定的关系绩效有很强的正相关(相关系数为 0.629)。为什么会出现这样的矛盾呢?研究者认为,高自我监控者在社会交往中能够熟练地使用各种沟通技巧以及印象管理策略(Soda & Bizzi, 2008; Caldwell & O'Reilly, 1982a),这使得他们在人际交往中占有很大的优势。大量研究表明,这些技巧和策略可以有效的改善个体在领导或者同事眼中的形象,进而影响绩效评价。如 Villanova 和 Bernardin(1989)在他们的研究中发现,有效的印象管理策略能够增加评价者对员工的喜爱,因而提升了绩效评价。因此,虽然高自我监控者本身的关系绩效水平比较低,但是他们可以通过高超的人际交往技能对这一事实进行"掩饰"。Landy 和 Farr(1980)指出,当关系绩效是由他人进行评价时,其结果往往不能排除特定人际关系和社会情境的影响。在这种情况下,高自我监控者就可以通过改善自己在评价者眼中的形象来提高自己的关系绩效。因此,高自我监控者的他评关系绩效可能并不低,甚至会处在一个较高的水平(Soda & Bizzi, 2008)。

3.3 工作态度

Day 等人(2002)对以往有关自我监控的研究进行了元分析,其研究共包括 136 个研究样本($N=23191$),更全面的阐述了自我监控与各种工作结果之间的关系。这些结果中的其中一类便是代表了工作态度的变量,包括工作投入、组织承诺以及工作满意度等。

(1) 工作投入。工作投入是指个体对于所从事工作的心理认同感(Kanungo,1982)。Day 和 Schleicher(2006)认为,高自我监控者可能把工作当成一种实现理想自我形象的工具,而他们又有改善公众形象的动机和能力,因此工作投入的水平较高(Gangestad & Snyder,2000)。Day 等人(2002)的元分析证实了自我监控对于工作投入有显著的积极影响。

(2) 组织承诺。Mathieu 和 Zajac(1990)将组织承诺描述为个人与组织之间的联系和纽带。由于高自我监控者的态度和行为缺乏跨情境的一致性,因此他们的承诺水平较低,社会纽带也并不稳定(Gangestad & Snyder,2000)。另外,由于他们更看重自己的公众形象,因此为了追求名誉而跳槽的可能性会高于低自我监控者(Kilduff & Day,1994)。因此,高自我监控者的组织承诺水平往往比较低,而这一结果已被广泛的研究所证实(Gangestad & Snyder,2000)。

(3) 工作满意度。在元分析的结果中,Day 等人(2002)发现自我监控水平和工作满意度并没有显著的相关关系。首先,该结果并没有违背自我监控的理论。如果我们从已有的理论和证据出发,则会发现这两者确实没有什么必然的联系(Day et al.,2002)。其次,高水平的组织承诺和工作满意度都属于正性的工作结果。然而,虽然高自我监控者努力想要获得良好的形象,但是他们并没有在填写问卷时报告高水平的组织承诺或工作满意度,说明高自我监控者并不会为了给研究者留下良好的形象而扭曲对自己工作态度的评价。因此,这一结果说明了自我监控者所关注的自我形象是存在一定范围限制的(Day & Schleicher,2006)。

3.4 社会网络

已有研究证明,社会网络的大小、网络中关系的复杂程度会影响个体对组织的贡献,进而影响职位的提升以及对绩效的评价(Burt,1992;Kilduff & Day,1994)。根据自我监控理论可知,高自我监控者可以灵活的根据不同社会情境塑造适宜的公共形象,因此在各种不同的社会群体中都可以占有一席之地。而低自我监控者更喜欢生活在比较稳定和一致的小团体中,不需要更多的控制自我表现(Snyder,1987)。也就是说,高自我监控者会利用他们的技能在不同的工作领域中扮演相应的角色,因此可以与更多的群体建立联系。他们是一个连接不同群体的桥梁,在社会网络中担任着传递信息的角色(Mehra et al.,2001)。综上所述,相对于低自我监控者而言,高自我监控者的社会网络应该更为庞大和复杂。Mehra 等人(2001)以 116 名公司员工为被试,证明了高自我监控者在社会网络中确实起到了连接不同群体的"桥梁"作用。同时,工作时间越长,他们的社会网络就越庞大,关系也就越复杂。

鉴于社会网络的规模和复杂程度,以及他们在网络中所起的"桥梁"作用,高自我监控者可以得到并分配更多的信息和资源。也就是说,他们有更多做出决策的机会并需要为结果负责,因此高自我监控者往往有高水平的工作自主性(Soda & Bizzi,2008)。另外,通过促进资源的流动和知识的分享,高自我监控者可以为组织做出更多的贡献,因此会获得更高的绩效评价(Mehra et al.,2001)。

3.5 领导的产生

Kenny 和 Zaccaro(1983)认为,领导有能力感知组内成员需求的变化,并改变自己的行为以有效的回应这些变化。根据自我监控理论可知,高自我监控的个体能够敏锐的察觉情景线索(如组员的态度、感受和需求),并通过调整行为以恰当满足他们的期望(Tobey & Tunnell,1981),因而高自我监控者在团队中更有可能成为领导。Dobbins 等人(1990)设计了相关的实验研究和问卷调查以验证自我监控水平和领导行为的关系。他们以大学毕业生为被试,首先测量他们的自我监控水平,然后评价每个人在小组讨论中的表现,结果发现高自我监控者在任务中有更多的领导行为。随后他们在 9 个公司中进行了问卷调查,同样发现自我监控水平高的个体更有可能成为领导。

然而,并不是在所有的团队中,自我监控水平高的个体都容易成为领导。也就是说,团队任务的性质在自我监控和领导产生之间起到了调节作用。由于高自我监控水平和任务完成能力没有关系,因此当这个团队的任务更注重个体的任务完成情况时,高自我监控者不一定会成为领导(Hollander,1964;Garland & Beard,1979)。但是由于高自我监控者在谈话过程中更加的积极(Ickes & Barnes,1977),擅于使用谈话技巧(Turner,1980),并可以有效的加速谈话的进程(Dabbs,Evans,Hopper,& Purvis,1980),因此当团队任务和成员沟通有关时,他们更有可能成为领导。Garland 和 Beard(1979)选择了头脑风暴和同义词匹配两个任务情境对该假设进行验证,结果表明在前一个情境中高自我监控者有更多的领导行为,而在后一个情景中两者没有显著的相关。

3.6 评价准确性

研究者认为,评价者的自我监控水平会影响其对被评价者的绩效评定。对于员工来说,薪水、职位和是否会被解雇很大程度上取决于他们的工作绩效。鉴于其有如此重要的作用,因而绩效的评价准确性会影响评价者和被评价者之间的关系(Jawahar,2001)。如果评价者能在评价过程中表现得更加"仁慈",要求比较宽松,就更可能获得被评价者的赞扬。由于高自我监控者更重视自己在他人眼中的良好形象(Lippa,1978),希望能得到更多人的赞扬而不是批评(Snyder & Cantor,1980),因此他们倾向于在评价过程中"放水"(Jawahar & Stone,1997;White & Gerstein,1987)。Jawahar(2001)以 210 个经理—员工组合对该假设进行了验证。结果表明,高自我监控者在进行绩效评价的时候会考虑很多政治方面的因素,评估的标准也没有那么严格。另外,Tziner(1999)认为,当评价的结果和自我形象有关时,高自我监控者需要综合考虑各种信息之后才能做出决定,因而效率比较低。综上所述,高自我监控者可能并不是一个很好的评价者,其自我监控水平越高,就越容易高估被评价者的绩效。

3.7 职业成就

首先,自我监控水平会影响个体的初期职业成就。研究表明,高自我监控者有更多的领导行为(Zaccaro et al.,1991),可以通过合作和妥协更好的解决纷争(Baron,1989),可以理性的面对失败并改善他人对于这种状况的感知(Caldwell & O'Reilly,1982b),还会以晋升为目标对自己的形象进行调整(Baron,1989)。Kilduff 和 Day(1994)认为,以上这四种行为特点有助于职位的提升。在一项长达五年的研究中,研究者发现相比于低自我监控者,高自我监控者更容易在职业发展的初期得到提升(Kilduff & Day, 1994)。

另外,即便从长远角度来看,高自我监控者仍然有利于获得晋升。首先,高自我监控者适应环境的能力更强,可以随时为了追求更好的发展而跳槽(Kilduff & Day, 1994)。其次,低自我监控者可能是输在了"起跑线"上。由于高自我监控者在初期更有利于谋求到更高的职位,因此在职位竞争的开始就超过了低自我监控者。Rosenbaum(1979)指出,争夺职位的竞赛中第一回合最为重要。一旦失败,低自我监控者就很难去挑战高层管理的位置。因此从整个职业生涯来看,高自我监控者获得晋升的机会仍然会显著的高于低自我监控者(Kilduff & Day, 1994)。

为什么高自我监控者更有可能获得职业成就?研究者们提出了以下三种可能的解释。首先,Turnley 和 Bolino(2001)认为高自我监控者可能通过印象管理技巧来获得职业成就。已有研究表明,印象管理策略可以有效地提高管理者对于员工的评价(Wayne & Liden, 1995),也更有利于在职业生涯中获得成功(Judge & Bretz, 1994)。由于高自我监控者可以有效地使用印象管理策略,因此他们比低自我监控者更容易获得事业上的成就(Turnley & Bolino, 2001)。

其次,Mehra 等人(2001)认为,自我监控水平之所以会影响职业成就,其可能的原因是高、低自我监控者所追求的目标有显著的不同。根据自我监控理论,高自我监控者所寻求的公共形象和良好的社会地位有关,而低自我监控者更有兴趣去建立与他人的信任关系(Gangestad & Snyder, 2000)。这导致了高、低自我监控者会获得不同的社会资本——高自我监控者得到了有助于提高社会地位的资源,而低自我监控者则获得了真诚的名誉和亲密关系(Gangestad & Snyder, 2000),因而前者更倾向于获得职业成就。

再次,Kilduff 和 Day(1994)指出,高、低自我监控者使用了不同的职业策略,最终可能会影响职业成就。高自我监控者更倾向于通过搜寻外界的信息来分析自己的兴趣和能力(Snyder & Copeland, 1989),而且他们在社会网络中所处的中心位置有利于获得市场信息(Kilduff, 1992),因此可以更好的在工作中发现机遇并进行职业决策。但是低自我监控者更关注自己的内心,倾向于根据自己的喜好来决定是否选择该职业(Blustein, 1987),最终造成了两者在职业成就方面的差距。

3.8　离职意图和离职行为

已有研究证明,离职意图并不能准确的预测离职行为,这两者之间的关系可能被某些特质变量调节,如自我监控(Ajzen, 2002; Ajzen, Timko, & White, 1982)。根据自我监控理论的基本假设可知,低自我监控者的态度和行为反映都是内心真实的感受和想法,因此对于他们来说,意图能够较为准确的预测行为(Snyder, 1974, 1987)。但是对于高自我监控者来说,由于他们所呈现的态度要尽量符合当前情境的需求,可能并没有反映本人真实的想法,因此态度对行为的预测力会大打折扣(DeBono & Omoto, 1993)。综上所述,相比于高自我监控者,低自我监控者的离职意图可以更好的预测离职行为(Gangestad & Snyder, 2000)。Allen 等人(2005)以 296 名游戏公司的职员为被试,验证了自我监控在离职意图和离职行为之间的调节作用。结果表明,相比于低自我监控者,高自我监控者的离职意图更有可能被当前情境中的社会线索和他人期许所影响,因此他们的离职意图不能很好预测实际的离职行为(Allen et al.,2005)。

§4 自我监控的测量方式

4.1 Snyder 的量表

(1) 量表介绍。Snyder(1974)认为自我监控的测量工具所关注的个体差异应该包括以下三个方面:对社会适宜性的关注度,对于他人表现的敏感性以及使用环境线索来指导自我呈现的能力。Snyder 依据这些特征编写了 41 个自陈条目,采用正误判断的测评方式在 146 名大学生中施测,并根据统计分析结果保留了其中的 25 个条目。该量表共分为三个维度:自我表现控制(测量该个体是否具有表演的能力),社会情境中的表现(测量该个体在社会情境中是否是人们注意的焦点)以及他人指向的自我表现(测量该个体是否会按照他人的期望来监控自己的形象)。其库德—理查森信度(Kuder-Richardson 20 reliability)为 0.63,一个月之后的重测信度为 0.83。该量表与社会赞许性量表、学业成就焦虑量表以及内倾—外倾量表的相关很小或不显著,说明其具有良好的区分效度。

(2) 量表评价。该量表在使用过程中引起了很大的争议:Lennox 和 Wolfe(1984)认为该量表所呈现的结构并不能完全对应 Snyder 所提出的概念;Briggs 和 Cheek(1988)甚至认为该量表所测量的根本不是单一的概念,而是很多概念的混合体。然而,仍然有大量的研究使用了该量表,并且得到了大量的研究结果(Snyder & Gangestad,1986)。无论有怎样的缺陷,我们仍然不能否认其作为第一个自我监控的测量工具所起到的重要作用。

4.2 Lennox 和 Wolfe 的量表

(1) 量表介绍。Lennox 和 Wolfe 发现,使用 Snyder 的量表所测得的自我监控与社会焦虑呈显著的正相关。但如果依据 Snyder(1987)对自我监控概念的描述,高自我监控者却应该是自信的、愿意并擅于进行社会交流的个体,因此这两者产生了矛盾。除此之外,其他很多使用该量表所进行的研究都难以达到预期(Wolfe, Lennox, & Hudiburg, 1983),因此 Lennox 和 Wolfe 对该量表进行了修订。经过因素分析和项目调整之后,他们的量表最终包括 13 个条目,内部一致性系数为 0.75,分为"对于他人表情行为的敏感度"以及"调节自我表现的能力"两个维度。结果表明,该量表与社会焦虑没有显著的相关,因而部分地解决了 Snyder 量表所面临的矛盾。

(2) 量表评价。虽然有研究者认为 Lennox 和 Wolfe 的量表效度比较高(Day et al., 2002),不过该量表仍然存在很多问题,比如说条目所包含的范围过于狭窄,某些条目不符合人们的表述习惯,一些条目实际上是另一些条目的重复陈述等(Snyder & Gangestad, 1986)。另外,很多使用该量表进行的研究也不能证实假设(肖崇好,2005)。同时,此量表在之后的研究中并没有得到广泛的应用,大多数人还是继续采用 Snyder(1974)的量表(Gangestad & Snyder, 1985)。

4.3 Gangestad 和 Snyder 的量表

（1）量表介绍。在综合了前人研究的基础上，Gangestad 和 Snyder(1985)重新修订了 Snyder(1974)所编制的量表。修订后的量表保留了因素分析中载荷较高的 18 个条目，构成了一个维度，其内部一致性系数达到了 0.7，并且与原量表高度相关（相关系数为 0.93）。由于因素分析所抽取的第一个因子可以解释公共方差中 62% 的变异，而原量表的第一个因子只能解释 51%，因此 Gangestad 和 Snyder 认为这一量表可以更准确的测量自我监控这一概念。

（2）量表评价。尽管修正后的量表只有单一维度，信效度也都有显著的提高，但是这个量表同样存有很多争议。John 等人(1996)认为这个量表测量的并不是自我监控，而是外向性。Briggs and Cheek(1988)认为很多删去的条目和原量表的第三个维度（他人指向性的自我呈现）有关，因此当研究关注的是自我监控的这个方面时，使用两个测量工具可能会得到不同的研究结果(Snyder & DeBono, 1985)。另外，他们发现通过因素分析的方法还是可以将修订后的量表分为两个维度。不过总体而言，这个量表得到了研究者的普遍认可(Day et al., 2002)。

4.4 Li 和 Zhang 的中文版量表

（1）量表介绍。Li 和 Zhang (1998)认为自我监控这一概念应该包括自我监控的倾向和能力两个方面。前者应该包括对于"环境适宜性的关注"和"社会比较信息的关注"，而后者应该包括"正确观察情境的能力"和"按意愿表现自我的能力"。他们从 Snyder 的量表、Lennox 和 Wolfe 的量表中提取或改编了 49 个条目，所有条目都翻译为中文并通过里克特 6 点量表进行测量。根据因素分析所得的结果，他们保留了 23 个项目，分为倾向性分量表（共 10 个条目，内部一致性系数为 0.69)和能力分量表（共 13 个条目，内部一致性系数为 0.82)。

（2）量表评价。这是自我监控第一个也是影响最大的中文版量表，因此在自我监控概念本土化的努力中有着积极的贡献。但是这个量表理论上并没有说明为什么中国人的自我监控应该包括自我呈现倾向和能力两个方面，并且其预测效度在实证研究中并不高（肖崇好，2005)。

§5 研 究 展 望

在回顾了相关概念、理论以及实证研究的基础上，接下来我们对自我监控领域的研究方向提出一些建议。首先，在研究自我监控和印象管理，自我监控和自我呈现之间的关系时，研究者应该对印象管理和自我呈现两个概念进行更细致的描述。如前所述，印象管理是指个体尝试着去影响自己在他人眼中形象的过程(Rosenfeld et al., 1995)，而自我呈现指的是个体通过控制和自己相关的信息以影响他人对自己印象的过程(Schlenker, Britt, & Pennington, 1996)。对于印象管理来说，研究者需要区分同化型的印象管理和调整型的印象管理(Barnes, 1976; Barnes & Ickes, 1979; Ickes, Reidhead, & Patterson, 1986)。同化型的印象管理者会努力让别人的行为符合自己的目标和期望，而调整型的印象管理者则积极培养和创造自己的公共形象。而对于自我呈现来说，研究者需要区分的是获得型的自我呈现和保护型的自我呈现(Arkin, 1981; Arkin, Lake, & Baumgardner, 1986; Wolfe, Lennox, & Cutler, 1986)。前者认为个体参与自我呈现是为了获得他们想要的形象,后者认为个体参与自我呈现是因为不想让别人对他们有不好的印象。对这几种概念的区分有助于研究者对自我监控进行更为深入的探究。

第二,对于高自我监控者的行为策略应该有更深一步的探索。现在的自我监控理论认为,高自我监控者仅仅是通过表现与环境的适宜行为来引起他人对自己形象的改善。除此之外会不会有一些其他的策略?他们用了哪些技巧能使别人转为支持自己而达到目标?另外,特殊的社会情境如何影响他们的技巧使用?虽然最后一个问题在自我监控的研究有很长的一段历史了,但是大多数研究只是关注了行为表现的环境适宜性。社会环境的其他方面,比如说个体的社会地位,可能是更加重要的影响因素(Gangestad & Snyder, 2000)。当高自我监控者在与他们的老板进行交流时,更倾向于使用哪些技巧?当他们在和朋友进行交流时,使用的技巧是不是大不一样?这些有趣的问题都有待更多的研究者进行探究。

第三,已有的研究更多的将目光投向了高自我监控者,而今后的研究应该同样重视低自我监控者以及他们所使用的自我呈现策略(Gangestad & Snyder, 2000)。低自我监控者不会依据外界的线索而改变行为,但很有可能意识到自己必须保持真诚的名誉以获得社会地位。除了仅仅依照内心行动,他们有没有一些策略可以增强自己真诚的形象呢?他们会不会为了增强这种形象而进行自我监控?面对怎样的个体时他们更想建立真诚的名誉?我们在实证研究的部分介绍过,低自我监控的个体在使用逢迎的技巧时,更容易被他人当成"马屁精"(Turnley & Bolino, 2001)。那么他们在应用相关策略时怎样才能获得成功,而不会导致相反的效果?对于低自我监控者来说,表现内心和加强真诚的形象是矛盾的,他们如何解决这种矛盾?

类似的不一致同样体现在了自我监控和社会网络的研究当中。根据我们以上的介绍可知,高自我监控者的社会网络更加庞大和复杂,并且他们自己在这个网络中起到了重要的连结作用。但是依据 Burt(1992)的说法,人们为了自己的发展,都会想增加社会网络的规模和复杂程度。对于低自我监控者来说,如何实现这种目标呢?Snyder(1987)发现,社会中有多于60%的人都属于低自我监控者,他们的社会网络结构都比较简单么?他们会如何改善这种状况?相比于高自我监控者,低自我监控者做出的贡献和结果没有那么显著和值得赞赏,那么他们如何在自己的组织网络中增加自己的存在价值呢?这两种有关低自我监控者的矛盾都有待研究者给予一个合理的解释。

最后,有关自我监控的本土化研究非常少。除了早期有几位研究者对中国的自我监控量表进行编制(如,Li & Zhang, 1998)以及最近对自我监控概念和理论的综述(肖崇好,2005)之外,很少有人将之应用在实证研究中。在中国的文化中,诸如"面子"和"人情"之类与自我形象相关的概念对人际交往有很重要的作用,甚至可以决定个体是否能够获得晋升或提薪,因此自我监控在中国的研究可能具有更为独特的意义——中国人的自我监控水平可能会更高,意义也更为重要。由此可知,中国文化背景下的自我监控研究领域还有待研究者进行拓展。

参考文献

Ajzen, I., Timkco, C., & White, J. B. (1982). Self-monitoring and the attitude-behavior relation. *Journal of Personality and Social Psychology, 42, 426—435.

Allen, D. G., Weeks, K. P., & Moffitt, K. R. (2005). Turnover intentions and voluntary turnover: The moderating roles of self-monitoring, locus of control, proactive personality, and risk aversion. Journal of Applied Psychology, 9, 980—990.

Barnes, R. D., & Ickes, W. D. (1979). Styles of self-monitoring: Assimilative versus accommodative. Unpublished manuscript, University of Wisconsin.

Baron, R. A. (1989). Personality and organizational conflict: Effects of the type a behavior pattern and self-monitoring. Organizational Behavior and Human Decision Processes, 44, 196—281.

Briggs, S. R., & Cheek, J. M. (1988). On the nature of self-monitoring: Problems with assessment, problems with validity. Journal of Personality and Social Psychology, 54, 663—678.

Caldwell, D. F., & O'Reilly, C. A. (1982). Boundary spanning and individual performance: The impact of self-monitoring. Journal of Applied Psychology, 67, 125—127.

Caligiuri, P. M., & Day, D. V. (2000). Effects of self-monitoring on technical, contextual, and assignment-specific performance. Group and Organization Management, 25, 154—174.

Dabbs, J. M., Evans, M. S., Hopper, C. H., & Purvis, J. A. (1980). Self-monitors in conversation: What do they monitor? Journal of Personality and Social Psychology, 39, 278—284.

Day, D. V., & Schleicher, D. J. (2006). Self-monitoring at work: A motive-based perspective. Journal of Personality, 74, 685—713.

Day, D. V., Schleicher, D. J., Unckelss, A. L., & Hiller, N. J. (2002). Self-monitoring personality at work: A meta-analytic investigation on construct validity. Journal of Applied Psychology, 87, 390—401.

Dobbins, G. H., Long, W. S., Dedrick, E. J., & Clemons, T. C. (1990). The role of self-monitoring and gender on leader emergence: A laboratory and field study. Journal of Management, 3, 609—618.

Gabrenya, W. K., & Arkin, R. M., (1980). Self-monitoring scale: Factor structure and correlates. Personality and Social Psychology Bulletin, 6, 13—22.

Gangestad, S. W., & Synder, M. (2000). Self-monitoring: Appraisal and reappraisal. Journal of Applied Psychology, 126, 530—555.

Garland, H., & Beard, J. F. (1979). Relationship between self-monitoring and leader emergence across two task situations. Journal of applied psychology, 64, 72—76.

Ickes, W. J., & Barnes, R. D. (1977). The role of sex and self-monitoring in unstructured dyadic interactions. Journal of Personality and Social Psychology, 35, 315—330.

Ickes, W. J., Reidhead, S., & Patterson, M. (1986). Machiavellianism and self-monitoring: As different as 'me' and 'you'. Social Cognition, 4, 58—74.

Jawahar, I. M. (2001). Attitudes, self-monitoring, and appraisal behaviors. Journal of Applied Psychology, 86, 875—883.

John, O. P., Cheek, J. M. & Klohnen, E. C. (1996). On the nature of self-monitoring construct explication with Q-sort ratings. Journal of Personality and Social Psychology, 71, 763—776.

Kilduff, M., & Day, D. V. (1994). Do chameleons get ahead? The effects of self-monitoring on managerial careers. Academy of Management Journal, 37, 1047—1060.

Lennox, R. D., & Wolfe, R. N. (1984). Revision of the self-monitoring scale. Journal of Personality and Social Psychology, 46, 1349—1364.

Li, F., & Zhang, Y. (1998). Measuring self-monitoring ability and propensity: A two-dimensional Chinese scale. *Journal of Social Psychology*, *138*, 758—765.

Mehra, A., Kilduff, M., & Brass, D. J. (2001). The social networks of high and low self-monitors: Implications for workplace performance. *Administrative Science Quarterly*, *46*, 121—146.

Snyder, M., & Cantor, N. (1980). Thinking about ourselves and others: Self-monitoring and social knowledge. *Journal of Personality and Social Psychology*, *39*, 222—234.

Snyder, M., & Copeland, J. (1989). Self-monitoring processes in organizational settings. In R. A. Giacalone & Rosenfed (Eds), *Impression Management in the Organization*, (pp. 7—19). Hillsdale, NJ, Erlbaum.

Snyder, M., & Gangestad, S. (1982). Choosing social situations: Two investigations of self-monitoring processes. *Journal of Personality and Social Psychology*, *43*, 123—135.

Snyder, M., & Gangestad, S. (1986). On the nature of self-monitoring: Matters of assessment, matters of validity. *Journal of Personality and Social Psychology*, *51*, 125—139.

Snyder, M., & Simpson, J. A. (1984). Self-monitoring and dating relationships. *Journal of Personality and Social Psychology*, *47*, 1281—1291.

Tobey, E. L., & Tunnell, G. (1981). Predicting our impressions on others: Effects of public self-consciousness and acting, a self-monitoring subscale. *Personality and Social Psychology Bulletin*, *7*, 661—669.

Turnley, W. H., & Bolino, M. C. (2001). Achieving desired images while avoiding undesired images: Exploring the role of self-monitoring in impression management. *Journal of Applied Psychology*, *86*, 351—360.

White, J. W., & Gerstein, L. H. (1987). Helping: The influence of anticipated social sanctions and self-monitoring. *Journal of Applied Personality*, *55*, 41—54.

Zaccaro, S. J., Foti, R. J., & Kenny, D. A. (1991). Self-monitoring and trait-based variance in leadership: An investigation of leader flexibility across multiple group situations. *Journal of Applied Psychology*, *76*, 308—315.

肖崇好(2005). 自我监控概念的重构. 心理科学进展, 13, 186—193.

4

目标取向

§1 引 言

组织快速变化的步伐给员工带来了越来越多的挑战,促使员工不断提升自己的技能,调整自己的行为,以适应组织新的变化。这样的变化引发了许多与组织行为有关的重要问题。为什么有些人在面对组织的变化时能表现出很强的适应性;而有些人却拒绝任何改变,在他们需要改变自己行为时感到极大的压力?为什么有些人能在一生中不断努力去提升自己各方面的能力;而有些人却满足于只使用一些基础的知识和技能而不求上进?为什么有些人能够克服那些很可能影响他们工作的行为,比如吸烟、暴食、酗酒、赌博等;而有些人却只是屈服于这些破坏性的行为?为什么有些人能全心全意地去迎接那些充满挑战的任务;而有些人却逃避挑战,只去完成一些很简单的工作,甚至是一些会妨碍自己进步的工作?

目标取向(goal orientation)为这些问题提供了一部分的解答。目标取向这一概念最初出现于教育心理学的文献中,用来解释学生学习行为的差异(Diener & Dweck, 1978, 1980; Dweck, 1975; Dweck & Reppucci, 1973),之后被引入应用心理学领域,成为与工作中的学习动机有关的变量,被研究者频繁使用(Farr, Hofmann, & Ringenbach, 1993; Kanfer, 1990)。在应用心理学领域中,目标取向被广泛用于理解和预测许多与学习和适应有关的行为,包括训练(Brown, 2001; Cannon-Bowers, Rhodenizer, Salas, & Bowers, 1998; Fisher & Ford, 1998; Ford, Smith, Weissbein, Gully, & Salas, 1998; Stevens & Gist, 1997)、销售业绩(VandeWalle, Brown, Cron, & Slocum, 1999)、寻求反馈(VandeWalle & Cummings, 1997; VandeWalle, Ganesan, Challagalla, & Brown, 2000)、目标设定(Phillips & Gully, 1997)和行为适应等(Kozlowski, Gully, Brown, Salas, Smith, & Nason, 2001)。

§2 目标取向的定义

尽管在很多领域,已经对目标取向进行了广泛的研究,但是这一构想还没有在学术界形成一个一致的意见。有研究者指出(Elliot & Thrash, 2001; Grant & Dweck, 2003),目标取向的文献中存在许多概念上的模糊,这导致许多实证研究的结果不太一致。并且,目标取向最初只关注于学生在学业中的成就,现在将其应用到广泛领域中,这又导致了更多概念上的模糊(Button, Matheiu, & Zajac, 1996; Phillips & Gully, 1997)。由于至今在研究中还存在着概念混淆的现象,以至于目标取向与其重要的结果变量(如学习成绩和工作绩效)之间的关系也变得不清晰。

在上述问题中,最主要的是目标取向没有统一的定义(Pintrich,2000a;Elliot & Thrash,2001),研究者将相同的名称"目标取向"应用于非常不同的过程。Deshon 和 Gillespie(2005)考察了实证研究文献中目标取向的定义方法,发现了五种不同类别的定义:目标(goal)、特质(trait)、准特质(quasi-trait)、心理框架(mental framework)和信念(belief)。表 4.1 列举的是一些研究中对目标取向的定义方法。

表 4.1 部分研究中目标取向的定义方法

作者	年份	定义类型	维度数量	稳定性*	研究方法	测量方法
Barron & Harackiewicz	2001	目标	2	不稳定	实验法、问卷法	自我报告
Elliot & Church	1997	目标	3	不稳定	问卷法	自我报告
Fisher & Ford	1998	目标	2	稳定	问卷法	Button et al (1996)
McGregor & Elliot	2002	目标	3	无	问卷法	Elliot & Church (1997)
Bell & Kozlowski	2002	特质	2	稳定	问卷法	Button et al (1996)
Holliday & Quinones	2003	特质	2	无	问卷法	Roedel et al (1994)
Towler & Dipboye	2001	特质	2	稳定	问卷法	Roedel et al (1994)
VandeWalle	1997	特质	3	稳定	问卷法	自我报告
Button, Mathieu, & Zajac	1996	准特质	2	不稳定	问卷法	自我报告
Gist & Stevens	1998	准特质	2	不稳定	实验法	无
Mangos & Steele-Johnson	2001	准特质	2	不稳定	实验法、问卷法	Button et al (1996)
Stevens & Gist	1997	准特质	2	不稳定	实验法	无
Ames & Archer	1987	心理框架	2	稳定	问卷法	自我报告
Lee, Sheldon, & Turban	2003	心理框架	3	稳定	问卷法	Elliot & Church (1997)
Strage	1997	心理框架	2	稳定	问卷法	自我报告
Yeo & Neal	2004	心理框架	2	稳定	问卷法	Button et al (1996)
Brown	2001	信念	2	不稳定	问卷法	Button et al (1996)
Franken & Brown	1995	信念	2	稳定	问卷法	自我报告
Martoccio	1994	信念	2	不稳定	实验法	无
Plaks, Grant, & Dweck	2005	信念	2	稳定	问卷法	Dweck (2000)

* 稳定性:指目标取向是稳定的(固定不变的),还是不稳定的(受个体和情境共同影响而发生改变)。

第一种,也是最常见的定义方法认为,目标取向是个体在成就环境中,对某种特定目标的设置和追求(Barron & Harackiewicz,2001;Elliot,1999;Elliot & Church,1997;Elliot & Harackiewica,1996;Elliot & Thrash,2001;Grant & Dweck,2003)。例如,Harackiewicz 等人(2002)的研究中提到,目标取向能在特定情境中测量个体的动机取向,即它能反映出个体成就行为的目的和意图——比如当个体追求成绩目标时,他的目的就是表现出比他人更强的能力(Dweck & Leggett,1988;Nicholls,1984)。然而在这一种定义方式中,有关于成就目标的分类,研究者们的观点是不一致的。到目前为止,最常用的是二分的目标取向框架——掌握目标和成绩目标。然而,有些研究者(Elliot & Church,1997;Elliot & Harackiewicz,1996)将成绩目标进一步划分为成绩接近目标和成绩回避目标,提出了三分的目标取向框架。随后,Elliot 和 McGregor(2001)再将掌握目标分为掌握接近目标(mastery approach goals)和掌握回避目标(mastery avoidance goals),提出了 2×2 目标取向框架。我们将在后面的部分详细论述这些相关的概念。

此外,关于个体采取特定目标的原因,至今也没有统一的研究结论。有些研究者(Elliot & Church, 1997;Elliot & Harackiewicz, 1994, 1996;Elliot & McGregor, 1999;Elliot, McGregor, & Gable, 1999;Elliot & Thrash, 2001)认为,个体采取不同目标取向的行为反映了个体对能力的不同解释——如果个体追求发展或提高自己的能力,他很可能采取掌握目标;如果个体追求向他人表现自己的能力,他很可能采取成绩目标。

第二种常见的定义方法是将目标取向视为一种特质或倾向,正是这种特质或倾向导致了个体不同的行为。在这一类别中,研究者认为目标取向是一种倾向(VandeWalle, 1997;VandeWalle et al, 2000)、人格变量(VandeWalle et al, 1999;VandeWalle, Cron, & Slocum, 2001)、特质(Bell & Kozlowski, 2002;Phillips & Gully, 1997)、个体差异(Holladay & Quinones, 2003)或稳定的性格特征(Towler & Dipbye, 2001)。例如,Towler 和 Dipboye(2001)的研究中提到,目标取向是一种稳定的人格特质,能调节个体训练的效果(Button et al, 1986;Dweck & Leggett, 1988)。VandeWalle(1997)的研究中使用了 Dweck(1986)的定义,认为目标取向是个体发展或表现自己能力的一种倾向。除此之外,Deshon 和 Gillespie(2005)的研究认为,还有一种情况下,研究者应该也是将目标取向定义为是一种特质——有一些研究者并没有清晰的将目标取向定义为一种特质或是一种人格变量,而是将目标取向指代为一种个体类型(某种类型的人会采取某种特定的目标取向,如采取掌握目标取向的个体),并且,在研究中没有提到情境或时间因素对个体目标取向会产生影响(Bembenutty, 1999;Madzar, 2001;Wolters, 2003)。另外,使用这一定义方法的研究者很少关注个体形成这种特质的原因,或者该特质的发展轨迹,他们更倾向于将目标取向视为整体人格的一部分。在成就情境中,个体的目标取向会由个体的行为模式所表现出来(Deshon & Gillespie, 2005)。

第三常见的定义方法是将目标取向视为一种准特质。也就是说,在某种程度上,目标取向是稳定的特质,但是在某些特定的情境中,这种特质是能够被修正的(Button et al, 1996;Mangos & Steele-Johnson, 2001)。例如,Button 等人(1996)的研究中提到,个体自身的目标取向会预先决定个体行为的特定模式,然而情境特征可能会使个体采取一种不同的反应方式。在这一类别中,研究者将目标取向视为是一种准特质,或是在某种程度上稳定的特质,或是一种个体类型(如采取掌握目标取向的个体),这与目标取向的特质定义比较相似。然而与特质定义不同的是,准特质定义强调了个体的目标取向在情境中的可变性(malleability);也就是说,目标取向是能够被特定的情境因素所修正的,情境是可以改变个体的目标取向的。具体来说,在较弱的情境中,只有很少的线索能指引行为,个体倾向于采用某种特定的目标取向去完成任务;相反的,在较强的情境中,即存在许多线索来指向合适的行为,而且当情境线索所指向的目标取向与个体原本的目标取向不符时,个体还是会遵从情境所修正的目标取向来改变自己的行为(Hofman & Strickland, 1995)。但是,这一定义方法的不足之处在于,现在的研究结果还没有办法告诉我们,具体什么样的情境特征,以及相应特征需要达到什么样的强度和突出性时,才能对个体的目标取向进行修正(Deshon & Gillespie, 2005)。

第四常见的定义方法是将目标取向定义为一种心理框架,这种心理框架是由许多信念、情感、目标和认知所组成的,它们在成就情境中共同变化并发挥作用,最终引发相关的行为。在这一类别中,研究者很少关注目标取向的过程,而是将目标取向视为个体感知情境并做出反应的一种综合模式。例如,Ames和Archer(1987)的研究中指出,目标取向应当被视为一个预先设定的框架,它描述了个体如何解释成就情境,如何解释和评估其中的信息,并产生行动(Dweck,1984)。Strage(1997)在研究中提到,目标取向代表了个体在成就情境中所表现出来的一系列态度和行为。

最后一种定义目标取向的方法,关注的是个体对能力的信念或个体的内隐理论。在这一类别中,目标取向是来源于个体关于能力的信念——个体的能力是否具有可延展性的信念(Dweck & Leggett,1988)。具体来讲,研究者们认为,个体对能力的内隐理论会影响他们采取不同的目标取向(Dweck,1986;Dweck,1999;Dweck & Leggett,1988;Heyman & Dweck,1992)。那些相信能力是固定的个体倾向于采取成绩目标,他们期望获得关于他们能力的良好评价,并且希望避免消极的评价。相反地,那些相信能力是可延展的个体关注于发展自己的能力,因此倾向于采取掌握目标。也就是说,对于能力是否具有可延展性的信念,会影响个体在任务中采用掌握目标还是成绩目标。Franken和Brown(1995)、Wood和Bandura(1989)以及Hertenstein(2001)的研究中都使用了这种目标取向的定义方法。

§3 目标取向框架

3.1 二分的目标取向框架

Dweck(1986)最先提出,基于个体认为能力是否具有可延展性,可以将人们在成就情境中的目标取向分为两类:掌握目标(mastery goals)和成绩目标(performance goals)。

掌握目标关注的是,在执行任务的过程中个人能力的提升(Dweck,1986)。具体来讲,具有掌握目标取向的个体倾向于寻求挑战,当面对困难或失败时,也能坚持不懈的努力。他们关注的是从成功或失败的经历中有所收获、有所学习,最终的目标是能掌握某项技能或完成任务(Ames,1992;Button et al,1996;Dweck,1986;E. S. Elliot & Dweck,1988;VandeWalle, Cron, & Slocum, 2001)。研究者发现,掌握目标取向能明显影响个体在学习过程中投入的努力和坚持不懈的精神(Brown,2001;Fisher & Ford,1998;Towler & Dipboye, 2001),并且能增强个体学习的动机(Klein, Noe, & Wang, 2006)。Payne等人(2007)的元分析研究发现,掌握目标取向与学习成绩和工作绩效存在显著正相关。

而成绩目标关注于个体展现出比别人更强的能力(Dweck,1986;VandeWalle,1997)。具有成绩目标取向的个体倾向于将更多的精力用于加强自我形象,他们将注意力集中于如何表现自己的能力,而不是完成任务本身(Brown,2001;Fisher & Ford,1998)。他们将错误视为一种危险信息(Martocchio,1994),所以在面临挫折时倾向于选择逃避(Button et al,1996),并且会想办法使用策略,减少自己在任务中需要付出的努力(Fisher & Ford,1998;Mangos & Steele-Johnson, 2001;Steele-Johnson et al, 2000)。

当获得成功时,掌握目标取向的个体倾向于将成功归因于自己的努力,而成绩目标取向的个体则会将成功归因于自己的能力(Creed et al,2009)。相较于成绩目标来讲,掌握目标取向对个体的表现结果有更积极的影响(VandeWalle et al,1999;Yeo & Neal,2004)。

3.2 三分的目标取向框架

随后,Elliot等人(Elliot & Church,1997;Elliot & Harackiewicz,1996)将最初二分的掌握—成绩目标取向框架进行修正,将接近(approach)和回避(avoidance)这两种不同的动机包含于其中。接近动机是指个体希望朝向一个目标所在的方向移动,而回避动机是指个体希望朝远离一个目标的方向移动(Carver & Scheier,1998)。由此,他们提出了三分的成就目标框架,其中掌握目标保持不变,将成绩目标分为成绩接近(performance approach)和成绩回避(performance avoidance)目标。

成绩接近目标关注的是个体展现出自己的能力并且获得好的评价(Elliot & Harackiewicz,1996)。具有成绩接近目标取向的个体认为他们的表现能反应出他们的能力(Schraw, Horn, Thorndike-Christ, & Bruning, 1995),并且觉得任务的成功应当只需要他们很少的努力。有一些研究发现,成绩接近目标取向有助于个体使用自我管理策略(Porath & Bateman, 2006),并且能提高他们在复杂任务中的表现(Heimbeck, Fresc, Sonnentag, & Keith, 2003;Hofmann, 1993)。Payne等人(2007)的元分析也表明,成绩接近目标取向与学习策略的使用和工作绩效存在正相关。

成绩回避目标关注的是避免别人否定自己的能力,或对自己做出负面的评价(Elliot & Harackiewicz,1996)。研究发现,具有成绩回避目标取向的个体更少主动的表现出能促进自我提高的行为(Porath & Bateman, 2006),更少寻求关于自己表现的反馈(VandeWalle & Cummings, 1997),并且在学习或工作中的积极性和行动水平更低(Payne et al, 2007)。

3.3 2×2目标取向框架

研究者们(Pintrich, 2000;Elliot et al, 1999;Elliot & McGregor, 2001)在三分目标取向框架的基础上,将掌握目标进一步分为掌握接近(mastery-approach)和掌握回避(mastery-avoidance)目标,由此提出了2×2成就目标框架。下面针对这一框架进行介绍。

Elliot和McGregor(2001)认为,能力(competence)是成就目标概念的核心。因此,能力,以及成就目标,有两个基本维度——定义(definition)和效价(valence)。

定义这一维度依据的是,在评价个体的能力时所使用的参照物和标准。标准主要有三种:绝对的标准(absolute standard)、个体自身的标准(intrapersonal standard)和规范的标准(normative standard)。绝对的标准是指任务本身的要求,个体自身的标准包括个体过去所获得的成就或潜在的能获得的最大成就,规范的标准是指其他人的表现。其中,绝对的标准和个体自身的标准在概念上和实证上有一些相似之处,二者通常不作区分,视为一个统一的标准(Elliot & McGregor, 2001)。例如,学习新知识既代表掌握了一个任务(绝对的标准),也代表了个人知识的提升(个体自身的标准)。因此,能力按照如何定义这一维度可以划分为绝对/个体自身的标准和规范的标准这两类,分别对应传统的二分成就目标框架中的掌握目标和成绩目标。

能力的另一个划分维度是效价,是指能力被认为是趋向成功的、能带给人积极情绪感受的,还是导致失败的、带给人消极情绪感受的(Elliot & McGregor,2001)。许多研究表明,人们大多数时候根据所遇到刺激的效价来迅速处理刺激,而不是具体的意图或清楚的认识(Bargh,1997;Zajonc,1998)。并且,这种自动的、基于效价的处理能立刻引起个体的行为倾向——接近或回避(Cacioppo, Priester, & Bernson, 1993; Forster, Higgins, & Idson, 1998)。这种接近和回避的倾向出现在婴儿期,随着大脑的发育,而逐渐稳定下来(Cacioppo. Priester, & Berntson, 1993; Forster, Higgins, & Idson, 1998)。能力动机的两种形式——接近和回避——之间的差异,是传统的成就动机理论的核心内容(Atkinson,1957;Murray,1938)。然而,这种差异似乎在早期的目标取向框架中只有比较含蓄的表述,直到三分的成就目标取向框架中,接近和避免动机才被加以明确区分。

定义和效价对能力来说都是缺一不可的,因此,对与能力有关的调节活动——包括目标取向——也是很重要的。由此,Eliot等人提出了2×2目标取向框架,包含了定义和效价这两个维度,及其形成的四种组合,见图4.1。

图4.1 2×2目标取向框架

三分的目标取向框架包含了2×2框架的四种组合中的三种:掌握接近目标(能力根据绝对/个体自身的标准和积极效价来定义)、成绩接近目标(能力根据规范的标准和积极效价来定义)以及成绩回避目标(能力根据规范的标准和消极效价来定义)。尽管在二分和三分框架中都没有将掌握目标进行划分,但因为在这两个框架中,掌握目标都被认为是积极效价的,因此将二分和三分框架中的掌握目标看作是掌握接近目标。Elliot(1999)也提出,典型的掌握目标取向是一种接近目标,个体渴望能够掌握任务,因而他们采取了掌握接近目标。因此,在2×2目标取向框架中,新加入的第四个维度就是——掌握回避目标(能力根据绝对/个体自身的标准和消极效价来定义)。

在掌握回避目标的构想中,能力根据绝对的标准或个体自身的标准来定义,而调节活动关注的重心则是避免自己的无能,避免可能发生的消极的事情。例如,努力避免自己无法理解课程材料、努力避免在商业交易中犯错、努力避免忘记自己已经学过的东西等(Elliot & McGregor, 2001)。

掌握目标通常被看作是一种接近形式而非回避形式的调节活动,而掌握回避目标似乎在以往的目标取向文献中被忽视了。其原因可能是,一些理论者将掌握目标等同于内部动机,无形中都将掌握目标视为基于能力的调节活动的一种完美形式,因此掌握回避目标从其概念上来讲似乎与我们的直觉有些相违。但有研究者认为(Pintrich, 2000; Elliot & McGregor, 2001),掌握回避目标是存在的,它表示个体努力不让自己掌握的任务达不到标准。Elliot(1999)也认为,尽管掌握回避目标不太常见,但个体在某些特定情况下,是会采用这种目标的,比如一位专家希望能避免失去自己的技能。

综合掌握回避目标的这些特点来考虑,可以认为掌握回避目标比掌握接近目标更消极,而比成绩回避目标更积极。Elliot 和 McGregor(2001)的研究也证实了这一点,尽管掌握回避目标和成绩回避目标有一些高度相似的前因变量(如害怕失败、低自我决定),并且都与一些不好的加工过程(如考试的焦虑状态、担忧、杂乱无序的学习)相关,然而重要的是,采取掌握回避目标的个体倾向于认为成就环境(如课堂、工作环境)是值得投入的和充满乐趣的,这一点使掌握回避目标更接近于掌握接近目标而非成绩回避目标。并且,掌握回避目标不会对学业表现或工作绩效有负向的预测作用,更不会对一些不好的结果变量(如考试期间去医院的次数)有正向的预测作用。事实上,Elliot 和 McGregor(2001)的研究还表明,掌握回避目标还能促进随后的接近形式的目标取向——掌握接近目标和成绩接近目标。这些结果都清晰的表明,不是所有的回避目标都是同样有害的。

3.4 目标取向量表

由于存在不同的目标取向框架,测量目标取向的量表也有所不同。下面介绍几种常用的测量目标取向的量表。

Button 等(1996)编制的量表中,采用的是二分的目标取向框架。掌握目标取向和成绩目标取向各由 10 道题来测量,共 20 题。采用里克特 7 点评分,1 代表"完全不同意",7 代表"完全同意"。题目如:掌握目标取向——"对我来说,拥有学习新东西的机会是很重要的";成绩目标取向——"我倾向于去做那些我擅长的事,而不是我不善于做的事"。

VandeWalle(1997)采用的是三分的目标取向框架。他最初选取了 50 道题目,通过信度分析和探索性因素分析,最终确定了 16 道题目,来测量三种目标取向(掌握目标、成绩接近目标和成绩回避目标)。其中,掌握目标取向 6 道题,题目如"我通常阅读与我工作有关的材料,来提高我的能力";成绩接近目标取向 5 道题,题目如"我喜欢完成那些能向他人证明我能力的任务";成绩回避目标取向 5 道题,题目如"我倾向于回避那些我可能会表现得不好的任务"。采用里克特 6 点评分,1 代表"完全不同意",6 代表"完全同意"。

Elliot 和 Church(1997)的量表中,三种目标取向(掌握目标、成绩接近目标和成绩回避目标)各编制了 6 道题目,共 18 题。采用里克特 7 点评分,1 代表"完全不符合",7 代表"完全符合"。题目如:掌握目标取向——"我希望能完全掌握课堂上的材料";成绩接近目标取向——"对我来说,比班里其他人表现得更好是很重要的";成绩回避目标——"我只是想避免在班级里表现得不好"。

Elliot 和 McGregor(2001)提出了 2×2 目标取向框架,因此在之前量表的基础上,编制了一套新的目标取向量表。他们从 Elliot(1999)和 Elliot 和 Church(1997)的量表中选择了掌握接近目标、成绩接近目标和成绩回避目标的题目,并且自己设计了新增加的掌握回避目标的题目,如"有时我会害怕自己不能完全理解课堂上所教的内容"、"我担心我没有学到所有我可以在课堂上学到的知识"。每种目标取向有 3 道题,共 12 题。采用里克特 7 点评分,1 代表"完全不符合",7 代表"完全符合"。

Elliot 和 McGregor(2001)使用自己编制的目标取向量表(基于 2×2 目标取向框架),运用探索性因素分析(EFA)和验证性因素分析(CFA)证明了,2×2 框架中的四种目标在实证上是相互分离的,具有较高的内部一致性,且与数据有很好的拟合度。此外,研究还比较了 2×2 框架和其他一些模型与数据的拟合度指标,所比较的模型有:① 三分框架 A:将掌握接近目标和掌握回避目标结合成一个变量,另两个变量是成绩接近目标和成绩回避目标,即典型的成就目标三分框架;② 三分框架 B:将掌握回避目标和成绩回避目标结合成一个变量,另两个变量是掌握接近目标和成绩接近目标;③ 二分框架 C:将掌握接近目标和掌握回避目标结合成一个变量,将成绩接近目标和成绩回避目标结合成一个变量;④ 二分框架 D:将掌握接近目标和成绩接近目标结合成一个变量,将掌握回避目标和成绩回避目标结合成一个变量,即最初的成就目标二分框架。验证性因素分析的结果见表 4.2。

表 2　验证性因素分析的结果

变量	$\chi^2(N=148)/\Delta\chi^2$	RMSEA	TLI	CFI
2×2 框架	$\chi^2(48)=60.49, p=0.11$	0.04	0.99	0.99
三分框架 A	$\chi^2(49)=210.93, p<0.001$	0.15	0.80	0.86
三分框架 B	$\chi^2(49)=248.28, p<0.001$	0.17	0.76	0.82
二分框架 C	$\chi^2(50)=402.54, p<0.001$	0.22	0.58	0.68
二分框架 D	$\chi^2(50)=457.75, p<0.001$	0.24	0.51	0.63

研究结果表明,这 4 个三分或二分的框架都与数据的拟合度较差,而 2×2 框架与数据的拟合度较好。

§4　目标取向的理论意义

目标取向中接近—回避动机之间的差异是研究情感、认知、行为所不可缺少的部分,接近—回避动机的差异可以用来解释人格变量。Elliot 和 Thrash(2002)认为,接近和回避动机可以代表人格的几个基本维度,并且能将人格的不同水平(Emmons,1995)和维度(Little,1999)统合起来。

人格心理学的核心任务就是确定人格的基本结构维度,其中最常见的方法是用不同的特质形容词来描述人格的基本维度。其中,大五模型(Big Five model)和艾森克人格理论(Eysenck's personality theory)是近年来最主要的两个人格模型。在大五模型中,人格特质包括神经质(Neuroticism)、外向性(Extraversion)、经验开放性(Openness to Experience)、宜人性(Agreeableness)和尽责性(Conscientiousness)(McCrae & Costa,1987;Goldberg,1993;John,1990)。艾森克人格理论包括神经质(Neuroticism)、内倾性—外向性(Extraversion)和精神质(Psychoticism)(Eysenck & Eysenck,1985)。研究者普遍认同,大五模型中的神经质和外向性维度与艾森克人格理论中相同名称的两个维度是相一致的(Costa & McCrae,1992a;Eysenck,1992)。神经质代表了个体在经历挫折时不同的性格倾向和典型行为,包括焦虑、抑郁、易激动、担心和无安全感(Barrick & Mount,1991)。外向性代表的是个体的外向—内向维度,外向个体的典型行为倾向包括过分自信、爱说话和好交际(Barrick & Mount,1991)。

另一个确定人格基本维度的方法关注的是情感倾向,主要有两个模型。第一个模型是

Tellegen(1985)提出的,包括积极情绪、消极情绪和情绪抑制;另一个模型由 Watson 和 Clark(1993)提出,包括积极性情、消极性情和去抑制。积极情绪/性情是指个体倾向于体验积极情绪,并以积极的方式来面对生活;而消极情绪/性情是指个体倾向于体验消极情绪,并以消极的方式对待生活(Tellegen, 1985;Watson & Clark, 1993)。

第三种确定人格基本维度的方法关注于动机系统。许多理论者假定存在两个引发行为和情感的基本动机系统,一个促进行为或产生积极情绪,另一个抑制行为或产生消极情绪(Cacioppo & Berntson, 1994;Dickson & Dearing, 1979;Konorski, 1967;Lang, 1995;Macintosh, 1983;Panksepp, 1998;Schneirla, 1959;Solomon & Corbitt, 1974)。其中,Gray(1970)提出的理论尤其值得关注。他假定在个体间存在两种不同的神经系统,一个是行为激活系统(behavioral activation system,BAS),它能促进行为并产生积极情感,另一个是行为抑制系统(behavioral inhibition system,BIS),能抑制行为并产生消极情感。

尽管特质形容词(神经质、外向性)、情感倾向(积极情绪、消极情绪)和动机系统(行为激活系统、行为抑制系统)这三种方法从不同方面描述了人格的基本维度,但是许多研究者都证明了它们之间是有重合的(Carver, Sutton, & Scheier, 2000;Clark & Watson, 1999;Cloninger, 1987;Depue & Collins, 1999;Gray, 1987;Larsen & Ketelaar, 1991;Lucas, Diener, Grob, Suh, & Shao, 2000;Newman, 1987;Tellegen, 1985;Watson, 2000;Watson & Clark, 1993;Zuckerman, 1991)。因此,无论是从概念上还是实证上来看,这些不同方法的构想之间存在重叠。然而,研究者们对如何解释它们之间共享的变异并未达成一致。

不同学科领域的研究者都证明了基于效价的评价过程是普遍存在的,并且是实用的(Bargh & Chartrand, 1999;Berntson, Boyson, & Cacioppo, 1993;Schneirla, 1959;Zajonc, 1998)。同时,Carver 等人(2002)和 Gable 等人(2002)都提出,不同人格维度的构想间共享的变异也许可以由接近和回避动机来解释。综上,Elliot 和 Thrash(2002)提出,外向性、积极情绪和行为激活系统共享同样的基本核心——对趋向成功的、能带给人积极情绪感受的刺激具有敏感性和知觉警惕性,能产生相应的情感反应,并导致朝向这些刺激的行为倾向;相似的,神经质、消极情绪和行为抑制系统也共享同一个基本核心——对导致失败的、带给人消极情绪感受的刺激的敏感性和知觉警惕性,能产生相应的情感反应,并导致远离这些刺激的行为倾向。而这两个基本核心分别是接近性情(approach temperament)和回避性情(avoidance temperament),前者是积极性格(由外向性来评定)、积极情感取向(由积极情绪来评定)、以及行为促进和冲动(由行为激活系统来评定)的基础,而后者是消极性格(由神经质来评定)、消极情感取向(由消极情绪来评定)、以及行为抑制和焦虑(由行为抑制系统来评定)的基础,接近性情和回避性情代表了接近和回避动机的基本形式。Elliot 和 Thrash(2002)用探索性因素分析和验证性因素分析进行研究,探索性因素分析产生了一个两因素的模型,第一个因素能解释49.4%的变异,第二个因素能解释26.0%的变异。这说明,外向性、神经质、积极情绪、消极情绪、行为激活系统、行为抑制系统构成了一个两因素的结构——接近性情(包括外向性、积极情绪、行为激活系统)和回避性情(包括神经质、消极情绪、行为抑制系统)。而验证性因素分析的结果也证明这个两因素的模型与数据有很好的拟合度,$\chi^2(8, N=167)=16.67$, $p<0.05$, IFI=0.98, TLI=0.96, CFI=0.98, RMSEA=

0.08。

与性情相同,目标在自我调节过程中也扮演着很重要的角色——目标和性情共同作用,影响着个体的情绪。具体来讲,性情和目标在动机过程中有着不同的功能——性情的作用是激发个体的情绪倾向,而目标的作用是关注这些倾向,并为它们提供引导。Elliot和Thrash(2002)的研究表明,接近、回避性情和目标之间存在着关联。具体来讲,表现接近性情的外向性、积极情绪和行为激活系统各自都能很好地预测掌握目标和成绩接近目标,且和成绩回避目标无关;表现回避性情的神经质、消极情绪和行为抑制系统各自都能很好地预测成绩接近目标和成绩回避目标,且与掌握目标无关。

由此可见,尽管存在不同的人格基本维度,但它们在概念上有着相似之处,并且有共享的深层结构——接近性情和回避性情,而性情又与目标有着联系,因此,可以用接近和回避目标来对人格变量进行解释(Elliot & Thrash, 2002)。

有一些实证研究的结果可以证明上述的观点。比如,Wang和Erdheim(2007)研究了人格大五模型中的外向性和神经质这两个维度与目标取向之间的关联。研究者认为,外向性与目标设置和自我效能感等动机概念显著相关(Judge & Ilies, 2002)。外向者倾向于设定高目标并去实现他们,同时基于他们过分自信且富有野心的性格特点,外向者渴望获得奖赏(Sewart, 1996)。因此,外向性与掌握目标取向和成绩接近目标取向存在正相关。此外,由于神经质者的焦虑本质,他们倾向于质疑自己的想法和行为(Digman, 1990),他们更可能尽力去回避失败。而成绩接近目标取向反映了一种试图避免他人负面评价的动机,而成绩回避目标取向更是一种回避性质的动机取向,因而,这两种成绩目标取向都与神经质正相关。

§5 目标取向的实证研究

5.1 目标取向与任务绩效

任务绩效通常被认为是组织行为领域最为重要的研究构想之一(Campbell, Gasser, & Oswald, 1996)。已有许多研究考察了影响个体任务绩效的因素,包括认知能力(Hunter & Hunter, 1984)、责任心(Barrick & Mount, 1991)和动机(Ambrose & Kulik, 1999)等。当然,目标取向对个体的任务绩效也起到了很大的影响作用(Button, Machieu, & Zajac, 1996)。不同的目标取向会影响个体获得技能的质量(Dweck, 1986)。Fisher和Ford(1998)认为这是因为目标取向影响了个体在完成任务的过程中,付出努力的多少以及努力所指向的重心。

Yeo和Neal(2004)使用空中交通管制(Air Traffic Control, ATC)实验任务(Ackerman et al, 1995),研究了在习得技能的过程中,目标取向和练习的次数对任务绩效的影响。结果发现,成绩目标取向作为调节变量,影响了练习和任务绩效之间的关系,而掌握目标取向没有这样的作用。具体来讲,低成绩目标取向的个体比高成绩目标取向的个体习得技能的速度更快。这可能是由于高成绩目标取向的个体倾向于回避挑战,在面临挫折时容易放弃任务。这也说明了,成绩目标取向对个体的学习过程有消极影响(Button et al, 1996; Dweck, 1986; Dweck & Leggett, 1988)。

Yeo 等人(2009)也使用空中交通管制任务,研究了目标取向与完成任务的绩效之间的关系。不同于往常的实验室研究都在个体间(interindividual)水平上(即任务完成的结果与他人进行比较)对被试的任务绩效进行测量(Earley, Connolly, & Ekegren, 1989；Seijts et al, 2004；Winters & Latham, 1996；Steele-Johnson, Beauregard, Hoover, & Schmidt, 2000；Zimmerman & Kitsantas, 1997, 1999),研究者同时在个体内(intraindividual)水平(即只比较自己在执行任务过程中绩效的变化)和个体间水平上进行了考察。研究发现,在个体内水平上,掌握接近目标取向与任务绩效正相关,成绩接近目标和成绩回避目标取向与任务绩效无关;而在个体间水平上,成绩接近目标和任务绩效有显著的正相关,成绩回避目标与任务绩效有显著的负相关,掌握接近目标与任务绩效无关。

研究还发现,随着完成任务中练习次数的增加,目标取向和任务绩效的关系也随之变化。具体来讲,在个体内水平上,在执行任务的初始阶段,成绩接近目标与任务绩效负相关,而在任务的后期阶段,成绩接近目标与任务绩效变为正相关;但掌握接近目标始终与任务绩效正相关,成绩回避目标与任务绩效无关。这可能是由于,随着练习次数的增加,执行任务所需的认知加工要求减少了。研究中以被试自身的表现作为完成任务绩效的参照,这在高认知要求的情况下显得特别有利,因此掌握接近目标和任务绩效之间的联系在任务初期非常显著,随着任务的进行,关系强度稍有减弱,但仍然显著。而表现接近目标关注于个体与别人比较之下的表现情况,在高认知要求情况下会对任务绩效有所损害,但在低认知要求情况下却会变得有利(Yeo et al, 2009)。

Dierdorff 和 Surface(2010)的研究针对参加参照框架(frame-of-reference,FOR)训练项目的员工,考察了动机因素(目标取向和自我效能感)对受训者在情感(如自信心)、认知(如在工作中面临困难时的态度)和行为(如训练后测验分数的提高)上的学习结果的影响。结果发现,掌握目标与情感和行为结果正相关,成绩接近目标与认知和行为结果正相关,成绩回避目标与认知和行为结果负相关。表明掌握目标和成绩接近目标都有助于训练结果的提高,但成绩回避目标却对结果有消极作用。同时,自我效能感和目标取向之间有交互作用,具体表现为,高的自我效能感能减轻成绩回避目标对训练结果的负面影响。

金杨华(2005)通过问卷测量,考察了目标取向和工作经验对工作绩效的影响。工作经验的测量包含时间成份、数量成份和定性成份,其中工作经验的定性成份尤为重要,它主要反映工作任务的挑战性和复杂性(Quinones et al, 1995；Tesluk & Jacobs, 1998)。研究表明,掌握目标取向和工作经验的定性成份都与工作绩效存在正相关。此外,掌握目标取向对工作绩效具有正向预测作用。

5.2　目标取向与团队适应

团队适应力是指团队在执行任务的过程中,通过成员间的相互交流获得了有关于这个团队的特点等信息,从而有助于团队进行调整,形成新的人员结构(Lepine, 2005)。团队在完成任务的过程中,有时会突然遭遇无法预想的改变或危机,使得团队常规的工作规则或流程不再合适,团队需要做出调整以适应新的变化,而团队通常缺少应对这种情况的经验或训练。如何在这样的情况下增强团队的适应力,从而促进团队的工作效率,是值得探讨的问题(Kozlowski, Gully, Nason, & Smith, 1999；Waller, 1999)。团队的目标取向是将团队成员各自的目标取向综合起来,例如高掌握目标取向的团队就是指团队中的大部分成员采取的都是掌握目标取向(Lepine,2005)。

Porter等人(2010)研究了在团队合作中,目标取向对提高团队任务绩效的影响。在实验研究中设定了团队工作任务量突然出现不平衡的情境,即团队中某一人的工作量突然比团队其他成员多。而在此情境下,又分为工作资源充足(能够应对突然增加的工作量)和工作资源不足(较难应对突然增加的工作量)这两种情况。研究结果发现,目标取向与工作资源存在着交互作用,具体来讲,当工作资源不足时,掌握目标和成绩目标取向都与团队任务绩效的提高无显著相关;当工作资源充足时,团队任务绩效的提高与掌握目标取向存在正相关,与成绩目标取向存在负相关。这表明,在工作资源充足的情况下,掌握目标和成绩目标取向对团队的影响是独立的。并且,成绩目标取向的团队在后期的提高越来越少,很可能是由于在突然出现了团队工作任务量不平衡的情况后,他们仍然继续使用之前的策略和规则,这可能最终变成团队的负担,甚至导致他们回避这个任务(Bell & Kozlowski, 2002; Porter, 2005)。

LePine(2005)研究了当团队面临难以预料的改变并妨碍他们继续完成任务时,目标的难度、团队的目标取向以及团队适应力之间的关系。研究发现,掌握目标取向和成绩目标取向都与团队适应力没有直接的相关关系。但是,目标取向作为调节变量,能影响目标难度和团队适应力之间的关系。具体来说,当团队中成员的掌握目标取向较高时,目标难度和团队适应改变的速度之间存在着更高的正相关,即掌控目标团队在困难任务中的适应速度比在简单任务中更快;而当团队中成员的成绩目标取向较高时,目标难度和团队适应力之间的正相关较低,与掌握目标取向相反。这表明,较难的任务能促进高掌握目标取向团队的适应力,但却会阻碍高成绩目标取向团队的适应。进一步探讨发现,其原因是因为两种目标取向的团队在面临改变后,讨论的重心和关注点不同:高掌握目标取向的团队始终关注团队的目标,团队会积极的分析当前的情况,并计划如何有效的应对;然而,高成绩目标取向的团队却更多的讨论改变会如何影响团队的表现,而较少讨论他们应当如何采取行动来应对。

5.3 目标取向与文化适应

外派者是指那些到国外去实现一个与工作相关的目标的个体(Sinangil & Ones, 2001)。由于在国外的工作对组织的利益和外派者自身的发展都有很大影响,因此,外派者较快的适应国外的工作环境是很重要的(Kraimer & Wayne, 2004; Shaffer & Harrison, 1998)。而外派者的这种跨文化适应可以看做是一个社会学习过程,外派者从中获得知识、技能、规范以及在新环境中适宜的行为表现,从而更有效的工作(Black & Mendenhall, 1991; Porter & Tansky, 1999; Brislin, Landis, & Brandt, 1983; Earley & Ang, 2003)。而在这个过程中,外派者的不同目标取向会影响他们在学习和适应过程中的表现,尤其是当外派者遭遇挫折时(Elliot & McGregor, 2001; VandeWalle, Cron, & Slocum, 2001)。

Wang和Takeuchi(2007)研究了目标取向对跨文化适应过程的影响。研究使用问卷测量了外派者的目标取向和三种不同种类的跨文化适应(工作适应、人际交往适应和整体适应)情况。结果发现,目标取向对不同种类的社会—文化适应产生不同的影响。具体来讲,掌握目标、成绩接近目标都与工作适应、人际交往适应正相关,成绩回避目标与工作适应、人际交往适应负相关,另外,掌握目标与整体适应正相关,而成绩接近目标和成绩回避目标都与整体适应无相关关系。表明掌握接近目标和成绩接近目标能促进外派者的跨文化适应,但成绩回避目标却有一定的阻碍作用。

进一步研究发现,目标取向还会影响外派者与工作相关的行为,包括他们的工作绩效。研究者将三种不同类型的文化适应(工作适应、人际交往适应和整体适应)以及工作压力作为中介变量,考察了其对前因变量(不同的目标取向和感知到的组织支持(perceived organizational support))和结果变量(外派者的工作绩效)之间关系的影响。结果表明,目标取向和工作压力能通过社会—文化适应来影响外派者的工作绩效。这说明适应过程可能是联结目标取向和外派者工作绩效的关键(Black & Mendenhall, 1991)。也就是说,成就目标取向会影响外派者的社会—文化适应过程,而这一适应过程也会影响外派者的工作绩效和提早回国的意图(Bhaskar-Shrinivas, Harrison, Shaffer, & Luk, 2005)。

Gong 和 Fan(2006)也研究了目标取向在外派者的跨文化适应中的作用。他们通过问卷测量,考察了目标取向与特定类别的自我效能感(学术自我效能感、社交自我效能感)之间的关系。结果发现,掌握目标取向与学术自我效能感和社交自我效能感正相关,而成绩目标取向与社交自我效能感负相关。表明在外派者的跨文化适应过程中,掌握目标取向对外派者形成和维持自我效能感很有帮助(Gist & Mitchell, 1992),而相反的,成绩目标取向可能会妨碍外派者形成和维持自我效能感,甚至导致低自我效能感(Bandura, 1986; Dweck & Leggett, 1988)。此外,研究还发现,学术、社交自我效能感分别与学术、社交适应存在显著相关,而掌握目标取向能通过自我效能感的中介作用来影响学术和社交适应。

5.4 失业者的目标取向

在当今社会,失业是一个很普遍的问题,并且会对失业者自身和他们的家庭产生不利的影响(McKee-Ryan, Song, Wanberg, & Kinicki, 2005)。因此,对于失业者来说,努力寻找工作是很重要的。而失业者的目标取向会对他们寻找工作过程中的任务选择(即寻找工作的意图)、任务追求(即寻找工作的行为)和任务表现(即就业后的表现)产生很大的影响(Hooft & Noordzij, 2009; Dweck, 1986; Dweck & Leggett, 1988)。

Hooft 和 Noordzij(2009)研究了情境的目标取向(situational goal orientation)在失业者寻找工作的过程中的作用。研究中设置了三种不同类型的工作室,为失业者提供三种不同目标取向的再就业指导——分别是掌握目标取向(提高寻找工作的技能)、成绩目标取向(在竞争中表现得比别人更好)和控制组(了解自己的人格),来培训失业者采取相应的目标取向,以帮助他们寻找工作。结果发现,掌握目标取向工作室比另两个工作室更能促进失业者寻找工作的意图、行为和重新就业后的工作绩效。这样的研究结果表明,掌握目标取向对任务选择、任务追求和实际的任务表现所起到的积极作用(Elliot & Church, 1997; VandeWalle, Brown, Cron, & Elliot, 1999; Wolters, 2004; Rawsthorne & Elliot, 1999; Stevens & Gist, 1997; Utman, 1997)。研究还进一步考察了个体自身的性格的目标取向(dispositional goal orientation)对情境的目标取向的影响,结果表明二者之间不相关,说明情境的目标取向能独立于性格的目标取向,对失业者寻找工作产生影响(Hooft & Noordzij, 2009)。

Creed 等人(2009)通过问卷测量,研究了失业者的目标取向、自我管理策略(情绪控制、动机控制和工作承诺)与寻找工作的强度(如为寻找工作而花费的时间、努力、资源等)之间的关系。结果发现,掌握目标取向与寻找工作的强度存在显著正相关,而成绩接近目标取向和成绩回避目标取向都与其无关。这表明,尽管在那些常规的、能够通过反复演练而掌握任务的情境中,成绩接近目标被认为是很合适的(Davis, Carson, Ammeter, & Treadway, 2005),但在寻找工作的过程中,个体需要很强的自我恢复能力来面对拒绝和失败,这诸多的挑战阻止了成绩接近目标产生作用。

此外,研究还发现,掌握目标取向和成绩接近目标取向与自我管理策略正相关,而成绩回避目标与三种自我管理策略都无关。这表明了接近形式的目标取向能帮助失业者设定更清晰准确的就业目标,并且有助于失业者维持动机以及控制消极情绪(Creed et al, 2009)。同时,这也表明,尽管两种成绩目标取向存在一定的相似之处,但是成绩接近目标取向比成绩回避目标取向拥有更大的优点(Elliot & Thrash, 2002; Harackiewicz et al, 2002; Sideridis, 2005)。

§6 研究展望

成就情境中的动机是相当复杂的,而成就目标只是影响动机的众多因素中的一个。个体在成就情境中的一些动机因素与能力没有太大关系(如自我呈现、自我验证等),但这些因素也会影响与成就相关的过程和结果(Dweck, 1999)。因此,接下来研究者可以进一步考察,在其他变量的影响下,成就目标是如何作用的。

关于目标取向对人格变量的解释作用,未来的研究可以更多的考察人格其他一些基本维度与接近和回避目标取向之间的关系,比如感觉寻求(sensation seeking)(Zuckerman, 1991)、伤害回避(harm avoidance)(Cloninger, 1987)、大五模型中的其他三个特质(宜人性、尽责性和经验开放性)等。另外,还有许多调节变量会影响目标取向和人格变量之间的关系,例如情境强度(情境对任务的要求)、测量变量的时间、工作类型和工作复杂性等等(Schneider, Hough, & Dunnette, 1996)。这些调节变量对目标取向—人格之间的联系亟待更多的研究。

在目标取向理论中,发展性问题一直是很重要的(Anderman, Austin, & Johnson, 2002a)。一些研究主要关注在儿童早期,个体目标取向差异的起源(Burhans & Dweck, 1995)。这样的研究需要继续下去,尤其应当关注在思维加工成熟过程中所发生的变化。同时,研究者应当探索在不同文化环境中,目标取向发展情况的相似性和不同之处(Markus & Kitayama, 1991; Triandis, 1989)。此外,前人的研究很少关注目标取向随着时间流逝而发生的改变(Kleiber & Maehr, 1985; Maehr & Braskamp, 1986; Maehr & Kleiber, 1981),甚至很少关注在进行一项任务的过程中目标取向的改变。这导致我们对于在人的一生中,或是个体完成某项任务的过程中,目标取向在不同时间点的可能发展轨迹了解得很少。

在2×2目标取向框架中,定义和效价作为能力的两个基本维度,较为全面的阐释了目标取向。对于这样一个框架来说,唯一较为合理的改进就是将能力定义中的绝对的标准和个体自身的标准区分开来(Elliot & McGregor, 2001)。绝对的标准和个体自身的标准在概念上是可以区分开的,剩下的疑问就是他们在实证中是否是可分离的,是否具有不同的预测作用,这样的区分是否有意义。这些问题解决后,我们也许可以提出一个更为成熟的 3×2 目标取向框架。

参考文献

Barron, K. E., & Harackiewicz, J. M. (2001). Achievement goals and optimal motivation: Testing multiple goal models. *Journal of Personality and Social Psychology*, 80, 706—722.

Bell, B. S., & Kozlowski, W. J. (2002). Goal orientation and ability: Interactive effects on self-efficacy, performance, and knowledge. *Journal of Applied Psychology*, 87, 497—505.

Brett, J. F., & Vandewalle, D. (1999). Goal orientation and goal content as predictors of performance in a training program. *Journal of Applied Psychology*, 84, 863—873.

Bunderson, J. S., & Sutcliffe, K. M. (2003). Management team learning orientation and business unit performance. *Journal of Applied Psychology*, 88, 552—560.

Button, B., Mathieu, J. E., & Zajac, M. D. (1996). Goal orientation in organizational research: A conceptual and empirical foundation. *Organizational Behavior & Human Decision Processes*, 67, 26—48.

Creed, P. A., King, V., Hood, M., & McKenzie, R. (2009). Goal orientation, self-regulation strategies, and job-seeking intensity in unemployed adults. *Journal of Applied Psychology*, 94, 806—813.

Deshon, R. P., & Gillespie, J. Z. (2005). A motivated action theory account of gal orientation. *Journal of Applied Psychology*, 90, 1096—1127.

Dierdorff, E. C., & Surface, E. A. (2010). Frame-of-reference training effectiveness: Effects of goal orientation and self-efficacy on affective, cognitive, skill-based, and transfer outcomes. *Journal of Applied Psychology*, 95, 1181—1191.

Dweck, C. S. (1986). Motivational processes affecting learning. *American Psychologist*, 41, 1040—1048.

Elliot, A. J., & Church, M. A. (1997). A hierarchical model of approach and avoidance achievement motivation. *Journal of Personality and Social Psychology*, 72, 218—232.

Elliot, A. J., & Harackiewicz, J. M. (1996). Approach and avoidance achievement goals and intrinsic motivation: A mediational analysis. *Journal of Personality and Social Psychology*, 70, 461—475.

Elliot, A. J., & Harackiewicz, J. M. (1994). Goal setting, achievement orientation, and intrinsic motivation: A mediational analysis. *Journal of Personality and Social Psychology*, 66, 968—980.

Elliot, A. J., & McGregor, H. A. (2001). A 2 × 2 achievement goal framework. *Journal of Personality and Social Psychology*, 80, 501—519.

Elliot, A. J., & Thrash, T. M. (2001). Achievement goals and the hierarchical model of achievement motivation. *Educational Psychology Review*, 13, 139—156.

Elliot, A. J., & Thrash, T. M. (2002). Approach-avoidance motivation in personality: Approach-avoidance temperaments and goals. *Journal of Personality and Social Psychology*, 82, 804—818.

Fisher, S. L., & Ford, J. K. (1998). Differential effects of learner effort and goal orientation on two learning outcomes. *Personnel Psychology*, 51: 397—420.

Ford, J. K., Smith, E. M., Weissbein, D. A., Gully, S. M., & Salas, E. (1998). Relationships of goal orientation, metacognitive activity, and practice strategies with learning outcomes and transfer. *Journal of Applied Psychology*, 83, 218—233.

Gong, Y., & Fan, J. (2006). Longitudinal examination of the role of goal orientation in cross-cultural adjustment. *Journal of Applied Psychology*, 91, 176—184.

Heimbeck, D., Frese, M., Sonnentag, S., & Keith, N. (2003). Integrating errors into the training process: The function of error management instructions and the role of goal orientation. *Personnel Psychology*, 56, 333—361.

Hertenstein, E. J. (2001). Goal orientation and practice condition as predictors of training results. *Human Resource Development Quarterly*, 12, 403—419.

Klein, H. J., Noe, R. A., & Wang, C. (2006). Motivation to learn and goal outcomes: The impact of delivery mode, learning goal orientation, and perceived barriers and enablers. *Personnel Psychology*, 59, 665—702.

Kozlowski, S. W., Gully, S. M., Brown, K. G., Salas, E., Smith, E. M., & Nason, E. R. (2001). Effects of training goals and goal orientation traits on multidimensional training outcomes and performance adaptability. *Organizational Behavior & Human Decision Processes*, 85, 1—31.

Mangos, P. M., & Steele-Johnson, D. (2001). The role of subjective task complexity in goal orientation, self-efficacy, and performance relations. *Human Performance*, 14, 169—186.

Nicholls, J. G. (1984). Achievement motivation: Conceptions of ability, subjective experience, task choice, and performance. *Psychological Review*, 91, 328—346.

Rawsthorne, L. J., & Elliot, A. J. (1999). Achievement goals and intrinsic motivation: A meta-analytic review. *Personality and Social Psychology Review*, 3, 326—344.

Seijts, G., Latham, G., Tasa, K., & Latham, B. (2004). Goal setting and goal orientation: An integration of two different yet related literatures. *Academy of Management Journal*, 47, 227—239.

Steele-Johnson, D., Beauregard, R. S., Hoover, P. B., & Schmidt, A. M. (2000). Goal orientation and task demand effects on motivation, affect, and performance. *Journal of Applied Psychology*, 85, 724—738.

Stevens, C. K., & Gist, M. E. (1997). Effects of self-efficacy and goal-orientation training on negotiation skill maintenance: What are the mechanisms? *Personnel Psychology*, 50, 955—978.

Towler, A. J., & Dipboye, R. L. (2001). Effects of trainer expressiveness, organization, and trainee goal orientation on training outcomes. *Journal of Applied Psychology*, 86, 664—673.

VandeWalle, D., & Cummings, L. L. (1997). A test of the influence of goal orientation on the feedback-seeking process. *Journal of Applied Psychology*, 82, 390—400.

VandeWalle, D., Cron, W. L., & Slocum, J. W. (2001). The role of goal orientation following performance feedback. *Journal of Applied Psychology*, 86, 629—640.

Wang, M., & Takeuchi, R. (2007). The role of goal orientation during expatriation: a cross-sectional and longitudinal investigation. *Journal of Applied Psychology*, 92, 1437—1445.

Yeo, G. B., & Neal, A. (2004). A multi-level analysis of effort, practice and performance: Effects of ability, conscientiousness, and goal orientation. *Journal of Applied Psychology*, 89, 231—247.

Yeo, G., Xiao, T., & Kiewitz, C. (2009). Goal orientations and performance: Differential relationships across levels of analysis and as a function of task demands. *Journal of Applied Psychology*, 94, 710—726.

金杨华(2005). 目标取向和工作经验对绩效的效应. 心理学报, 37(1): 136—141.

5

组织支持感

在现代社会中,为了创造出企业的竞争优势以实现长远的发展,学者(Pfeffer,2005)与行业专家们(Cohen,Watkinson,& Boone,2005)一致认为,为员工们提供一个有支持力的工作环境非常重要。理论研究也表明,当员工感觉到组织的支持时,他们会有更强的组织承诺,甚至自愿的承担超出职责范围的工作来回报组织(如,Coyle-Shapiro & Kessler,2000)。因此,组织支持感(perceived organizational support,POS)成为了现今组织管理中十分重要的研究热点,也是社会交换理论在工作场所中的直接体现,而社会交换理论则是组织支持感领域大量研究的理论基础(Wayne,Shore,& Liden,1997)。本章就将在社会交换理论的基础上,从组织支持感的概念内涵、相关变量和理论机制等方面,较为全面地介绍组织支持感已有的研究成果和最新的发展方向。

§1 社会交换理论

社会交换理论(social exchange theory,SET)起源于20世纪20年代(如,Malinowski,1922;Mauss,1925),将人类学(如,Firth,1967;Sahlins,1972)、社会心理学(如,Gouldner,1960;Homans,1958;Thibault & Kelley,1959)和社会学(如,Blau,1964)等学科联系在了一起,是用来理解个体工作行为的最有影响力的理论之一。其中,社会交换是指"发生在两个或两个以上个体之间,伴随着一定的付出与回报的交换行为"(Homans,1961)。Blau(1964)也指出,社会交换通常伴随着不确定的责任和义务,即当一个人帮助他人时,期望能够在将来有所回报,尽管回报的时间和方式都是不确定的。但同时,交换双方之间的一系列互动又都是相互联系的,其中一方的行为会因为另一方在之前的交换中的行为而有所不同。就工作环境而言,员工倾向于长期与同事、领导以及组织建立社会交换关系,通过互惠在交换中找到平衡(Rousseau,1989)。此外,人们也已经意识到了社会交换理论在社会力量(social power,Molm,Peterson,& Takahashi,1999)、网络(networks,Brass,Galaskiewicz,Greve,& Tsai,2004;Cook,Molm,& Yamagishi,1993)、组织公正(organizational justice;Konovsky,2000)、心理契约(psychological contracts;Rousseau,1995)和领导力(leadership;Liden,Sparrowe,& Wayne,1997)等相关领域的解释力。接下来,我们将分别介绍为社会交换理论提供了解释力的三个基本概念:交换规则(rules of exchanged)、交换资源(resources exchanged)和交换关系(exchange relationships)。

1.1 交换规则

社会交换理论认为如果想通过交换产生高质量的关系,如信任、忠诚和道德互信等,关系双方就必须遵从一定的交换规则。交换规则是指交换关系的双方所接受的,在交换中形成的基于交换情境的交换标准(Emerson,1976)。因此,交换规则可以为交换过程提供指导。在组织行为学模型中,社会交换理论的应用就是以交换规则为基础的。在大多数研究中,研究者们仅仅关注了交换规则中的互惠规则,然而社会交换理论中还包括了商谈规则和一些较少被研究的交换规则(Rhoades & Eisenberger,2002)。下面我们将一一作出讨论。

1.1.1 互惠规则

互惠规则(reciprocity)或者称为等值回报规则(repayment in kind)是最著名的交换规则之一。Gouldner(1960)发表了一篇有关社会交换理论的跨学科综述,从社会交换的角度阐述了互惠的本质并将互惠分为三种:① 相互依赖的交换中的互惠;② 作为民间信仰的互惠;③ 作为道德规范的互惠。

(1) 相互依赖的交换中的互惠(reciprocity as interdependent exchanges)。

为了理解相互依赖的含义,我们首先要排除一些不是相互依赖的情况。通常来说,关系双方之间可以有三种状态(Blau,1964;Homans,1961):独立的(结果完全取决于自己的努力)、依附的(结果完全取决于对方的努力)和相互依赖的(双方的努力综合决定了结果)。我们知道完全的独立或完全的依附都不会产生社会交换,交换需要的是一个双向的过程——有所付出并且有所回报,因此,相互依赖就被定义为社会交换的特质之一(Molm,1994)。

在社会交换理论中,相互依赖的互惠尤其重要,它强调有条件的人际间的交易。也就是说,如果一个人给予利益,受惠的那一方应该给予等同的回报(Gergen,1969)。在这种交易中,"互惠交换"意味着不包括任何外在的讨价还价(Molm,2000,2003),一方的行为会决定另一方的回应。因此,相互依赖会减少风险并且鼓励合作(Molm,1994)。依据 Gouldner(1960)的模型可知,当双方中至少一方开始"行动"时,交换过程开始;如果另一方也给予回报,一个新的交换环路就形成了;一旦交换环路形成,每一次交换的结果都会加强这个环路。这一系列的交换是连续的,很难分成离散的步骤。目前为止,很多研究对相互依赖的交换进行了探究,所得研究结果均符合这个模型(如,Alge,Wiethoff,& Klein,2003;Uhl-Bien & Maslyn,2003)。

(2) 作为民间信仰的互惠(reciprocity as a folk belief)。

这种互惠作为一种民间信仰包含了"善恶到头终有报"的文化预期(Gouldner,1960)。Malinowski(1932)曾在农民与渔民的交易关系中描述这种互惠,互惠的双方都持有这样的信念:① 久而久之,所有的交换终将达到一个公平的平衡点;② 那些不合作、没有贡献的人会得到惩罚;③ 而那些乐于助人的人在将来也会得到别人的帮忙。简言之,善恶终有报。

有关这种信念的一个著名的例子就是 Lerner(1980)在他的研究中提到的公平世界(just world)。一些人相信世界上的一切都是公平的,这就是所谓的公平世界信仰,尽管没有足够的证据可以证明公平的普遍性。但是,一些研究已经表明了这种信仰的积极作用,例如 Bies 和 Tripp(1996)的研究发现,"命运"在某些人看来也是一种复仇的手段,使得这些人放弃人为的报复,因为他们相信恶有恶报,因此,这种信仰至少在某些情境中可以减少破坏性行为发生的可能性。但是,组织学研究者们对于这种互惠的研究却少之又少。

(3) 作为道德规范的互惠(reciprocity as a moral norm)。

互惠也可以被看作是一种文化的要求,不遵从的人就要受到处罚(Malinowski, 1932; Mauss, 1967)。而道德规范和民间信仰之间最大的区别就在于,道德规范中包括"应该"这个特质,即道德规范指明了一个人应该怎么做,遵从互惠道德规范的人就有义务做出互惠的行为。而在民间信仰下,人们的互惠行为只是因为相信善恶终有报而已,并没有一定的道德规范来约束。

Gouldner(1960)甚至推断互惠是一种普遍性的道德规范,并且有很多研究者同意这一论述(如,Tsui & Wang, 2002; Wang, Tsui, Zhang, & Ma, 2003)。但是,即便互惠的道德规范普遍存在于人类社会中,每一种文化、每个人之间对于该道德规范的认同度也是不同的(Parker, 1998; Rousseau & Schalk, 2000; Shore & Coyle-Shapiro, 2003)。例如,一些社会心理学家们扩展了认同互惠道德规范的个体差异概念(Clark & Mills, 1979; Murstein, Cerreto, & MacDonald, 1977),将其定义为交换意识。有的雇员认为,自己对组织利益的关心和工作努力程度,都是要根据组织是否善待自己决定的,这种信念就称之为交换意识(exchange ideology, Eisenberger, Huntington, Hutchison, & Sowa, 1986)。Eisenberger等人(1986)最早对交换意识(exchange ideology)进行了研究,他们发现交换意识是员工组织支持感和旷工之间的调节变量,交换意识较高的员工,其组织支持感和旷工之间的负相关更强;稍后的研究还证明交换意识还可以调节组织支持感与责任感(Eisenberger, Armeli, Rexwinkel, Lynch, & Rhoades, 2001)、公民行为(Witt, 1991)以及绩效之间的关系(Orpen, 1994)。不仅如此,交换意识的调节作用还体现在:参与决策对组织规范接受程度和晋升机会满意度的影响(Witt, 1992),收入充足感对员工态度(工作满意度和承诺)的影响(Witt & Wilson, 1999)以及机会均等性和员工态度对离职倾向的影响等(Witt, 1991)。最后,交换意识还可以显著增强员工对培训的满意度(Witt & Broach, 1993)、管理者评价的组织承诺(Witt, Kacmar, & Andrews, 2001)以及对组织政治的敏感性(Andrews, Witt, & Kacmar, 2003)。

此外,研究者们还对互惠的概念给出了进一步的描述(Eisenberger, Lynch, Aselage, & Rohdieck, 2004; Perugini & Gallucci, 2001; Uhl-Bien & Maslyn, 2003),他们认为"互惠"代表着一种双方的交换倾向,不管是正性的还是负性的。负性(negative)的互惠取向是用消极对待回报消极对待的倾向;正性(positive)的互惠取向则是用积极对待回报积极对待的倾向。实验研究证明个体的互惠偏好会影响其对行为和信息的选择(Gallucci & Perugini, 2003; Perugini, Gallucci, Presaghi, & Ercolani, 2003),进一步的研究表明,高度负性互惠偏好的个体更容易将他人看待成恶意的、更容易生气,因此他们通常以发泄的方法进行交换(Eisenberger et al., 2004)。

1.1.2 商谈规则

有时,为了达到利益分配的目的,交换双方也可能会商谈出一些规则(如,Cook & Emerson, 1978; Cook, Emerson, & Gillmore, 1983)。商谈达成的协议一般要比互惠交换更加明确和具有回报性,且交换的责任与义务更加细节化并容易被理解。值得注意的还有,商谈的交换可能在短期协议之后仍然会持续,且商谈规则下的交换可能会受到法律或合约的保护，但互惠规则下，交换的责任与义务通常是不确定的(Flynn, 2005)。此外，商谈的交换经常是经济交换的一部分，例如，当一个人接受一份工作时，他通常要商谈一下工资水平。但是，关系亲近的人之间(社会交换)也可能会需要商谈，比如同事之间约定好相互帮忙代班一天，他们之间可能关系亲密，但却仍然需要商谈(Flynn, 2005)。

很多研究对商谈与互惠交换进行了比较，Molm(2000, 2003)年的文章对此进行了很好的总结。总的来说，互惠比商谈可以促进更良好的工作关系，使得人与人之间更加相互信任、相互认同(Molm, Takahashi, & Peterson, 2000)，而商谈则可能导致更多无效的权力使用和更少的公平(Molm, 1997; Molm et al., 1999)。

1.1.3 其他规则

除了以上两种最主要的交换规则之外，社会学家与人类学家们还关注着其他的交换规则，而管理学家对此的研究却较少。在众多相关理论模型中，以 Meeker(1971) 提出的体系最有影响力。Meeker 认为人际之间的交换可以被看作是每个人的决策，因此需要一些规则来指导决策。他提出了六种交换规则：互惠(reciprocity)、理性(rationality)、利他(altruism)、集体收益(group gain)、地位一致性(status consistency or rank equilibration)和竞争(competition)。上文中已经详细介绍了互惠的规则，我们就简单来描述一下余下的五种规则。

(1) 理性意味着通过逻辑思维考虑到所有可能的方法和最后的结果，以及如何达到想要的目标。理性行为通常包括两个部分：有逻辑的、合理的方法和利益最大化的结果。即在理性规则下，人们总会在考虑了所有的方法和结果之后，追求自己利益的最大化。当然，Meeker 也意识到人们并不总是会理性的行动，因此提出了其他的交换规则(Shafir & LeBoeuf, 2002)。

(2) 利他规则是指人们追求对他人有利，甚至不惜牺牲自己的利益。Meeker(1971)认为利他规则指导着人们，在某些情况下追求对方利益的最大化，而不求回报。相当于即使没有实际"交换"的发生，社会交换还是发生了(Befu, 1977)。但是，正由于利他规则下没有所谓的付出—回报的交换，心理学家们对于利他规则在社会交换理论中的合理性一直争论不休。虽然大部分的研究者们都承认，个体的某些付出是不求回报，甚至是不求感恩的，如单纯赠与、无偿献血等利他行为(Blau, 1964; Malinowski, 1922; Titmuss, 1971)。但是大多数人也认为，这种利他行为并不是一种社会交换，因为这种付出既不是对过去收益的回报，也不是为了将来的收益，而仅仅来自于某种利他意识或者说是想帮助别人的愿望(Heath, 1976; Gregory, 1975;)。Simpson(1972)则从另一个角度认为，利他行为中个体的回报并不是来自于对方，而是来自于内心利他动机的满足感，因此"利他"并不是社会交换理论中需要讨论的问题。

(3) 在集体收益规则下，利益被放在一个大家共同享有的"罐子(pot)"中，不管自己为此做了多大的贡献，人们都可以从中获得自己需要的东西；同样的，当有能力的时候他们也会为此做出贡献。因此，在这里交换并不是在个体之间进行的，个体的行为都是为了追求集体收益的最大化。

(4) 地位一致性指的是在团队中根据每个人的地位进行利益分配的规则。在现在社会中，一些人确实会因为种族、贵族身份等产生的地位而获益。例如在美国常春藤大学的录取中,这些学校的决策有时会考虑到学生的家庭,如果一名学生的父母就毕业于该所大学,他/她将更有可能被录取(Lind,1995)。

(5) 竞争可以被看作是与利他恰恰相反的规则,利他是指即使损害了自己的利益也要帮助他人;而竞争指的则是即使自己的利益可能受损,也要伤害别人(Meeker,1971)。经济学认为这种行为是非理性的,但是它又确实发生在现实生活的社会交换中。一个著名的例子就是报复,即便那样会使得自己遭受损失,人们也往往会选择进行报复(如,Cropanzano & Baron,1991;Kahneman,Knetsch, & Thaler,1986;Turillo,Folger,Lavelle,Umphress, & Gee,2002)。

在过去的研究中,构成社会交换理论的基本概念并没有被准确的定义,像 Liden 及其同事(1997)提到的那样,极少有研究直接检验交换的过程,这一过程也被称作社会交换的"黑箱"。因此,我们对社会交换的具体过程了解得很少,而目前,交换规则的研究已经相对最充分地体现了社会交换理论的基本概念。但是,大多数的社会交换理论模型仅仅关注互惠规则,而忽视了利他规则、集体获得规则等其他重要的交换规则。另外,他们对于多种交换规则同时起作用的可能情况研究甚少,例如人们可以同外团队(out-group)的一方竞争,从而为内团队(in-group)获得资源。今后的研究应该试图揭开社会交换的"黑箱",探究在多种交换规则中,哪些交换规则会对个体起决定性作用,即决定了个体是否参与到某种交换关系中。

1.2 交换资源

由于社会交换理论的本质来源于人类学领域的研究,通常,人们仅仅从经济价值的角度看待交换。然而,交换也会有一定的象征性意义,即交换不仅仅是单纯物质资产的交易。Foa 和 Foa(1974,1980)的资源理论(resource theory)提出了六种可以交换的资源:爱(love)、地位(status)、信息(information)、金钱(money)、商品(goods)和服务(services)。这六种资源可以被放到一个二维矩阵中(见图 5.1)。一个维度代表着资源的排他性(particularism),所谓排他即资源的价值根据其来源有所不同。金钱是一种排他性相对低的资源,不管来自于谁,金钱本身的价值是恒定的。而爱就是一种排他性很高的资源,爱来自于谁是非常重要的。服务和地位的排他性要次于爱,但高于商品和信息。第二个维度代表着资源的具体性(concreteness),即资源是否是有形的、特定的。大多数的商品和服务是比较具体的,而地位和信息则一般通过语言或者伴随语言的行为进行传递,更加具有象征性。爱和金钱则处于中间位置,因为两者即能以具体形式,也能以抽象的形式进行交换,例如爱的定义是深情、热情或者安慰的表达,而表达形式可以是语言、肢体动作或者物品等;而金钱包括硬币、流通货币和任何具有一定交换价值(以标准单位计)的筹码(Donnenwerth & Foa,1974)。

资源理论不仅仅对可以交换的内容进行了定义,Foa(1974,1980)还指出不同类型的资源很有可能采用不同的方式交换。总的来说,资源的排他性越低、越具体,则越有可能进行一个短期回报性的交换;相反的高排他性和象征性的资源则会以更自由的方式交换,以金钱购买商品的现象很常见,但爱情和地位的交换则相对稀少。

在组织学中,通常把 Foa(1974,1980)所谓的六种资源简化为两种形式:经济成果(eco-

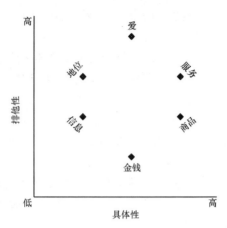

图 5.1 资源的分类(Donnenwerth & Foa, 1974)

nomic outcomes)和社会情感成果(socio-emotional outcomes)。经济成果一般较为实际,用来应对财务需要;而社会情感成果则是象征性的,表明个体是有价值和被尊敬的(Shore, Tetrick, & Barksdale, 2001),处理的是个体的社会和自尊需求。Tsui, Pearce, Porter 和 Tripoli(1997)根据相互之间交换资源的类型将雇员—雇主之间的关系策略分成 2×2 的矩阵——其中包含了四种类型。雇主的资源分为短期报酬与长期报酬两种,雇员的资源分成具体的、短期的贡献和抽象的、广泛的贡献。交换关系就被分为四种类型,分别为:① 准现货(quasi-spot)交易,代表了单纯的经济交换;② 相互投资(mutual investment),代表了社会交换;③ 投资不足(underinvestment),雇员提供象征性资源,而雇主只给予短期报酬;④ 投资过度(overinvestment),雇员提供特定具体的资源,但雇主给予了长期报酬。如图 5.2 所示。

	短期报酬	长期报酬
具体、短期的贡献	准现货交易	投资过度
抽象、广泛的贡献	投资不足	相互投资

图 5.2 雇员—雇主关系策略分类(Tsui, Pearce, Porter, & Tripoli, 1997)

交换资源的这些不同的理论模型表明,经济成果与社会情感成果的影响机制可能是以交换规则为基础的。例如,美国人倾向于平均分配社会情感资源,而经济利益则是按绩效分配(Martin & Harder, 1994);但是 Chen(1995)却发现中国的管理者对社会情感资源和经济资源都是按绩效分配的。

总的来说,尽管在社会交换理论中有六种不同的资源,但大多数还并未被组织学家充分的重视起来,所以仅仅比较了经济资源与社会情感资源是有局限性的。我们并不清楚对于某种资源都可以应用那些交换规则,而商品看起来可以以任何形式在任何时间进行交换,有关这方面的课题还有待于进一步的研究。

1.3 交换关系

通常来说,交换关系被研究者们定义为双方(无论是个体还是团体)之间的联系,是由一系列的相互交换所产生的人们之间的连结(Cropanzano & Mitchell,2005)。在现代管理学有关社会交换理论的研究中,被研究者们关注最多的概念就是工作场所的关系(workplace relationship)(如,Shore,Tetrick,& Barksdale,1999;Shore et al.,2004)。社会交换理论认为某些工作场所的前因变量导致了个体之间的联系,这种联系就是社会交换关系(Cropanzano,Byrne,Bobocel,& Rupp,2001)。公平正面的交易能使双方之间产生良好牢固的关系,这些关系又促使雇员产生了有效的工作行为和积极的工作态度,社会交换关系在中间起到了中介的作用。这一系列推论受到了研究者们的大量关注,其中,大多数人采用 Blau(1964)的理论模型对社会交换关系进行描述。

Blau(1964)对社会交换模型的贡献在于他区分了经济交换(economic exchange)和社会交换(social exchange),他指出两者之间最根本也是最重要的区别就在于社会交换必然伴随着不确定的义务,也只有在社会交换中,一方给予的帮助换来的可能是另一方在将来不确定的回报,并且交换双方不能对回报的形式讨价还价。此外,社会交换还倾向于让个体产生感激和信任等情感,而单纯的经济交换并不会;相对的,社会交换带来的利益(如情感)并不能量化,它带来的是某种长久的社会模式。再者,Blau(1964)认为交换关系与交换是两个不同的概念,但两者之间存在着因果联系,只不过因果的方向还并不确定:交换双方之间的关系特点可能会影响交换的过程,而一次成功的交换也可以使双方之间的承诺性增强。

然而,Blau(1964)的理论模型也存在着一定的局限性。一方面,他没有明确指出社会交换关系的中介作用,即双方之间的一系列正性交换产生了社会交换关系,这一关系又引发了双方一系列的正性态度和行为。另一方面,特别重要的是,Blau 似乎是将社会交换和经济交换作为两种类型的交换,而不是两种交换关系。但相比之下,Mill 和 Clark 的工作似乎更加符合社会交换关系的概念,尽管他们的命名系统有点儿特别。他们认为经济交换和社会交换更适合被称为交换关系(exchange relationship)和共有关系(communal relationship)。交换关系要求在一定时间内的,以经济性的或者准经济商品的形式给予回报,是由个人利益驱使的;而共有关系在交换上更加自由且没有时间的限制,是社会情感利益的交换,更加强调对方的需求(Clark & Mill,1979;Mills & Clark,1982)。这样的观点得到了 Organ 及其同事(Organ,1988,1990;Organ & Konovsky,1989)的承认。在研究中,他们也区分了经济交换关系与社会交换关系的不同,并且指出"交换关系反映了双方之间契约的质量"。在 Organ 等人看来,社会交换理论不仅仅是一系列的交换规则,更让研究者们从两人或多人之间连结的角度,重新阐述了相关概念,打开了一扇通往多种人际关系概念的大门。

在工作背景下,目前的管理学研究已经广泛地检验了多种形式的人际交换,它们的区别在于交换关系的双方不同。普遍的假设是员工会和直接领导(如,Liden et al.,1997)、同事(如,Cox,1999;Deckop,Cirka,& Andersson,2003;Ensher,Thomas,& Murphy,2001;Flynn,2003)、组织(如,Moorman,Blakely,& Niehoff,1998)、顾客(如,Houston,Gassenheimer,& Moskulka,1992;Sheth,1996)以及供应商(如,Perrone,Zaheer,& McEvily,2003)之间形成有所区别的社会交换关系,这些不同的关系会和员工的行为有所关联(如,Malatesta,1995;Malatesta & Byrne,1997;Masterson,Lewis,Goldman,& Taylor,2000)。具体来说,这些关系变量包括组织支持感、领导成员交换和组织承诺等。下面我们将对组织支持感进行更加细致的论述。

§2 组织支持感与社会交换理论

长期以来,研究者们都在社会交换理论的框架下,对组织支持感的概念进行阐述。所谓组织支持感,就是发生雇员和雇佣组织之间的社会交换的"质量"(Eisenberger et al., 1986; Eisenberger, Stinglhamber, Vandenberghe, Sucharski, & Rhoades, 2002)。而组织支持感的正性作用则通常用互惠规则加以解释——当员工认为组织支持自己时,他可能会给予回馈。比如,当组织支持感较高时,员工(某些情境下)更可能产生组织公民行为(Lynch, Eisenberger, & Armeli, 1999; Moorman et al., 1998),有更好的工作绩效(Eisenberger et al., 2001; Randall, Cropanzano, Bormann, & Birjulin, 1999)以及更少的缺勤(Eisenberger et al., 1986)。

1986年,Eisenberger和同事为了解释员工组织承诺的发展,对组织支持感的概念进行了扩展。组织承诺即员工对组织的承诺感,某种程度上来说,组织承诺与组织支持感是类似的,社会交换理论认为员工倾向于用组织承诺交换组织支持感(Eisenberger et al., 1986; Eisenberger, Fasolo, & Davis-LaMastro, 1990)。他们指出"员工对组织如何评价他们的贡献以及对他们幸福的关心程度有一个总体的信念,这一信念就被称作组织支持感"。根据社会交换理论模型,Eisenberger及其同事认为这种信念影响了员工对于组织对自己的承诺感的感知(即组织支持感),反过来就会影响员工对于组织的承诺感。较高的组织承诺感会产生责任感,它不仅会让员工觉得自己也应该忠于组织,还会让员工感到自己有义务用支持组织目标的行为回报组织。也就是说,员工会根据组织对于其个人的支持程度决定自己的工作态度与行为,以追求个体与组织之间交换的平衡。例如,研究发现组织支持感和员工的工作责任意识、组织承诺以及创新性呈正相关(Eisenberger et al., 1990)。感受到被组织认为有价值、被关心会增强员工对组织的信任,相信组织会知道并奖励员工的理想的态度与行为,这种奖励可能是正式(升职、加薪)或者不正式(表扬、指导)的。

§3 组织支持感的前因变量

Rhoads和Eisenberger(2002)通过元分析和路径分析,总结了研究中出现的影响组织支持感的前因变量,认为组织给予的三种形式的对待(公平、领导支持、组织奖赏和工作条件)可以增加组织支持感,此外本节还将讨论人格变量、人口统计学变量(年龄、性别等)和组织支持感之间的关系。

3.1 公平

程序公正(procedural justice)是指用来决定员工中资源分配的方法的公平性。Shore和Shore(1995)认为在资源分配的决策中始终保证公平性会表现出组织对员工福利的关心,从而每一次决策的公平都对组织支持感有着很强的叠加影响。Cropanzano和Greenberg(1997)将程序公正分为结构性公正和社会性公正两方面。结构性程序公正涉及一些和分配决策有关的正式的规则和政策,包括在决策之前引起员工的足够重视,让员工获得准确的信息和发言权等(例如,让员工参与到决策过程中去)。社会性程序公正,有时叫做人际公正(interactional justice),包括资源分配中人际关系处理的质量,例如,尊重每个员工并让员工了解结果是如何决定的。在许多研究中,研究者仅仅报告了程序公正作为一个综合变量和组织支持感之间的相关,但也有足够的研究表明作为结构性公正的发言权以及人际公正都和组织支持感有着显著的相关(Rhoades & Eisenberger, 2002)。

和程序公正相关的另一个概念是组织政治(organizational politics)。组织政治是指为了满足自己的私心而企图影响他人。政治感问卷(the perceptions of politics scale)中体现了三种普遍的个人导向的政治行为:通过自私的行为获得有价值的结果;同意错误的管理决策以确保有价值的结果;依靠偏袒而非自己的功绩获得加薪和升职(Kacmar & Carlson, 1997)。这种广义上的组织政治与程序公正有着强烈的冲突,因此会降低组织支持感。但这两个不同的变量都可以归到同一个一般范畴——公平对待。元分析的研究表明,不管是作为整体的"公平对待",还是分开来看程序公正与组织政治,都与组织支持感有着极强的相关性(Rhoades & Eisenberger, 2002)。

3.2 领导支持

正如组织支持感是员工关于组织对其评价的总体感知,员工关于领导对其贡献的评价以及对其幸福的关心程度,也会发展出一个一般的看法,我们称作领导支持感(Kottke & Sharafinski, 1988)。一方面,领导某种程度上是组织的代理人,负责指导并评价下属的绩效,因此员工不仅会将领导的行为归因于领导个人,还会将其归因成组织的意图(Eisenberger et al., 1986; Levinson, 1965)。而另一方面,员工也明白领导对下属的评价往往会上报到更高级别的管理者,从而影响组织对员工的看法。因此,领导支持对组织支持感有着显著的正性影响。Eisenberger 等人(2002)的研究还证明,在组织中非正式地位较高的领导通常被认为更能代表组织的特性,所以领导支持对组织支持感的影响也更大。

3.3 组织奖赏和工作条件

Shore 和 Shore(1995)指出,人力资源的实践表明作为组织奖赏的一种,对员工贡献的认可(recognition)与组织支持感有显著正相关,此外,还有多种组织奖赏、工作条件和组织支持感之间的关系也受到了研究者们的关注,例如加薪、升职、自主权、工作保障、角色压力源和培训等。

根据组织支持理论,在恰当时机给予奖赏可以传达出组织对员工贡献的积极评价,从而提高组织支持感。大量研究也表明,认可、加薪和升职等组织奖赏方式都能有效提高员工的组织支持感(Rhoades & Eisenberger, 2002)。此外,在组织支持感的发展过程中,员工对组织自行决定的,未受外界影响(如国家政策)的行为更加留意,因为这种组织行为可以归因于组织对员工的态度,而不是其他外部因素。Eisenberger, Cummings, Armeli 和 Lynch(1997)就发现,在高行动自由(high-discretion)的工作条件下,组织的赞许和组织支持感之间的相关要比低行动自由的工作条件下强 6 倍。

工作保障则表现了组织希望员工可以在未来一直保持组织成员身份,这也会提升员工对于组织支持的感知,特别是在当今社会裁员非常普遍的情况下(Allen, Shore, & Griffeth, 1999)。

所谓自主性,即员工对于如何完成工作的控制感,例如日程安排、工作流程和任务类型等等。自主性在西方文化中一直受到极高的评价(Geller, 1982; Hogan, 1975),它体现了组织相信自己的员工可以明智的决定如何完成工作,从而使员工感到较高的组织支持感(Eisenberger, Rhoades, & Cameron, 1999)。

角色压力源是指个体感觉无法应对的环境需求(Lazarus & Folkman, 1984)。当员工认为这些工作相关压力源来源于组织,而不是工作自身固有的属性时,组织支持感就会受到压力源的负性影响。研究者认为,员工角色的三方面压力源可以作为组织支持感的前因变量:角色过载,工作需求超出了员工在一定时间内可以完成的合理范围;角色模糊,对员工的职责缺乏清楚的信息说明;角色冲突,个体的工作职责相互冲突。

Wayne 等人(1997)认为,工作培训是一种组织自发是行为,表现了组织对员工的一种投资,从而使得员工的组织支持感增加。

总的来说,以上组织奖赏和工作条件变量都对组织支持感有着显著的影响,但 Rhoades 和 Eisenberger(2002)的元分析表明,只有控制了公平与领导支持两类变量之后,组织奖赏与工作条件才会和组织支持感显著相关。三类前因变量中,公平与组织支持感的相关性最强,领导支持次之,组织奖赏与工作条件最弱。

3.4 员工特质

除了以上三种组织支持感的前因变量之外,许多研究还探讨了人格变量和人口统计学变量与组织支持感之间的关系。研究发现,正性情感和负性情感的特质量表得分与组织支持感之间有较强的相关,因为这种体验正性/负性情绪的倾向,会影响到员工将组织的行为感知为善意或是恶意的(Aquino & Griffeth, 1999; Witt & Hellman, 1992)。此外,正性/负性情感特质也可以通过影响员工的行为,从而改变组织对待员工的方式(Aquino & Griffeth, 1999)。正性情感特质较高的员工更加健谈友好,可以给周围人都留下良好的印象,从而和同事、上级都建立起良好的交换关系。

另一个与组织支持感相关的人格变量是大五人格中的尽责性(conscientiousness)。尽责性包括可靠、认真、有始有终、有责任心和有毅力等品质(Costa & McCrae, 1985),较高的尽责性会产生良好的工作绩效,从而让组织更好的对待员工,增加员工的组织支持感。

在组织支持感的相关研究中,人口统计学变量通常作为控制变量而出现,包括年龄、教育、性别、任期等。例如,对组织不满的员工更有可能会离职,而任期较长的员工由于无法离职,更倾向于认为组织对自己较好,从而有较高的组织支持感。Rhoads 和 Eisenberger(2002)的元分析研究表明,年龄、教育程度和任期均与组织支持感有显著的正相关,而男性的组织支持感要显著地高于女性。

§4 组织支持感的结果变量

4.1 组织承诺

Meyer 和 Allen(1991)提出了组织承诺的三要素模型,将组织承诺分成情感承诺,规范承诺和持续承诺。其中情感承诺反映的是员工对自己组织身份的认同和对组织的卷入程度;而规范承诺代表了一种留在组织中的责任感;而持续承诺则是一种继续留在组织中的需要。在之后的研究中,持续承诺又被分成了两个独立的要素:离开的损失感(the perceived sacrifice associated with leaving, HS)和职业选择的缺乏感(the perceived lack of employment alternatives, LA)(Bentein, Vandenberg, Vandenberghe, & Stinglhamber, 2005; McGee & Ford, 1987)。

在众多研究中,组织承诺几乎与组织支持感如影随形。基于互惠规则,组织支持感应该使员工产生一种关心组织利益的义务感,"以关心换关心"的义务感会加强员工对拟人化了的组织的情感承诺和规范承诺(Foa & Foa, 1980)。此外,组织支持感也能通过满足员工的归属感和情感支持等社会情感需要来提高员工的情感承诺(Eisenberger et al., 1986)。这种满足会极大地提高员工对于组织的归属感,使员工将他们的组织身份和组织角色地位整合到他们的社会身份中去。

而持续承诺则更多的代表一种留在组织中的经济方面的需要,包括但不仅限于"离开组织的代价太昂贵"。也就是说,持续承诺更多的意味着留在组织中会有更大的收益,例如养老金、更高的资历等等,而到一个新的组织中这些利益可能会受损。Shore 和 Tetrick(1991)的研究表明,当员工因为离开的代价太昂贵而被强迫留在一个组织中时,组织支持感能减少员工被限制的感觉(例如持续承诺)。Rhoads 和 Eisenberger(2002)的元分析研究也表明组织支持感与持续承诺之间的负相关系数为-0.15($p<0.001$)。但实际上,组织支持感与持续承诺之间的关系并未得到研究者一致的承认。Khurram(2009)的研究则发现组织支持感与持续承诺之间的相关并不显著。

Panaccio 和 Vandenberghe(2009)的研究证明,组织支持感与持续承诺之间的负相关是职业选择的缺乏感导致的,而离开的损失感与组织支持感之间呈显著的正相关。因为当员工与组织的关系终止时,组织支持感也是员工要失去的优势之一,因此组织支持感会对离开的损失感产生正性的影响,两者之间是正相关的关系。而职业选择的缺乏感实际上取决于组织外机会的存在感,组织支持感可以通过提高员工的自我价值感,来增加员工对组织外机会存在的感知,从而减少职业选择的缺乏感,因此两者之间是负相关的关系。

4.2 工作满意度

工作满意度反应了员工对工作的整体的情绪态度(Witt, 1991)。研究证明,工作满意度和组织支持感是两个不同却高度相关的变量(Eisenberger et al., 1997)。组织支持感不仅可以满足个体的社会情感需要,还能增加员工对绩效奖励的预期,并且让员工知道组织会在自己需要时给予帮助,从而提高员工的整体工作满意度。Rhoades 和 Eisenberger(2002)

的元分析也表明,工作满意度与组织支持感之间的平均相关系数为 0.62($p<0.001$)。

4.3 积极心境

积极情绪是一种不针对特定客体的总的情绪状态(George,1989)。Watson,Clark 和 Tellegen(1988)将其描述为热情(enthusiasm)、兴奋(excitement)和机敏(alertness)等多种情绪。而组织支持感因为反映了组织对员工价值的肯定和对员工幸福的关心,从而会对员工的积极情绪产生正性影响(Eisenberger et al.,2001)。

4.4 工作卷入(job involvement)

工作卷入指对个体所做工作的认同和兴趣(Cropanzano,Howes,Grandey,& Toth,1997;O'Driscoll & Randall,1999)。研究发现员工对自己能力的感知与他对任务的兴趣呈正相关(Eisenberger et al.,1999),因此,通过增加员工对自身能力的感知,组织支持感可以增加员工对其工作的兴趣。

4.5 绩效(performance)

员工的绩效分为角色内绩效(in-role performance)和角色外绩效(extra-role performance)两种。角色内绩效指的是和正式的任务、职责有关的行为,例如职位说明书中包括的行为(Williams & Anderson,1991);而角色外绩效是指对组织效率有益但却是自发的行为(Moorman,Niehoff,& Organ,1993;Organ,1988)。George 和 Brief(1992)指出这种超越工作角色的表现包括帮助同事,保护组织远离风险,提供建设性建议和增加对组织有益的知识与技能等。元分析表明,组织支持感对两种绩效均有显著的正性影响,且角色外绩效与组织支持感之间的相关性更强(Rhoades & Eisenberger,2002)。

在角色外绩效的基础上,Smith,Organ 和 Near(1983)首先提出了组织公民行为的概念。Organ(1998)对其的定义为:由员工自发进行的,在组织正式的薪酬体系中尚未得到明确的或直接的承认,但就整体而言有益于同事或组织运作的行为。随后,Borman 和 Motowidlo(1993)又提出将绩效分为任务绩效(task performance)和关系绩效(contextual performance)两种,其中任务绩效为角色内绩效,而关系绩效与 OCB 所代表的行为也极其相似(Motowidlo,2000)。

Eisenberger 等人(1986)发现,在社会交换理论下,组织支持感较高的员工会基于互惠规则,产生有利于组织的态度和行为,例如努力达到组织目标等。研究也证明,较高的组织支持感会使得员工与组织之间的连结更加紧密,从而增加员工的组织公民行为(Cardona,Lawrence,& Bentler,2004;Moorman et al.,1998;Shore & Wayne,1993)。而 Kaufman,Stamper 和 Tesulk(2001)以及 Wayne,Shore,Bommer 和 Tetrick(2002)则指出,组织支持感只和针对"组织"的组织公民行为相关,和针对"同事"的组织公民行为无关。

此外,Goulder(1960)还指出员工的回报组织的责任感,会随着组织给予的利益价值而不同,这种价值中就包括了利益与员工的特定需求之间的相关程度。也就是说,组织支持感—责任感之间的关系,还受到员工需求的调节。因此,高社会情感需求的个体,用更好的绩效表现回报组织支持感的倾向性越强。例如,一个有着高赞许、自尊、社会情感或者归属需求的巡逻交警,他对酒后驾车和超速行驶的阻止力度与他的组织支持感呈更强的正相关(Armeli, Eisenberger, Fasolo, & Lynch, 1998)。

4.6 压力感

当员工需要面对高需求的工作时,组织支持感可以为其指出可用的资源以及情感支持,从而减少员工的厌恶性心理和对压力源的身心反应,如,压力感(strains)(George, Reed, Ballard, Colin, & Fielding, 1993; Robblee, 1998)。组织支持理论认为组织支持感满足了个体对情感支持、归属、自尊和赞许的需要,因此可以在压力源—压力感关系中起缓冲作用,例如:它能减弱护士与艾滋病病人接触程度和护士的负性情绪之间的关系(George et al. 1993);也能减弱英国酒吧的员工受到的威胁和暴力与其幸福感之间的关系(Leather, Lawrence, Beale, & Cox, 1998)。此外,一些研究还证明当压力感是疲倦(Cropanzano et al., 1997)、耗竭(Cropanzano et al., 1997)、焦虑(Robblee, 1998; Venkatachalam, 1995)和头痛(Robblee, 1998)时,组织支持感可以作为自变量起主效应,而不是起缓冲作用。因此我们可以相信,无论是否高度暴露在压力源之下,组织支持感都能降低员工的总体压力水平(Viswesvaran, Sanchez, & Fisher, 1999)。

4.7 退缩行为(withdrawal behavior)

退缩行为是指员工在组织中主动参与行为的减少,包括离职倾向和其他实际的退缩行为,如拖延、旷工和自愿离职等(Rhoades & Eisenberger, 2002)。一方面,组织支持感可以增加员工在工作中的积极情绪体验(March & Simon, 1958),这些体验使得员工与组织之间建立起正性情绪连结,从而使得员工对组织的情感承诺和工作满意度(Allen, Shore, & Griffeth, 2003)增加,离职倾向与离职行为减少(Mathieu & Zajac, 1990; Maertz, Griffeth, Campbell, & Allen, 2007)。另一方面,Eisenberger等人(2001)认为通过互惠规则,组织支持感会让员工产生帮助组织的义务感,而帮助组织的前提就是留在组织之中,因此组织承诺会升高从而降低离职倾向。而这种组织承诺更多的是一种规范承诺,即员工可能并不喜欢这个组织,但仍然有留在组织中的义务感(Maertz & Griffeth, 2004)。事实上,组织身份的保留、高出勤率和准时性都是被公开认可的员工回报组织支持感的行为。

许多研究者都证明了组织支持感与离职倾向之间的相关关系(如, Allen et al., 1999; Aquino & Griffeth, 1999; Guzzo, Noonan, & Elron, 1994; Wayne et al., 1997),而情感承诺(Rhoades, Eisenberger, & Armeli, 2001; Allen et al., 2003)、规范承诺(normative commitment, Maertz et al., 2007))、工作满意度(Allen et al., 2003; Tekleab, Takeuchi, & Taylor, 2005)和自我牺牲(personal sacrifice, Dawley, Houghton, & Bucklew, 2010)等变量可能在中间起完全中介作用。Witt及其同事还检验了组织支持感和员工留在组织中的意愿之间的关系,并发现了显著的正相关(Nye & Witt, 1993; Witt, 1991; Witt & Nye, 1992)。这种留职意愿是指当员工面对更高的薪水、更高是地位或者更友好的同事时,留在组织中的倾向(Hrebiniak & Alutto, 1972);而不是因为离开的代价太高,被迫留在组织

之中。

Rhoades 和 Eisenberger(2002)通过元分析发现,在众多研究中,员工的组织支持感和留职意愿、离职倾向、离职行为以及其他退缩行为之间的平均相关系数分别为 0.66($p<0.001$)、-0.51($p<0.001$)、-0.11($p<0.001$)和 -0.26($p<0.001$)。

总的来说,组织支持感与其相关变量之间的关系如图 5.3 所示。

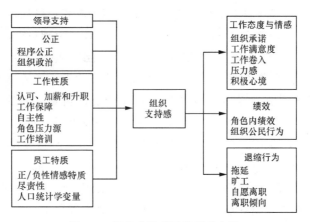

图 5.3　组织支持感及其相关变量

§5　组织支持感的结构与测量

5.1　单维度的组织支持感

组织支持理论认为,员工倾向于给组织赋予拟人化的个性特征,将组织的正性/负性行为,都看作是对自己喜欢与否的表现(Levinson,1965)。在此基础上,Eisenberger 等人(1986)提出,为了判断组织奖励更高的工作绩效、满足员工们被认可与赞赏等需要的意愿,员工们会对"组织对自己工作的评价以及对自己幸福的关心程度"形成一个总体的信念,即组织支持感。

于是,Eisenberger 等人(1986)编制了一个 36 条目的组织支持感量表(survey of perceived organizational support,SPOS),并通过数据分析证明,组织支持感可以解释总方差中的 48.3%,而第二位的因子只有 4.4%,因此组织支持感确实是一个单维度的概念。之后的研究也表明,该量表具有较高的内部信度和单维度(unidimensionality,如,Armeli et al.,1998;Lynch et al.,1999)。此外,Eisenberger 等人(1986)还检验了组织支持感对旷工行为的影响,结果表明组织支持感与每年旷工天数之间的相关系数为 -0.20($p<0.05$),和每年旷工段数之间的相关系数为 -0.28($p<0.01$),这里一天或者连续多天的旷工计为一段。目前,组织支持感已经被发现与组织情感承诺(Eisenberger et al.,1990;Rhoades et al.,2001;Shore & Tetrick,1991)、领导支持(Kottke & Sharafinski,1988;Malatesta,1995;Shore & Tetrick,1991)和工作满意度(Aquino & Griffeth,1999;Eisenberger et al.,1997;Shore & Tetrick,1991)等多个变量相关,但有所不同。

现有的组织支持感相关研究中,大多数使用的是原始 SPOS 问卷(36 个条目)中负载较高的17个条目(Eisenberger et al., 1986),甚至出于实用的考量,许多研究还使用了更短的版本。但因为最初的问卷具有很好的内部信度和单维度,所以简版问卷的使用并不会成为问题。但是出于严谨的科学态度,在简版问卷的题目中至少要体现出组织支持感的定义:对员工贡献的评价以及对员工福利的关心(Rhoades & Eisenberger, 2002)。

5.2 组织支持感的三个维度

在对外派人员的研究中,研究者指出组织提供给外派员工的支持要比"内部"员工丰富很多,例如生活费津贴、紧急休假和外语培训课程等(Guzzo, Noonan, & Elron, 1993; 1994)。相应地,研究者对外派背景下许多特定的组织支持类型进行了探究,其中包括出发前的和适应性的支持(Aryee, Chay & Chew, 1996; Caligiuri, Hyland, Joshi & Bross, 1998; Caligiuri, Joshi, & Lazarova, 1999; Guzzo et al., 1994)、财政支持(Florkowski & Fogel, 1999; Guzzo et al., 1994)以及职业支持(Arvey, Bhagat & Salas, 1991; Aryee et al., 1996; Feldman & Bolino, 1999; Feldman & Thomas, 1992; Florkowski & Fogel, 1999; Selmer, 2000)等。在此基础上,Kraimer 和 Wayne(2004)更加详细的检验了组织支持感的结构,提出了对外派员工和"内部"员工均适用的综合组织支持感(global POS)的三个维度:适应性组织支持感(adjustment POS)、职业性组织支持感(career POS)和财务性组织支持感(financial POS)。同时,Kraimer 和 Wayne(2004)还编制了12个条目的组织支持感量表,每个维度的分量表包括4个条目。在该研究中,各分量表的内部一致性系数分别为:适应性组织支持感0.87,职业性组织支持感0.88,财政性组织支持感0.92。

5.2.1 适应性组织支持感

适应性组织支持感是指工作变动之后,组织对员工及其家庭适应情况的关心程度。在外派任务的背景下,组织的相关政策和实际行动使得员工能够更好地适应国外的生活与工作,被称作组织的适应支持(adjustment support, Kraimer & Wayne, 2004)。

5.2.2 职业性组织支持感

职业性组织支持感可定义为组织对员工职业需求的关心程度。对外派人员来说,职业支持就是组织的政策与实践允许外派人员在国外依然可以得到职业发展的机会(Kraimer & Wayne, 2004)。这些实践包括在外派时有一名有经验的、值得信任的顾问(Feldman & Bolino, 1999; Florkowski & Fogel, 1999)、长期的职业规划(Selmer, 2000)和职业导向的绩效评估(Feldman & Thomas, 1992)等。Heijden, Engen 和 Paauwe(2009)在他们的研究中进一步突出了员工的感受,将职业支持定义为内部或外派员工认为的,组织对其职业需求的关心程度。

5.2.3 财务性组织支持感

所谓财务性组织支持感,就是组织对员工的财务需求的关心程度,以及根据员工的贡献给予员工补偿或报酬(Kraimer & Wayne, 2004)。对外派人员来说,财政支持就是和报酬、外派津贴等财政动机相关的组织政策(Florkowski & Fogel, 1999; Guzzo et al., 1994)。例如:外派奖金、生活费津贴、休假时间以及其他与外派有关的奖赏都会反映在员工的财务性组织支持感中。

§6 研究展望

首先，在组织支持感的大部分研究中，研究者都使用了自我报告法和横断研究设计，导致共同方法偏差对研究结果产生了影响。而简单的双变量横断研究还使得研究者无法得到变量间的因果关系，也不能确定是否存在着研究之外的第三方变量与研究中的两个变量都相关，从而造成了研究中变量之间显著相关性。但是，通过在研究中增加协变量（例如任期和教育年数）、对中介作用的探讨以及固定样本的长期追踪研究，研究者已经找到了一些更有说服力的证据。

Wayne 等人（1997）就发现组织支持感在人力资源实践（例如晋升）和情感承诺、离职倾向、组织公民行为之间起中介作用；相似的，Allen 等人（1999）发现在参与决策、工作安全、奖赏公平性和情感承诺之间，组织支持感也担任着中介的角色；Rhoades 等人（2001）也发现组织支持感中介了工作经历变量（组织奖赏、程序公正和领导支持）与情感承诺之间的关系。以上的研究都说明，组织支持感引导了情感承诺的发展。而运用固定样本的长期追踪研究设计，Rhoades 等人（2001）在两个样本中重复测量了员工的组织支持感和情感承诺，结果表明在两个样本中，组织支持感都和员工情感承诺的暂时性改变有关，说明组织支持感确实影响了情感承诺的产生。

但是还有很多变量与组织支持感之间的因果关系有待于进一步的研究。例如，奖励的有利时机传达了组织对于员工的贡献的积极评价，从而促进了组织支持感（Gaertner & Nollen，1989），但组织支持感又反过来增加了员工对因良好表现而受到嘉奖的预期。因此，绩效奖励预期与组织支持感之间的关系并不明确。Rhoades 和 Eisenberger（2002）在总结组织支持感研究成果和理论机制的综述末尾提出：① 在各种正性待遇和对雇员及组织有利的结果之间，组织支持感的中介角色；② 组织支持感及其相关变量之间的因果关系；③ 这些相关关系背后的作用机制；为了进一步有效评估和解释雇主与员工之间关系，以上三个方面是组织支持感的研究者们应该加以重视的研究方向。

此外，有研究者指出个体会更多的被工作中的负性事件所影响（Kiewitz，2002），而现有的研究大多关注于组织支持感的正性前因变量和结果变量，却忽视了对相关的负性变量的探究（Kiewitz，Restubog，Zagenczyk，& Hochwarter，2009）。所以，接下来的研究中需要更多的使用纵向的或多水平的研究设计，并逐渐的关注组织支持感相关的负性变量。

最后，组织学研究的日益国际化，使得各种社会科学模型在不同社会之间的适用性成为问题（Tsui，2004）。而中国自从加入世界贸易组织以来，便受到了研究者们的广泛关注（Tsui，Lau，Schoonhoven，Meyer，& Milkovich，2004）。以中国员工或领导为样本，研究者们已经证明：组织支持感对员工的组织承诺（情感承诺和规范承诺）、工作绩效有着显著的正性影响（Hui，Wong，& Tjosvold，2007；He，Lai，& Lu，2011），而对员工的离职意愿有显著的负性影响（Hui，Wong，& Tjosvold，2007），组织承诺在组织支持感与离职意愿中起中介作用（Loi，Hang-yue，& Foley，2006），离职意愿还在组织支持感和工作绩效中起中介作用（Hui，Wong，& Tjosvold，2007）。对外派任务的研究则表明，对母公司和当地子公司来说，组织支持感均能显著的提高员工的组织公民行为，而情感承诺在其中起中介作用

(Liu, 2009; Liu & Ipe, 2010)。此外,中国传统性是指在中国传统社会中最常见到,并且在现代中国社会中(例如大陆、港澳台)也能发现的,和动机、评价、态度以及气质相关的典型特质(Yang, 2003)。Farh, Hackett 和 Liang(2007)的研究发现,中国传统性在组织支持感与员工的组织承诺之间起调节作用,传统性越低,组织支持感对组织承诺的正性影响越强。

然而,在中国背景下对组织支持感的前因变量的探究相对较少。Zhang(2012)的研究发现,在中国组织支持感的前因变量不仅包括常见的程序公正和领导支持,还包括了对困难员工的关心、对员工家庭的关心等具有文化特殊性的因素。综合来看,有关组织支持感在中国文化下的探究大约在近十年才刚刚起步,与西方文化下的研究相比缺乏系统性,未来需要更多的研究者对中国文化下以及跨文化的组织支持感相关机制进行探究。

参考文献

Allen, D. G., Shore, L. M., & Griffeth, R. W. (2003). The role of perceived organizational support and supportive human resource practices in the turnover process. *Journal of Management*, 29, 99—118.

Befu, H. (1977). Social exchange. *Annual Review Anthropology*, 6, 255—281.

Cook, K. S., Emerson, R. M., & Gillmore, M. R. (1983). The distribution of power in exchange networks: Theory and experimental results. *American Journal of Sociology*, 89, 275—305.

Cropanzano, R., & Mitchell, M. S. (2005). Social exchange theory: an interdisciplinary review. *Journal of Management*, 31, 874—900.

Cropanzano, R., Howes, J. C., Grandey, A. A., & Toth, P. (1997). The relationship of organizational politics and support to work behaviors, attitudes, and stress. *Journal of Organizational Behavior*, 22, 159—180.

Dawley, D., Houghton, J. D., & Bucklew, N. S. (2010). Perceived organizational support and turnover intention: the mediating effects of personal sacrifice and job fit. *The Journal of Social Psychology*, 150(3), 238—257.

Eisenberger, R., Armeli, S., Rexwinkel, B., Lynch, P. D., & Rhoades, L. (2001). Reciprocation of perceived organizational support. *Journal of Applied Psychology*, 86: 42—51.

Eisenberger, R., Cummings, J., Armeli, S., & Lynch, P. (1997). Perceived organizational support, discretionary treatment, and job satisfaction. *Journal of Applied Psychology*, 82, 812—820.

Eisenberger, R., Fasolo, P., & Davis-LaMastro, V. (1990). Perceived organizational support and employee diligence, commitment, and innovation. *Journal of Applied Psychology*, 75, 51—59.

Eisenberger, R., Huntington, R., Hutchison, S., & Sowa, D. (1986). Perceived Organizational Support. *Journal of Applied Psychology*, 71, 500—507.

Eisenberger, R., Stinglhamber, F., Vandenberghe, C., Sucharski, I. L., & Rhoades, L. (2002). Perceived supervisor support: Contributions to perceived organizational support and employee retention. *Journal of Applied Psychology*, 87, 565—573.

Emerson, R. M. (1976). Social exchange theory. *Annual Review of Sociology*, 2, 335—362.

Farh, J., Hackett, R. D., & Liang, J. (2007). Individual-level cultural values as moderators of perceived organizational support-employee outcome relationship in China: comparing the effects of power distance and traditonality. *Academy of Management Journal*, 50(3), 715—729.

Flynn, F. J. (2005). Identity orientations and forms of social exchange in organizations. *Academy of Management Review*, 30(4), 737—750.

Foa, U. G., & Foa, E. B. (1974). *Societal structures of the mind*. Springfield, IL: Charles C Thomas.

He, Y., Lai, K. K., & Lu, Y. (2011). Linking organizational support to employee commitment: evidence from hotel industry of China. *The International Journal of Human Resource Management*, 22(1), 197—217.

Hui, C., Wong, A., & Tjosvold, D. (2007). Turnover intention and performance in China: the role of positive affectivity, Chinese values, perceived organizational support and constructive controversy. *Journal of Occupational and Organizational Psychology*, 80, 735—751.

Kraimer, M. L., & Wayne, S. J. (2004). An examination of perceived organizational support as a multidimensional construct in the context of an expatriate assignment. *Journal of Management*, 30(2), 209—237.

Liu, Y. (2009). Perceived organizational support and expatriate organizational citizenship behavior: The mediating role of affective commitment towards the parent company. *Personnel Review*, 38(3), 307—319.

Loi, R., Hang-yue, N., & Foley, S. (2006). Linking employees' justice perceptions to organizational commitment and intention to leave: the mediating role of perceived organizational support. *Journal of Occupational and Organizational Psychology*, 79, 101—120.

Lynch, P. D., Eisenberger, R., & Armeli, S. (1999). Perceived organizational support, Inferior versus superior performance by wary employees. *Journal of Applied Psychology*, 84, 467—483.

Masterson, S. S., Lewis, K., Goldman, B. M., & Taylor, M. S. (2000). Integrating justice and social exchange: The differing effects of fair procedures and treatment on work relationships. *Academy of Management Journal*, 43, 738—748.

Moorman, R. H., Blakely, G. L., & Niehoff, B. P. (1998). Does perceived organizational support mediate the relationship between procedural justice and organizational citizenship behavior? *Academy of Management Journal*, 41, 351—357.

O'Driscoll, M. P., & Randall, D. M. (1999). Perceived organizational support, satisfaction with rewards, and employee job involvement and organizational commitment. *Applied Psychology: An International Review*, 48, 197—209.

Randall, M. L., Cropanzano, R., Bormann, C. A., & Birjulin, A. (1999). Organizational politics and organizational support as predictors of work attitudes, job. *Journal of Organizational Behavior*, 20, 159.

Rhoades, L., Eisenberger, R., & Armeli, S. (2001). Affective commitment to the organization: The contribution of perceived organizational support. *Journal of Applied Psychology*, 86, 825—836.

Rhoades, L., & Eisenberger, R. (2002). Perceived Organizational Support: A Review of the Literature. *Journal of Applied Psychology*, 87, 698—714.

Shore, L. M., & Tetrick, L. E. (1991). A construct validity study of the Survey of Perceived Organizational Support. *Journal of Applied Psychology*, 76, 637—643.

Uhl-Bien, M., & Maslyn, J. (2003). Reciprocity in manager-subordinate relationships: Components, configurations, and outcomes. *Journal of Management*, 29, 511—532.

Viswesvaran, C., Sanchez, J. I., & Fisher, J. (1999). The role of social support in the process of work stress: A meta-analysis. *Journal of Vocational Behavior*, 54, 314—334.

Wayne, S. J., L. M. Shore, W. H. Bommer and L. E. Tetrick. (2002). The Role of Fair Treatment and Rewards in Perceptions of Organizational Support and Leader-Member Exchange. *Journal of Applied*

Psychology, 87(3), 590—598.

Wayne, S. J., Shore, L. M., & Liden, R. C. (1997). Perceived Organizational Support and Leader-Member Exchange: A Social Exchange Perspective. *Academy of Management Journal*, 40, 82—111.

Zhang, Y., Farh, J., & Wang, H. (2012). Organizational antecedents of employee perceived organizational support in China: a grounded investigation. *International Journal of Human Resource Management*, 23(2), 422—446.

6

领导成员交换

领导成员交换(leader-member exchange,LMX)理论是基于社会交换理论提出的描述型模型,以一种动态的、交互的眼光看待领导与下属的相互关系,对以往只重视领导对下属单方面影响的领导理论提出了挑战。经过几十年的发展,LMX 在理论研究和实证研究的领域均取得了丰硕的成果,成为领导学研究中不可获取的重要分支。其中,在理论方面,社会交换理论成为了 LMX 研究的主流理论;而在实证研究方面,大量研究发现 LMX 对于工作绩效和组织承诺等重要组织结果有稳定的影响,同时 LMX 也受到领导和下属特征的影响。在本章中,我们将会首先从理论上梳理 LMX 与社会交换理论的关系,之后对几十年来 LMX 研究中涉及的重要的前因变量和结果变量进行综述。

领导成员交换是指领导与员工之间所发展出的社会性交换关系(Liden, Sparrowe, & Wayne, 1997)。这一概念认为,由于领导只有有限的时间和资源,无法与他/她管理的所有下属都形成高质量的关系连结,因此会有差别地对待下属(Graen & Cashman, 1975; Liden & Graen, 1980; Graen, Novak, & Sommerkamp, 1982; Graen & Scandura, 1987)。对于一部分下属,领导会与他们建立高质量的交换关系,他们受到领导更多的信任,得到领导更多的关照,也更有可能享有特权,成为领导的"圈内成员"(in-group member);而对于另一部分下属,领导只会与他们建立低质量的交换关系,领导在他们身上投入的时间较少,获得令人满意的奖励机会也较少,成为领导的"圈外人员"(out-group member)。

在 LMX 提出之前,对领导行为的研究主要聚焦于领导对下属的作用。研究者们通过检验领导特定的行为以及他们与下属、组织等的关系来解释领导行为,并且基于这样一个假设:领导者以同样的交换方式对待他\她的所有下属。然而,LMX 的理论将组织情景中领导与下属的关系视作为双向的、动态的交换过程,并指出了这一关系存在异质性,这对当时静态地、等同式地理解领导行为的观点提出了挑战(Graen & Cashman, 1975)。之后,LMX 的理论和实证研究层出不穷,研究者们十分热衷于探讨领导者和下属之间的动态交换到底是通过什么样的机制完成的,会对组织产出产生什么样的影响,这种交换关系又受到什么因素的影响。经过多年的发展,LMX 已经成为了组织行为学领导研究中一个热点与重点领域,受到了人们的广泛关注。本章将对 LMX 的理论发展和实证研究结果进行详细地综述。其中,理论发展以社会交换理论为重点,实证研究的结果按照 Dulebohn, Bommer, Liden, Brouer 和 Ferris (2007)提出的模型进行阐述。

§1 LMX 的理论框架

早期对于 LMX 的理论解释主要是角色扮演理论(role playing theory)，这是 Graen 和 Cashman(1975)最初的理论框架。该理论认为,新员工在组织的社会化过程中,要经过三个角色变化阶段:角色获得(role taking),角色扮演(role making)和角色习惯化(role routinization)。在角色获得阶段,领导通过一系列事件来检验和评价下属的动机和能力。在角色扮演阶段,领导会为下属提供一些值得尝试、没有明确要求下属必须完成的任务,如果下属把握住机会并完成任务,便有可能与领导发展成高质量关系。在角色习惯化阶段,领导和下属的行为互相依赖,从此之后领导和下属的关系便会保持相对稳定。相反,如果在三个阶段中下属均没有积极的回应,就会与领导发展成低质量的关系。

到了 20 世纪 50 年代至 60 年代,社会交换的观点逐渐被引入了对 LMX 的解释,认为领导与下属之间的关系是一种社会性交换,这一观点成为了解释 LMX 的主流观点,至今仍保持着较高的活力(Blau, 1964; Gouldner, 1960; Homans, 1958; Sahlins, 1972; Thibaut & Kelley, 1959)。所谓交换,是指交换的双方必须提供另一方认为是有价值的东西;交换的双方必须在认为交换是合理的、平等的情况下,交换才能进行(Graen & Scandura, 1987)。根据交换的内容和数量的不同,领导会与下属发展出不同质量的关系,交换的内容包括物质资源、信息和支持等。当领导与下属感受到进行交换的有形或无形的物品对自己在组织中的发展更有用时,他们便更有可能会形成高质量的领导—成员关系。而 Liden 和 Graen (1980)依据社会交换理论对 LMX 的质量给出了更明确的分类,他们认为领导—下属交换的性质通常表现为两种截然不同的形式:一种是发生在领导与下属之间的、不超出雇佣合同要求范围的经济性或合同性交换,这些下属会成为领导的"圈外人员";另一种则是发生在领导与下属之间的、超出了雇佣合同要求范围之外的社会性交换,这种交换关系是建立在领导与部属之间相互的信任、忠诚与相互的责任基础上的,这些下属会成为领导的"圈内人员"。

Liden 和他的同事(Dienesch & Liden, 1986; Liden et al., 1997)对领导与下属之间的社会交换的形成过程给予了一个概括性的阐释。首先,领导与下属之间会进行最开始的社会互动,紧接着交互的一方会对彼此进行"测试",通过进行一些社会交换,来看对方是否具有可以建立高质量交换关系的一些必需要素,如信任、尊敬和责任等(Uhl-Bien, Graen, & Scandura, 2000)。如果一方提出的交换行为得到了令人满意的反应(即另一方给予了积极的回馈,如令人满意的信息或工作绩效),那么交换便会持续进行,并且很有可能发展出高水平的社会交换关系。如果首先给予对方资源的一方没有得到理想的资源回馈,或是根本没有得到对方的反应,那么双方在今后发展出高质量交换关系的难度便会加大(Dienesch & Liden, 1986; Graen & Scandura, 1987; Uhl-Bien et al., 2000)。

在社会交换的理论背景下,有关 LMX 的结构的研究也有所进展。由于社会交换涉及的内容很多,如工作中有用的信息、社会支持、晋升机会、更多的薪酬和福利等等,不难想象 LMX 的结构应该也是多维的。最早提出 LMX 的多维度结构并进行实证研究的是 Dienesch 和 Liden(1986),他们提出了情感、贡献和忠诚三维度的解释模型。这一分类方法是基于对社会交换理论中"交换"这一字眼的理解。贡献是指在双方关系中,个体对彼此投注到工作活动中的量、质和方向的知觉。忠诚表现了在双方关系中,对彼此的目标和个人特长所表现出的公开支持。而情感则是在双方关系中,一方由于人际吸引,而非工作或专业价值对另一方所产生的情感。这三个维度围绕"交换"这一概念,对领导与下属之间的关系所包含的内容给出了比较全面的解释,因为个体对于贡献、忠诚和情感的感知对双方交换行为的影响是有差异的(任孝鹏 & 王鹏,2005)。

除了上述模型,还有许多研究者对于 LMX 结构提出了自己的看法。如 Graen 和 Uhl-Bien (1995)在研究 LMX 和领导理论发展关系的综述中认为,LMX 包含相互信任(mutual trust)、尊重(respect)和义务(obligation)三个维度。Schriesheim 等(1999)则认为 LMX 包含六个维度:信任、喜爱、感激、注意、支持和忠诚。不论这些理论如何为 LMX 进行划分,我们可以看到社会交换理论中对资源的交换这一概念是每一种划分方法的核心。

§2 LMX 的前因变量和结果变量

2.1 Dulebohn 等人的 LMX 影响机制概念模型

Dulebohn 等人(2007)总结了 LMX 领域二十多年来的实证研究,并针对 LMX 的前因变量和结果变量提出了一个概念模型,如图 6.1 所示。这一模型认为,尽管在决定 LMX 关系质量的过程中领导发挥主要作用,下属也可以在一定程度上影响这一过程(Dienesch & Liden, 1986; Lapierre, Hackett, & Taggar, 2006; Martin, Thomas, Charles, Epitropaki, & McNamara, 2005; Schyns & von Collani, 2002)。这一观点与传统的领导研究的观点不同。传统观点认为,领导的特征和行为直接影响下属的态度和行为。然而,这一传统观点受到了越来越多的挑战。如 Lord 和他的同事(Engle & Lord, 1997; Lord & Maher, 1991)强调领导—下属关系的双方都会对对方有所"感知",这一感知会影响领导和下属对他们之间关系的反应。

实际上,工作关系的一个重要特点就是组织中各等级人群之间持续的相互影响(Ferris et al., 2009),这种在社会交换关系中存在的相互依赖(mutual dependency)被研究者们称作"互惠式相互依赖"(reciprocal interdependence)(Cropanzano & Mitchell, 2005; Molm, 1994)。根据 Snodgrass, Hecht, and Ploutz-Snyder (1998)的观点,尽管领导与员工的关系是相互的,员工对领导的依赖要强于领导对员工的依赖,这是由于两者权力的差距导致的。当个体的工作结果依赖其他个体时,他们便会具有强烈的动机与依赖对象的特征保持协调一致,并会主动地评价依赖对象(Depret & Fiske, 1992),以此发展依赖关系。因此,为了建立良好的关系,下属会在与他们的领导的工作过程中保持与领导特征和行为的协调性,并对领导进行评价,根据评价结果改变自己的行为。而领导也会在完成工作任务的过程中依赖他们的下属,使得他们具有评价下属的迫切需求,根据评价而对员工进行有选择性的对待。因此,Dulebohn 等人(2007)认为在 LMX 的形成过程中,领导评价下属、下属评价领导这样一个双向过程贯穿其中。

基于领导与员工之间的双向互动的观点,Dulebohn 等人(2007)提出了图 6.1 的概念模型,并根据模型对其中的关系进行了元分析。具体来说,LMX 的前因变量包括下属的特征、

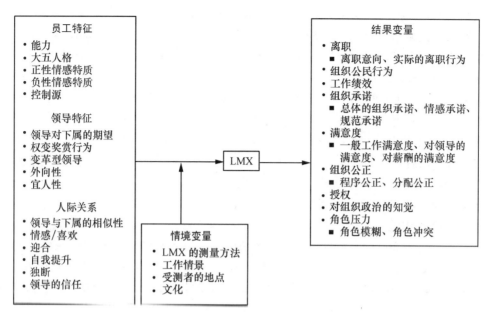

图 6.1 LMX 影响机制的理论模型(Dulebohn et al.，2007)

领导的特征(包括行为、知觉和人格)和人际关系变量,这一关系中的调节变量也在元分析的范畴之内,包括 LMX 的测量方法,工作情景,受测者的地点和文化;而 LMX 的结果则包括离职意向、组织公民行为、工作绩效、组织承诺、满意度、组织公正、角色压力等重要的组织结果。以下我们来详细分析模型中的前因变量和结果变量与 LMX 之间的关系。

2.2 LMX 的前因变量

2.2.1 个体特征

(1) 能力。早期的 LMX 理论认为,领导选择自己的"圈内人员"时在很大程度上关注下属的技巧、能力和他们承担较大责任的动机(Liden & Graen,1980)。LMX 研究中对能力的测量大多数包含领导对下属一般能力或经验的评定。Graen 和 Scandura(1987)认为领导根据对下属能力的测评来决定分配给他们什么样的任务。因此,下属在工作早期展现出的能力更有可能成为领导对下属能力感知的标准(Dienesch & Liden,1986;Graen,1976)。那些表现出较高工作能力的下属更有可能与领导建立高质量的关系,而在任务完成中表现出能力不足的下属则更有可能与领导建立低质量的关系,对他们以后的工作表现造成持续的不利影响(Graen & Scandura,1987)。Dulebohn 等人(2007)的元分析结果显示,下属能力与 LMX 之间的相关为 0.32。

(2) 人格。在目前的 LMX 研究中,人格因素也是经常被提到的 LMX 的前因变量,包括大五人格、控制源(locus of control)、正性情感(positive affectivity, PA)、负性情感(negative affectivity, NA)等。首先来看大五人格。让人吃惊的是,在为数众多 LMX 实证研究中,有关大五人格(即尽责性、外向性、宜人性、开放性和神经质)与 LMX 关系的研究却并不多见。Dulebohn 等人(2007)的元分析结果显示,宜人性、尽责性和外向性三个人格特质与 LMX 之间有显著的相关关系,相关系数分别为 0.19,0.20 和 0.16,而开放性和神经质与 LMX 的相关关系则不显著。我们依次来看这三种显著的人格特质。

在这几种人格中,尽责性已经被证实与工作绩效有最稳定的关系(Barrick & Mount,1991)。而对于LMX,研究者们发现LMX不仅与领导对下属能力的感知有关,还与领导对下属在工作中表现出的可靠性,以及取得的工作成就有关(Graen & Scandura,1987;Liden & Graen,1980),而这些恰恰是尽责性人格的表现(Mount & Barrick,1995)。由上面的元分析结果也可以看到,尽责性在大五人格中与LMX的关系是最强的。

对于外向性,Phillips和Bedeian(1994)认为外向的个体比内向的个体更有可能去主动寻求与他人的沟通和建立人际关系。另外Hogan(1986)认为这一人格特质包含两个成分:社交性(sociability)和抱负心(ambition)。基于这一点,外向的下属更有可能追求与领导建立高水平的沟通,进而建立高质量的LMX。

宜人性则与沟通、助人行为和适应性社会行为等有正相关关系(Graziano,Habashi,Sheese,& Tobin,2007)。另外,研究还发现宜人性与互惠行为(reciprocity behavior)之间有显著的正相关关系(Perugini,Gallucci,Presaghi,& Ercolani,2003),而互惠行为被认为是社会交换理论(Gouldner,1960)和LMX(Erdogan & Liden,2002)的核心内容。因此,宜人性与LMX之间的关系也是合理的。

(3) 控制源。内控(internal locus of control)的个体倾向于认为自己的行为及结果的控制主要掌控在自己手中;而外控(external locus of control)的个体则倾向于认为自己的行为及结果主要受到外界因素的影响,自己无法控制(Rotter,1966)。与外控的员工相比,内控的员工相信他们能更好地控制工作中发生的事情,并且能更好地影响与他人的沟通和互动(Martin et al.,2005;Phillips & Bedeian,1994)。这种控制感会驱使内控的员工在工作环境中表现的更加主动和活跃。因此,内控员工更有可能表现出自发的行为(initiative-based behaviors)来控制工作中的各类事件,而非对这些事件进行消极应对(Blau,1993;Phillips & Bedeian,1994)。这些自发的行为包括寻求反馈、沟通、增加交流次数等。下属的这些行为会由于涉及与领导沟通,因此会对下属与领导之间的关系起到促进作用。Graen和Scandura(1987)也认为,角色形成(role making)(即形成LMX的过程)中个体主动与领导对工作角色和职责进行沟通是一个重要的环节。由于内控的下属更有可能表现出自发的行为,因此他们更有可能在组织中与领导进行沟通,最终会帮助他们获得更高质量的LMX。Dulebohn等人(2007)的元分析结果显示控制源与LMX的关系是显著的,相关系数为0.22。

(4) 正性情感是指个体感受到的积极的、热情的、乐观的情绪的程度(Watson,Clark,& Carey,1988)。高正性情感经常使用一些反映了个体具有较高能量水平、积极、热情、有兴趣、有决心的词语来描述。由于领导倾向于将高正性情感与工作参与度和工作动机视为等同,因此他们更有可能分配给高正性情感的下属比较理想的工作任务,进而与这些下属建立质量较高的关系(Kinicki & Vecchio,1994;Phillips & Bedeian,1994)。

与正性情感相反,负性情感描述的是个体感受到的恐惧、焦虑、愤怒、敌意、疲倦等情绪状态的程度(Watson et al.,1988)。高负性情感的个体倾向于以一种负面的眼光看待世界(Bernerth et al.,2007;Watson & Clark,1984)。因此,在工作情境中,高负性情感的下属更倾向于对他们的领导以及与领导的关系持有负性的知觉。所以,有的研究者认为高负性情感的下属在工作中建立有效的社会关系时常常会遇到困难(Bernerth et al., 2007; Hui, Law, & Chen, 1999)。再加上高负性情感的个体在社交中倾向于表现出恐惧情绪,高负性情感的下属很难与领导建立高质量的社会关系,因为这一关系的建立需要相互的信任与喜爱。Dulebohn 等人(2007)的元分析结果显示,正性情感和负性情感均与 LMX 有显著相关关系,分别为 0.28 和 −0.16。

2.2.2 领导特征

接下来我们来看领导的行为、知觉和人格作为 LMX 的前因变量所起的作用。首先,由于领导—下属关系中存在的权利差距,可以相信在 LMX 的形成过程中,领导的行为和特征会比下属施加更多的作用(Dienesch & Liden, 1986; Liden et al., 1997)。研究认为,领导的行为会影响下属对领导的知觉以及他们对领导的反应(Lord & Maher, 1991; Nahrgang, Morgeson, & Ilies, 2009; Snodgrass et al., 1998)。而在 LMX 文献中得到关注最多的两类领导行为是权变奖赏行为(contingent reward behavior)和变革型领导(transformational leadership)。

(1) 权变奖赏行为。权变奖赏行为是指领导根据下属的努力状况和绩效水平,为下属提供的反馈、奖励和认可等。这一行为表明了领导对下属的期望,以及下属达到领导期望时可以获得的奖赏(Avolio, Bass, & Jung, 1999; Bass & Avolio, 1993)。尽管有研究指出领导与下属间高质量的交换关系是建立在社会交换之上,而非经济交换(Graen & Uhl-Bien, 1995),另一些学者则认为有效率的领导往往在这两种交换中均有所参与,并且在研究中进行了证实(Avolio et al., 1999)。在这一点上学者们似乎没有达成共识,在这里,我们认为,权变奖赏行为是交易行为或是经济行为的一种,对于低质量 LMX 的形成也许已经足够了,但是对于高质量 LMX 的形成,权变奖赏行为只是一个必要非充分条件。

不仅如此,为那些明确强调工作行为与相应奖赏之间挂钩的领导工作的下属,往往会对工作要求形成更清楚的知觉,这可以为下属指明工作努力的方向,从而使下属达成领导的期望(Waldman, Bass, & Yammarino, 1990)。另外,高质量 LMX 是建立在信任、尊重和相互的义务的基础之上的(Brower, Lester, Korsgaard, & Dineen, 2009; Graen & Uhl-Bien, 1995),而这些都是基于这样一个前提:领导能够对下属的高绩效进行认可和奖励,并且能够向下属明确自己的期望。因此,那些能够从领导那里获得自己所做工作相应的反馈、认可和奖赏的下属(即领导具有权变奖赏行为)更容易对领导产生责任感,也就更有可能与领导建立高质量的关系(Wayne, Shore, Bommer, & Tetrick, 2002)。Dulebohn 等人(2007)的元分析结果显示,权变奖赏行为与 LMX 之间的关系是显著的,相关系数为 0.65。

(2) 变革型领导。变革型领导在领导过程中能够为下属清晰地展现出具有吸引力的组织愿景,能够表现出与这一愿景一致的行为,并能够为团队目标的实现而做出有效的努力(Kuhnert & Lewis, 1987)。研究者认为,变革型领导能够在团队中创造出适宜高质量 LMX 产生的氛围(Anand, Hu, Liden, & Vidyarthi, 2011; Wang, Law, Hackett, Wang, & Chen, 2005)。下属会对那些鼓舞和激励他们的领导表现出更好的反应(Judge & Piccolo, 2004),这一积极的反应还会激发下属付出努力与领导建立高质量的关系(Maslyn & Uhl-Bien, 2001)。Dulebohn 等人(2007)的元分析结果显示,变革型领导与 LMX 之间的关系是显著的,相关系数为 0.66。

（3）领导对下属的期望。领导对下属的期望也是影响 LMX 形成的重要前因变量。如果领导认定一些下属是更有希望成功的,他们便更有可能与这些下属建立社会交换关系,包括在重要任务上授予下属权利和提供更多的帮助等,领导在资源上的这些付出会使得得到资源的下属更有可能在工作中表现优秀,并与领导建立高质量 LMX。这种由领导对下属的期望带来的自我实现预言与 LMX 及下属工作行为的正相关关系已经在实验室研究(McNatt,2000；McNatt & Judge,2004)和现场研究(Liden,Wayne,& Stilwell,1993；Wayne,Shore,& Liden,1997)中都得到了证实。Dulebohn 等人(2007)的元分析结果显示,领导对下属的期望与 LMX 之间的关系是显著的,相关系数为 0.32。

（4）领导的人格。尽管有许多领导研究从特质的角度考察了领导的有效性(Bass & Bass,2008),LMX 研究者却很少研究领导的人格对 LMX 的影响。在为数不多的研究中,有两个方面的人格特质得到了研究者们的关注:外向性和宜人性。Judge,Bono,Ilies 和 Gerhardt(2002)的元分析研究认为在大五人格中外向性与领导风格的关系最稳定,他们发现高外向性的领导更有可能被下属们知觉为是有效率的。同样,Bono 和 Judge(2004)发现了外向性是预测变革型领导的最佳人格变量。另外,领导的外向性还与领导有效性、领导的社会性和对他人的关心等变量有正相关关系(Bono & Judge,2004)。与此相反,领导的内向性则与员工感受到的领导的自私、保守和冷漠等有关(Nahrgang et al.,2009)。因此,领导的外向性被认为与 LMX 之间有正向关系。Dulebohn 等人(2007)的元分析结果显示,领导的外向性与 LMX 之间的关系是显著的,相关系数为 0.16。

再来看宜人性。高宜人性的领导在下属看来是更容易接近的。宜人性还与合作和助人行为有正相关关系(Hogan & Holland,2003；LePine & Dyne,2001)。Tjosvold(1984)发现下属认为那些待人温和的领导是很愿意帮助他人的。另外,下属更愿意与那些让人感到温暖的领导,而非冷冰冰的领导进行社会互动并为他们工作。最后,宜人性还与互惠行为有关,而这一行为恰恰是社会交换关系(Gouldner,1960)和 LMX(Erdogan & Liden,2002)的核心。因此,领导的宜人性被认为与 LMX 之间有正向关系。Dulebohn 等人(2007)的元分析结果显示,宜人性与 LMX 之间的关系是显著的,相关系数为 0.15。

2.2.3 人际关系变量

除了下属和领导本身的特征外,下属与领导之间的人际关系也会对 LMX 造成影响。这些人际关系变量会影响下属和领导对彼此的知觉,进而影响 LMX。

（1）领导与下属的相似性。社会心理学中的一个重要发现是个体之间的相似性会促成个体间的相互吸引和喜欢(Byrne,1971)。在与他人的社会互动中,个体与那些和自己有相似兴趣、价值观和态度的人相处会感到更加舒服。在工作情景下,在工作问题上态度的相似性(例如,如何最好地完成工作任务)以及非工作问题上态度的相似性(例如,对社会事件的看法)均可以促进领导与下属之间的交流,帮助他们建立更好的社会关系(Fairhurst,2001)。相反,领导与下属之间的差异则会导致人际交往中的障碍、距离和冲突,此时建立高质量人际关系便困难重重(Uhl-Bien,2006)。尽管"实际上"的相似性与人际吸引和关系质量有正向关系(Graen & Schiemann,1978),研究者们认为对相似性的"感知"在人际吸引和高质量 LMX 的形成过程中更加重要(Liden et al.,1993；Turban & Jones,1988)。Dulebohn 等人(2007)的元分析结果显示,领导与下属的感知相似性与 LMX 之间的关系是显著的,相关系数为0.45。

(2) 喜爱/情感。由于人们倾向于对他们喜欢的人示好,因此喜爱(liking)或者情感(affect)在领导—下属关系形成中起到重要的作用也就不足为奇了(Chi & Lo, 2003; Murphy & Ensher, 1999)。实际上,情绪判断会影响个体对他人的评价(Zajonc, 1980)。人们倾向于与他们喜欢的人建立友好的关系,LMX 这种关系也不例外。在一项实验室研究中,Wayne 和 Ferris(1990)发现领导的喜好对 LMX 的形成有正向的影响,而之后的一项纵向现场研究中也重复得到了这样的结果(Liden et al., 1993)。由于 LMX 已经被证实在人际关系的进入前阶段(pre-entry stage)或是预期社会化阶段(anticipatory socialization stage)就开始形成,我们有理由相信人际喜爱扮演着 LMX 的重要前因变量。Dulebohn 等人(2007)的元分析结果显示,喜爱/情感与 LMX 之间的关系是显著的,相关系数为0.43。

(3) 向上影响行为。向上影响行为(upward influence behavior)是另一类影响 LMX 关系的人际关系变量(Dienesch & Liden, 1986; Schriesheim, Castro, & Yammarino, 2000)。下属会通过主动参与一些可以改变他们在领导心中的印象和知觉的行为,来提高他们与领导关系质量。下属使用的影响策略会影响领导对他们的评价,进而帮助提高 LMX 质量和领导的情感反应(Lord, 1985)。这些影响策略主要有三种:迎合(ingratiation),即通过表现出友善来努力使自己被喜欢;自我提升(self-promotion),即通过强调自己的成就来努力使自己被认为是有能力的;独断(assertiveness),即在表明看法时表现的有攻击性并坚持己见。

迎合和自我提升都旨在改变别人对自己的态度,前者是要改变别人对自己的喜欢程度,而后者则是改变别人对自己能力的认可程度。因此,成功的迎合和自我提升策略的实施会让领导对下属有更积极的评价(如 Jones, 1964, 1990),而这种积极的评价往往可以作为人际关系建立的基础(Wayne & Liden, 2005)。因此,迎合和自我提升应该与 LMX 之间有正相关关系(Colella & Varma, 2001; Farmer, Maslyn, Fedor, & Goodman, 1997)。

相反,对于下属表现出的具有过度攻击性的影响策略(如独断),领导则会形成负面的印象(Kipnis, Schmidt, & Wilkinson, 1980)。例如,为了追求自己的利益,表现出过多独断或是强迫的影响策略的下属,很可能得不到领导的信任。因为领导很可能会将下属的这些影响策略视为是别有用心的(Lam, Huang, & Snape, 2007)。由此,领导与员工间的 LMX 质量便会受损(Deluga & Perry, 1991; Dockery & Steiner, 1990; Krishnan, 2004)。

Dulebohn 等人(2007)的元分析结果显示,迎合与自我提升两种影响策略与 LMX 之间的关系均是显著的,独断策略与 LMX 的关系不显著。其中,领导报告的下属迎合策略与 LMX 的相关系数为0.21,下属自我报告的迎合策略与 LMX 的相关系数为0.22,自我提升策略与 LMX 的相关系数为0.38。

(4) 信任。信任在领导与下属形成交换关系的过程中也起到重要作用(Brower et al., 2009; Gomez & Rosen, 2001)。早期的 LMX 理论认为领导根据下属的技巧和能力、可以信任的程度以及下属承担更大责任的动机来选定自己的"圈内人员"(Liden & Graen, 1980; Scandura, Graen, & Novak, 1986)。之后,有很多的研究发现领导对下属的信任与 LMX 之间有正性连结(如 Gomez & Rosen, 2001; Pelled & Xin, 2000; Van Dam, Oreg, & Schyns, 2008; Wat & Shaffer, 2005)。信任的研究者们认为,在人际关系形成的最初阶段,个体根据对方的可靠性和能力,使用认知的、理性的手段判断一个人是否可以信任

(Lewicki，Tomlinson，& Gillespie，2006；McAllister，1995)。随着关系的成熟，信任逐渐开始依赖情感、相互的照料以及关心(McAllister，1995)，这意味着领导的信任与LMX之间的关系可能出现反转，即领导对下属的信任形成是基于两者较高质量的关系。不过，在发展出高质量的关系之前，领导依然要通过下属的能力来判断他们是否值得信任。Dulebohn等人(2007)的元分析结果显示，领导对下属的信任与LMX之间的关系是显著的，相关系数为0.62。

2.3 LMX 的结果变量

Dulebohn等人(2007)在他们的理论模型中所涉及的LMX的结果变量一部分是基于Gerstner和Day(1997)以及Ilies，Nahrgang和Morgeson(2007)这两篇元分析文章所涉及的变量，另一部分则是以前的元分析研究中没有考察过的变量。

先来看Gerstner和Day(1997)的元分析文章。在这篇文章中，作者对1974—1996年的164篇涉及LMX的实证研究进行了元分析考察，发现LMX与领导评定的工作绩效的相关系数为0.41，与下属自评的工作绩效的相关系数为0.28，与客观的工作绩效的相关系数为0.10；与对上级的满意度的相关系数为0.62，与一般工作满意度的相关系数为0.46；与一般组织承诺的相关系数为0.35，与角色清晰度的相关系数为0.34。另外，LMX与角色冲突的相关系数为-0.26，与离职意向的相关系数为-0.28。然而，该研究发现LMX与实际离职意向的相关是不显著的($r=0.03$)。从这篇元分析的结果可以看出，受到LMX影响最大的结果变量是工作满意度，无论是一般工作满意度还是对领导的满意度，都有很强的相关。同时，这一研究对LMX与工作绩效的关系进行了三种不同的考察，我们能看出，在避免了同源误差(即LMX与工作绩效均为领导评定的情况)之后，LMX与工作绩效仍保持有中等程度的相关性。而对于组织承诺，这一研究仅仅考察了只选择了员工对雇佣组织的总体承诺，包括态度上的和行为上的，并没有分维度进行考察。

Ilies等人(2007)的元分析文章则专门考察了LMX与组织公民行为之间的关系。通过对50个样本的元分析处理，作者发现LMX与组织公民行为之间有中等强度的正相关($r=0.37$)。这一结果是对Gerstner和Day(1997)的元分析结果的补充，将LMX对角色内绩效的影响扩展到角色外绩效的影响上。

而Dulebohn等人(2007)则在上述两个研究的基础之上，补充了一些新的结果变量，对247个实证研究中的结果变量进行了总结。结果发现：对于研究中涉及的16个结果变量，LMX与它们之间的相关系数均显著。其中，LMX与离职意向、实际离职行为、总体组织公民行为和工作绩效等4个行为结果的相关系数分别为-0.39，-0.15，0.34和0.30。LMX与总体组织承诺、情感承诺、规范承诺、一般工作满意度、对领导的满意度以及对薪酬的满意度等6个态度结果的相关系数分别为0.41，0.36，0.27，0.42，0.57和0.23。LMX与程序公正、分配公正、授权和对政治的知觉等4个知觉结果的相关系数分别为0.48，0.38，0.58和-0.44。LMX与角色模糊和角色冲突等2个角色状态的相关系数分别为-0.34和-0.27。

由于LMX与工作绩效、离职意向、组织公民行为、一般工作满意度等的相关关系已经得到广泛验证，我们对这些变量与LMX的关系仅进行简要的概述。之后，我们会主要阐述

LMX 和 Dulebohn 等人(2007)的元分析中新加入的结果变量之间的关系。

高质量的 LMX 具有高水平的信任、沟通、支持以及正式或非正式的奖赏等特征(Dienesch & Liden, 1986),这种交换关系中包含的有形和无形的物质已经超越了正式的工作描述中规定的内容(Liden et al., 1997; Liden & Graen, 1980)。因此,根据社会交换理论,为了对高质量的 LMX 进行回报,下属会在工作中更加努力,更有可能创造出高工作绩效(Gerstner & Day, 1997)。不仅如此,下属还更有可能超越角色内行为的要求,表现出公民行为,以此来保持社会交换的平衡(Wayne et al., 2002)。不仅是在绩效方面(不论是角色内还是角色外绩效),高水平 LMX 还会为下属带来工作满意感,因为 LMX 为他们带来的好处让他们不论在情感还是认知上都会对从事的工作持有积极的态度。

低质量的 LMX 则会让下属从领导那里得不到足够的信任、交流以及奖赏,这会让下属对他们的领导产生负性的情感反应(Harris, Kacmar, & Witt, 2005)。由于领导是组织选出的"代言人",他们的行为会对下属对组织的认知和情感造成影响(Schneider, 1987)。因此,低质量 LMX 之下的下属更有可能对组织产生负性情感反应。当这种情感反应积累到一定水平时,为了避免这种不舒服不愉快的体验,下属便会产生离职意向,甚至采取离职行为。因此,LMX 与离职意向之间有负相关关系。

情感承诺与规范承诺。情感承诺是指员工对组织的情感依恋、认同感和投入度。员工由于情感承诺而表现出来的忠诚和努力主要是由于对组织有深厚的感情,而非物质利益(如 Mowday, Porter, & Steers, 1982; Porter, Steers, Mowday, & Boulian, 1974)。规范承诺则是员工对继续留在组织中的义务感的感知,由于长期受到社会影响产生了社会责任,员工产生了这种继续留在组织中的承诺(Allen & Meyer, 1990)。

有许多理由可以解释 LMX 与组织承诺之间存在着相关关系(Wayne et al., 2009)。第一,Graen(1976)认为在角色形成过程中(即高质量关系形成的过程),领导会鼓励下属对组织保持忠诚。在高质量的关系中,领导会使下属相信,组织是值得他去效忠的(Wayne et al., 2002)。另外,在高质量的关系中,由于下属对领导有依恋性和忠诚性,他们更有可能对组织保持忠诚。这是因为领导是组织的重要代理人(Eisenberger, Huntington, Hutchison, & Sowa, 1986),对领导保持依恋和忠诚可以提高下属对组织的依恋感(即情感承诺)和责任心(即规范承诺;Kinicki & Vecchio, 1994)。

第二,组织承诺受到工作挑战、社会互动的机会以及反馈的影响。总的来说,领导对工作的分配和反馈的提供负主要责任。与领导有高质量关系的下属更可能被分配到超越工作合同要求的工作任务,给予他们更多的工作挑战(Brouer & Harris, 2007; Liden et al., 1997; Liden & Graen, 1980)。另外,由于这些下属与领导保持较亲密的关系,他们得到工作反馈的机会也增加。最后,这些下属与领导之间的亲密关系会给他们更多与领导进行互动的机会(Cogliser & Schriesheim, 2000; Dienesch & Liden, 1986)。上述这些要素都会使得与领导有高质量 LMX 的下属表现出更多的组织承诺。

对薪酬的满意度。薪酬满意度是指员工对于薪酬的总体积极或消极情感或感受的总和(Miceli & Lane, 1991)。决定薪酬满意度的最重要因素是员工得到的实际报酬与他们觉得应该得到的报酬之间的差别(Williams, McDaniel, & Nguyen, 2006)。在高质量的关系中,这些下属会得到许多其他下属得不到的福利和特权(Roch & Shanock, 2006),包括更多的支持、沟通和奖赏(Cogliser & Schriesheim, 2000; Dienesch & Liden, 1986)。这会使得员工拥有更多的积极态度(Cropanzano & Mitchell, 2005)。因此,我们可以认为在高质量关系中,下属会感受到更少的薪酬差别,进而感受到更多的薪酬满意度。

程序公正和分配公正。下属感受到的程序公正和分配公正也会受到LMX的影响。首先需要指出的是,程序公正和分配公正看上去也可以当作LMX的前因变量,例如"我得到公正的奖赏,而且这一奖赏的决策是通过公正的步骤实现的,因此我会对我的上级表现出更亲密的关系",然而,这里将它作为结果变量是出于以下考虑。第一,根据观察,LMX的形成过程往往很快(Bauer & Green, 1996; Dansereau, Graen, & Haga, 1975; Liden et al., 1993),因此有理由相信下属对于程序和分配公正的评价是在这一关系形成一段时间后才进行的。第二,目前LMX的实证研究中,大部分是将程序和分配公正作为结果变量来看(Dulebohn et al., 2007)。第三,Adams的公平理论(Adams, 1963)和参照认知理论(referent cognitions theory; Folger, 1986)都指出了个体对分配结果和过程的质量评价可以产生不同的公正感受,而LMX本身便可以视作不平等的分配手段。对于与领导只有低质量关系的下属,他们可能会感受到领导在对待他们和对待"圈内成员"时表现出了不一致性和偏向性,因此更有可能对程序和分配公正的评价较低。而那些与领导有高质量关系的下属由于在工作中得到更好的待遇,并且更有机会了解如何关于结果的分配过程,因此有可能感受到更高的程序和分配公正。总之,LMX和组织公正间应该存在正相关的关系。

授权。心理授权包括个体对于他们工作角色的认知,如工作的意义、自己的能力、自我决定的程度以及工作的影响力(Spreitzer, 1995)。与领导有高质量关系的下属往往能从领导那里得到支持、有挑战性的任务、更多的责任、决策的机会和更多的信息,这些都会提高下属对工作意义、自身能力、自我决定的程度以及自身影响力的感知(如 Andrews & Kacmar, 2001; Gomez & Rosen, 2001; Keller & Dansereau, 1995)。具体来说,工作意义的提高可以通过获得更多信息和更有挑战性的工作机会来达成(Aryee & Chen, 2006)。领导给予下属的帮助可以提高下属的自我效能感,进而提高对自身能力的感知。LMX带来的与领导的更多交流、在决策过程中的参与以及决定自己工作的机会则可以提高下属的自我决定感和对自身能力的感知(Aryee & Chen, 2006)。另外,拥有高质量LMX的下属往往承担更多的责任,并认为自己对团队的贡献更大,这些可以提高他们对自身影响力和能力的感知。总之,高LMX的下属应该会表现出更高的心理授权。

对政治的知觉。许多研究开始关注组织政治与工作态度和行为的关系(Chang, Rosen, & Levy, 2009)。LMX与下属对组织政治的知觉之间存在负相关的原因如下。一方面,具有低质量LMX的下属会认为具有高质量LMX的下属更受领导喜爱,因此会认为他们得到的更高的绩效评价和更多的奖赏以及与领导更多的互动都是通过政治手段而非客观因素得到的(Davis & Garner, 2004)。另一方面,具有高质量LMX的下属由于拥有更多的领导支持和决策自由,他们对自己的境遇有更强的控制力(Andrews & Kacmar, 2001)。这种高度的控制感会降低他们对组织政治的知觉(Ferris, Perrewé, & Douglas, 2002)。

§3 LMX的测量

LMX的测量工具可以分为两类:单维度测量工具和多维度测量工具。需要注意的是,虽然LMX在理论上是多维度的,但是绝大多数的实证研究在测量时还是选择了单维度的测量工具。

单维度的LMX测量工具中最常用的是Scandura和Graen(1984)提出的7条目LMX量表(LMX-7)。这一量表的构想主要来自于由于LMX而在同一个领导手下形成的"圈内人"和"圈外人"所享有的不同质量的社会交换。在LMX-7中,受测者需要对工作关系的有效性、对工作中问题和需求的理解、对潜在问题的认知、对帮助他人的意愿等进行测量,这些都是领导与下属之间的工作关系的特征(Scandura & Graen,1984)。Gerstner和Day(1997)的元分析发现,LMX-7的内部一致性信度比较理想,一般在0.80—0.90之间。

而多维度的LMX测量工具中,比较有代表性的是Liden和Maslyn(1998)开发的LMX四维度量表(LMX-MDM)。在一量表的理论基础是,LMX的高低会随着双方交换内容的不同而变化,因此LMX应该是多维度的结构。在LMX-MDM中,他们区分出四个维度:情感(liking),指领导与下属之间的基于个人相互吸引而非工作或专业知识方面的彼此间的情感体验;忠诚(loyalty),指领导与下属中对彼此的目标和品质公开表示支持;贡献(contribution),指领导与下属对彼此为共同目标而付出的努力;专业尊敬(professional respect),指领导与下属对彼此所在的工作领域中的声誉的知觉。以上每个维度有3个条目,共有12个条目。这些分量表的信度在0.66—0.86之间(Liden & Maslyn,1998)。

至于在实证研究中究竟应该选择单维度还是多维度的量表,我们认为这取决于研究的具体目的。如果研究关注的LMX的具体形成过程,那么LMX中不同维度的形成以及对其他组织结果变量的影响可能是有区别的,此时应该使用多维度的测量工具。如果研究是从更宏观的角度考察LMX在组织运行中的作用,那么使用单维度的测量工具会更加方便。

§4 研究展望

4.1 国内研究概述

我国对于LMX的实证研究大多从社会交换理论的角度出发,探讨影响LMX的前因变量和结果变量。如吴继红和陈维政(2010)的研究发现,领导和下属报告的LMX对于组织投入与员工贡献之间的关系有调节作用;而周明建和宝贡敏(2005)的研究则以员工的组织情感承诺和工作满意度为中介变量,考察组织支持和LMX对员工工作产出的间接影响。从这些研究中可以看出,社会交换理论的观点在国内的LMX研究中也占据着主流地位。

另外,对于LMX的结构和测量上的问题,国内也不乏优秀的研究出现。这方面以港澳学者的研究居多。如Law,Wong,Wang和Wang(2000),Chen和Tjosvold(2007),Cheung,Wu,Chan和Wong(2009)把"领导—成员关系"操作化地界定为与工作无关的交换关系,而把LMX作为与工作有关的交换关系。Law等人(2000)从49份开放式问卷中提取6种代表性行为,编制了领导—下属关系量表,并发现LMX对绩效评估和工作分配有着直接影响,而领导—下属关系则影响奖金分配和员工晋升。Cheung等人(2009)则编制了3个题目测量领导—下属关系,发现工作满意度在领导—下属关系和结果变量之间起中介作用。

4.2 未来研究方向展望

尽管LMX的研究已经有了几十年的发展历史,还是有一些问题是可以在今后的研究中继续探讨的。

首先,在LMX的概念上,仍有许多地方需要进行操作化的界定。所谓"圈外人员"和"圈内人员"是否有一个明确的界定?"圈内人员"和"圈外人员"是否可以进行身份的转换?另外,既然LMX是领导和下属之间的相互关系,领导对员工的交换关系和员工对领导的交换关系是否具有不同的特点?特别是在中国这种高权力距离和集体主义社会中,这两条关系是否呈现出异质性有十分重要的理论意义。最后,有关LMX的维度问题一直在研究者中争论不休,这在今后的研究中也需要进一步的思考。

其次,LMX的实证研究在方法上可以有进一步的创新。如Zhang, Wang, & Shi(2012)的研究发现员工与领导在主动性人格(proactive personality)上的一致性(congruence)对LMX及组织产出的影响。他们使用横断多项式回归(cross-level polynomial regression)的方法发现员工与领导在主动性人格上表现出的一致性越高,他们的LMX也越高;与员工与领导的主动性人格都低时相比,两者的主动性人格都高时他们会表现出更多的LMX;而员工的主动性人格高于领导时,他们之间的LMX要比领导的主动性人格高于员工时要强。另外,使用多水平分析在个体、团队和组织等不同层面上考察LMX的作用也应该是研究者可以关注的方向,毕竟LMX至少涉及个体和团队这两个层次,因此使用多水平的分析方法对LMX进行考察是十分必要的。

第三,对于LMX的衍生概念也应该给予重视,如团队—成员交换(team-member exchange, TMX)和领导—领导交换(leader-leader exchange)。这些概念都是在社会交换理论框架下的,因此如果能融合在一起,将会对理解团队过程和领导过程有非常重要的意义。Zhou, Wang, Chen, & Shi(2011)的研究便使用多水平分析的统计技术对领导—领导交换(即领导与其上级之间的关系, LLX)进行了系统的考察,发现LLX在组织中起到的三种作用:帮助领导维持本团队内LMX;促进团队授权的形成,为员工创造良好的激励环境;加强LMX带来的积极的组织产出。这一发现为将领导—成员交换理论扩展到更广泛的组织环境中做出了贡献。

参考文献

Anand, S., Hu, J., Liden, R. C., & Vidyarthi, P. R. (2011). Leader-member exchange: Recent research findings and prospects for the future. In A. Bryman, D. Collinson, K. Grint, B. Jackson, & M. Uhl-Bien (Eds.), *The Sage handbook of leadership*: 311—325. Thousand Oaks, CA: Sage.

Aryee, S., & Chen, Z. X. (2006). Leader-member exchange in a Chinese context: Antecedents, the mediating role of psychological empowerment and outcomes. *Journal of Business Research*, 59: 793—801.

Brouer, R., & Harris, K. (2007). Dispositional and situational moderators of the relationship between leader-member exchange and work tension. *Journal of Applied Social Psychology*, 37: 1418—1441.

Chen, N. Y., & Tjosvold, D. (2007). Guanxi and leader member relationships between American managers and Chinese employees: open-minded dialogue as mediator. *Asia Pacific Journal of Management*, 24, 171—189.

Cogliser, C. C., & Schriesheim, C. A. (2000). Exploring work unit context and leader-member exchange: A multi-level perspective. *Journal of Organizational Behavior*, 21, 487—511.

Colella, A., & Varma, A. (2001). The impact of subordinate disability on leader-member exchange relationships. *Academy of Management Journal*, 44, 304—315.

Davis, W. D., & Gardner, W. L. (2004). Perceptions of politics and organizational cynicism: An attributional and leader-member exchange perspective. *Leadership Quarterly*, 15, 439—465.

Dienesch, R. M., & Liden, R. C. (1986). Leader-member exchange model of leadership: A critique and further development. *Academy of Management Review*, 11, 618—634.

Dulebohn, J. H., Bommer, W. H., Liden, R. C., Brouer, R. L., & Ferris, G. R. (2012). A meta-analysis of antecedents and consequences of leader-member exchange: Integrating the past with an eye toward the future. *Journal of Management*, 38, 1715—1759.

Engle, E. M., & Lord, R. G. (1997). Implicit theories, self-schemas, and leader-member exchange. *Academy of Management Journal*, 40, 988—1010.

Gerstner, C. R., & Day, D. V. (1997). Meta-analytic review of leader-member exchange theory: Correlates and construct issues. *Journal of Applied Psychology*, 82, 827—844.

Gomez, C., & Rosen, B. (2001). The leader-member exchange as a link between managerial trust and employee empowerment. *Group & Organization Management*, 26, 53—69.

Graen, G. B., Novak, M. A., & Sommerkamp, P. (1982). The effects of leader-member exchange and job design on productivity and satisfaction: Testing a dual attachment model. *Organizational Behavior and Human Decision Performance*, 30, 109—131.

Graen, G. B., & Uhl-Bien, M. (1995). Relationship-based approach to leadership: Development of leader-member exchange (LMX) theory of leadership over 25 years: Applying a multi-level multi-domain perspective. *Leadership Quarterly*, 6, 219—247.

Harris, K. J., Kacmar, K. M., & Witt, L. A. (2005) An examination of the curvilinear relationship between leader-member exchange and intent to turnover. *Journal of Organizational Behavior*, 26, 363—378.

Hui, C., Law, K. S., & Chen, Z. X. (1999). A structural equation model of the effects of negative affectivity, leader-member exchange, and perceived job mobility on in-role and extra-role performance: A Chinese case. *Organizational Behavior and Human Decision Processes*, 77, 3—21.

Ilies, R., Nahrgang, J. D., & Morgeson, F. P. (2007). Leader-member exchange and citizenship behaviors: A meta-analysis. *Journal of Applied Psychology*, 92, 269—277.

Lam, W., Huang, X., & Snape, E. (2007). Feedback-seeking behavior and leader-member exchange: Do supervisor-attributed motives matter? *Academy of Management Journal*, 50, 348—363.

Lapierre, L. M., Hackett, R. D., & Taggar, S. (2006). A test of the links between family interference with work, job enrichment and leader-member exchange. *Applied Psychology: An International Review*, 55, 489—511.

Liden, R. C., & Maslyn, J. M. (1998). Multidimensionality of leader-member exchange: An empirical assessment through scale development. *Journal of Management*, 24, 43—72.

Liden, R. C., Wayne, S. J., & Stilwell, D. (1993). A longitudinal study on the early development of leader-member exchanges. *Journal of Applied Psychology*, 78, 662—674.

Martin, R., Thomas, G., Charles, K., Epitropaki, O., & McNamara, R. (2005). The role of leader-member exchanges in mediating the relationship between locus of control and work reactions. *Journal *of Occupational and Organizational Psychology*, 78, 141—147.

Maslyn, J. M., & Uhl-Bien, M. (2001). Leader-member exchange and its dimensions: Effects of self-effort and other's effort on relationship quality. *Journal of Applied Psychology*, 86, 697—708.

Nahrgang, J. D., Morgeson, F. P., & Ilies, R. (2009). The development of leader-member exchanges: Exploring how personality and performance influence leader and member relationships over time. *Organizational Behavior and Human Decision Processes*, 108, 256—266.

Scandura, T. A., & Graen, G. B. (1984). Moderating effects of initial leader-member exchange status on the effects of leadership intervention. *Journal of Applied Psychology*, 69, 428—436.

Schriesheim, C. A., Castro, S. L., & Cogliser, C. C. (1999). Leader-member exchange (LMX) research: A comprehensive review of theory, measurement, and data-analytic practices. *Leadership Quarterly*, 10, 63—113.

Schriesheim, C. A., Castro, S. L., & Yammarino, F. J. (2000). Investigating contingencies: An examination of the impact of span of supervision and upward controllingness on leader-member exchange using traditional and multivariate within-and between-entities analysis. *Journal of Applied Psychology*, 85, 659—677.

Van Dam, K., Oreg, S., & Schyns, B. (2008). Daily work contexts and resistance to organizational change: The role of leader-member exchange, development climate, and change process characteristics. *Applied Psychology: An International Review*, 57, 313—334.

Wang, H., Law, K. S., Hackett, R. D., Wang, D., & Chen, Z. X. (2005). Leader-member exchange as a mediator of the relationship between transformational leadership and followers' performance and organizational citizenship behavior. *Academy of Management Journal*, 48, 420—432.

Wayne, S. J., Shore, L. M., Bommer, W. H., & Tetrick, L. E. (2002). The role of fair treatment and rewards in perceptions of organizational support and leader-member exchange. *Journal of Applied Psychology*, 87, 590—598.

Wayne, S. J., Shore, L. M., & Liden, R. C. (1997). Perceived organizational support and leader-member exchange: A social exchange perspective. *Academy of Management Journal*, 40, 82—111.

Zhang, Z., Wang, M., & Shi, J. (2012). "Why (not) change?" effects of leader-follower congruence in proactive personality on LMX and work outcomes. *Academy of Management Journal*, 55: 111—130.

Zhou, L., Wang, M., Chen, G., & Shi, J. (2012) Supervisors' upward exchange relationships and subordinate outcomes: testing the multilevel mediation role of empowerment. *Journal of Applied Psychology*, 97, 668—680.

任孝鹏,王辉(2005).领导—部属交换(LMX)的回顾与展望.心理科学进展,13:788—797.

吴继红,陈维政(2010).领导—成员关系对组织员工间社会交换的调节作用研究.管理学报,7:363—372.

周明建,宝贡敏(2005).组织中的社会交换:由直接到间接.心理学报,37:535—541.

7

联结点模型和渗透模型

在组织行为学文献中，联结点模型和渗透模型曾经是两个相对独立的研究课题。对联结点模型的理论描述源于 Likert 在 1960 年代解释组织管理结构时提出的联结点概念。对渗透模型的研究则来自于研究者观察到的组织中的各种角色的行为和态度相互影响的现象（例如，Masterson，2001；Weiss，1977）。但是，这两个研究领域在研究对象和理论基础上有着较大的重合：它们都关注组织中的不同层级的角色之间的相互作用；它们都以社会交换理论作为主要的理论视角之一；它们都对多个组织行为理论，尤其是领导力理论，起到了推动作用。因此，在这章中，我们同时介绍联结点模型和渗透模型的研究进展。

联结点模型和渗透模型的研究对理论和实践都具有重要的价值。在发展组织行为理论方面，这两个研究课题与多个组织行为学研究领域的进展有关，包括领导力理论、工作动机理论和组织公正感理论等。在指导实践方面，这两个研究课题为培养和发展企业中层和基层管理者的领导力、提高顾客服务质量、增强管理者和员工的道德和公正意识等实践提供了重要的参考。

本章首先按照研究发展顺序回顾联结点模型的研究，然后介绍近期在社会交换理论和社会学习理论基础上发展出的对渗透效应的研究。最后比较和总结这两个方面的研究，并提出未来研究方向。

§1 联结点模型的研究进展

1.1 联结点概念的提出和早期研究

在现代管理理论中，Likert（1961）最早提出了联结点职位（linking-pin position）的概念，并指出联结点对组织运行的重要性。在组织中存在着一些跨越不同团队或部门的职位，这些职位被称为联结点职位。它们对组织的运行起着关键的作用。处于这些职位上的个体，可以被称为联结点（linking-pin），他们的行为能影响整个组织的绩效和他们所领导的员工的组织行为。Likert 的这个联结点概念可以用一个简单的例子来说明。假设某个公司的组织结构有三个层级：一个总经理、一些部门经理和各个部门经理下的一般非管理层员工。在这个三层的组织管理结构中，总经理和某一个部门经理构成一对上级—下级对子（supervisor-subordinate dyad），这个部门经理和他管理的某个一般员工构成另一对上级—下级对子。这个部门经理就可以被看作一个联结点，因为他既是总经理—部门经理这个上级—下级对子里的下级,又是部门经理——一般员工这个对子里的上级。通过这个部门经理,这两个对子就被联系起来,使指令、资源和反馈能够从上向下或从下往上进行传输。例如将来自下级的任务完成进度、下级在工作中遇到的困难和下级对组织的期望等信息传达给上级和组织,或将从上级或组织那里获得的有助于下级完成任务的信息和资源传达给下级。

对联结点职位的早期实证研究考察了,处于联结点上的中层管理者对高层管理者的影响力是否会限制他们对下级的领导力的有效性。例如,中层管理者对下属的支持行为(supportive behavior of supervisor)以及对下属工作态度的正面作用是否取决于中层管理者对高层管理者的影响力(House, Filley, & Guyarati, 1971; Wager, 1965)。根据 Likert(1961)的理论,中层管理者对高层管理者的影响力会加强中层管理者的领导行为,从而对下属工作态度和行为产生积极的作用。但这些早期实证研究的结果并没有对这一理论假设提供一致的支持。

1.2 垂直对子联结理论对联结点的研究

随着管理学理论,尤其是领导力理论的进展,Cashman, Dansereau, Graen, 和 Haga(1976)和 Graen, Cashman, Ginsburg, 和 Schiemann (1977)在他们的垂直对子联结理论(vertical dyad linkage approach to leadership)中,对联结点的形成和效应做了进一步的分析。

垂直对子联结理论的基本分析单元是上级和下级两人构成的一个垂直对子(vertical dyad)。一个垂直对子由三个基本成分构成:一个上级,一个下级,以及这两个角色间的关系。组织中的单元,例如一个部门或一个团队,可以看作由一些垂直对子构成。这些垂直对子都有一个共同的上级。在同一个组织单元中,不同的垂直对子在上级—下级关系质量上可能有好坏的相对差异,即存在单元内的关系质量分化。例如,同一个部门领导与部门里的部分下级间的关系相对平等互利,把这些下级看作自己的内部成员(in-member);而和部分下级间的关系仅限于正式的上级和下级本职工作角色要求,上级就把这些下级看作外部成员(out-member)。作为联结点,这些部门领导同时也是组织管理层里的一个上级—下级垂直对子里的一个下级。对同一个高层领导和多个中层领导构成的多个垂直对子来说,它们也存在关系质量上的差异。这种差异被看作组织单元间的关系质量分化。因此,在整个管理人员里,取决于他们和高层领导的关系,中层领导也可以分为内部成员和外部成员。将上述关系用图表示出来(图7.1),就可以将组织看作一个由多层上下级对子构成的系统。那些参与不同层级的上下级对子的个体,就是联结点。

对垂直对子联结理论的实证研究发现,一般员工和直接上级的关系质量差异,能影响一般员工的组织适应过程(Dansereau, Graen, & Haga, 1975)。此外,一般员工的工作相关结果,还受到直接上级和再上级交换关系质量的影响(Cashman, et al., 1976; Graen, et al., 1977)。这种联结点上的领导和自己上级的交换关系质量影响普通下级的组织生活的现象,被看作一种联结点效应。为了对这些处于联结点上的领导的人际关系(包括与上级的和与下级的)进行深入研究,Graen 等人(1977)将联结点与上级的关系质量操作化定义为联结点自我感知到的与其上级之间的社会交换行为。在实证研究中,他们根据所有联结点上的领导自我报告的与上级的社会交换行为(例如改变任务使之更有利于联结点的工作表

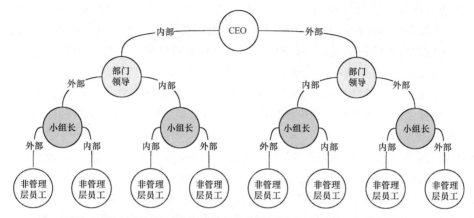

图 7.1 基于上下级对子关系的组织多层系统(Cashman, et al., 1976)

现),将这些领导分成两组。然后他们比较了这两组领导在多项指标上的差别,包括领导自己报告的自主决策程度,自己对下级的支持,以及下级报告的领导行为,下级的工作态度和解决问题的表现等。结果发现,这两组领导在自己的领导行为以及下级的工作行为和态度上存在显著差异。当联结点上的领导和自己的上级关系质量较高(相对于较低组)时,自己的领导行为更有效,下级的工作态度和行为也更积极。

1.3 从社会交换角度对联结点的研究

在社会交换理论基础上发展出的感知到的组织支持(perceived organizational support, POS)(Eisenberger, Huntington, Hutchison, & Sowa, 1986)理论和领导—成员交换(leader-member exchange, LMX)(Graen & Uhl-Bien, 1995)理论,对于理解组织中的联结点效应提供了新的理论视角。随着多水平分析(multilevel modeling, MLM)这一分析方法的发展和成熟,对联结点的实证研究也在最近几年重新兴起。

1.3.1 联结点与上级和组织的交换关系本质

基于社会交换理论发展出的领导—成员交换理论认为,当上级和下级间的交换关系质量较高时,下级会感到对上级和上级所代表的组织有回报的义务,并做出相应的回报。同样,当上级和下级的交换关系质量较高时,下级会认为自己是组织中被重视的内部成员;还会被其他同事认为是组织中的重要成员。因此,与上级交换质量较高的下级更倾向于发展出对组织的认同(Tangirala, Green, & Ramanujam, 2007)。尤其是对那些在组织中处于较低层级的员工来说,直接上级往往被他们认为是组织的代表,因此,与直接上级的交换关系质量较高时,这些下级感知到的来自组织的支持也会随之增加(Tangirala, et al., 2007; Wayne, et al., 1997)。此外,与上级的高质量交换关系还会提高下级的工作满意度(Gerstner & Day, 1997)和工作绩效(Bauer & Green, 1996)。

领导—成员交换理论的上述描述同样适用于处于联结点职位上的中低层管理者(Zhou, Wang, Chen, & Shi, in press)。为了将中低层领导和自己上级的交换关系与他们和下级的交换关系区分,研究者一般使用领导—领导交换(leader-leader exchange, LLX)来标记中低层领导和自己上级的关系。与领导—成员交换对一般员工的影响类似,中低层领导和自己的上级的交换关系质量好坏会影响到中低层领导对组织的认同和感知到的组织支持。Tangirala等人(2007)认为,当中低层领导和自己上级的交换关系质量较高时,他们会更倾向于向下级传达组织的价值观,从而使那些与他们有高质量交换关系的一般员工的工作态度变得更为积极。与高层领导交换质量较高的中低层领导也会被其他同事认为是组织中的重要成员,与他们有高质量交换关系的一般员工会更加强烈的感觉到自己是组织的内部成员。此外,与自己上级关系较好的中低层领导能获得更多的资源,因此他们传递给下级的资源也更为丰富。

对于处于联结点职位的领导来说,他们获得的资源除了来自自己的上级,还可能直接来自组织。同样基于社会交换理论,感知到的组织支持理论对中低层领导和组织间的关系本质进行了解释。感知到的组织支持理论假设组织和员工(包括管理层和非管理层员工)之间遵照互惠(reciprocity)的原则进行社会交换。员工对组织付出时间、努力和贡献,希望组织回报以有形的激励,例如工资和工资外福利以及社会情感上的利益,例如尊重、认可、关怀和促进职业生涯发展的机会等(Eisenberger et al., 1986)。当员工感知到的组织支持增加时,他们的回报行为还会延伸到帮助工作中的其他人。这是因为组织支持使员工感到帮助他人的义务增加,这种义务感在感知到的组织支持与帮助同事或上级的角色外行为(extra-role behavior)的关系中起到中介作用(Eisenberger, Armeli, Rexwinkel, Lynch, & Rhoades, 2001; Wayne, Shore, & Liden, 1997)。具体到处于联结点上的中、低层管理者而言,感知到的组织支持使这些管理层员工试图通过增加对下级的支持来回报组织。因此,中低层领导的感知到的组织支持会与他们的下级感知到的来自直接上级的支持(perceived supervisor support, PSS)有正向的相关(Shanock & Eisenberger, 2006)。因此,从感知到的组织支持理论的角度看,联结点效应表现为:联结点上的领导(即中低层领导)和组织之间通过社会交换获得更多资源,资源的多少和交换关系的质量可以用感知到的组织支持来描述;联结点上的领导通过和下级(即一般非管理层员工)的社会交换将这种资源传递给下级,他们之间的交换资源多少和交换关系好坏,可以用下级感知到的来自上级的支持来描述;下级感知到的来自上级的支持进而增强下级的工作绩效和对组织的积极态度。

1.3.2 来自实证研究的支持

Shanock和Eisenberger(2006)就组织支持感展开了研究,测量了中低层领导感知到的来自组织的支持、一般员工感知到的来自上级的支持以及一般员工的工作相关结果,考察这些变量之间的相互关系。针对他们收集到的数据的嵌套结构,他们的研究采用多水平分析的方法进行数据分析。结果发现中低层领导感知到的来自组织的支持确实对一般员工感知到的来自组织的支持和一般员工的绩效有正向的效应。并且,一般员工感知到的来自上级的支持在中低层领导感知到的来自组织的支持和一般员工感知到的来自组织的支持的关系中起到中介作用。

Tangirala等人(2007)对中层领导与上级的交换关系和中层领导与下级的交换关系之间的交互作用进行了研究。他们的研究结果发现,中层领导与下级的交换关系对一般员工的工作结果变量(例如对组织的认同感、感知到的组织支持,以及对顾客的消极态度)的主效应受到中层领导与自己上级的交换关系的影响。具体而言,中层领导与自己的上级的社会交换关系越好,他们与下级的交换关系就越能够对下级的工作产生积极的作用(例如更有效地提高下级对组织的认同感和感知到的来自组织的支持,降低对顾客的消极态度)。换一句话说,对于那些与上级的关系质量相当的一般员工,他们的上级与自己的领导关系越好,这些一般员工的工作相关结果越好。

Erdogan 和 Enders(2007)对中层领导感知到的来自组织的支持、中层领导与一般员工的交换关系和一般员工的工作满意度之间的关系进行了研究。他们的研究证实,中层领导感知到的来自组织的支持在中层领导与下级的关系和下级的工作满意度之间起到了调节作用。具体而言,中层领导感知到的来自组织的支持越高,中层领导和一般员工的关系对一般员工工作满意度的积极作用越强。他们的研究还发现,中层领导感知到的来自组织的支持对中层领导和一般员工的交换关系与一般员工工作绩效间的关系也存在类似的调节作用。也就是说,只有当中层领导感知到的来自组织的支持较高时,中层领导和一般员工的关系对一般员工的工作绩效有积极的作用。值得注意的是,Sluss,Klimchak 和 Holmes(2008)同样对中层领导与上级的交换关系、中层领导与一般员工的交换关系以及一般员工的工作态度的关系进行了研究。他们的研究结果尽管支持了中层领导与上级的关系在中层领导与下级的关系和一般员工工作态度之间有调节作用,但结果模式与 Tangirala 等人(2007)的结果模式相反,即中层领导与上级的关系越好,中层领导与下级的关系对一般员工工作态度的积极作用越弱。他们的研究采用了一个跨国企业中以男性为主的员工作为样本,而 Tangirala 等人(2007)使用的是来自美国一所医院以白人女护士为主的样本。这两个样本的差异可能导致了结果的不同。这样两个矛盾的研究结果就提示我们,将来的研究应该如果想要进一步检查中层领导与上级、下级关系之间交互作用的机制,还需要考虑更多的边界条件。

Venkataramani,Green,和 Schleicher(2010)也进行了类似的研究,他们考察了联结点与上级的交换关系质量如何影响他们培养与下级的交换关系。他们采用社会网络(social network)的研究方法,调查了联结点上的领导与自己的上级和同等级别的同事之间的关系。他们的研究发现,联结点与自己的上级关系越好,并且在与同级别的其他领导的接触中越处于意见网络(advice network)的中心,即能对较多的其他领导提供建议,他们越容易与自己的下级发展和保持高质量的关系。

最后,Zhou 等人(in press)将对联结点领导与上级的交换关系质量的研究与工作团队和工作动机的研究结合起来。他们的研究发现,处于联结点上的团队领导能够通过三条途径对一般员工产生影响:第一,联结点领导与上级的交换关系质量可以通过影响团队的授权感(team empowerment)来影响个别成员的授权感(individual empowerment)和工作结果;第二,联结点领导与上级的交换关系质量可以通过影响团队领导和一般员工的交换关系质量来影响一般员工的授权感和工作结果;第三,联结点领导与上级的交换关系质量可以通过加强团队领导和一般员工的关系对员工个人授权感的效应来进一步提高一般员工的工作结果。

§2 渗 透 效 应

联结点模型的核心是组织中位于不同层级上级—下级对子中的个体(联结点),他们在联结起这些对子使组织成为一个有效的纵向多层系统中发挥着重要作用。渗透模型则刻画的是某一组织行为构念位于多个组织层次（例如高层领导—部门领导——一般员工）或不同角色（领导—下级—顾客）时，它们之间的相互渗透关系。需要指出的是，在渗透模型中核心概念只有一个，只是被不同层次或角色的个体反应出来。例如对高层管理者和部门领导的组织公民行为，单独看每个层次各自的组织公民行为，有类似的结构和功能。已有研究发现，渗透效应存在于员工和顾客之间的组织公正感的相互影响，组织公民行为在上级和下级之间的相互影响，以及辱虐型管理（abusive supervision）在组织高层领导者到中低层领导的影响等组织行为现象中（例如，Masterson, 2001; Tepper & Taylor, 2003）。

2.1 渗透效应的理论基础

部分研究者从社会交换理论的角度对渗透效应进行了探讨。社会交换理论的核心概念之一是互惠原则，即社会交换的双方通过不断的交换资源来维持他们之间的长期交换关系（Gouldner, 1960）。这个互惠原则适用于积极的社会交换，也适用于消极的社会交换。当个体接受到一个有价值的资源时，他们会向对方回报一个有价值的资源来平衡他们之间的社会交换，从而保证自己在将来还可以获得有价值的资源。相反，当个体接受到负面的对待时，他们会以直接或间接的方式报复对方，从而使对方的资源也有所损失。放到组织的情境中，组织中的一个个体对另一个个体发出的行为可能会引发对方类似的行为反应，例如一名员工帮助另一名员工，对方回报以帮助。这样，特定的行为就从组织中的一个角色渗透到了另一个角色。类似的，组织中个人的特定态度可以引发与态度一致的行为，这个行为影响到其他人，其他人的态度也会相应的发生变化。例如，上级感到组织对自己的结果分配过程不公正，从而导致他们对下级采取不公正的结果分配过程，下级感知到的结果分配过程的公正度也就降低了。这样，某一特定的态度也就从一个组织角色渗透到了另一个组织角色。

除了从社会交换理论的角度外，也有研究者从社会学习理论（social learning theory; Bandura, 1977）的角度对渗透效应进行解释。社会学习理论的核心概念是模仿学习。个体对周围环境中的其他个体发出的信息进行加工，模仿那些与积极结果相联系的其他个体行为。那些具有较高的地位、能力或权力的个人（例如领导），更容易被其他个体（例如下级）视为模仿学习的对象。将社会学习理论应用到渗透效应上，领导的组织公民行为和下级的组织公民行为之间的关系可以认为是下级社会学习的结果。领导的组织公民行为传达给下级，似乎在向下级阐述组织中的行为规范以及自己对下级的期望。下级从而努力发出更多的组织公民行为来符合组织行为的规范和上级的预期（Weiss, 1977）。Simons 等人（2007）对言行一致的研究认为，中层管理人员可能将高层管理人员作为学习的榜样（role models），在行为上试图赶上他们知觉到的高层管理人员的言行一致程度。中层管理者通过模仿高层管理者的言行一致，提高自己的言行一致水平。渗透效应表现为中层管理者知觉到的高层管理者的言行一致对一般雇员知觉到的中层管理者的言行一致有正向的预测作用。Mayer 等人（2009）对道德型领导的渗透效应的研究也采用了社会交换理论和社会学习理论的观点。他们认为，一方面一般员工的反常行为和组织公民行为受到道德型领导的积极作用。基于社会交换理论假设的互惠原则，员工知觉到道德型领导中的信任和公平等成分，倾向于以减少反常行为和增加组织公民行为回报上级或组织。另一方面，一般员工的道德行为是通过角色塑造过程受到道德型领导的影响的。一般员工会模仿上级的行为来提高自己的道德行为。

2.2 组织公正感的渗透效应

Masterson（2001）最早在员工和顾客关系（employee-customer relationship）的研究中提出了渗透模型的概念。这之前的实践和理论研究提示员工和顾客的组织公正感（organizational justice）之间会有正向的相关。例如 Rucci，Kirn，和 Quinn（1998）报告的 Sears 公司成功变革走出危机的案例就展示了在他们公司信奉的管理模型中员工、顾客和利润之间是步步相关的（employee-customer-profit chain）。其中员工对工作和企业的态度会影响他们对顾客的行为，顾客感知到的服务质量会影响顾客对商场的印象、返回购物的频率以及是否向他人推荐该商场，并最终影响到企业和投资方的收益和潜在投资人的信心。以这一案例为代表的组织管理实践一般假设，顾客的行为和态度受到员工行为和态度的影响。Schneider，Hanges，Goldstein，和 Braverman（1994）在理论研究中提出，员工以组织对待他们的方式对待顾客。为了进一步解释这一现象，Masterson 在社会交换理论和组织公正感研究的基础上，发展出了关于员工的组织公正感如何渗透到顾客的组织公正感的理论模型。

具体而言，组织公正感的渗透模型假设，员工知觉到的组织公正影响他们对组织的情感承诺（organizational affective commitment）。组织公正感一般分为三个方面：分配公正感（distributive justice），指个体获得的结果是否被知觉为公正的；程序公正感（procedural justice），指结果分配的过程或决策过程是否被感知为公平的；人际公正感（interactional justice），指在组织中受到的人际间的待遇是否被知觉为公平的。其中分配公正和程序公正对雇员的情感承诺有主效应和相互增强交互作用，而人际公正感对情感承诺没有显著的效应（Masterson，2001）。基于社会交换理论，当员工将组织的公正待遇看作来自组织的有价值的资源时，他们的组织情感承诺会提高，并带给他们回报组织的义务感。在服务性行业中，回报的对象很可能是顾客，即组织情感承诺增加员工服务的努力程度和对顾客的亲社会行为，包括更努力得去满足顾客的需要，在顾客身上花费工作外的时间等，这些行为有的并不是组织薪酬体系内的工作角色要求的（Masterson，2001）。当顾客感到员工对自己的服务付出极大努力并热情投入地帮助他们的时候，他们会倾向于认为自己受到了公正的对待，进而对发出行为的员工感到满意并做出行为上的肯定（例如再次购买他/她的服务）。并且，由于一线服务人员代表着企业，这些感到被公正对待的顾客会对企业有更积极的态度和行为（Masterson，2001）。

将上述模型总结于图 7.2，可以看到，组织公正感的渗透效应表现为：员工感知到的组织公正感影响他们对组织的情感承诺，进而影响他们对顾客的服务的努力程度和亲社会行为水平，顾客感知到这些行为后，感到自己受到的待遇公正度提高，最后提高对雇员和组织的积极行为和态度（Masterson，2001）。Masterson 在 187 名教员及其学生中检验了这一模型。结果发现，除了顾客感知到的公正待遇对企业的反应之间的关系没有得到支持外，其他假设的关系都得到了支持。组织公正感的渗透效应提示服务性行业的管理者，提高雇员的组织公正感，是提高顾客对服务质量满意度和积极行为（包括再次惠顾和口头传播）的有效途径。

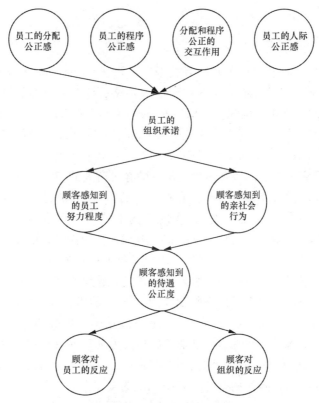

图 7.2 组织公正的渗透模型（Masterson，2001）

2.3 其他组织行为的渗透效应

在 Masterson(2001)对组织公正感的渗透效应的研究基础上，近年来有其他一些研究将渗透模型的思想应用到了其他组织行为的研究中。例如，Tepper 和 Taylor,(2003)提出并检验了组织公民行为(organizational citizen behavior,OCB)从上级到下级的渗透效应。他们认为，当员工感知到的组织程序公正感提高时，他们会倾向于认为雇主能够保障自己的利益，因此产生一种回报雇主的义务感。而当员工感到自己受到不公正的程序对待时，他们不会做出对组织有价值的行为，即降低组织公民行为(Organ, 1988)。对于上级来说，针对下级的组织公民行为的成分之一是导师行为(mentoring behavior)，包括帮助下级完成较困难的任务，表达对下级的尊重以及帮助下级培养职业发展技能等。这些导师行为能促进下级在企业中的社会化和职业发展。当上级的导师行为频率增加时，下级的组织程序公正感会随之提高。由于上级发出导师行为要付出相当的时间和精力，因此这些行为也让下级觉得自己是组织中受到赏识和尊重的成员，并且他们会获得较高的物质回报。与上级的组织程序公正感对上级的组织公民行为有正向预测关系类似，当下级的组织程序公正感增加时，下级的组织公民行为也随之增加。总结上述过程，上级的程序公正感会促进上级的导师行为，导师行为增强下级的程序公正感，进而使下级增加组织公民行为。这样上级的组织公民行为就渗透到了下级的组织公民行为，上级的组织公正感就渗透到了下级的组织公正感(Tepper & Taylor, 2003)。

Aryee，Chen，Sun 和 Debrah（2007）将渗透模型应用到对辱虐式管理（abusive supervision）的前因变量和后果变量的研究中。辱虐式管理指员工感知到的管理人员在多大程度上持续表现出有攻击性的口头或非口头（除了身体接触的）行为，包括威胁使下级丢掉工作，扣留必需信息，攻击性的目光接触，冷战以及在他人面前侮辱或讽刺下级等（Tepper，2000）。针对非管理层员工的反生产行为（counterproductive work behavior）展开的研究发现，人际不公正感与反生产行为有关（Ambrose，Seabright，& Schminke，2002）。根据替代攻击（displaced aggression）的观点，考虑到上级和下级的权力不对等（power asymmetry），下级可能会将报复的对象由发出辱虐式管理的上级转移到一个权力不如自己的对象上，例如自己的下级。因此，对于联结点职位的上级来说，当感知到来自自己上级的人际不公正时，可能将报复转化为对下级的辱虐式管理（Aryee，et al.，2007），因此辱虐式管理降低下级的人际公正和程序公正感（Tepper，2000）。根据社会交换理论，当下级感到自己受到不公正待遇时，会降低自己回报组织的义务感，表现为不发出组织公民行为或降低对组织的承诺。另外，上级的专制型领导风格这一个体差异变量在上级感知到的人际公正感和辱虐式管理间的关系起调节作用，即当个体的专制型领导风格倾向较高时，上级感知到的人际公正感（越是不公正）对辱虐式管理的作用更强。因此，辱虐式管理传递的渗透效应表现为：上级感知到的人际公正和自身的专制型领导风格交互作用于辱虐式管理，辱虐式管理影响下级感知到的人际公正，公正感再作用于下级的组织情感承诺和组织公民行为（Aryee，et al.，2007）。Aryee 等人（2007）从一个中国东南部的电信公司收集了数据。数据分析的结果支持专制型领导风格在上级感知的人际公正感和辱虐式管理关系中起到了调节作用。结果还支持了下级的人际公正感在下级感知到的辱虐式管理与下级的组织承诺和公民行为之间起中介作用的假设。他们的研究是对渗透效应发生的边界条件的初步探索，提示我们渗透效应可能受到组织成员的个体特质的调节作用（例如领导风格）。

Mayer 等人（2009）将渗透模型应用到道德型领导（ethical leadership）的研究中。道德型领导指领导通过个人行为表现出合乎道德规范的举止，并将这些举止通过双向沟通、强化和决策等手段向下级推行。道德型领导概念基于社会学习理论，强调上级通过奖惩等手段强化和塑造下级的商业道德行为，下级对上级的行为进行学习和模仿（Brown，Trevino，& Harrison，2005）。道德型领导研究面对的一个问题是，不同层级的领导对一般员工的影响效果是否相同。Mayer 等人（2009）认为，直接上级和下级的相互作用方式不同。一般员工和直接上级的相互作用较与企业高层更频繁也更亲密，所以直接上级对下级行为的监控和奖惩也更有效。因此，高层管理者对一般员工的道德行为的影响是通过直接上级的道德行为实现的。道德型领导的渗透效应表现为：高层管理者的道德型领导影响直接上级的道德型领导，直接上级的道德型领导影响普通员工的反常行为（deviance behavior）和组织公民行为。他们的实证研究结果支持了道德型领导从企业高层管理者渗透到中低层管理者的假设。

此外，还有研究将渗透模型应用到对管理者的职业脱轨（managerial derailment）（Gentry & Shanock，2008），言行一致（behavioral integrity）和对言行一致的敏感度（sensitivity to behavioral integrity；Simons，Friedman，Liu，& Parks，2007）等现象的研究中。

§3 研究展望

从理论发展的角度看,联结点模型和渗透模型的思想帮助我们将组织行为学理论的层次扩展到了多个水平。从具体组织行现象的研究和实践的角度来说,对它们的探讨从现象描述到量化检验内部机制,依赖于组织行为学理论的不断发展。下面对联结点模型和渗透模型的已有研究进行总结,并在此基础上指出未来的研究方向。

3.1 联结点模型和渗透模型的比较

联结点模型的研究提示,联结点与自己上级或组织等更高层级的社会交换关系质量,直接影响到他们与下级的社会交换关系质量(Shanock & Eisenberger, 2006; Venkataramani et al., 2010),以及下级工作相关结果(Erdogan & Enders, 2007; Sluss, et al., 2008; Tangirala, et al., 2007)。渗透模型的研究则提示,某些行为和认知(例如组织公民行为和组织公正感)可能从组织中的一个层级渗透到另一个层级(例如从上级到下级),或从一个个体渗透到与他相关的其他个体(例如从员工到顾客)。联结点模型和渗透模型,都是描述的组织中的人际间相互作用过程。模型涉及到的前因和结果变量,发生于多个组织层次或组织和外界的交互面(员工—顾客)。对两种模型的理论研究,都在相当程度上依赖于社会交换理论及其基本假设。但是,联结点模型和渗透效应也存在一些理论和研究方法上的区别。首先,从研究关注的对象看,联结点模型的核心在于位于联结点职位的个体,一般是组织中的中低层领导。而渗透效应是在对员工——顾客关系的组织公正感问题的研究中提出的,随后尽管被应用到领导力研究中,但其关注的对象不仅限于组织中的中低层领导及其下属。第二,从所依据的理论基础看,由于联结点模型的研究一直与社会交换理论基础上提出来的领导力理论的进展相伴随,因此联结点模型主要用社会交换理论的观点来解释不同层级间的相互作用。而渗透效应的研究中,不仅有社会交换理论的观点,也有社会学习理论等其他理论观点。第三,从研究方法看,联结点模型的实证研究在最近几年的重新兴起,与多层分析技术的成熟有相当的关系。由于联结点效应的理论模型中,当上级自身的社会交换关系影响的是下一层级的内部过程的时候,同一上级对应着多个上—下级关系对。这种形式的数据,用多层分析技术能进行较好的模型参数估计。而渗透模型主要是考察不同组织行为角色(例如同事、员工和顾客)之间的效应,数据不一定存在嵌套的情况,与之相适应的统计分析方法也可能是结构方程模型的方法。

3.2 联结点模型和渗透模型研究的理论贡献

对联结点和渗透效应的研究,在多个方面推动了组织管理理论的进展。首先,这些研究为社会交换理论和社会学习理论在组织行为学研究中的应用提供了更为具体的理论扩展和实证研究支持。通过研究联结点上领导与上级的社会交换关系和他们与下级的关系的交互作用,这些研究为社会交换理论的机制描述了边界条件。通过研究联结点上的领导与上级和下级的交换关系的相互联系,这些研究将社会交换理论扩展到了同时对多个层次的交换进行研究。通过对渗透效应的研究,社会交换理论被扩展到了组织与边界的关系的理解中。

渗透效应的研究还提供了结合社会交换理论和社会学习理论的契机。

其次,对联结点和渗透模型的研究对领导力理论的发展作出了贡献。联结点模型和渗透模型关注组织中多个层次的管理者之间的相互影响,以及多个层次的领导同时对一般员工的作用。通过研究联结点上的领导,领导力研究从一个简单的仅仅研究上级、下级或上级—下级关系的范式,发展到了同时研究多个角色和他们之间关系的范式(Graen & Uhl-Bien,1995)。通过研究领导力的渗透效应,社会学习的机制和社会交换的机制进一步整合进领导力理论,从而对领导如何影响下级这个复杂的过程提供了进一步的理论说明。

此外,渗透效应的研究对组织公正感理论的发展作出了贡献。组织公正感理论中的结果变量往往局限于组织中的成员。通过研究组织公正感从员工到顾客的渗透,组织公正感理论的适用范围被扩大了,认识到的组织公正感影响的结果也增加了(Masterson,2001)。并且,通过研究组织公正感的渗透过程,其他组织行为(例如组织公民行为)不再被简单地看作组织公正感的结果,而发现了其可能扮演的中介变量的角色。

3.3　未来研究方向

联结点模型和渗透效应的研究还在发展之中,以往研究没有澄清,或者可以深入探讨的问题主要有以下几点。首先,联结点模型和渗透效应的内部机制需要进一步检查。这两个模型的提出都是以社会交换理论为基础,将渗透效应的思路应用到其他组织行为现象的研究时,有的研究者也采用了社会学习等其他理论观点。这些不同于社会交换理论的观点在解释联结点模型和渗透效应所刻画的组织行为现象时,也表现出了一定的适用性。在组织行为研究中,理论之间不一定是相互排斥的关系,关键是要寻找到理论适用的边界范围。例如,言行一致和道德型领导这两个研究领域本身强调外显可观察的行为,并且上级可以利用奖惩系统直接对行为进行塑造,所以应用社会学习理论来解释这两个领域中的渗透效应也是有效的。除了已经从社会交换理论和社会学习理论提出的内部机制外,今后的研究还可以试图从等其他理论角度来解释联结点模型或渗透效应。例如,已有研究将领导和下级的社会交换与心理授权这一工作动机状态联系起来,从工作动机的角度解释联结点上的领导对一般员工工作相关结果的影响过程(Chen, Kirkman, Kanfer, & Allen, 2007;Zhou et al., in press)。

第二,渗透模型的思路被广泛应用到新出现的领导力概念的研究中,例如道德型领导(Mayer, et al., 2009)和辱虐型管理(Aryee, et al., 2007)。这些新出现的领导力理论,有的仍然是仅关注上级或下级,而忽视了上级与下级之间的关系。在研究领导力这一必然涉及多个组织角色的行为过程时,可以利用联结点模型的核心和优势,将领导向上和向下的关系和行为串联起来。因此,如果将联结点模型和渗透模型的思路结合起来去研究新出现的领导力理论所试图解释的组织现象,例如组织中的道德行为、反生产行为等,可能会给我们提供更多深入本质的理论解释,从而推进领导力理论的进展。

第三,研究方法方面,渗透模型的研究中,尽管有的研究假设涉及不同层级的预测变量对结果变量的效应,或研究所收集的数据存在嵌套的情况,但由于研究设计的局限,或其他一些原因,并没有采用多层分析对参数进行估计,或者采用的是部分分解检验的策略(piece-meal approach;例如 Aryee, et al., 2007)。随着多层模型分析和结构方程模型等统计分析技术的逐步成熟和推广（Preacher, Zyphur, & Zhang, 2010），今后的研究应该根据研究的理论模型选择更合理的统计分析方法对参数进行更为准确的估计，并采用更为合理的假设检验程序。

参考文献

Ambrose, M. L., Seabright, M. A., & Schminke, M. (2002). Sabotage in the workplace: The role of organizational injustice. *Organizational Behavior and Human Decision Processes*, 89(1), 947—965.

Aryee, S., Chen, Z. X., Sun, L. Y., & Debrah, Y. A. (2007). Antecedents and outcomes of abusive supervision: Test of a trickle-down model. *Journal of Applied Psychology*, 92(1), 191—201.

Bandura, A. (1977). *Social learning theory*. Englewood Cliffs, NJ: Prentice-Hall.

Bauer, T. N., & Green, S. G. (1996). Development of leader-member exchange: A longitudinal test. *Academy of Management Journal*, 39, 1538—1567.

Bettencourt, L. A., Brown, S. W., & MacKenzie, S. B. (2005). Customer-oriented boundary-spanning behaviors: Test of a social exchange model of antecedents. *Journal of Retailing*, 81(2), 141—157.

Brown, M. E., Trevino, L. K., & Harrison, D. A. (2005). Ethical leadership: A social learning perspective for construct development and testing. *Organizational Behavior and Human Decision Processes*, 97, 117—134.

Cashman, J., Dansereau, F. D., Graen, G., & Haga, W. J. (1976). Organizational understructure and leadership: A longitudinal investigation of the managerial role-making process. *Organizational Behavior and Human Performance*, 15, 278—296.

Chan, D. (1998). Functional relations among constructs in the same content domain at different levels of analysis: A typology of composition models. *Journal of Applied Psychology*, 83, 234—246.

Chen, G., Kirkman, B. L., Kanfer, R., & Allen, D. (2007). A multilevel study of leadership, empowerment, and performance in teams. *Journal of Applied Psychology*, 92(2), 331—346.

Dansereau, F., Graen, G., & Haga, W. J. (1975). A vertical dyad linkage approach to leadership within formal organizations: A longitudinal investigation of the role making process. *Organizational Behavior and Human Performance*, 13, 46—78.

Eisenberger, R., Armeli, S., Rexwinkel, B., Lynch, P. D., & Rhoades, L. (2001). Reciprocation of perceived organizational support. *Journal of Applied Psychology*, 86(42—51).

Eisenberger, R., Huntington, R., Hutchison, S., & Sowa, D. (1986). Perceived organizational support. *Journal of Applied Psychology*, 71, 500—507.

Erdogan, B., & Enders, J. (2007). Support from the top: Supervisors' perceived organizational support as a moderator of leader-member exchange to satisfaction and performance relationships. *Journal of Applied Psychology*, 92(2), 321—330.

Gentry, W. A., & Shanock, L. R. (2008). Views of managerial derailment from above and below: The importance of a good relationship with upper management and putting people at ease. *Journal of Applied Social Psychology*, 38(10), 2469—2494.

Gerstner, C. R., & Day, D. V. (1997). Meta-analytic review of leader-member exchange theory: Correlates and construct issues. *Journal of Applied Psychology*, 82, 827—844.

Gouldner, A. W. (1960). *The norm of reciprocity: A preliminary statement. American Sociological Review*, 25, 161—178.

Graen, G. B. (1975). Role making processes within complex organizations. In M. D. Dunnette (Ed.), *Handbook of industrial and organizational psychology*. Chicago, IL: Rand McNally.

Graen, G. B., & Uhl-Bien, M. (1995). Relationship-based approach to leadership: development of leader-member exchange (lmx) theory of leadership over 25 years: applying a multi-level multi-domain perspective. *Leadership Quarterly*, 6, 219—247.

Graen, G., Cashman, J. F., Ginsburg, S., & Schiemann, W. (1977). Effects of linking-pin quality on the quality of working life of lower participants. *Administrative Science Quarterly*, 22, 491—504.

House, R. J., Filley, A. C., & Guyarati, D. N. (1971). Leadership style, hierarchical influence and satisfaction of subordinate role expectations: A test of Likert's influence proposition. *Journal of Applied Psychology*, 55, 422—432.

Jex, S. M., & Bliese, P. D. (1999). Efficacy beliefs as a moderator of the impact of work-related stressors: A multilevel study. *Journal of Applied Psychology*, 84(3), 349—361.

Liden, R. C., Wayne, S. J., & Sparrowe, R. T. (2000). An examination of the mediating role of psychological empowerment on the relations between the job, interpersonal relationships, and work outcomes. *Journal of Applied Psychology*, 85(3), 407—416.

Likert, R. (1961). *New patterns of management*. New York: McGraw Hill.

MacKinnon, D. P., Lockwood, C. M., Hoffman, J. M., West, S. G., & Sheets, V. (2002). A comparison of methods to test mediation and other intervening variable effects. *Psychological Methods*, 7(1), 83—104.

Masterson, S. S. (2001). A trickle-down model of organizational justice: Relating employees' and customers' perceptions of and reactions to fairness. *Journal of Applied Psychology*, 86(4), 594—604.

Mayer, D. M., Kuenzi, M., Greenbaum, R., Bardes, M., & Salvador, R. B. (2009). How low does ethical leadership flow? Test of a trickle-down model. *Organizational Behavior and Human Decision Processes*, 108, 1—13.

Organ, D. (1988). *Organizational citizenship behavior: The good soldier syndrome*. Lexington, MA: Lexington Books.

Rucci, A. J., Kirn, S. P., & Quinn, R. T. (1998). The employee-customer-profit chain at Sears. *Harvard Business Review*, 76(1), 83—97.

Schneider, B., Hanges, P. J., Goldstein, H. W., & Braverman, E. P. (1994). Do customer service perceptions generalize? The case of student and chair ratings of faculty effectiveness. *Journal of Applied Psychology*, 79, 685—690.

Shanock, L. R., & Eisenberger, R. (2006). When supervisors feel supported: Relationships with subordinates' perceived supervisor support, perceived organizational support, and performance. *Journal of Applied Psychology*, 91(3), 689—695.

Simons, T., Friedman, R., Liu, L. A., & Parks, J. M. (2007). Racial differences in sensitivity to behavioral integrity: Attitudinal consequences, in-group effects, and "trickle-down" among black and non-black employees. *Journal of Applied Psychology*, 92(3), 650—665.

Sluss, D. M., Klimchak, M., & Holmes, J. J. (2008). Perceived organizational support as a mediator between relational exchange and organizational identification. *Journal of Vocational Behavior*, 73, 457—464.

Tangirala, S., Green, S. G., & Ramanujam, R. (2007). In the shadow of the boss's boss: Effects of supervisors' upward exchange relationships on employees. *Journal of Applied Psychology*, *92*(2), 309—320.

Tepper, B. J. (2000). Consequences of abusive supervision. *Academy of Management Journal*, *43*, 178—190.

Tepper, B. J., & Taylor, E. C. (2003). Relationships among supervisors' and subordinates' procedural justice perceptions and organizational citizenship behaviors. *Academy of Management Journal*, *46* (97—105).

Venkataramani, V., Green, S. G., & Schleicher, D. J. (2010). Well-connected leaders: The impact of leaders' social network ties on LMX and members' work attitudes. *Journal of Applied Psychology*, *95*, 1071—1084.

Wager, L. W. (1965). Leadership style, influence, and supervisory role obligations. *Administrative Science Quarterly*, *9*, 391—420.

Wayne, S. J., Shore, L. M., & Liden, R. C. (1997). Perceived organizational support and leader-member exchange: A social exchange perspective. *Academy of Management Journal*, *40*, 82—111.

Weiss, H. M. (1977). Subordinate imitation of supervisory behavior: The role of modeling in organizational socialization. *Organizational Behavior and Human Performance*, *19*, 89—105.

Zhou, L., Wang, M., Chen, G., & Shi, J. (2012). Supervisors' upward exchange relationships and subordinate outcomes: Testing the multilevel mediation role of empowerment. *Journal of Applied Psychology*, 97, 668—680.

8

自我效能与目标设定的动态模型

最近,随着组织结构越来越复杂化,工作设计越来越多样化、动态化以及员工们变得更加自主化的趋势,个体动机因素对于个人和组织结果变量的决定性作用越来越多地得到关注(Katzell, 1994)。因此,无论是为了更好地对员工进行选拔和绩效评价,还是为了完善工作设计以达到更好的组织绩效和员工满意度,在这样一个动态背景下,我们都需要更好地去了解个体是如何管理和调节自身行为的。由于自我调节理论(self-regulation theory)能够对这一过程进行描述,因而得到研究者们的广泛关注。自我调节理论关注个体如何去追寻目标(goal)这一过程(Vancouver, 2000),这一理论能够将动机理论和行为整合在一起(Boekaerts, Maes, & Karoly, 2005),因此成为组织行为学、管理心理学等多个分支中对工作动机进行解释的最热门的理论。而自我效能(self-efficacy)则是自我调节理论中的一个核心概念,它与目标和动机紧密相关(Karoly, Boekaerts, & Maes, 2005),也受到了研究者们的广泛关注。

下面将首先介绍自我调节理论的基本观点和自我效能的概念,然后分别叙述自我效能感在控制理论和目标设定理论两大阵营中所起到的不同角色或作用,随后总结了自我效能和动机关系的四种模型,最后提出目前研究的不足和对未来研究题目的展望。通过这些方面的介绍,试图对自我效能与目标设定的动态模型加以阐述。

§1 自我调节理论与自我效能的概念

1.1 自我调节与目标导向行为

为了更好地理解"调节"的概念,我们先来看一个有关零件生产和销售的例子。在这一过程中同时涉及生产和销售,生产使得零件数目增加,而售出使得零件的数目减少。生产者可能会设定一个每天生产多少零件的目标,生产的行为会持续到完成目标为止,这就类似于目标的设定;店主也可以实时监控架子上零件的数目,例如,他可能设定一个保持零件充满货架的目标,顾客买得越多,就需要生产越多,但是也仅仅生产到可以装满货架为止,这类似于目标的保持。在这个例子中,外界环境会有一些干扰因素阻碍目标的完成(顾客的购买),目标也可能发生变化(如将每天生产100个零件的目标提高到每天生产200个零件)。这些情况下个体都需要采取行动(即:目标引导的行为)以达到或保持所设定的目标。这个简单的例子中涉及到"调节"的概念。总体上来说,调节(regulation)指的是个体通过控制外界的干扰因素,使某一事物或进程维持有规律的运转状态的过程(Vancouver,2000)。这种所要保持的状态即被称为期望状态(desired state)。

当调节的对象是自身行为时,上述调节过程则被称为自我调节(self-regulation)。在自我调节框架中的期望状态属于一种心理表征,在心理学上被定义为"目标"(Austin & Vancouver,1996)。由于自我调节理论往往是用来描述目标导向行为的,因而"目标"和"自我调节"这两个概念是密不可分的(Kanfer,1990)。Karoly(1993)将自我调节定义为"个体对自身的思维、情绪、行为或注意等方面进行调整,从而引导自身的目标导向行为,以适应时间和环境的变化"。通常状况下,自我调节并不仅仅指行为本身,还包括和这些行为相关的机制和进程。研究者们普遍认为,自我调节是一个循环反复的过程(Austin & Vancouver,1996;Gollwitzer,1990;Johnson,Chang,& Lord,2006),其中涉及两个主要部分:一为目标设定(goal-setting)的过程,二为目标获取(或称目标达成)(goal-striving)的过程。目标设定关注的是个体如何形成关于目标的心理表征(Austin & Vancouver,1996)。研究发现,更具体、更具有挑战性、更加时间导向的目标对行为有促进作用,因为这一过程能够帮助个体引导注意、调动心理资源以及激发个体对于任务目标的坚持(Latham & Locke,1991;Locke,1991,2001)。而目标获取则更关注之前设定好的目标实际上怎样引导个体的计划和行为,以达到期望目标的结果的(Austin & Vancouver,1996)。自我调节的循环回路如图8.1所示。

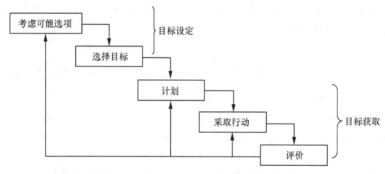

图 8.1 　自我调节的循环过程(Austin & Vancouver,1996)

根据图8.1我们可以进一步了解个体是如何完成目标设定和目标获取过程的。个体在考虑所有可能选项的基础上选择特定的目标,从而完成目标的设定;接下来根据这一目标制定行为计划,然后根据计划采取行动,最后对自己的行为和结果进行评价,这属于目标获取的过程。而评价又会反过来影响下一阶段的可能选择、行为计划和实际行动,从而构成了目标设定和目标获取的动态回路。

1.2　自我效能感

在目标导向行为的研究框架中,自我效能是另一个不可回避的概念。进一步关注图8.1所示的自我调节反馈回路,我们可以发现,行为结果又可以反过来作为前因变量而对行为产生影响。而自我效能正是在这一反馈过程中起到作用的,它与目标和动机紧密相关,从而成为自我调节理论的核心概念(Boekaerts,Maes,& Karoly,2005)。

自我效能的概念是由期望的概念发展而来的,指人们对自己实现特定领域行为目标所需能力的信心或信念,属于一种对自身行为信心的期望(Bandura,1986;1989)。很多关于个体行为的理论指出,个体对于未来事件发生可能性的信心对于决定个体行为的程度和方向是非常关键的,尤其是当个体感到事件只有通过自身努力才能实现时,这种信心的重要性就更加显著(Olson, et al.,1996)。研究者们由此提出了期望(expectancy)的概念(Lewin,1951)。对于Lewin(1951)以及其他早期认知取向的心理学家们(如:Edwards,1954;Tolman,1932)来说,期望(或称为主观上对结果可能性的评估)指个体对于某些特定事件的结果出现可能性的信心。后续研究者在进一步分析和拓展已有概念的基础上完善了期望的定义,例如:Vroom(1964)区分了两种不同的信心,第一种是行为努力能否提升绩效(如增加工作时间能否提高绩效考核得分),第二种是绩效能否引发目标结果的实现(如升职、加薪等)。Naylor, Pritchard和Ilgen(1980)又在期望的概念中纳入了评估者对自己将行为转化为结果的可能性的信心。

自我效能的概念最早是由Bandura(1977)提出来的,定义为"个体对自己能否有能力去组织和执行达到特定水平的表现所必需的行为信心"。由此我们可以看出自我效能属于一种期望,而且是与自身信念相关的期望。自我效能的形成既来自于信心的个体差异(不同个体对于完成特定任务的信心水平不同),也来自于环境因素提供的反馈(如任务的完成情况)。Bandura(1986)的后续研究对这一概念进行进一步细化,指出自我效能的水平反映了个体的① 意愿性(即个体有多大可能会采取行为);② 努力性(在目标追寻的过程中个体愿意付出多少努力);③ 坚持性(面临困难时个体能够坚持多久而不放弃)这三个方面。

Bandura(1986)还指出,在测量自我效能时应关注三个方面:第一是目标水平,这一维度上的差别导致不同个体倾向于选择不同难度的任务;第二是强度,相对而言,低自我效能感的个体容易受到外界因素的影响而造成自身信念的动摇,而高自我效能感的个体不会因一时的失败而导致自我怀疑和否定,从而在面对困难更可能不放弃努力;第三是广度,个体在面对来自于不同领域的任务时,自我效能感是不同的。有些个体只在很少的领域内判断自己是有效能的,而另一些人则在大部分情况下都具有良好的自我效能感。同时他还提出了一种测量自我效能的方法,即让被试评估对完成各个难度目标的期望值,再综合取平均而得出总体的自我效能值。按照这一方法,无论个体面临的任务难度处于哪个水平,进行期望值评价的参照都是相同的(各个难度水平都纳入考虑),因此能够有效地避免测量误差(Locke, Motowidlo & Bobko,1986)。实证研究表明,相对于许多其他对于期望信心的测量而言,这一测量方法对行为的预测作用更显著(Lee & Bobko,1992)。

按照Bandura最先提出的定义,自我效能感应该是一个领域特异性(domain-specific)的概念(Bandura,1986)。因为不同任务和领域之间存在差异性,所需要的能力也千差万别,即使是同一个体,面对不同的领域时自我效能感也是不同的,因此并不存在一般的自我效能感。然而也有部分研究者认为存在不以领域为转移的一般自我效能感(general self-efficacy),如Sherer等(1982)、Chen等(2000)和Schwarzer等(1997)研究者。这些人格心理学家认为,自我效能感既可以看作是状态的,也可以看作是特质,因此一般自我效能感是存在的。一般自我效能感作为一种稳定的个体特质,用来表示个体应付各种挑战或新事物的总体信心。目前对于自我效能感到底是领域相关的还是一般性的依然存在争议,Bandura

(2001)认为所测量的一般自我效能感实际上反映的是个体的自尊水平,而且对绩效的预测力并不显著。Woodruff 和 Cashman(1993)的研究表明,一般自我效能感主要是通过影响特定领域的自我效能感,进而对工作相关的结果变量产生影响的。

§2 不同理论模型中的自我效能

对自我效能的研究主要关注其与行为(或行为动机)和绩效之间的关系,然而,自我效能是如何对行为动机产生影响的?现在对于这一问题有诸多的理论解释,也存在着很多争议,包括控制理论(Powers,1973,1978;Carver & Scheier,1981,1998)、目标设定理论(Locke & Latham,1990)、社会认知理论(SCT;Bandura,1986,1991)、期望理论(Vroom,1964)和计划行为理论(Ajzen,1991)等等。实证研究也发现了看似矛盾的结果:一些研究发现,自我效能和动机或绩效之间呈显著正相关关系(Bandura,1997);同样也有一些研究者发现了负相关(Vancouver,Thompson,& Williams,2001)或非单调的关系(Wright & Brehm,1989)。不同的理论模型就这一问题给出了不同的观点。下面选择两种主要的理论阵营——控制理论和目标设定理论,分别对自我效能所扮演的角色进行阐述。

2.1 控制理论(control theory)与自我效能感

2.1.1 控制理论的观点

在关注自我调节过程的一系列理论中,控制理论因为具有更好的解释力而成为目前领域中的主流观点(Vancouver,2005)。自我调节的控制理论观点起源于工程学中的控制系统范式(Vancouver,2000),这一系统属于一种反馈回路,包括输入、参照标准、比较器、输出和反馈五个主要成分(Carver & Scheier,1998)。控制系统范式本身是用来讨论在外部环境不稳定因素的作用下,如何使系统保持稳定这一问题的(Richardson,1991)。如果将这一结构应用到目标获取过程中,相对应地,输入表示个体从环境中知觉到的信息,参照标准即为个体的目标,比较器即为个体对目标现实差距和进展速度的实时监控,输出即个体的行为或认知结果,反馈回路则是从输出指向输入的过程(Vancouver,2005)。解释自我调节过程的控制理论结构如图 8.2 所示。

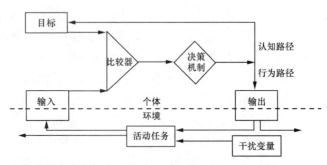

图 8.2 自我调节的控制理论结构 (Lord, Diefendorff, Schmidt, & Hall, 2010)

根据上图,个体将目标与知觉到的信息(即输入)进行比较,然后进行决策。个体从环境中收集的信息主要包括差距和速度这两方面的因素。差距指的是输入(目前状态)与目标之间的差异,决定了动机的方向(Kernan & Lord, 1990; Schmidt & DeShon, 2007)。速度指的是朝向目标方向的进展速率(或称差距随时间的变化程度),决定了动机的强度,并且能够影响个体的情绪反应和对成功的期待(Hsee, Abelson, & Salovey, 1991; Lawrence, Carver, & Scheier, 2002)。决策的结果通过两种方式进行输出:一为行为输出,或称外在的输出,指的是通过改变自己的行为,通过使目前状态更加接近目标而缩小差距;二是认知输出,或称内在的输出,指的是放弃或修改目标(Vancouver, 2005)。相对应地,这一反馈回路涉及到两个动态过程:第一,行为的持续输出使得输入与目标之间的差异不断缩小,对这一差异的知觉会影响个体的决策和接下来的行为输出,这一过程往往存在于目标获取的过程中;第二,认知输出使得个体不断调整自己的目标或设定新的目标,新目标的设定则产生了新的差距,进而引发新一轮的反馈回路。这一过程往往存在于目标设定的过程中。

在控制理论中,目标是具有层次性(goal hierarchy)的,大致分为低、中、高三层(Lord & Levy, 1994)。其中高层次的目标是和理想自我相关的,例如:"我要成为一名好的员工";中层次的目标是和实际行为相关的,如"我要帮助同事共同完成工作";低层次的目标指的是每一个具体的行为发动,如"每天起床后就去上班"。其中每个层次还包括多个不同的目标,这些目标还可以按照亚层次进行排列。目标的层次越高,越关注目标的起因,即人们为什么会从事特定行为。如:正是因为想成为一名好员工,才需要"主动帮助同事完成工作",以及"每天起床后就去上班"等。而目标的层次越低,越关注目标的执行方式,如,成为一名好员工的终极目标正是通过"起床后就去上班"、"在工作中帮助同事"等方式一步步完成的。相对而言,目标层次越高,则越抽象、对个体来说越重要、涉及到的时间框架更长、并且多是个体有意识设定的;相反地,目标层次越低,则越具体、对个体来说较为次要、涉及到的时间框架更短、并且可能属于无意识层面(如机械地打字等)。较高层次的目标能够控制低层次的目标,如图8.3中"成为一个好领导"的较高层次目标能够引发较低层次的"公平处事"行为,然后具体化到再低一层的"尊敬下属"行为,"尊敬下属"还可以被进一步具体化到更低层次的目标等等。同时,较低层次的比较和输出结果可以对上一层次提供反馈,且不同的反馈信息进行反馈调节的速度不同,其中差距感的反馈最快,速度的反馈次之,让个体意识到加速行为的需要这一反馈信息的时间进程最长(Johnson, Chang, & Lord, 2006)。

总体上来说,根据控制理论的观点,在目标获取过程中的反馈控制回路主要有以下两个特点:第一,目标可以根据层次进行划分;第二,无论属于哪一层次,目标获取的行为都是被负性的反馈回路所引导的,即个体的行为目标旨在缩小目前任务绩效和目标状态之间的差异。个体会不断搜集和任务相关的反馈信息,并在此基础上对差距进行检测。一旦检测到差距的存在,控制机制会试图消除这一差距,进而采取行动排除阻碍目标达成的干扰因素(Lord & Levy, 1994)。也就是说,差距越大,行为动机越高。

2.1.2 自我效能在控制理论中的角色

在Bandura(1977)提出自我效能感的概念之后,大部分的研究都认为自我效能与行为之间呈正相关关系,如期望理论的观点(Vroom, 1964),社会认知理论的观点(Bandura, 1982)和目标设定理论(Locke & Latham, 1990)的观点等等。而Powers(1991)等控制理论学派的研究者则对这一观点进行质疑,认为并不是自我效能越高,行为动机越强、行为频率越高;相反地,自我效能对行为应是负向的预测作用。

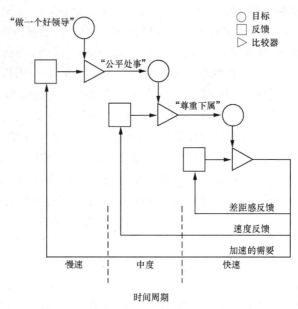

图 8.3　目标层次与反馈回路(Johnson, Chang, & Lord, 2006)

按照控制理论的观点,行为动机与"目标—现实"差距感相关,差距感越大,行为动机越强。在面对同样的情境时,不同自我效能感的个体对差距感的知觉有所差异。当自我效能水平较高时,个体更倾向于按照乐观的方式进行知觉,认为已经快要完成目标了,此时所感受到的差距感较少,由差距感引发的行为动机就相对较低;而自我效能较低时,个体所知觉到的目标与实际之间的差距则相对较大,觉得还需进一步付出努力才可能完成目标,因此付出行为努力的动机较强。由此看来,高自我效能能够通过降低行为努力的必要性,进而降低行为动机和行为;而低自我效能则能够通过增加进一步分配资源(时间或精力)的必要性,进而增加行为动机和行为(Carver, 2003; 2006)。自我效能的增加还会导致自满的感觉和行为惰性,由此看来也会导致行为的减少(Vancouver, Thompson, & Tischner, 2002)。值得注意的是,此时的差异来自于不同自我效能状态导致的知觉差异,而并不是实际情况的差异。如某一项工作必须投入特定的努力程度才能达到好的效果,在高自我效能状态下个体更倾向于不付出努力,最后得到的绩效也就相对越差;而低自我效能会引发更多的行为,也就进而得到更好的绩效。由此可见,自我效能与绩效之间也可能呈负相关关系(Powers, 1973)。

2.2　目标设定理论与自我效能感

2.2.1　目标设定理论的观点

目标设定理论(goal-setting theory)(Locke, 1968; Locke & Latham, 1964; Locke et al., 1981)认为大部分的人类行为都是目标引导的,并且有意识设定的目标是个体行为最直接和即时的调节器。目标能够将需求转化为动机,使个体的行为朝着一定的方向努力,并为自身行为结果提供了对照,使个体能够及时对目标和行为进行调整和修正,从而最终实现目标,因此目标往往被看作行为动机的外在表现形式。由于个体在不同的动机水平下会设定不同的目标,动机越高,设定的目标水平越高,因此个体所设定的目标水平(通常用难度来表示)往往作为动机产生作用的中介变量,即动机水平通过影响目标的设定,进而影响绩效等结果变量(Locke & Latham, 1990)。Locke 和 Henne(1986)也指出,与需要、价值或者态度这些变量相比,目标和行为的关系更紧密。目标能够引导个体注意并努力趋近与目标有关的行为,而远离与目标无关的行为,从而提升与目标有关的任务绩效。如 Rothkopf 和 Billingto(1979)的研究发现,有具体学习目标的学生对与目标有关的文章的注意和学习效果均好于与目标无关的文章。

目标设定理论的主要观点是:与较模糊、较简单的目标(如:全力以赴做到最好)或没有目标的情况相比,较具体的和较难(或挑战性更高)的目标(如:本次考试中取得优)能引发更好的任务绩效。因为这一理论指出,目标本身就具有激励作用,挑战性的目标是激励的来源,因此在有反馈的情况下,困难的目标和具体的目标都会增进绩效(Locke & Latham, 1990)。具体说来,在认知资源和能力允许的前提下:① 所付出的努力与目标难度呈正相关,这很好理解,越难的目标需要个体付出更多的努力才可完成;② 目标难度影响对任务的坚持。当允许被试自行分配用于任务上的时间时,困难的目标使他们增加了努力的时间(LaPorte & Nath, 1976);③ 具体的目标比泛泛的目标更能促进绩效,因为在任务具体的情况下,个体更明确应该采取哪些行为以完成目标;④ 反馈在这一过程中是必要的,因为反馈提供了关于目标与现实之间差距的信息,也与个体自我效能感的建立有关(Bandura, 1986)。Kluger 和 DeNisi(1996)指出,有效的反馈具有以下几个特点:及时、提供方向、指向行为而不是指向个体本身。

Latham(2002)根据目标设定理论提出了高绩效循环回路,如图 8.4 所示。这一循环回路开始于明确的、有难度的目标,目标的设定对随后的绩效有直接的影响。虽然在这一关系中存在着很多的调节变量,如反馈、任务策略、满意度、个体能力(实际上能否完成目标)、目标承诺(有多大的愿望想要完成目标)、自我效能等等,然而总体上均发现目标越高,绩效越好。高绩效通过奖赏的方式增加了个体的满意度,满意度又进一步强化了对目标的承诺,使得个体更愿意坚持在该项任务上。此外,满意度还能提升了自我效能感,这些都使得个体增加努力进而导致绩效的进一步提高。自我效能高的个体还会倾向于设定新的更难的目标,从而引发新一轮的高绩效循环回路。相反地,如果没有满足高绩效循环的要求,如目标的挑战性较低或由低绩效引发的低满意度等,则会导致低绩效循环。实证研究同样支持了高绩效循环回路的观点,如 Brown 和 Latham(2000)通过对接线员的研究发现,当设定具体的高目标时,员工的绩效更高、工作满意度越高,自我效能也与之后的绩效呈正相关。Zetik 和 Stuhlmacher(2002)的元分析研究发现,和没有目标的谈判者相比,那些设定具体的、挑战的目标的谈判者会获得更高的收益。

2.2.2 自我效能在目标设定理论中的角色

目标设定理论与社会认知理论的观点(Bandura, 1977;1986;1989)一致,认为自我效能与行为动机和行为绩效之间呈正相关关系。目标设定理论同样接受"目标—现实"差距的观点,即新目标的设定产生了新的差距,个体行为的动机是来自于为了减少由于差距引发的不满意感(Bandura,1986)。这种减少差异的机制和控制理论家所描述的机制是相似的(Carver & Scheier, 1981;Powers, 1973),只是目标设定理论的研究者们更关注具有不同

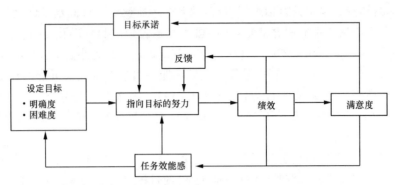

图 8.4　目标设置理论的高绩效循环回路（Latham，2002）

自我效能感的个体对不同水平目标的选择倾向性（自我效能感越高的个体越倾向于选择难度高的目标）；而控制理论的研究者们更关注"目标—现实"差距对行为的激发以使差距感不断减少（Carver & Scheier，1990；Powers，1992）。具体来说，自我效能较高的个体倾向于设定更高的目标，而较高的目标一方面反映出个体此时的行为动机较高，另一方面则产生了较大的差距感从而激发了更多的行为。在完成目标之前，个体的自我效能水平决定了个体是会进一步付出努力还是消沉放弃，自我效能更高的个体更有可能继续对任务的坚持。除此之外，高自我效能属于一种积极自我反应，此时个体具有较高的情绪水平和满意度，从而激发了高水平的行为动机；而低自我效能属于一种消极自我反应，此时个体的行为动机水平较低，并进一步引发行为的减少（Bandura，1986；1991；1999）。

目标设定理论还指出了自我效能和绩效之间的相关，总体上来说，过去绩效和自我效能呈正相关，这很好理解，因为个体正是从高绩效中不断建立起高自我效能感的；此外，与控制理论不同，目标设定理论认为自我效能与之后绩效呈正相关关系。由于自我效能高的个体倾向于设置更高的目标，而一旦目标得以完成，目标越难则绩效越好，即目标的难度水平与绩效呈正相关（Locke & Latham，1990）；与此同时，绩效也受到目标难度与自我效能水平交互项的影响，即当高自我效能的个体设定较困难目标时，比设定较简单目标取得的绩效更好（Locke & Latham，1990）。同时，研究者们还发现了自我效能的中介作用（Locke，Frederick，Lee，& Bobko，1984），他们指出，过去绩效通过影响随后的自我效能感，进而对个体之后的目标设定和任务绩效产生影响。过去的绩效越好，个体建立起的自我效能感就越高，也就越有可能在之后设定更高难度的目标、取得更好的绩效。相比较而言，自我效能与过去绩效之间的关系比与随后绩效之间的相关关系更强（Vancouver，Thompson，& Williams，2001）。Sadri 和 Robertson（1993），Stajkovic 和 Luthans（1998）的元分析研究都支持了自我效能对行为动机和行为绩效的影响是正向的。

不过，目标设定理论也并不是认为自我效能越高越好，Whyte（1997）认为，高自我效能可能导致个体对任务过分的、不必要的坚持，特别是当目标是绩效导向而非学习导向时。

2.3　控制理论与目标设定理论：争论与实证研究证据

个体的自我效能到底是对绩效有正性的预测作用还是负性的预测作用？不同的研究得出了不同的结论。例如：大部分研究者发现了自我效能和动机或绩效之间的正相关关系

(如 Bandura，1997)。最近的一篇元分析研究在 109 个相关研究的基础上，发现了自我效能在多种情境下(既有简单任务也有困难任务)均对绩效有正性的预测作用，他们认为 28% 的绩效提升是由自我效能导致的 (Stajkovic & Luthans, 1998)。然而也有一些研究者发现了这两个变量之间的负相关关系(如 Vancouver, Thompson, & Williams, 2001)或非单调的关系(如 Wright & Brehm, 1989)。

Vancouver, More 和 Yoder (2008)对这一争议试图加以整合，他们指出自我效能对行为的影响之所以会出现有争议的结果，主要有两个原因：第一，自我效能在不同的目标进程中可能起到不同的作用 (Austin & Vancouver, 1996)；第二，不同的实验设计、测量和分析方法可能会对结果有一定的影响。下面分别对这两个方面进行具体论述。

一方面，社会认知理论、目标设定理论和控制理论这两大理论阵营之所以会出现争议，其中一个原因就是他们所关注的目标阶段各有侧重。社会认知理论(Bandura, 2001)和目标设定理论(Locke & Latham, 1990)更关注目标设定或修正的阶段，在这一过程中个体会积极地创造更多的"目标—现实差异"；而控制理论则更关注目标获取的阶段，在这一过程中个体的行为动机是不断消除"目标—现实差异"。这些不同的进程混淆在一起而导致了自我效能和动机之间看似复杂的结果。Vancouver 等(2001)指出，目标设定理论可以被整合在控制论的大框架下，因为这两个理论并不是相互矛盾而是相互补充的 (Phillips, Hollenbeck, & Ilgen, 1996)。实际上，Bandura (1997)的研究也认可了 Powers (1991)关于自我效能对行为影响的理论解释。按照控制论的基本观点，自我效能反映了从输出信息中获得的信息是如何被个体评价的，这使得在信号强度相同时，个体对实际情况的知觉有所差异 (Vancouver et al., 2001)。当涉及到目标的计划或重新评价时(即目标设定或修正)，较高的自我效能会使得个体预期完成目标的信心相对较高，进而使得个体更有可能接受正在计划的目标、或面临挫折时依然坚持对目标的追求。此时自我效能应与个体行为或行为动机呈正相关。而当这种信号信息被用来评价目标追寻过程中的状态(即目标获取过程)时，和高自我效能感相关的高预期会使得个体觉得已经快要完成目标了，因而没有必要继续付出行为努力。此时自我效能则与行为或行为动机之间呈负相关关系。

另一方面，对 Stajkovic 和 Luthans (1998)元分析研究结论的一种质疑涉及到研究方法和实验设计的问题。Vancouver 等人(2001)认为这一元分析研究中所涉及到的相关关系均是由横断研究得到的，并不能排除反向因果或第三方变量的可能，因此目前发现的自我效能与随后绩效的正相关关系，很有可能是由于混淆了过去绩效导致的。很多实证研究都支持了这一观点，如 Mitchell 等人(1994)的研究发现，在控制了过去绩效的基础上，自我效能对随后绩效的预测作用并不显著。Feltz (1982)的采用多序列的研究也发现：过去绩效对自我效能的预测作用随时间的发展逐渐增强，即自我效能在一次次的积极结果基础上不断得到强化；而当把过去绩效纳入模型中时，自我效能对随后绩效的预测作用却随时间逐渐减弱。并且，目前对于目标的测量大多采用自我报告的方式，可能并不能很好地反映针对当前任务的目标。特别地，如果来自个体内的方差在很短的时间内变化很大，自我报告的结果就无法敏感地捕捉目标水平的即时变化，从而对结果有一定的影响 (Vancouver, Thompson, & Williams, 2001)。

Vancouver 等人(2001)认为，通过对个体间和个体内的作用机制分别进行讨论，可以解释两种理论的差异。他们认为,Powers(1991)结论的得出是通过比较个体内的绩效高低,而 Bandura(1997)和其他大部分研究者则是通过个体间比较得出结论的,这就能够为实证研究的矛盾结果加以解释。大部分横断研究中得出的绩效与自我效能之间的正相关关系应该是由于过去的绩效提高了个体的自我效能感,因为在测量个体目标的变化时,个体所报告出的目标水平更可能受到过去取得的成就的影响,而不能代表个体目标正在追寻的期望状态(Vancouver,1997)。而根据控制理论的观点(Powers,1973),自我效能与绩效之间应呈较弱但显著的负相关关系,即高水平的自我效能能够降低了随后的绩效。综合起来看,过去绩效与自我效能之间这一较强的正相关关系抵消了自我效能与随后绩效的微弱的负相关关系,从而在整体上显示出正相关的趋势。

Vancouver 等人(2001)的研究通过多水平的追踪研究设计,发现了个体间和个体内水平的分离结果,并提出了自我效能和绩效之间的循环模型(如图 5 所示)。研究中需要完成的任务是,确定四个按顺序排列的位置上分别是什么颜色的图标。每个被试需要先完成 2 个练习试次,然后完成 8 个实验试次。在每个试次中,被试首先猜测着排列,之后会收到电脑的自动反馈,反馈的结果包括被试同时猜对了颜色和位置的图标个数和只猜对了颜色的图标个数。然后被试继续尝试,直到猜出正确结果(成功)或 10 次之后依然没有得到正确结果(失败)。在练习试次和实验试次之间进行对自我效能和个人目标的测量。自我效能采用两种方式进行测量,第一种为直接让被试回答他们认为在下一次游戏中自己需要尝试多少次就能完成任务;第二种测量方式采用 6 点量表,让被试回答自己在下一次游戏中,第一次至第十次尝试时成功猜出正确结果的可能性分别有多大,然后对十道题目的答案取平均。个人目标使用单条目的问题进行测量,问被试下一次游戏中,给自己设定的目标是在尝试多少次时完成任务。绩效则通过被试在第几次尝试时成功猜出正确答案来反映,数目越大则绩效越差。

研究同时采用个体间和个体内的分析方式。在个体间水平上,将每个被试 10 个试次的结果取平均进行分析,结果显示自我效能与绩效之间呈显著正相关关系,即自我效能越高的个体绩效更好。而在个体内水平上,过去的绩效与个体自我效能(两种测量方式)和目标之间均呈显著正相关关系,个人目标和自我效能与随后的绩效之间均呈显著负相关。其中,自我效能在过去绩效和目标设定之间起到部分中介作用。这一研究设计和分析方式能更好地排除反向因果的干扰,分别呈现出自我效能与之前绩效和随后绩效之间的因果关系。

图 8.5 自我效能和绩效之间的循环模型(Vancouver et al, 2001)

如图 8.6 所示,自我效能和随后绩效的关系在个体间和个体内水平上出现了分离。图中的虚线表示在个体间水平上,自我效能对绩效是正向的预测作用。两个实心点的横纵坐标分别表示自我效能和绩效分别在两个群体中的均值水平。两条实线表示在个体内水平上,自我效能对绩效是负向的预测作用。

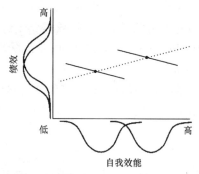

图 8.6 个体间与个体内自我效能—绩效关系的分离（Vancouver et al., 2001）

§3 自我效能与动机关系的四种模型

上面分别阐述了控制理论和目标设定理论两大阵营关于自我效能与行为（动机）和绩效之间的关系的不同观点，以及 Vancouver 等人（2001）的研究通过个体内水平和个体间水平的实验结果分离对这两个阵营的理论所进行的整合。更进一步，Vancouver, More, & Yoder（2008）的研究试图对自我调节的理论框架进行梳理，他们将目前涉及到的，自我效能和行为动机之间的关系整理成四种模型，如图 8.7 所示。下面一一进行阐述。

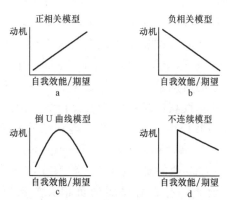

图 8.7 自我效能和动机的关系示意图（Vancouver, More, & Yoder, 2008）

3.1 正相关模型

通过关注 Bandura（1977）对自我效能的原始定义，期望信心和动机之间应该是呈正相关关系的，即信心越高，行为动机越高，如图 7a 所示。这也是大部分实证研究所得出的结论。在这里提到的正相关模型并不仅仅指行为动机是自我效能的一次函数，而表示它们之间是一种单调递增的趋势。

正相关模型与社会认知理论的观点（Bandura, 1977；1986；1989）和目标设定理论（Locke & Latham, 1990）的观点是一致的，也得到了这一阵营研究者的大量实证研究支持。例如，Bandura 和 Locke（2003）引用了 9 篇讨论自我效能和 7 个结果变量之间关系的元分析结果，包括工作绩效（Sadri & Robertson, 1993；Stajkovic & Luthans, 1998）、心理社会功能(Holden, Moncher, Schinke, & Barker, 1990)、学业成就和坚持不懈(Multon, Brown, & Lent, 1991)、身体健康(Holden, 1991)、运动绩效(Moritz, Feltz, Fahrbach, & Mack, 2000)、实验情境中的任务绩效(Boyer et al., 2000)以及团队功能(在这里讨论的是集体效能感)(Gully, Incalcaterra, Joshi, & Beaubien, 2002; Stajkovic & Lee, 2001)。结果显示，虽然有一些调节变量在这些关系中起到作用，影响了关系的强弱，但整体上自我效能与这些结果变量之间都是呈显著正相关关系的。

3.2 负相关模型

然而，与正相关模型正好相反，有一些实证证据揭示了在某些特定情况下自我效能与行为动机之间呈负相关关系，如图 7b 所示。例如：Bandura (1997)指出，在有准备的情况下自我效能更有可能与动机之间存在负相关关系。Bandura 和 Locke (2003)将"有准备"操作性定义为"个体已经下定决心为某一挑战性的目标付出努力"，从而排除了那些因为怀疑自身能力而选择不从事目标的情况。他们指出，在一个发展技能(skill acquisition)的环境中，学习是最终目的，此时自我效能与动机之间应存在负相关关系。因为在这一情况下，个体对自身能力的一些怀疑(即低自我效能)更能激发他们主动去学习和提高自己的知识和技能，以克服这些挑战。如果个体处于高自我效能状态下，会觉得自身的知识技能已经足够，没有进一步完善的必要，此时个体的行为动机较低。

支持单纯负相关模型的实验证据相对较少。Salomon(1984)的研究发现，和学习比较困难的情况(文字作为指导材料)相比，被试在学习比较简单的环境下(录像作为指导材料)会有比较高的自我效能感，然而此时被试还报告说在任务上付出的努力更少。另外 Salomon (1984)还发现，在困难学习情境下，个体的自我效能和阅读时间呈负相关，即个体的自我效能感越高，花费在阅读学习上的时间就越少。与之相似，Mann 和 Eland(2005)发现和具有低自我效能的人相比，那些具有较高自我效能的人会花费较少的时间去尝试一个新的学习任务。Bandura 和 Jourden (1991)也发现了自我效能和绩效的负相关。Vancouver 及其同事 (Vancouver & Kendall, 2006; Vancouver, Thompson, Tischner, & Putka, 2002; Vancouver et al., 2001)和一些其他的研究者(Yeo & Neal, 2006)运用个体内的研究范式，发现了自我效能和随后绩效之间存在着微弱的负相关关系(如前所述)。Vancouver 和 Kendall (2006)也发现了自我效能对资源分配量(即：计划学习时间)的负性预测作用，即个体对于某一任务的自我效能越高，在之后的过程中分配到任务上的资源就越少。

通过比较正相关模型和负相关模型我们可以发现，两种模型均在一定情境下得以成立。虽然 Bandura(1997)指出负相关模型是存在于"有准备"的背景下，此时个体是以学习和发展技能为目的的。然而后续研究者也指出了 Bandura 对于"有准备"的解释是很模糊的，例如：在有准备情况下到底是什么因素导致了自我效能对绩效产生消极的影响？由此研究者们指出，自我效能与动机之间的关系很有可能是非线性的(也就是说既有正相关的部分，又有负相关的部分)，后面将具体叙述这样的模型。

3.3 倒 U 型曲线模型

支持这一模型的实证研究并不是很多，Atkinson(1957)提出的成就动机理论可以作为这一模型的典型例子。按照成就动机理论的观点,自我效能与动机之间是一种曲线的、非单调的关系,如图 8.7c 所示。根据这一理论,曲线是期望的二次函数,如果设预期可能性的概率为 p,动机水平是由 p 和 $(1-p)$ 的乘积项预测的,即 $p\times(1-p)$。这里的 $(1-p)$ 可以用来表示任务有多大的吸引力,因为在较难任务(那些期望信心较低的任务)上取得的成功能够带来更高水平的成就感(没有挑战也就没有了乐趣)。Atkinson(1957)的研究发现,三种水平的期望(在这一研究中被分别量化为 0.1、0.5 和 0.9)分别能够预测 0.09、0.25 和 0.09 水平的动机(或称期望效用),大体上呈倒 U 型曲线的形式。

这种理论总体上并不是很受研究者们的推崇,因为它被看成是期望理论的一种特殊情况(Campbell & Pritchard, 1976)。并且,在得出这一结论时,对期望效用的测量仅仅包括成功和失败这两种可能性结果,成功记为 1,失败则记为 0。而按照期望理论的普遍观点,结果往往并不是按照成功失败二分的,而应该有多样化的结果,每一种都对应着一定的效价。由此看来,倒 U 型曲线并不能很好地解释多样化的结果。

大部分与成就理论相关的研究都比较关注个体差异(例如成就需要动机)在决定曲线峰值位置中所扮演的角色,也有实证研究的证据支持这种倒 U 型曲线模型(Kanfer, 1990)。同时,这一模型在当代动机理论(Kanfer & Ackerman, 2004)以及一些更关注总体动机的理论(Beck, 2000)中仍然继续发挥着其重要的作用。近些年,Tasa 和 Whyte(2005)在讨论集体效能感(团队水平效能感)和问题解决的关系时,也发现了倒 U 型曲线的结论。他们借鉴了个体水平的自我效能的理论来论证团队效能感的曲线关系,并指出之所以会出现倒 U 型曲线关系,是因为自我效能在积极地激发动机和行为的同时,也激发了个体自满的感觉。

3.4 不连续函数模型

尽管倒 U 型曲线这一非单调模型能够为自我效能与动机之间相互矛盾的结果提供一定的解释,然而依然有研究者指出非单调模型的出现并不是由于正相关关系和负相关关系两相抵消而导致的(Vancouver, More, Yoder, 2008),而是由于自我效能与动机之间具有一种非单调的、不连续的关系。这一"自我效能—动机不连续模型"最初是由 Kukla(1972)提出的,如图 8.7d 所示。Kukla(1976)认为,如果一个人认为成功是不可达到的,他可能甚至根本就不会尝试。也就是说,当自我效能很低时,个体并没有任何行为动机,因为此时个体并不会从事这一目标。然而,如果个体将自己的任务绩效归因于自己的投入(如:努力或能力)时,个体会按照自己所感知到的自身能力对应地分配努力水平。个体对于任务所感知到的能力越大,付出的努力就越少;如果个体觉得努力是必要的,他们会积极调动努力和资源去弥补感知到能力的不足。也就是说,随着感知到的能力的提高,会出现动机水平从无到有的突然增加,因为此时个体认为行为是能够完成的。在个体已经选择了目标的基础上,努力的程度与自我效能感呈负相关。

这一模型能够很好地解释正相关模型与负相关模型之间的争议,也得到了很多研究者的支持,如 Gollwitzer(1996)指出特定的目标动机最初是由积极的期望引发的,即个体认为自己能很好地完成任务时,更倾向于选择从事目标。然而在接下来的计划过程中,在对结果的不确定性较高时,个体则倾向于付出较多的资源和努力,因为只有这样才能保证目标的完成。

根据目标设定理论,努力程度与目标的困难程度正相关,而目标的困难程度与低期待(即低自我效能感)呈正相关,并且,当自我效能感高时个体更有可能接受目标(Locke, Motowidlo, & Bobko, 1986)。同样地,Bandura(1986)根据社会认知理论的观点也提出了类似的结论。Carver 和 Scheier(1998)提出的控制理论的观点认为,个体会使用对自己能力的信心(即自我效能)来判断达到某一特定目标所需要付出的资源(时间或者精力)。如果此时的预期超过了个体内心的阈限,个体就不会从事这些目标(或者离开正在追求的目标)。选择从事或不从事目标行为的分界点即为图 8.7d 中的断点。如果个人选择从事目标行为,资源分配的最大值会随着自我效能的升高逐渐降低,因为高自我效能的信心使得个体认为需要较少资源。目标设定理论和控制理论的观点在不连续函数模型上也得到了整合。

§4 研究展望

以上我们回顾了自我调节理论和自我效能的概念,以及比较了自我效能在不同理论中所扮演的角色,最后还总结了自我效能与动机的四种模型。然而,目前关于自我效能的研究依然有一些局限,这也为以后的研究提供了可能的课题。下面我们就来分析一下目前领域内的研究现状和对未来研究的展望。

4.1 采用追踪数据研究和个体内设计的研究范式

以往关于自我效能的大部分研究都是利用个体间设计,以及横断数据的研究而得出结论,而 Vancouver, Thompson 和 Williams(2001)指出,过度依赖横断数据的研究和相关研究的设计容易忽略自我调节这一概念本身的复杂性。在这一问题上,Dalal 和 Hulin(2008)指出,如果将总方差分解为个体内方差和个体间方差,即可发现很多变量本身是具有个体内变异性的,也就是说个体本身的状态是不断变化的。例如:任务绩效、目标水平和情绪状态分别有 29%～78%、31%～38% 和 47%～78% 的个体内方差变异。Vancouver 等人(2001)的研究指出,关注的角度不同(个体间或个体内)则会得出不同的研究结论。Donovan 和 Williams(2003)通过关注自我调节过程中的时间因素,发现了个体在起初阶段更容易被较大的差距激发行为动机,而随着慢慢地进展,个体的行为更容易会被较小的差距所激发。这就提出了一个新的课题,即自我效能感在个体间比较和个体内的目标修正中扮演的角色有何区别。Vancouver 等人(2001)的研究已经发现了自我效能对绩效的预测作用在个体间和个体内水平上的分离,然而他们也指出,这仅仅只是一个关于个体间和个体内差异比较的初步讨论。今后的研究可以采用追踪数据研究的实验范式,对自我效能与目标设定和修正的动态变化进行更精确的探究。

4.2 关注内隐层面的自我调节行为

自我调节行为不仅仅在外显水平起到作用,也同样在内隐水平起到作用。Johnson, Tolentino, Rodopman 和 Cho(2010)的研究指出,自我调节行为涉及内隐加工的可能性,因为自我调节行为关注目标导向行为,在目标追寻的过程中,往往需要在某些特定时刻提取记忆中相关的信息而抑制无关信息,这往往属于无意识加工的层面。内隐加工和外显加工具有不同的作用机制。首先,内隐加工和外显加工属于两种不同的信息加工形式,内隐加工往往涉及联结记忆系统,而外显加工往往涉及符号记忆系统(Smith & DeCoster,2000)。并且,现在工作中的高认知负担要求和模式化情境也容易激活内隐加工的可能性。目前内隐测量已经涉及到多个个体因素,包括自我概念(Haines & Sumner,2006)、自尊(Bosson,Swann,& Pennebaker,2000)和控制源(Johnson & Steinman,2009),还并没有研究对自我效能进行外显和内隐的分离。由于现在关于自我调节行为的研究多采用问卷方式,关注的也多是外显层面,这就指出了对内隐层面自我调节行为进行关注的必要,这也和最近管理心理学领域将实验工具与问卷工具相结合的研究趋势是相一致的。

4.3 讨论多目标的研究情境

目前对于目标和自我效能的讨论,很少关注当个体需要同时达到多个目标时,是如何安排优先级以及在目标之间进行转换的(Schmidt & DeShon,2007)。Schmidt 和 Dolis (2009)的研究提出了目标优先级的概念,他们指出,起初目标的选择和资源分配是根据动机强弱、差距大小或如果不完成目标的损失大小来综合评估选择的,动机越强、差距越大、损失越大,则越有可能选择完成该目标。而当截止日期临近或个体自己评估同时完成全部目标的效能感较低时,个体会对目标的优先级进行重新评估,此时个体会转向完成那些具有较小差距的目标。由于应用心理学最关心的是如何将理论应用到实际中解释日常行为,个体在实际生活中面对的大多不是单一目标的情境,而是多目标的情境,甚至有时个体需要完成的目标是跨多个领域的(如工作—家庭平衡),因此在多目标的研究情境下对自我调节行为进行讨论是非常具有实际意义的。而在这方面的研究成果还较少,因此今后的研究可以继续关注多目标的情境,进一步讨论自我效能对于目标选择与转换的关系。

参考文献

Ajzen, I. (1991). The theory of planned behavior. *Organizational Behavior and Human Decision Processes*, 50, 179—211.

Bandura, A. (1977). Self-efficacy: Toward a unifying theory of behavioral change. *Psychological Review*, 84, 191—215.

Bandura, A. (1989). The concept of agency in social-cognitive theory. *American Psychologist*, 44, 1175—1184.

Bandura, A. (1991). Social cognitive theory of self-regulation. *Organizational Behavior and Human Decision Processes*, 50, 248—287.

Bandura, A., & Locke, E. (2003). Negative self-efficacy and goal effects revisited. *Journal of Applied Psychology*, 88, 87—99.

Boekaerts, M., Maes, S., & Karoly, P. (2005). Self-regulation across domains applied psychology: Is there an emerging consensus? *Applied Psychology: An International Review*, 54, 149—154.

Boyer, D. A., Zollo, J. S., Thompson, C. M., Vancouver, J. B., Shewring, K., & Sims, E. (2000, June). *A quantitative review of the effects of manipulated self-efficacy on performance*. Poster session presented at the annual meeting of the American Psychological Society, Miami, FL.

Campion, M. A., & Lord, R. G. (1982). A control systems conceptualization of the goal-setting and changing processes. *Organizational Behavior for and Human Performance*, 30, 265—287.

Carver, C., & Scheier, M. (1998). *On the self-regulation of behavior*. Cambridge England: Cambridge University Press.

Carver, C. S., & Scheier, M. F. (1982b). Control theory: A useful conceptual framework for personality-social, clinical, and health psychology. *Psychological Bulletin*, 92, 111—135.

Diefendorff, J. M., Lord, R. G., Hepburn, E. T., Quickle, J. S., Hall, R. J., & Sanders, R. E. (1998). Perceived self-regulation and individual differences in selective attention. *Journal of Experimental Psychology: Applied*, 4, 228—247.

Garland, H. (1984). Relation of effort-performance expectancy to performance in goal setting experiments. *Journal of Applied Psychology*, 69, 79—84.

Gist, M. E., & Mitchell, T. R. (1992). Self-efficacy: A theoretical analysis of its determinants and malleability. *Academy of Management Review*, 17, 183—211.

Kanfer, R. & Ackerman, P. L. (2004). Aging, adult development, and work motivation. *Academy of Management Review*, 29, 440—458.

Latham, G. P., & Locke, E. A. (1991). Self-regulation through goal setting. *Organizational Behavior and Human Decision Processes*, 50, 212—247.

Latham, G. P., & Pinder, C. C. (2005). Work motivation theory and research at the dawn of the 21st century. *Annual Review of Psychology*, 56, 485—516.

Locke, E. A., & Bryan, J. F. (1967). Goal setting as a means of increasing motivation. *Journal of Applied Psychology*, 51, 274—277.

Locke, E. A., & Latham, G. P. (1990). Work motivation and satisfaction: Light at the end of the tunnel. *Psychological Science*, 1, 240—246.

Locke, E. A., & Latham, G. P. (2002). Building a practically useful theory of goal setting and task motivation. *American Psychologist*, 57, 705—717.

Lord, R. G., Diefendorff, J. M., Schmidt, A. M., & Hall, R. J. (2010). Self-regulation at work. *Annual Review of Psychology*, 61, 548—568.

Memo, A. J., Steel, R. P., & Karren, R. J. (1987). A meta-analytic study of the effects of goal setting on task performance: 1966—1984. *Organizational Behavior and Human Decision Processes*, 39, 52—83.

Podsakoff, P. M. & Farh, J. (1989). Effects of feedback sign and credit ability on goal setting and Human Decision and task performance. *Organizational Behavior Processes*, 44, 45—67.

Sadri, G. & Robertson, I. T. (1993). Self-efficacy and work-related behavior: A review and meta-analysis. *Applied Psychology: An International Review*, 42, 139—152.

Stajkovic, A. D. & Luthans, F. (1998). Self-efficacy and work-related performance: A meta-analysis. *Psychological Bulletin*, 124, 240—261.

Tomarken, A. J., & Kirschenbaum, D. S. (1982). Self-regulatory failure: Accentuate the positive? *Journal of Personality and Social Psychology*, 43, 584—597.

Vancouver, J. B. (2005). The Depth of History and Explanation as Benefit and Bane for Psychological Control Theories. *Journal of Applied Psychology*, 90, 38—52.

Vancouver, J. B., & Kendall, L. (2006). When self-efficacy negatively relates to motivation and performance in a learning context. *Journal of Applied Psychology*, 91, 1146—1153.

Vancouver, J. B., More, K. M. & Yoder, R. J. (2008). Self-Efficacy and Resource Allocation: Support for a Nonmonotonic, Discontinuous Model. *Journal of Applied Psychology*, 93, 35—47.

Vancouver, J. B., Thompson, C. M., Tischner, E. C., & Putka, D. J. (2002). Two studies examining the negative effect of self-efficacy on performance. *Journal of Applied Psychology*, 87, 506—516.

Vancouver, J. B., Thompson, C. M & Williams, A. A. (2001). The changing signs in the relationships between self-efficacy, personal goals, and performance. *Journal of Applied Psychology*, 86, 605—620.

Wood, R. E., & Bandura, A. (1989). Impact of conceptions of ability on self-regulatory mechanisms and complex decision making. *Journal of Personality and Social Psychology*, 56, 407—415.

Yeo, G. B., & Neal, A. (2006). An examination relationship between self-efficacy and performance of the dynamic across levels of analysis and levels of specificity. *Journal of Applied Psychology*, 91, 1088—1101.

Zetik, D. C., & Stuhlmacher, A. (2002). Goal setting and negotiation performance: a meta-analysis. *Group Processes and Intergroup Relations*, 5, 35—52.

9

情绪劳动

随着国内外服务业的迅速发展,服务业已经在现代社会中扮演着越来越重要的角色。它占据了全部产业的 70% 之多,并且在欧美地区有超过三分之二的劳动力从事这一行业(Central Intelligence Agency, 2009),这一比例还有继续扩大的趋势(Paoli & Merllié, 2008)。与此同时,中国的服务业也得到了迅猛的发展,截止 2010 年,我国服务业的就业比重达到了总产业的 43%(中研网讯,2011)。以呼叫中心为例,自 1998 年来,中国呼叫中心的市场规模一直保持着 30%～40% 的年增长率,截止 2008 年年底,呼叫中心行业的市场规模达 190 亿元(赵蕊,2003)。

然而,虽然伴随着如此快速的发展和规模的扩大,餐饮、保安、技工、保洁人员等服务业却出现了"用工荒"的现状(李银,2012)。即使服务人员的工资得到了普遍上涨,然而还是未能满足工人们的预期。我们可以发现,市场的需求和科技的进步使得组织对服务从业者的要求越来越高,例如:呼叫中心的服务方式已经从第一代的热线电话呼叫发展到了今天的第四代多媒体呼叫,这就对呼叫中心从业人员尤其是话务人员提出了更多的要求(赵蕊,2003)。工作的高要求会导致员工的疲劳,并由此引发工作效率下降、工作失误增加等。同时,这一负面状况也会损害员工的自我价值感,从而引发消极的工作态度等(黄敏儿,吴钟琦,唐淦琦,2010)。服务业中出现的这一问题亟待管理者和学者们的关注。

服务行业中一个重要的组成部分就是表达恰当的情绪。这也就意味着,从事服务型工作的员工除了要付出体力劳动和脑力劳动以外,还需要付出一种新的劳动形式,即情绪劳动。对于服务业组织的成功,员工能否传递恰当情绪起到重要的作用,因此对于员工来说,如何在工作中成功地调节情绪表达就显得十分必要了。对情绪劳动进行讨论,不但具有理论价值,在当前社会环境下还具有实践意义,近几十年来也有越来越多的研究者开始关注这一话题。对这一领域的研究主要考察在不同的工作情境下,员工是如何表达情绪的。与此同时有越来越多的理论和实证研究讨论了情绪劳动和员工效用及组织结果变量之间的关系(例如,Hochschild, 1983; Rafaeli & Sutton, 1989; Sutton, 1991; Brotheridge & Grandey, 2002)。

为了对情绪劳动的研究有一个总结和回顾,下面将从情绪劳动的定义及核心概念、情绪劳动的前因变量和结果变量、在情绪劳动过程中涉及的中介变量和调节变量、国内研究现状以及未来研究展望等方面分别进行叙述。

§1 情绪劳动的定义发展

情绪劳动是工作中重要的一部分,它涉及员工在服务过程中的情绪调节过程（Beal, Trougakos, Weiss, & Green, 2006）。对于情绪劳动这一概念,不同研究者从不同角度给出了多种定义：Hochschild（1983）是最早提出情绪劳动概念的,并提出了情绪劳动产生的三个条件以及由情绪劳动引发的倦怠、工作压力等结果变量；Ashforth 和 Humphrey（1993）在 Hochschild（1983）的基础上,更加强调情绪劳动这一行为的可观测性,关注的结果变量也与 Hochschild（1983）不同,他们弱化了情绪劳动带来的压力感而更强调其对行为绩效的影响。与前两种理论观点不同,Morris 和 Feldman（1996）是以一种相互作用的观点来看待情绪劳动这一话题的,认为情绪是在环境中表达的,也会受到社会环境的影响。他们还提出了四维度模型,并试图对情绪劳动进行测量。Grandey（2000）试图对前三种理论加以整合,提出了将情绪劳动分为前因聚焦的情绪调节和反应聚焦的情绪调节两种的观点。Brotheridge 和 Grandey（2002）则是从与前人完全不同的角度,将情绪劳动分为工作焦点的情绪劳动和员工焦点的情绪劳动。下面将对每种定义进行具体叙述。

1.1 Hochschild 对情绪劳动的定义

1983 年社会学家 Hochschild 通过对飞机上乘务人员进行的调查研究,提出了情绪劳动的概念。按照 Hochschild（1983）的定义,情绪劳动是指个体为了获得工资,在工作中管理自己的情绪体验,从而展现出可被公众观察到的面部表情和身体姿势。这一定义将顾客看作观众,员工看作演员,而工作环境就是舞台（Goffman, 1959；Grove & Fisk, 1989）。按这一观点来看,从事情绪劳动的前提是需要与他人进行"面对面"或"声音对声音"互动；员工的绩效涉及印象管理的过程,这些"演员"必须使用表达技巧（Grove & Fisk, 1989）,以满足组织的目标和计划（Grandey, 2000）。

为了更好地理解情绪劳动,Hochschild（1983）还指出,情绪工作的产生需要具备三个条件：① 从事情绪劳动的个体必须与他人进行面对面或声音对声音的接触；② 进行情绪劳动的目的是为了使消费者/顾客产生某种情绪状态或情绪反应；③ 雇主能够对员工的情绪活动进行监控（Morris & Feldman, 1997）。

Hochschild（1983）关于情绪劳动这一概念的主要观点是：情绪劳动是一种"对自身情绪的管理",包括两种不同的策略,即表层动作和深层动作。深层动作是调节主观体验,即通过改变认知方式来处理个体内在的冲突、焦虑等负面情绪,使心情真正变好；而表层动作则侧重于调节情绪的外在表达,这种调节方式不会改变情绪的体验,个体往往需要表达出与内心真实感受矛盾的情绪。但是,无论是表层动作还是深层动作,都是需要有意识地付出努力的。同时她还认为,当情绪劳动被看作是工作的一部分时,个体对情绪的管理就被当作劳动力的一部分参与买卖过程了,即个体会感觉自己的情绪被商品化了。在这种情况下,组织就会为了更好地出售员工情绪这种商品而对员工的情绪表达加以控制,因而员工会有不愉快感。Hochschild（1983）指出,这种不愉快感与付出的努力共同导致了倦怠和工作压力。

1.2 Ashforth 和 Humphrey 对情绪劳动的定义

Ashforth 和 Humphrey(1993)提出,情绪劳动是员工根据组织中一定的情绪表达规则而表现出适当情绪的行为。他们认为,情绪劳动是一种印象管理形式,从事情绪劳动的个体有意识地调节自己的情绪表达行为,是为了让他人对自己形成特定的社会感知。与 Hochschild(1983)的观点不同,他们的定义更关注情绪劳动作为一种行为的可观测性,认为能够影响顾客反应的并不是员工感受到的情绪如何,而是顾客所观察到的员工情绪劳动这一行为。他们的研究首次将对真实情绪的表达与表层劳动和深层劳动并列提出,并弱化了通过表层劳动和深层劳动进行情绪管理的重要性,认为情绪劳动很可能是一种常规的、不需要刻意付出努力的行为。从这一观点看,情绪劳动有时可能仅仅是例行公事,是工作内容中的一部分而并不构成压力源。因而在结果变量方面,与 Hochschild(1983)的研究不同的是,他们主要关注这种"可观测的行为"与任务有效性或绩效之间的关系。他们提出,如果顾客把员工的情绪劳动知觉为真诚的,则此时情绪劳动与任务有效性呈正相关;而如果员工表达出的不是其真实的感受,情绪劳动则会造成员工的自我分离,造成个体任务有效性和绩效的降低。在这一观点上 Ashforth 和 Humphrey(1993)的观点是与 Hochschild(1983)相同的。但是,Ashforth 和 Humphrey(1993)的研究并没有进一步探讨这一影响机制在个体内部是如何发生的。

1.3 Morris 和 Feldman 对情绪劳动的定义

Morris 和 Feldman(1996)对 Hochschild(1983),Ashforth 和 Humphrey(1993)的研究结论进行了拓展,他们在认同前人观点,即情绪由个体调节控制的基础上,将环境因素也纳入研究框架,认为情绪劳动是在人际交互中,为了表达组织期望的情绪所需要的努力、计划和行为控制。他们还从四个维度上对已有的情绪劳动概念进行拓展,分别是:① 恰当的情绪表达的频率(frequency of emotional display);② 情绪表达规则所需注意力的大小(attentiveness to required display rules);③ 要求表达的情绪的多样性(variety of emotions expressed);④ 情绪失调(emotional dissonance),指由于需要服从组织要求,从而表达并非真实感受到的情绪所产生的失调。Morris 和 Feldman(1996)认为,这四个维度决定了员工在工作中,为了满足组织预期所需付出的情绪劳动的大小。

1.3.1 情绪表达的频率

情绪表达的频率是在情绪劳动研究中最常被考察的内容,很多以往研究在界定工作是否属于情绪劳动工作时,都将服务人员与顾客间的交往频率作为一个关键的因素。在以服务为主导的行业里,员工是顾客接触到最直接的企业的代表。因此,当工作角色要求员工表达恰当情绪的频率越高时,为了自身的盈利,企业就会更加要求员工调节自身的情绪表达。然而 Morris 和 Feldman(1996)认为,虽然情绪表达的频率是情绪劳动的核心因素,但如果仅仅从这个方面对情绪劳动来定义,则忽略了情绪劳动这一概念本身的复杂性。因为情绪表达频率并不能涵盖情绪管理和情绪表达所需的计划、控制和技巧这几方面,所以还需考虑情绪劳动的其他三个维度。

1.3.2 情绪表达规则中所需要的注意力

情绪劳动的第二个维度是为了满足工作要求设定的情绪表达,所需要耗费的注意程度的大小。情绪表达规则所需要的注意越多,对服务业员工的心理能量和努力程度的需求也就越高,因而所需要的情绪劳动也就越多。情绪表达规则所需要的注意力包含两个方面:情绪表达的持续时间和情绪表达的强度。

(1) 情绪表达的持续时间。Morris 和 Feldman (1996)总结了两个原因来解释情绪表达持续时间与努力程度之间的关系:首先,情绪表达持续的时间越长,员工情绪表达就越倾向于主动控制而非自动化控制。因此,长时间的情绪表达就需要员工主动投入更多的注意力和情绪耐力(Hochschild,1983)。其次,互动时间较长时,服务人员就会了解到关于顾客的更多信息,这种进一步的了解使得员工更难去避免表达自己的真实感受,从而更容易违背组织要求或职业规范(Smith,1992)。因此在这种情况下进行调控更加困难,所要付出的努力就越多。Sutton 和 Rafaeli (1988)以及 Rafaeli (1989)对便利店售货员工作的研究支持了这一结论,即情绪表达的持续时间越长,所需要的努力水平越高。

(2) 情绪表达的强度。情绪表达的强度既包括所体验到的情绪强弱,也包括需要表达的情绪强弱。根据 Hochschild (1983)的观点,员工在进行情绪劳动时会采用表层动作或深层动作这两种策略中的一种。Morris 和 Feldman (1996)认为,强烈的情绪常常很难伪装,所以当工作角色要求表达很强烈的情绪时,个体为了达到表达期望情绪的效果则需要进行更多的深层动作。而按照 Ashforth 和 Humphrey (1993)的观点,深层动作要求更多的努力,因为角色的扮演者必须积极努力地去调用思维、想象以及记忆来引发相应的情绪(Ashforth & Humphrey,1993)。所以,情绪表达的强度越大,所需的情绪劳动也应该越多。

1.3.3 要求表达的情绪的多样性

情绪劳动的第三个主要维度是工作角色所要求表达的情绪的多样性。需要表达的情绪的种类越多,角色扮演者的情绪劳动也就越多。因为如果服务人员必须改变自己所要表达的情绪种类,以适应特定的情境时,他们就不得不对自身行为采取更为积极的计划和有意识的监控。例如,假如一个收税员在周一要处理过期30天的账单、在周二要处理过期90天的账单、在周三要处理过期6个月的账单,在这种情况下,他们的情绪表达就具有多样性,因为面对不同类型的账单拖欠客户时,他们需要不同程度的劝导、同情或者气愤等(Sutton,1991)。而如果这三种工作需要在一天之内完成,则会引发更强烈的情绪调节,因为很有可能他们每接一个电话都需要表达一种不同的情绪。因此,在有限的时期内,需要表达的情绪种类越多,即情绪多样性越高时,员工就需要进行更多的情绪劳动。

1.3.4 情绪失调

情绪劳动的第四个维度是情绪失调(emotional dissonance)。Middleton (1989)将情绪失调定义为真实感受到的情绪与在组织中所需要表达的情绪之间的冲突。之前对情绪劳动的研究往往把情绪失调当作情绪劳动的结果变量之一(Adelmann,1989),但是 Morris 和 Feldman (1996)认为,除了作为结果变量之外,情绪失调可以也应被看作情绪劳动这一概念的第四个维度。因为当员工被期望表达的情绪与真实感受到的情绪一致时,似乎就没有必要采用大量的控制行为或表达技巧(Leary & Kowalski,1990);但当真实感受到的情绪与组织期望表达的情绪不匹配时,员工就需要更多的控制、情绪表达技巧以及注意力,这就意味着付出的情绪劳动就多。目前关于情绪失调在情绪劳动中所扮演的角色存在很多争议,后面将具体论述。

Morris 和 Feldman(1996)还指出了在这一定义中,情绪劳动的四个维度之间的关系,总结如下图 9.1 所示。

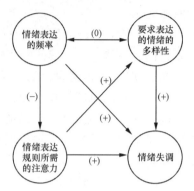

图 9.1　情绪劳动四个维度之间的关系(Morris & Feldman, 1996)

(1) 情绪表达的频率和情绪表达规则所需的注意力之间应为负相关关系,因为在任何给定的时间段内,当情绪表达需要保持的时间更长、强度更高时,员工所能提供服务的对象数量就越少。Hochschild(1983)关于飞机乘务人员的研究和 Leidner(1989)关于餐馆服务生的研究都支持了这一结论,结果显示:当顾客数量增加时,服务人员更可能模式化、缩短情绪表达,并限制情绪表达的强度。

(2) 情绪表达频率与情绪表达多样性之间应该没有直接的关系,而工作特性和情境因素则可能对情绪表达多样性有更显著的影响。

(3) 情绪表达的频率和情绪失调之间总体上应该呈正相关关系,因为当员工需要更多地进行情绪表达时,他们遇到内心真实情绪体验与情绪表达规则之间产生分歧的可能性就越大,Kuenz(1995)的研究证实了这一结论。

(4) 情绪表达规则所需的注意与要求情绪表达的多样性之间应为正相关关系。随着情绪表达的持续时间的增加和情绪表达强度的提高,员工被要求表达的情绪范围越来越广,因为在进行长时间持续性沟通时,员工往往需要即时对顾客的情绪和行为进行反应以选择最合适的情绪(Sutton, 1991)。

(5) 情绪表达规则所需的注意与情绪失调之间也应该为正相关关系,与前类似,当员工需要表达的情绪时间更长、强度更大时,他们遇到内心真实情绪体验与情绪表达规则之间产生分歧的可能性也越大。

(6) 要求表达的情绪多样性和情绪失调应为正相关关系,在员工需要服从多种情绪表达规则时,感受到的真实情绪与期望表达的情绪之间出现不一致的概率就相应地增加了。

Morris 和 Feldman(1996)的研究仅仅是理论推导,缺乏实证的支持。因此,一年后他们又提出将情绪劳动分为三个维度,分别是互动频率、互动持续度和情绪失调,并以此编制了情绪劳动量表(Morris & Feldman, 1997)。

1.4　Grandey 的定义

Grandey(2000)认为无论是将情绪劳动定义为工作特性(按照 Morris 和 Feldman 1997 年提出的观点),还是可被观测的员工行为(按照 Ashforth 和 Humphrey 1993 年提出的观点),都并不完善。因为前者更多地关注引发情绪劳动的情境,而后者更多地关注情绪劳动引发的结果。因此 Grandey(2000)为了从整体上对情绪劳动进行把握,试图关注前人研究的共通之处,对情绪劳动的定义进行整合。

她指出,尽管之前的定义是基于不同的角度,关注的也是不同的结果变量,他们之间还是存在共通的观点的:第一,个体能够管理自己在工作中的情绪表达。因此,情绪劳动是为了完成组织目标而对情绪和情绪表达实施的管理过程。第二,每个定义都把表层动作和深层动作(或类似的定义)作为管理情绪的方式。通过关注表层动作和深层动作的概念,我们能够明确实施情绪劳动的方法。因此,Grandey(2000)认为表层动作和深层动作这两个方面共同构成了情绪劳动的概念。根据上述观点以及 Gross(1998)提出的关于情绪调节的过程模型,Grandey(2000)提出了情绪劳动的"投入—产出"模型(Input-Output Model)。在这一模型中,环境变量作为情绪线索,个体从环境中接受刺激并用自身的情绪表达对刺激加以反应,这一情绪反应即为产出,能够向周围环境提供关于个体本身的信息。在整个过程中,情绪调节可以在两个时间点上产生作用,第一种称为前因聚焦的情绪调节(antecedent-focused),此时个体可以改变环境或对环境的认知;第二种属于反应聚焦的情绪调节(response-focused),此时个体只能够调节可以被观测到的情绪或生理反应。这两种情绪调节模式刚好与情绪劳动定义中的深层动作和表层动作定义是一致的。因此 Grandey(2000)认为情绪劳动的定义应为前因聚焦的情绪调节和反应聚焦的情绪调节这两个方面。她认为,运用这种整合的情绪劳动定义,既可以很好地描述情绪劳动是如何发生的,又可以很好地预测情绪劳动的结果变量。她在研究中指出了员工倦怠、工作满意度、任务绩效、离职行为等都是情绪劳动的结果变量。

1.5 Brotheridge 和 Grandey 对情绪劳动的定义

Brotheridge 和 Grandey(2002)的研究与以往研究者的关注点不同,他们更关注情绪劳动是作为工作倦怠的前因变量之一是如何产生作用的。Brotheridge 和 Grandey(2002)对情绪劳动的分类借鉴了 Karasek(1979)提出的"压力的要求—控制模型"(demands-control stress theory)。和之前研究中对"要求—控制模型"的应用不同,他们认为在情绪劳动领域,"要求"指的仅仅是存在于员工—顾客交互过程中的要求,即工作焦点的情绪劳动(job-focused emotional labor);而"控制"指的是员工对自己工作中涉及的情绪表达过程具有的自主性,即他们提出的员工焦点的情绪劳动(employee-focused emotional labor)。具体来说:工作焦点的情绪劳动主要描述特定职业的情绪要求,主要从交流的频率、强度、种类、持续时间等方面对情绪工作进行测量;员工焦点的情绪劳动描述满足组织和工作情绪要求的员工心理行为过程,主要根据员工的情绪调节过程、情绪失调等来研究情绪劳动。下面分别介绍。

1.5.1 工作焦点的情绪劳动

工作焦点的情绪劳动用来表示在某种特定职业中对情绪表达要求的水平,可以理解为由工作本身的因素所决定的情绪劳动的大小。这一点是很好理解的,行业的划分决定了工作内容对员工情绪表达的要求高低,有些行业对员工情绪表达的要求较高,属于"高情绪劳动职业"(如话务人员、销售员等),有些行业则对员工情绪表达要求很少或没有要求(如体力劳动者、文案等)(Hochschild，1983)。研究者们通过对不同行业员工的比较发现，和其他行业员工相比，服务业员工所需表达的情绪强度和频率都更高，在情绪表达方面受到的限制也更多(Cordes & Dougherty，1993；Hawthorne & Yurkovich，1994；Rafaeli & Sutton，1989；Smith，1991)。

工作焦点的情绪劳动包括工作中的人际工作需求(interpersonal work demands)和情绪控制(emotion control)两个方面。对人际工作需求的定义借鉴了前人研究中发现的，对工作倦怠有显著影响的工作特性变量，包括：和顾客交往频率的高低(Cordes & Dougherty，1993)，情绪表达所持续的时间、强度、多样性(Cordes & Dougherty，1993；Morris & Feldman，1996)这几个方面。情绪控制是指在工作中个体感知到自己表达情绪的自主性，类似于感知情绪表达规则(后面会提到感知情绪表达规则的定义)。多项研究表明情绪控制(或感知情绪表达规则)能够显著预测工作倦怠(Best，Downey，& Jones，1997；Schaubroeck & Jones，2000)。

1.5.2 员工焦点的情绪劳动

情绪劳动可以被看作一种过程，在这一过程中个体管理情绪的行为能够预测工作倦怠(Hochschild；1979，1983)。情绪要求和表达规则之所以能构成压力源，是因为它们引发了为了组织目标而管理自身情绪状态的需要(Grandey，2000)。员工焦点的情绪劳动侧重于员工管理情绪和表达以满足组织情绪表达规则要求的过程或体验，这一取向更加偏向于员工如何面对情绪表达规则的主动过程。对它的测量主要是通过对情绪失调(emotional dissonance)(Abraham，1998；Morris & Feldman，1997)以及对个体试图通过改变表达以满足工作需求时所进行的情绪调节过程(emotion regulation processes)(Grandey，2000；Hochschild，1983)两方面的考察而进行的。情绪调节过程所使用的两种主要的策略就是前面我们所提到的表层动作和深层动作。

按照员工焦点的情绪劳动这一角度，表层动作能够显著预测工作倦怠的三个维度(情绪耗竭、人格解体和个人成就感丧失)，是因为需要表达的情绪与真实感受到的情绪不一致时产生的不真实感(Abraham，1998；Brotheridge，1999；Erickson & Wharton，1997；Pugliesi，1999；Pugliesi & Shook，1997)，以及因为内在的紧张感而付出努力压抑真实情绪的需要(Gross & Levenson，1997；Morris & Feldman，1997；Pugliesi，1999)。而深层动作能够降低情绪失调，并且如果情绪表达有效还能够提高员工的成就感。由此看来，深层动作与工作倦怠中的情绪耗竭维度并不相关，与人格解体维度和个人成就感丧失维度呈负相关(Brotheridge & Grandey，2002)。

§2 情绪劳动的核心概念

要想更好地理解情绪劳动的含义，还需要详细地了解一下其中的几个重要概念——情绪劳动策略、情绪表达规则和情绪失调，以及它们在情绪劳动中所扮演的角色。

2.1 情绪劳动的策略

Hochschild(1983)首次指出情绪劳动有两种不同的策略，即表层动作和深层动作。表层动作是指通过抑制或者伪造情绪表达来改变行为(Brotheridge & Lee, 2002),是情绪调节过程的反应聚焦(response-focused)阶段。这一过程注重调节情绪的外在表现,属于情绪调节中的反应调节模式。这一调节模式是在情绪出现之后才产生作用的,并不涉及对个体真实感受的调整,而是对情绪表达的调节。进行表层动作的个体相当于戴上了一个表情面具,他们通过压抑、夸大或者伪装等形式来调节情绪反应。这样做的结果是,情绪表达和情绪体验之间就出现了不一致性(Grandey, 2000; Gross, 1998; Totterdell & Holman, 2003)。因此表层动作也被称为"欺骗性的伪装"(faking in bad faith)(Grandey, 2003)。

深层动作是指通过重新评估情境或将注意力集中到积极正面的事情上(positive refocus)等方法来改变内部认知,从而从内部获得与组织期望相一致的情感感受(Gross, 1998),因此属于情绪调节中的认知调节模式(Gross, 1998),也被称作情绪调节过程的前因聚焦(antecedent-focused)阶段。这一调节模式出现在情绪被唤起之前,影响对情绪线索的加工,目标是改变环境或对环境的知觉。也就是说,在行为、感觉或生理反应倾向被唤起之前就对情绪认知产生了调节(Grandey, 2000; Gross, 1998)。在进行深层动作时,个体试图调和需要表达的情绪和自己的真实感受之间的矛盾,由于是从认知层面进行调节,进行深层动作的个体在表达所需情绪时往往具有真实感,因此深层动作也被称为"真诚的伪装"(faking in good faith)(Grandey, 2003)。

按照 Ashforth 和 Humphrey(1993)的观点,从定义来看,表层劳动和深层劳动的区别仅仅在于所付出的努力不同,而并不代表这一努力的质量(情绪表达看起来有多真实),也不代表这一努力对目标对象的影响。而后来的研究者则提出质疑,普遍认为顾客是能够区分真实与伪装出来的情绪的(Ekman, Friesen, & O'Sullivan, 1988)。这将在后面关于表层动作和深层动作不同机制的部分进行详细说明。

除此之外,Ashforth 和 Humphrey(1993)认为,如果情绪劳动策略仅仅包括表层动作和深层动作,则忽略了员工可以自发地表达真实感受到的情绪这一可能性,表层动作和深层动作仅仅是在个体需要表达并非真实感受到的情绪时的一种补偿措施。他们还认为,在表达自然感受到的情绪时,个体同样是需要付出一定有意识的努力的,因为他们仍然需要确认这种表达是不是符合组织的期望。在这一基础上,Diefendorff, Croyle 和 Gosserand(2005)认为,除了表层动作和深层动作之外,表达自然情绪(display of naturally felt emotions; or emotional consonance)也是情绪表达策略的一种。这种情绪表达策略在工作环境中是非常常见的,并且与表层动作和深层动作不同,这一表达方式往往不会引起与情绪劳动相关联的负性结果变量,如情绪失调、倦怠等。并且,表达自然情绪的个体会给人一种真诚感,这种真诚感往往是好的服务的标志(Ashforth & Humphrey, 1993)。Näring 和 van Droffelaar(2007)的研究结果显示,表层动作与工作倦怠中的情绪耗竭、去个体化两个维度呈正相关,而表达自然情绪与个人成就感低落这一维度呈显著负相关,从而在一定程度上说明了这三种表达策略是存在区别的。Diefendorff 等(2005)运用验证性因素分析证明了表达自然情绪与表层动作、深层动作是相互独立的三个维度,并且有不同的前因变量。由此他们也提出,在今后对于情绪劳动的研究中,对自然情绪的表达也应该同表层动作和深层动作一样被纳入研究框架中引起关注。

2.2 情绪表达规则

情绪表达规则(display rules)是指组织在特定工作情境下,对所要表达的恰当情绪制定的一个标准,即用来指明在一个特定的情境下何种情绪是恰当的,以及这些情绪应该被如何转递或公开地表达(Ekman,1973)。情绪表达规则被公认为是引发情绪失调和进一步引发情绪劳动的前提条件,因为只有在存在表达规则的时候,个体才需要主动地去管理自己的情绪表达。除了极个别的服务业例子(如医护人员等),情绪表达规则都是需要个体表达积极情绪的。实证研究结果也支持了这一观点,如 Cheung 和 Tang(2007)的研究也发现,情绪表达规则是情绪失调的显著的预测变量。

服务人员会对组织内的情绪表达规则形成一定的认知,即感知情绪表达规则(perceived display rules)。在情绪劳动的研究领域中,对于情绪表达规则的讨论大多并不是关注客观的规则,而是员工对情绪表达规则的感知。大量研究显示,对表达规则的知觉会受到很多因素的影响,包括组织规范(Ashforth & Humphrey,1993)、工作对人际交往的要求(Diefendorff & Richard,2003)、上级对情绪表达需求的感知(Diefendorff & Richard,2003)以及人格变量,如外向性、神经质等(Diefendorff & Richard,2003)等。组织规范指的是在组织内部关于情绪表达的被公认的要求,是随着组织不同而变化的,不同组织规定了不同的要求;工作对人际交往的要求即为在工作中员工需要与顾客交流的频率;团队管理者是组织规则的直接传递者,因此他们对情绪表达规则的知觉决定了该团队内部员工的行为标准,因此上级对情绪表达需求的感知也是个体对情绪表达规则知觉的预测变量。多项研究表明,感知情绪表达规则与表层动作和深层动作之间存在显著正相关关系(Grandey,2002;Brotheridge & Grandey,2002;Brotheridge & Lee,2003)。研究者在研究感知情绪表达规则时,有些将其看成单维度结构(Grandey,2002,2003;Brotheridge & Lee,2003),也有研究者将积极情绪表达规则(对积极情绪的表达)和消极情绪表达规则(对消极情绪的压抑)分成两个维度加以研究(Brotheridge & Grandey,2002)。无论是单维度结构还是双维度结构的研究,大多都发现了员工感知到的情绪表达规则与表层动作和深层动作之间的显著正相关关系。

仅仅关注员工情绪表达规则的知觉并不足以预测他们的情绪表达行为,Diefendorff 和 Gosserand(2003)指出,有些时候个体可能已经意识到了情绪表达规则,但是他们选择并不遵从表达规则,也就是说,个体是否愿意遵从情绪表达规则也是一个重要的预测变量。Gosserand 和 Diefendorff(2005)借鉴了目标设定理论中的研究结论,并将这一概念操作化定义为情绪表达规则承诺(display rules commitment)。他们借鉴了 Klein 等人(1999)对于目标承诺的定义,将情绪表达规则承诺定义为:个体 1)愿意表达组织所期望的情绪,2)坚持持续地表达这些情绪,以及 3)在困难的情境下不放弃情绪表达规则这三个方面。他们同时还考察了情绪表达规则承诺与情绪调节策略之间的关系。结果显示,对情绪表达规则的承诺与表层动作负相关,而与深层动作正相关。并且,情绪表达规则承诺还在情绪表达规则和两种情绪调节策略的关系中起调节作用。也就是说:当承诺水平较低时,情绪表达规则与表层动作间只有微弱的正相关关系,与深层动作没有相关关系;而当承诺水平较高时,情绪表达规则与表层动作、深层动作都具有很强的正相关(Gosserand & Diefendorff,2005)。

我们认为，Gosserand 和 Diefendorff（2005）的研究中对于情绪表达规则承诺的定义有些不妥，因为这一定义更大程度上类似于 Bandura 所定义的自我效能感，因此并不能很好地反映对情绪表达规则的承诺这一概念的内涵。自我效能感是 Bandura（1986，1989）提出的概念，指人们对自己实现特定领域行为目标所需能力的信心或信念，决定了个体奋斗时愿意付出多少努力、面临困难时坚持多长时间以及在失败时有多失落和沮丧。关于目标承诺的控制理论观点在定义上与之类似，将目标承诺定义为个体自觉地阻止目标的改变并下定决心持续努力去达成既定目标，包括三个方面：个体指向既定目标的努力程度、坚持时间以及在面临挫折和负面反馈时不愿降低或放弃目标（Locke et al，1968，1981；Reidel, Nebeker, & Cooper，1988）。按照 Gosserand 和 Diefendorff（2005）关于情绪表达规则承诺的描述，它反映的是个体在多大程度上愿意遵从情绪表达规则，反映了对组织规范的认可态度。将情绪表达规则看作行为目标，进而将情绪表达规则承诺看作一种目标承诺是不合适的。由此看来，Gosserand 和 Diefendorff（2005）得出的关于情绪表达规则承诺的结论还有待商榷。

2.3 情绪失调

早期关于情绪劳动的研究将情绪失调解释为感知到的情绪与为满足组织情绪表达规则要求所表达出的情绪之间的差异（Hochschild，1983；Rafaeli & Sutton，1987）。一直以来，关于情绪失调在情绪劳动过程中的作用一直存在争议：一些研究者将情绪失调看作激发情绪调节策略的前因变量（Hochschild，1983；Rubin, Tardino, Daus & Munz，2005），因为只有当存在情绪失调时，个体才需要采用表层动作或深层动作策略对情绪进行调节，从而达到组织的目的。同样，也有的研究者将情绪失调看作情绪调节策略的结果变量，因为不同的情绪调节策略对情绪失调的作用也不同（Adelmann，1995；Ashforth & Humphrey，1993）。按照这一观点来看，在进行表层动作时，个体内部的情绪感受并不发生变化，仅仅对情绪的外在表达进行控制，因此无法改变既有的情绪失调状况（Kruml & Geddes，2000）；而深层动作是通过从内部改变认知而获得与组织期望一致的情绪体验，所以可以减弱个体所体验到的情绪失调（Kruml & Geddes，2000）。除这两种观点以外，情绪失调甚至可以看作是情绪调节策略的一个方面（Abraham，1998；Zapf & Holz，2006）。如何理解情绪失调与情绪劳动策略的关系将取决于研究的不同角度。

Hülsheger 和 Schewe（2011）通过关注情绪劳动的定义，对这一矛盾进行了解释。他们指出，情绪失调的定义涉及三方面：情绪表达规则所要求的情绪、员工实际表达出的情绪以及感知到的情绪，因为员工虽然按照规则进行情绪表达，实际上表达出的情绪和规则的规定可能还会有一些出入（Zerbe，2000）。而对于如何结合这三个方面来定义情绪失调的概念则存在着争议。一些研究者将情绪失调看作表达规则要求的情绪与实际感知到的情绪之间的差异（Morris & Feldman，1996；Zapf & Holz，2006），从这一角度来看，"情绪失调"也可以被称作"情绪—规则失调"；另一个角度则将情绪失调看作员工实际表达出的情绪与感知到的情绪之间的差异（Côté，2005；Van Dijk & Kirk，2006），从这一角度看，"情绪失调"也可以被称作"伪装情绪表达"。不同的定义方式决定了情绪失调在情绪劳动过程中起到的作用不同，"情绪—规则失调"是情绪调节（表层或深层动作）的前因变量，因为只有在存在"情绪—规则失调"的时候才有情绪劳动的必要;而伪装情绪表达是情绪调节的结果变量,表层劳动和深层劳动之间的差别即在于实际表达与实际感知的情绪之间有无差异。虽然在这一问题上有不同的观点,但是目前大多数研究还是将情绪失调等同于情绪—规则失调(Dormann & Kaiser, 2002; Holman, Chissick, & Totterdell, 2002; Zapf & Holz, 2006),这也和那些将情绪失调看作表层动作和深层动作前因变量的理论模型是一致的(Holman, Martínez-Iñigo, & Totterdell, 2008; Rubin et al., 2005)。因此,如不特别注明,后文所提到的情绪失调均指"情绪—规则失调"。

§3 情绪劳动的前因变量和结果变量

情绪劳动之所以受到如此多的关注,是因为大量的情绪劳动会对员工造成工作压力的增加,从而对员工的工作满意度和工作倦怠等产生影响(Brotheridge & Grandey, 2002; Erickson & Ritter, 2001),也会对个体和组织的绩效产生影响(Maslach, Schaufeli, & Leiter, 2001; Minnehan & Paine, 1982)。为了更好地了解情绪劳动这一过程,下面从两个角度介绍情绪劳动的前因变量和结果变量,一为即按照 Morris 和 Feldman (1996)的四维度结构建立模型,二为通过关注表层动作和深层动作这两个方面的划分来建立模型。

3.1 Morris 和 Feldman 按照四维度划分建立的模型

Morris 和 Feldman (1996)在文章中按照四维度情绪劳动的定义,对影响情绪劳动不同维度的组织特征变量、工作特征变量和个体差异变量这三个方面的因素进行了阐述,如图 9.2 所示。他们指出,情绪劳动的四个维度——情绪表达的频率、情绪表达规则所需的注意力、要求表达的情绪的多样性和情绪失调分别具有不同的前因变量。并且,四个维度均能够引发情绪耗竭,而只有情绪失调能够导致工作满意度的降低。下面将具体阐述:

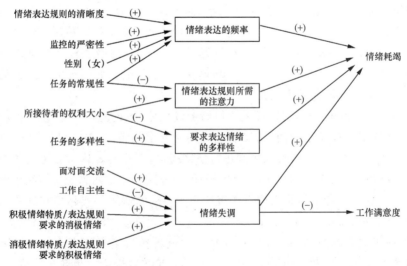

图 9.2 Morris 和 Feldman (1996)按照四维度划分建立的模型

3.1.1 情绪表达频率的前因变量

情绪表达规则的清晰度。研究者指出,员工与消费者间的接触越多,组织就越有信心可以通过控制员工的情绪行为产生相应的收益,因此也越可能会试图通过明确化情绪表达规则来控制员工的表现行为(Sutton,1989)。所以情绪表达规则的清晰度应与情绪表达的频率成正相关。

(1) 监控的严密性。情绪表达在多大程度上被上司所监控是组织层面上影响情绪表达频率的一个重要前因变量。严密监控的存在对员工来说是一个很强的信号,预示着工作中一个很重要的部分就是表达恰当的情绪,从而使得员工对于表达期望情绪这一要求更加敏感。Tolich(1993)对超市营业员的研究结果发现对员工行为的直接监控与情绪劳动绩效的要求之间存在相关。因此,监控的严密性应与情绪表达的频率间是正相关。

(2) 性别。很多研究证实,女性会比男性展现更强烈的情绪表达(e.g., Deaux, 1985; LaFrance & Banaji, 1992),且女性微笑的频率要比男性高(Birnbaum, Nosanchuk, & Croll, 1980)。Rafaeli(1989)指出女性表露更多情绪可能有三个原因:① 女性在社会化的过程中可能形成了更为温暖和友好的行为方式(Deutsch,1990);② 女性可能在编码和呈现情绪方面的能力比男性强(LaFrance & Banaji, 1992);③ 女性表现出更为正性的情绪可能是因为她们对于社会认同(social approval)有更大的需求(Hoffman, 1972)。除此以外,即使对于相同的职业,女性也会比男性表现出更多的情绪劳动(Wharton & Erickson, 1993; Wichroski, 1994)。综上所述,可以推测女性将会比男性有更高频率的情绪表达。

(3) 任务的常规性。不同的工作在常规性上存在很大的差异。Leidner(1989)指出当工作需要频繁地与消费者接触时,组织通常会让员工使用更为机械化的交往模式。因此,工作的常规性应该与情绪表达的频率成正相关。

3.1.2 情绪表达规则所需要的注意力的前因变量

(1) 任务的常规性。Morris 和 Feldman(1996)认为任务的常规性与情绪表达规则所需要的注意力之间呈负相关关系,主要有如下两个根据。第一,如前所述,对于很多常规性的服务工作而言,最重要的一个特征就是员工与消费者之间的接触是快速、程序化、自动化的。同时,Schneider 和 Bowen(1995)的研究也发现,对于大多数常规性的服务来说,消费者对服务质量的评价更多地基于服务的速度,而不是基于服务人员情绪表达的真挚性。第二,对于强烈情绪的表达常常会破坏操作程序的规范性,由此损害到常规任务的绩效(Ashforth & Humphrey, 1995)。

(2) 所接待者的权力大小。有研究指出,当面对不同的目标个体时,人们表达的情绪也会有很大的不同(Waldron & Krone, 1991)。Hochschild(1983)发现许多乘务人员认为他们应该为那些位于头等舱和商务舱的乘客提供更为持久和真挚的正性情绪表达,并且他们实际上也确实是为这类顾客给予更多的关注的。由此可见,被接待者的权利力量的大小将与情绪表达规则所需要的注意力之间呈正相关。

3.1.3 要求表达的情绪多样性的前因变量

(1) 所接待者的权力大小。被接待者的力量也可能对在工作中要表达的情绪的多样性产生影响。研究者通过关注那些在服务业中表现非常好的员工的情绪行为的描述(Leary & Kowalski, 1990; Sutton & Rafaeli, 1988; Wichroski, 1994)发现,情绪表达的类型在一定程度上取决于目标对象的权利和地位。此外，Morris 和 Feldman（1996）的研究还提出，当面对更有权利的被接待者时，服务的提供者将把表达的情绪类型的范围限制到正性情绪的表达内。比如，Kipnis，Schmidt 和 Wilkinson（1980）的研究就发现向下级表达愤怒要比与向上级表达愤怒更常见。由此可得，被接待者的权利大小将与情绪表达的多样性之间成负相关。

（2）任务的多样性。由于任务的不同，需要员工表达的情绪类型也就不同，所以说当员工所要完成的任务的类型越多样化时，他们所要表达的情绪的种类可能也越多样化。如Hackman 和 Oldham（1975）提出的，工作的多样性源于以下几个来源：所服务的顾客的类型不同、所要担负的职责的类型不同、所面对的工作条件的类型不同以及在完成工作是所要使用的技能的类型不同。所以，任务的多样性将与情绪表达的多样化成正相关。

3.1.4 情绪失调的前因变量

（1）面对面交流。DePaulo（1992）、Ekman（1985）以及 Saarni 和 Von Salisch（1993）的研究指出，非言语的行为比言语行为更难控制。由此推知，当情绪劳动涉及到面对面交流时，应该会比非面对面交流需要更多的情绪控制，因为此时员工既要管理语言表达、也要管理面部表情。当服务人员不必与顾客面对面交流的时候，他们感受到的情绪失调应该相对较少，因为此时他们表达自己真实情绪的空间更大，因为他们可以表达出对方感受不到的情绪（例如：在纸上乱写、向同事做鬼脸等等）。相反，如果是那些需要面对面交流的服务人员，他们需要精确地、即时地表达出那些并未真正感受到的情绪，这就导致了更多的情绪失调。

（2）工作自主性。Hackman 和 Oldham（1975）将自主性定义为：在工作中，员工在完成任务的过程中所具有的自由度、独立程度以及自由决策的权利大小。Morris 和 Feldman（1996）认为在服务性质的工作背景下，工作自主性特定地用来指代员工在多大程度上能够调节情绪表达规则以符合自身的人际交往模式。Morris 和 Feldman（1996）以及 Grandey，Fisk 和 Steiner（2005）都认为那些在情绪表达行为上具有更多自主性的员工，当情绪表达规则与他们自己真实体验到的情绪相冲突的时候，更可能违反表达规则。因此，那些具有更多工作自主性的员工应该会体验更少的情绪失调。

（3）积极/消极情感特质。情感特质（affectivity）被定义为表达某种特定情绪（如快乐或悲伤），或者采用某种特定的方式对客体（如，工作、人）进行反应的一般倾向（Lazarus，1993）。情感特质分为两种：一为积极情感特质（Positive Affectivity），反映了个体感受积极情绪（如热情、积极和敏锐）的程度；二为消极情感特质（Negative Affectivity），反映了个体感受厌恶的情绪（如愤怒、轻蔑、厌恶和恐惧）的程度（Watson & Tellegen，1985）。Morris 和 Feldman（1996）认为，积极或消极情感特质之所以会对情绪失调产生显著影响，是因为当个体的情感特质类型与情绪表达规则中所要求表达的情绪类型相一致时，个体所体验的情绪失调会更小。由于具有积极情感特质的员工更易感受到积极情绪而不是消极情绪，这样在工作中表达积极情绪的需要就与他们本身感受情绪的倾向是一致的，因而需要对情绪表达的主动监控更少。

3.1.5 情绪劳动四个维度的结果变量

Morris 和 Feldman（1996）的研究指出：情绪劳动的四个维度均可预测情绪耗竭的增加，而只有情绪失调这一维度能够预测工作满意度的降低。

情绪耗竭属于一种压力相关反应，是工作倦怠中一个核心的维度（Maslach，1982），它指的是在员工与顾客交往的过程中，由于附加了过度的情绪要求而造成员工能量受损的状态(Saxton, Phillips, & Blakeney, 1991)。Maslach(1982)的研究指出,与客户保持情绪高度紧张的频繁的面对面交往、交往的持续时间以及情绪表达的多样性均与高水平的情绪耗竭显著相关。由此看来,情绪劳动的前三个维度——情绪表达的频率、情绪表达所需的注意力和要求表达的情绪多样性均与情绪耗竭呈显著相关。而情绪失调可以被看作一种角色冲突(Rafaeli & Sutton, 1987),这一过程涉及个体的需求或价值与他身处角色的要求之间的冲突(Kahn, 1964)。多项研究表明,角色冲突是情绪耗竭的显著前因变量之一(Jackson, Schwab, & Schuler, 1986; Lee & Ashforth, 1993)。由此可见,情绪劳动的四个维度均能够显著预测高水平的情绪耗竭。

工作满意度是情绪劳动中,情绪失调这一维度的显著结果变量。多项研究支持了这一观点:Rutter和Fielding(1988)的研究发现,员工感到需要自然情绪这一要求与工作满意度之间呈负相关关系。Lawler(1973)的研究发现,真实情绪与所要表达的情绪之间的差异确实存在,而这一差异能够影响员工的工作满意度。

3.2 按照表层动作和深层动作进行划分的模型

目前关于情绪劳动前因变量和结果变量的讨论大多并未采用Morris和Feldman (1996)的四维度定义,而是倾向于Grandey(2000)的观点,将情绪劳动划分为表层动作和深层动作进行讨论。多项实证研究证明,表层动作和深层动作具有不同的前因变量和结果变量(Grandey, 2000; Judge, Woolf, & Hurst, 2009; Hülsheger & Schewe, 2011; Chau, Dahling, Levy, & Diefendorff, 2009)。Chau等人(2009)认为,表层动作和深层动作之间机制的差别能够帮助解释为什么情绪劳动既对个体和组织结果变量有积极的影响,如情绪绩效的提高、员工满意度的增加等(Hülsheger & Schewe, 2011),也有消极的影响,如工作倦怠、压力感等(Morris & Feldman, 1997)。下面将从比较表层动作和深层动作这两种情绪表达策略的角度,综合多项研究中的情绪劳动前因变量和结果变量建立如下模型,具体如图3所示。下文还将论述在这两种情绪劳动中涉及的中介变量和调节变量。由于之前研究中指出,表达真实情绪也是情绪劳动策略的一种,因此在建立模型时虽然主要围绕着表层动作和深层动作这两个方面,也将表达真实情绪纳入模型中(见图9.3的第二列)。

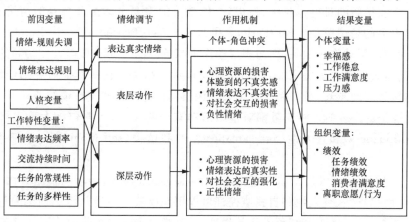

图9.3 按照表层动作和深层动作划分建立的模型

3.2.1部分叙述的是图9.3中第一列提到的变量,即情绪劳动的前因变量。3.2.2部分叙述的是图9.3中第三列所提到的,表层劳动和深层劳动所引发的不同心理机制。3.2.3部分叙述的是图9.3中第四列所提到的,情绪劳动的结果变量。3.2.4部分叙述的是情绪劳动过程中涉及的主要调节变量,由于篇幅所限,并未在图中标出。

3.2.1　前因变量

(1) 情绪表达规则。如前面"情绪劳动的核心概念"部分中"情绪表达规则"一节所述,情绪表达规则被公认为是情绪劳动的前因变量,在此不再赘述。

(2) 情绪失调。如前面"情绪劳动的核心概念"部分中"情绪失调"一节所述,如果将情绪失调看作"情绪—规则失调"的话,则可被看作是情绪劳动的前因变量,在此同样不再赘述。同时,情绪—规则失调还会直接引发"个体—角色冲突"的心理机制(Hülsheger & Schewe,2011),如图9.3所示。

(3) 工作特性(job characters)。多种工作特性变量都被看作情绪劳动的前因变量,其中常见的包括情绪表达频率、交流的持续时间、任务的常规性和多样性(Diefendorff, et al. 2005)。

Brotheridge 和 Lee(2003)、Brotheridge 和 Grandey(2002)的研究均发现,与消费者接触频率与表层动作和深层动作均呈正相关关系。这是由于与消费者接触的频率越高,员工产生情绪失调的可能性也就越大,也更可能需要员工采用情绪调节策略控制自身情绪表达。然而在之后 Diefendorff 等人(2005)的研究中,并没有发现接触频率与情绪调节策略之间的相关。

当员工所从事的任务较为常规时,组织会要求员工采用更为机械化和程序化的方式来提高工作效率,并且此时消费者对服务质量的知觉更多取决于服务的速度,而不是员工情绪表达的真实性。由此可以推测,在这种情况下,员工更可能采用表层动作,而不是深层动作。Diefendorff 等人(2005)的研究结论也证实了这一观点,任务的常规性与表层动作正相关,与深层动作负相关。也就是说,任务越常规化,个体在进行情绪劳动时越不倾向于采用深层动作。

Morris 和 Feldman(1996)提出,与顾客接触的持续时间越长,随着信息的增加,员工抑制表达自己真实情绪的难度也越大,所以,个体就更加需要主动调节自身的情绪表达,也就是需要付出更多的情绪劳动。Brotheridge 和 Lee(2003)、Brotheridge 和 Grandey(2002)发现,持续时间与深层动作正相关,而与表层动作不相关。Diefendorff 等人(2005)的研究中发现,持续时间与表层动作呈负相关,而与深层动作呈正相关。这些实证研究结论均表明:与消费者间的接触时间越长,员工越倾向于采用深层动作这一策略进行情绪劳动。

(4) 人格变量。多项人格变量都对情绪劳动有预测作用,主要包括大五人格中的尽责性(conscientiousness)和宜人性(agreeableness),自我监控(self-monitoring),情感特质(affectivity)。

Diefendorff 等人(2005)的研究指出,在是否愿意表达组织要求的情绪方面,可能存在着个体差异,而尽责性、宜人性和自我监控都可以用来反映个体遵从组织期望的意愿。尽责性反映了个体细心、考虑周全和负责任的程度,具有高尽责性的个体更有可能会遵从情绪表达规则,因为这是他们工作的需要。由于深层动作又被称作"真诚的伪装",而表层动作被称为"欺骗的伪装"(Grandey，2002)，因而那些尽责性高的个体会发自内心地愿意按照情绪表达规则来展示情绪，因而更有可能采取深层动作或表达自然情绪。因此他们预期，尽责性与深层动作和表达自然情绪呈正相关，和表层动作呈负相关。回归分析结果证明了尽责性与表层动作之间的负相关关系，但没有发现其对深层动作的显著预测作用(Diefendorff, et al，2005)。

宜人性反映了个体在多大程度上需要通过社会行为来建立和保持积极的人际关系。宜人性高的个体在面对消极情境时，会比那些宜人性低的个体感受到更强烈的情绪，并付出更多的努力去管理情绪(Tobin, Graziano, Vanman, & Tassinary, 2000)。因为这些宜人性高的个体对保持良好社会交往的需求更强烈，他们会争取表达"真诚的情绪"，即更多地选择深层动作或表达自然情绪，而非表层动作。因此 Diefendorff 等人(2005)预期，宜人性与表层动作负相关，与深层动作正相关，回归分析结果也支持了他的预期。

自我监控被定义为：根据特定情境关于合适的行为的规定，对自身行为的自我观察和控制(Snyder, 1974)。高自我监控者能够更好地适应角色期望，而低自我监控者则往往忽视角色的需求(Kilduff & Day, 1994)。Brotheridge 和 Lee (2002, 2003)做了两个独立的研究，并发现自我监控与表层动作呈显著正相关，而与深层动作不相关。因此他们提出，高自我监控者更有可能倾向于选择表层劳动的表达策略；而由于低自我监控者并没有让自身行为去适应情境的要求(即表达规则的要求)，他们更可能表达真实情绪。

情感特质同样也是影响情绪劳动的前因变量之一。关于情感特质的定义前面已经叙述过了，在此不再赘述。积极情感特质和消极情感特质对情绪劳动的影响不尽相同，研究表明，消极情感特质与表层动作呈正相关，积极情感特质与表层动作呈负相关，而两种情感特质与深层动作之间没有相关关系(例如，Brotheridge & Grandey, 2002; Brotheridge & Lee, 2003)。Diefendorff 等人(2005)的研究中，将积极情感特质操作性定义为外向性(extraversion)，将消极情感特质操作性定义为神经质(neuroticism)，也发现了类似的结果，即情感特质与表层动作呈正相关，而与深层动作不相关。

Diefendorff 等人(2005)的研究贸然地将积极情感特质等同于外向性，而实际上如果，进一步关注这两个概念，就会发现它们是相互区别的。外向性是大五人格中的一个维度，具有热情、合群、自信、活跃、刺激寻求和积极情绪这六个方面(Costa & McCrae, 1985)。积极情绪仅仅是外向性的特点之一，而积极情感特质反映的是个体感受积极情绪的倾向性，外向性与积极情感特质是两个独立的概念，不能混为一谈。如 Watson, Suls 和 Haig (2002)的研究发现外向性与积极情感特质之间有 0.51 的相关。Judge 等人(2009)的研究也发现外向性是情绪劳动与情绪耗竭之间的调节变量之一(后面在调节变量部分将详细叙述)。如果不将这两个概念进行明确区分，则容易混淆其在情绪劳动过程中所起到的作用。

3.2.2 表层劳动和深层劳动的不同作用机制

(1) 心理资源的损害。

研究表明，有目标的自我控制和调节过程都是需要付出努力的，也都会损害心理资源(Baumeister, Bratslavsky, Muraven, & Tice, 1998)。而情绪劳动涉及情绪调节的过程，所以无论是深层动作和表层动作都会造成心理资源的损害。

与认知调节(即深层动作)相比，反应调节(即表层动作)需要个体付出更多的努力，也会损害更多的心理资源,例如记忆受损、决策任务表现变差等(Richards & Gross, 1999; Richards & Gross, 2000; Zyphur, Warren, Landis, & Thoresen, 2007)。在进行表层动作时,个体需要随时监控真实情绪和需要表达的情绪这两个方面,并投入相当的努力以改变情绪表达,这些有意付出的努力就消耗了心理资源(Côté, 2005; Grandey, 2003; Martínez-Iñigo, Totterdell, Alcover, & Holman, 2007)。并且,由于资源本身是有限的,而表层动作会消耗这些资源中的一部分(Sideman Goldberg & Grandey, 2007; Zyphur et al., 2007),这就使得个体在从事其他同样涉及执行控制功能的工作任务时的资源不足(Hülsheger & Schewe, 2011)。

以往的研究普遍认为深层动作比表层动作需要更少的认知资源(Totterdell & Holman, 2003)。主要有如下几方面原因:第一,深层动作主要涉及重新评价的过程,而这仅仅在情绪刚刚被唤起的时候损耗心理资源。多项研究证明,深层动作比表层动作所投入的认知和动机资源都更少(Sideman Goldberg & Grandey, 2007; Totterdell & Holman, 2003)。

然而,最近这一结论被 Liu 等人(2008)质疑了。他们认为,在实验室情境下发现的对情绪的压抑和再评价机制不能推广到真实情境中员工的情绪调节行为。他们在实验室情境下,员工仅仅通过观看电影片段来改变认知观点和避免负性情绪表达,他们可以仅仅通过否认此时情绪表达的真实性来改变认知,而在工作情境中员工则无法通过这一方式调节自己的认知,因而真实情境下的深层动作需要更高的动机、对契约的遵守以及工作角色内化(即个体意识到自己确实处于该角色中),因此会消耗更多的心理能量。目前为止还没有研究直接关注实际情境中的表层动作和深层动作所消耗的认知和动机资源,因此 Liu 等人(2008)认为对于深层动作和表层动作哪个消耗更多的资源这一问题目前还不能得到明确解答(Liu, Prati, Perrewe, & Ferris, 2008)。

(2)体验到的真实感与不真实感。

Hochschild (1983)认为,人们都是希望能够表达自身真实感受(即真实感)的,然而情绪表达规则会阻碍个体表达真实的情绪体验。表层动作和深层动作在预测真实感及与真实感相关的结果变量上具有不同机制。表层动作会限制个体的真实感,因为此时员工的情绪表达和真实感受到的情绪是不一致的(Brotheridge & Lee, 2002)。研究表明,对负性情绪的压抑和对正性情绪的模仿导致了低水平的自我真实感(Brotheridge & Lee, 2002; Erickson & Ritter, 2001; Simpson & Stroh, 2004)。这种真实感又和抑郁心境、压力感显著相关(Erickson & Wharton, 1997; Sheldon, Ryan, Rawsthorne, & Ilardi, 1997)。与表层动作不同的是,深层动作所表达出来的情绪和感受到的真实情绪之间并没有差异。因此对于进行深层动作的个体来说,他们的真实感并没有受损。

(3)情绪表达的真实性。

按照社会信息模型的结论,员工的情绪表达向观察者,也就是顾客提供了重要的信息,并能影响他们的行为(Van Kleef, 2009)。而不同的情绪表达方式在真实性上是有差异的,研究者认为,与服务人员打交道的客户也有能力区分真实与伪装出来的情绪(Ekman, Friesen, & O'Sullivan, 1988)。因此对于服务工作的员工来说,只有在被认为是真实的这一前提下,积极情绪的表达才能够激发客户的积极反应(Grandey, Fisk, Mattila, Jansen,

& Sideman,2005a;Hennig-Thurau,Groth,Paul,& Gremler,2006)。而激发顾客的积极情绪对于建立良好的客户关系、提高顾客满意度和忠诚度都是很有帮助的(Grandey,2003;Hennig-Thurau et al.,2006)。按照这一角度来看,表层动作激发的是不真实的情绪表达,而深层动作激发的是真实的情绪表达。

(4) 对社会交互的强化或损害。

Côté(2005)所建立的情绪劳动的社会交互模型通过关注情绪劳动中的人际交往过程,来解释情绪劳动与幸福感的相关。这一模型是建立在 Rafaeli 和 Sutton(1987)的交易模型(transaction model)基础上的,认为服务人员的情绪表达是会被顾客评价的,而顾客又会反过来根据这一评价来反馈,从而影响员工的情绪和心理健康。如前所述,顾客是有能力区分真实和不真实的情绪表达的(Grandey et al.,2005a),因此相对于不真实的情绪表达而言,他们对真实的情绪表达的反馈更加友好(Hennig-Thurau et al.,2006)。由于表层动作涉及的是不真实的情绪表达,因此也会损害和客户之间的关系,并且引发客户的负性反馈(例如生气、失望、不尊敬等等)。而如果是通过深层动作的方式来放大积极情绪,则会引发顾客友好积极的反馈(Côté,2005)。客户知觉到的是真实的情绪表达,也会相应地对顾客表达积极的情绪。由此可见,深层动作引发的是员工和顾客之间的良好关系。

(5) 正性或负性情绪。

情绪是情绪劳动最直接的结果变量,Hochschild(1983)指出,表层动作和深层动作会导致情绪上的结果,也有大量研究支持了这一结论。而表层动作和深层动作在激发服务人员自身情绪方面也有不同的机制。由于表层动作仅仅改变了面部和肢体表达,而个体实际上感觉到的情绪并没有改变,只是被压抑了或者用"表情面具"掩盖了。在接下来的工作中,个体依然会感受到原来的负性情绪(Gross & John,2003)。相反地,深层动作真正地改变了内部情绪状态,将负性情绪变成了正性情绪。这就使得个体一直体验着正性情绪。也有研究者表明,正性情绪和负性情绪是相对独立的两个变量(Judge & Larsen,2001;Tellegen & Watson,1999;Watson,Wiese,Vaidya,& Tellegen,1999),因此对某一方面情绪的影响并不一定伴随着对另一种情绪的作用。Judge 等人(2009)指出,由于表层动作往往伴随着生理唤醒水平的提高(Demaree,Schmeichel,Robinson,& Everhart,2004;Gross & Levenson,1997;John & Gross,2004;Richards & Gross,2006;Robinson & Demaree,2007),而这种唤醒水平的增加往往被个体自动加工为负性的信息(Schachter & Singer,1962)。因此表层动作会导致负性情绪的增加。相反地,深层动作无论是通过分散注意力、唤起对美好事件的回忆还是对当前情境的重新评价,都能够使得个体在和顾客打交道的过程中感觉更好(Joormann,Siemer,& Gotlib,2007;Larsen,2000)。因此预期深层动作会导致正性情绪的增加。

3.2.3 情绪劳动的结果变量

表层动作和深层动作通过上面的五种心理机制,进而对一系列结果变量产生作用(如图中第四列),下面将分别进行阐述。

(1) 压力感和幸福感。

压力感和幸福感被普遍公认为是情绪劳动的结果变量,而表层动作和深层动作对压力感和幸福感的预测作用并不一致。如前所述,表层动作和深层动作的机制并不相同。

从心理资源消耗的角度来看,表层动作比深层动作消耗了更多的资源,从而增加了压力感、降低了幸福感(Côté, 2005; Grandey, 2003; Martínez-Iñigo, Totterdell, Alcover, & Holman, 2007)。从自我真实感的角度来看,表层动作降低了自我真实感,而深层动作则增加了自我真实感。由于真实感与抑郁心境、压力感显著相关(Erickson & Wharton, 1997; Sheldon, Ryan, Rawsthorne, & Ilardi, 1997),因而可以预测表层动作与幸福感之间呈负相关关系,而深层动作则与幸福感并不相关。

从与客户之间的关系来看,表层劳动损害了与客户之间的社会关系、引发了客户的负性反馈,而深层劳动则能够帮助建立与客户的良好关系,以及他们友好积极的反馈(Côté, 2005)。根据资源保存理论(Hobfoll, 1989),在工作中感觉到有回报的社会关系可以属于一种资源,这种资源能够缓解个体的压力感,并能增强积极的工作态度。从这一角度看,表层动作与幸福感呈负相关,深层动作与幸福感呈正相关。

从正性情绪和负性情绪的角度来看,从事表层动作的个体实际上感觉到的情绪并没有改变,依然是原来的负性情绪,进而会损害个体的幸福感(Gross & John, 2003);而深层动作则改变了内部情绪状态,将负性情绪变成了正性情绪,根据 Fredrickson(1998)提出的情绪扩展和建设理论(broaden-and-build theory),正性情绪并不仅是在当下起作用,还能激发情绪的链式反应,使个体在未来继续维持这一高水平的幸福感(Fredrickson & Joiner, 2002)。正性情绪还能引发积极的心理表征、扩大注意和认知范围,因此也帮助个体建立起更多的资源(Fredrickson, 1998; Fredrickson & Joiner, 2002)。实际上,深层动作就是改变个体的认知方式的一种情绪调节模式,个体倾向于以一种乐观的心态去解读周围不愉快的事件,并能在逆境中看到积极的一面。因此拥有这样应对方式的个体,无论面临怎样的压力事件都不会感受到太多的压力感(Davis, Nolen-Hoeksema, & Larson, 1998)。由此可见,深层动作能够提高个体应对压力的能力,进而减弱压力感。

总的来看,表层动作与压力感呈正相关,与幸福感呈负相关;而深层动作正好相反,与压力感呈负相关,与幸福感呈正相关。

(2)工作倦怠。

工作倦怠是在情绪劳动研究中,被涉及最多的结果变量。它是对工作中长久的情绪和人际压力的持续反应,包含三个维度,分别是情绪耗竭、人格解体(对他人态度的分离)和个体成就感的下降(工作中体验到的低效能感)(Maslach & Jackson, 1986; Maslach, Schaufeli, & Leiter, 2001)。其中,情绪耗竭是被关注最多的成分,也是工作倦怠的核心。多项研究结果表明情绪劳动能够预测工作倦怠,特别是其中的情绪耗竭这一维度。情绪失调被证明与情绪耗竭呈显著正相关(Abraham, 1998; Morris & Feldman, 1997)。表层动作和深层动作对情绪耗竭的影响作用不同。当员工采用深层动作的方式进行情绪调节时,情绪表达与情绪体验较为一致;而如果采用表层动作的方式,由于情绪表现与情绪体验的背离,则容易产生情绪失调,由此导致工作倦怠。众多的研究证实了这一结论,即表层动作与情绪耗竭正相关,而深层动作与情绪耗竭不相关(Brotheridge & Grandey, 2002; Chau et al., 2009; Sideman Goldberg & Grandey, 2007; Grandey, 2003; Grandey, Fisk & Steiner, 2005b; Johnson & Spector, 2007)。Brotheridge 和 Grandey(2002)的研究还发现深层动作与个体成就感这一维度呈显著正相关。

(3) 工作满意度。

工作满意度这一概念是用来测量员工对工作的评价的,并常常被用来代表企业中员工的幸福感。一些研究者认为需要对顾客表示友好会使得工作本身更加有趣,也给了员工表达积极情绪更多的机会(Ashforth & Humphrey, 1993; Tolich, 1993),因此情绪劳动会增加工作满意度;而另一些研究者则认为,由于情绪劳动遏制了个体自由表达情绪的可能性,因此是令人不愉快的,从而会降低工作满意度(Hochschild, 1983; Van Maanen & Kunda, 1989)。表层动作和深层动作在预测工作满意度方面是具有差异的。如前所述,表层劳动中压抑真正情绪的行为是一种压力源,这会导致工作满意度的降低(Rutter & Fielding, 1988)。Adelmann(1995)的研究结果也显示表达真实情绪的餐馆服务员比那些需要报告虚假情绪的服务员具有更高的工作满意度。多项研究表明,表层动作会降低工作满意度(Brotheridge & Lee, 2003; Grandey, 2000, 2003; Sideman Goldberg & Grandey, 2007; Totterdell & Holman, 2003),而深层动作和工作满意度之间的关系还未得到证明。

(4) 绩效。

由于情绪劳动是要展现组织的良好形象,减少消费者的负面印象的,因此在同消费者打交道的时候管理情绪有助于提高服务质量,增加消费者满意度(Ashforth & Humphrey, 1993)。积极的情绪表达(例如微笑、友好的评论等)有助于提高柜台服务人员的工作绩效(Adelmann, 1995; Tidd & Lockhard, 1978),也有助于提升消费者满意度(Pugh, 1998)。然而,研究者们还发现,对情绪的压抑和夸大会损害被试在认知任务中的绩效表现(Baumeister, Bratslavsky, Muraven, & Tice, 1998; Richards & Gross, 1999)。从资源消耗的角度来看,因为表层动作会消耗资源,而个体为了维持资源的平衡则需要采取方式来部分弥补这一资源损失(Sideman Goldberg & Grandey, 2007; Zyphur et al., 2007),这就使得个体在从事其他同样涉及执行控制功能的工作任务时没有足够的资源。在考察情绪劳动和任务绩效的关系时,情绪表达是否被看作"真诚的表达"这一关键因素也应引起关注(Ashforth & Humphrey, 1993; Hochschild, 1983; Rafaeli & Sutton, 1987)。如果情绪表达被看作是不真诚的,则会对服务绩效产生消极影响(Grove & Fisk, 1989; Rafaeli & Sutton, 1987),因为顾客往往是能够察觉和辨别真实与虚假的(Ekman & Friesen, 1969)。因此,表层动作与服务绩效之间呈负相关关系。而通过深层动作,服务人员表达的是他们真正感受到的情绪(Gross, 1998),虽然这一过程依然需要付出努力,但是会给顾客留下"真诚"的印象,因此对服务的绩效是有提升作用的。

(5) 离职意愿和离职行为。

情绪劳动由于增加了员工压力感、降低了工作满意度,因此就短期而言,可能引发旷工现象(Grandey, 2000),长期来看则可能引发离职意愿和离职行为。因为个体需要在工作中管理自身情绪这一因素会导致员工对这份工作的低评价,他们或采用情绪调节的方式来应对,或采用离开这类工作的方式来避免这一消极因素对自己的影响。离职意愿和离职行为还往往被看作情绪耗竭的结果变量,与之相结合来共同进行研究。Chau等人(2009)的研究表明,表层动作和深层动作均对员工的离职意愿有显著预测作用,并间接地影响员工的离职行为。其中,表层动作对员工离职意愿为正向的预测作用,情绪耗竭完全中介了这一过程。说明表层动作通过增加了员工的情绪耗竭水平进而增加了员工的离职意愿和离职行为;深层动作对离职意愿为负向的预测作用,说明深层动作降低了员工的离职意愿。
3.2.4 情绪劳动过程的调节变量

对情绪劳动过程中调节变量的描述也大致分为个体层面和组织层面来进行。在情绪劳动过程中起到调节作用的个体变量主要包括人格变量(如外向性)、性别和情绪智力,组织变量主要包括工作自主性、社会支持等。

(1) 性别。Hochschild(1983)指出,大部分的服务工作都是由女性完成的,这就使得性别因素是情绪劳动研究框架中的一个重要部分。Wharton和Erickson(1993)认为,女性比男性更擅长管理情绪,无论是在工作中还是在家庭中,因此她们的绩效会更好。但是,也正是由于这一擅长,她们更有可能对自己的真实情绪加以抑制,这就导致了压力感的增加。Kruml和Geddes(1998)的研究结果证明了,女性更有可能不按照真实感受到的方式去报告情绪。Timmers,Fischer和Manstead(1998)的研究显示,女性更倾向于维持一种友好和谐的关系,而男性则倾向于表露出自己强烈的情绪。由于在服务工作这一情境下,男性这一动机被压制了,因此他们的绩效相对于女性来说会更差。

(2) 外向性。当人们的行为是和自己本身个人特质相一致时,会引发更加积极的结果变量(Little,2000;Moskowitz & Côté,1995)。从这一观点来看,外向性这一变量更有可能影响员工对情绪工作要求的反应。Bono和Vey(2007)认为,按照表达积极情绪的要求来调节自身行为这一做法对外向的个体是更加有利的(Fleeson,Malanos,& Achille,2002;Lucas & Fujita,2000;McNiel & Fleeson,2006)。因为按照特质—行为一致的角度来考虑,对于那些外向的个体来说,表层动作引发的情绪唤起水平不再那么强烈(和自身特质一致),相应地,由情绪唤起导致的负性结果可能没有那么严重了(Demaree et al.,2004;Gross & Levenson,1997;John & Gross,2004;Richards & Gross,2006;Robinson & Demaree,2007)。实证研究证据同样支持了这一观点(Geen,1984)。并且,这些外向的个体从顾客或同事那里得到的反馈也强化了他们的自我意识,即自己是外向的、友好的,这在一定程度上缓解了由情绪失调带来的负面影响。Judge等人(2009)的研究显示外向性能够调节表层动作与负性情绪和情绪耗竭之间的关系,也就是说,对于外向者来说,负性情绪对负性情绪和情绪耗竭的预测作用更弱。类似地,对于外向的员工来说,深层动作应该引发更加积极的结果。由于外向者对情绪的反应性要高于内向者(Watson & Clark,1997),并对情绪线索更加敏感(Larsen & Ketelaar,1989,1991),他们在修复情绪方面的能力更强,因而需要付出的努力就更少。研究还显示外向性与自我欺骗式的强化(self-deceptive enhancement)显著相关(Pauls & Stemmler,2003),也就是说,外向的个体更容易让自己相信自己是真正感受到了所表达的情绪的。结合这两个方面来看,外向性能够调节深层动作与正性情绪之间的关系,即对于外向者来说,深层动作与工作满意度和正性情绪之间的关系更强(Judge,et al.,2009)。

(3) 情绪智力。情绪智力指的是在社会交往中意识和运用情绪信息的能力。有效的情绪调节其实就是高情绪智力的表现(Salovey,Hsee,& Mayer,1993)。高情绪智力的个体善于处理情绪事件,也更易于让别人对自己产生好印象(Goleman,1995)。这在情绪工作中是一种非常必要的特质。与前类似,情绪智力高的个体调节情绪的能力更强,因此在情绪劳动时要付出的努力较少,这也就削弱了情绪劳动引发的负性结果变量。Mikolajczak,Menil

和Luminet(2007)的研究表明,高情绪智力的个体在从事情绪劳动时,体验到的工作倦怠更少。然而Johnson和Spector(2007)的研究结果却没有发现情绪智力在表层动作与情绪耗竭、幸福感和工作满意度之间三个关系中的任何一个中起到调节作用。因而情绪智力在情绪劳动过程中起到的作用还需进一步探究。

(4) 工作自主性。Grandey,Fisk和Steiner(2005b)的研究表明,工作自主性能够调节表层动作与工作倦怠之间的关系。工作自主性被定义为,工作在多大程度上能够让个体对工作日程安排和执行工作程序有充分的自由、独立性和判断力(Hackman & Oldham,1975)。回归分析结果显示,工作自主性在表层动作和情绪耗竭之间起到了显著的调节作用。具体来说,当员工认为他们在工作中具有充分自主性的时候,表层动作就与情绪耗竭不相关,但是当知觉到的工作自主性较低时,表层动作就能显著预测情绪耗竭。这意味着,工作自主性能够缓解情绪调节对情绪耗竭的影响。

(5) 社会支持。Gross(1998)的情绪调节理论认为,情绪反应是根据环境中的情绪线索而进行的,因此情绪反应可能因环境因素的不同而不同。来自同事和上司的社会支持能为员工创造出积极的工作环境(Schneider & Bowen,1985),这样的作用已经在实证研究中得到了证实。如果员工感觉到自己身处一个支持的氛围中,他们会有更高的工作满意度,更少的压力感,更低的离职意愿和更高的团队绩效(Cropanzano,Howes,Grandey,& Toth,1997; Eisenberger, Cummings, Armeli, & Lynch, 1997; Howes, Cropanzano, Grandey, & Mohler,2000)。

将社会支持氛围应用到情绪工作的情境下也会有类似的积极作用。因为在这一情境下的员工是被期望表达积极情绪的,如果他们对环境的感觉良好,会倾向于自然地保持在正性情绪状态中,此时他们在从事情绪劳动时需要的努力就更少。从资源的角度来看,社会支持被公认为一种资源,从而可以对员工因从事情绪劳动而消耗的资源加以弥补,也能够帮助员工应对工作中的压力源(Carver, Schein, & Weintraub, 1989; Pennebaker, 1990)。研究结果显示,在情绪工作情境下的社会支持能够保护员工免受压力的负面影响(Goolsby,1992; Pines & Aronson,1988)。因此预期社会支持在情绪劳动与结果变量之间起到调节作用,削弱情绪劳动的负面影响。Abraham(1998)的研究通过发现社会支持削弱了情绪失调对工作满意度的消极影响,证明了这一观点。

§4 国内有关情绪劳动的研究现状

在国内,情绪劳动同样是一个研究热点。国内的研究广泛关注教师、医护人员、警务人员、呼叫中心员工以及销售人员等多个涉及服务工作的行业,并都取得了一定进展。如杨泳波等(2010)的研究采用大样本,建立起呼叫中心座席员的情绪劳动与人口学变量以及职业枯竭的关系模型。汪纯孝等(2007)通过关注医护人员这个群体,建立起情绪劳动的前因后果模型,指出医务人员感知的组织支持、交往公平性、服务氛围对他们表达自然情绪和深层动作行为有显著的正向影响,对他们的表面动作有显著的负向影响,并通过影响自主决策权和服务意识,间接地影响这三类情绪劳动行为。医务人员的三类情感性劳动行为会对员工的情绪耗竭和病人感知的服务质量产生不同的影响,即表面动作会降低病人感知的服务质量,深层动作会提高病人感知的服务质量。

国内关于情绪劳动的测量有翻译外国已有问卷(黄敏儿,吴钟琦,唐淦琦,2010)和自编问卷等问卷测量方式(杨林峰,余新年,范庭卫,2008),也有利用指导语诱发出情绪劳动这类实验情境的方式(马淑蕾,黄敏儿,2006)。杨林峰等(2008)通过对多个行业中的服务人员进行访谈和调查,对情绪劳动的结构维度进行了探讨。他们对情绪劳动的测量分为 A 量表和 B 量表,A 量表分为四个因子,分别命名为多样性、专注度、规则性和严格性。他们还将这几个因子与 Morris 和 Feldman(1996)、Brotheridge(2003)等人定义的情绪劳动的各个维度进行比较,发现:多样性与已有研究大体一致;专注度的含义仅包括员工表达情绪的投入和努力程度,而并不包含强度和持久性在内;严格性类似于 Morris 和 Feldman(1996)提出的"情绪表达强度"这一概念;规则性则类似于 Diefendorff(2005)所定义的"情绪表达规则"这一概念。B 量表包括三个因子,分别命名为表面行为、深度行为和中性调节,这三个分维度类似于 Ashforth 和 Humphrey(1993)的维度定义,但在中性调节的题目设置上有细微差异(杨林峰,余新年,范庭卫,2008)。还有部分研究者针对某一特定行业对情绪劳动的测量问卷进行了编制(吴宇驹,刘毅,2011)。

§5 研 究 展 望

以上我们总结和回顾了情绪劳动的定义发展和相关概念、情绪劳动的前因变量和结果变量、在情绪劳动过程中涉及的中介变量和调节变量等以及国内有关情绪劳动的研究现状。然而,目前在该领域的研究依然存在一些不足,这也为之后的研究预示了可能的方向。

首先,目前对于情绪劳动的研究大多仅关注表层动作和深层动作这两种情绪调节策略,然而这两种情绪调节策略都为有意识、需要付出努力的情绪调节方式,并不涉及当感受到的情绪与规则要求表达的情绪之间一致时所要采用的情绪调节方式(Holman, Martínez-Iñigo, & Totterdell, 2008)。这种情况被称作自动情绪调节(Ashforth & Humphrey, 1993; Martínez-Iñigo, et al., 2007; Zapf, 2002)或表达自然情绪(Diefendorff, Croyle, & Gosserand, 2005)。近年来,大量研究者开始更多地关注自动情绪调节这个方面(Ashforth & Humphrey, 1993; Diefendorff, Croyle, & Gosserand, 2005; Martínez-Iñigo, et al., 2007; Zapf, 2002)。然而大多是基于实验室研究的证据,并没有研究在实际工作情景中讨论自动情绪调节与绩效变量的关系。因此今后对这方面的进一步关注能极大地完善目前情绪劳动的研究框架。

其次,大部分情绪劳动领域内的研究都关注员工与顾客之间的交互关系,然而情绪劳动可能并不仅仅只在这一关系中存在,也可能在同事之间或上下级之间存在(Bono, Foldes, Vinson, & Muros, 2007; Gardner, Fischer, & Hunt, 2009)。这就为通过与其他领域相结合的方式来扩展情绪劳动的研究框架提供了可能性,如探讨情绪劳动策略与领导风格之间的关系、或情绪劳动策略与领导绩效、下属满意度和工作态度之间的关系等等(Hülsheger & Schewe, 2011)。

第三,目前大部分的研究在研究方法上都受到一定限制,如 Hülsheger 和 Schewe 等(2011)指出,虽然目前情绪劳动与幸福感、绩效的关系普遍得到了证明,然而受到横断研究的限制,无法排除反向因果的可能,工作满意度可能也能构成情绪劳动的前因变量。之后的研究可以采用更加严密和精确的研究方法,对情绪劳动框架中变量的具体关系进行进一步的探讨。如 Diefendorff 等人(2011)年的研究指出,既然感知情绪表达规则是对组织内部规范的一种认知,那么感知情绪表达规则可能是团队水平的变量,因为在一个团队内部的员工对规则的认知更加一致。因此他们采用了多水平的研究设计,同时对个体水平的表达规则和团队水平的表达规则进行考察,发现了团队水平表达规则在积极/消极情感特质与两种情绪劳动策略之间起到调节作用,在团队水平表达规则较高时,积极情感特质与深层动作之间的关系更显著、消极情感特质与表层动作之间的关系更显著。管理心理学领域中研究方法的不断完善也为情绪劳动领域中对新的研究方向进行关注提供了可能。

第四,如前所述,目前的研究对情绪调节与前因变量、结果变量之间关系的探讨较多,但是缺乏对相关的预防和干预措施的探讨,而这正是实践者最需要的。研究者指出,由于深层动作的积极影响已经得到了广泛的证明,因此应进一步讨论如何训练员工重新评价消极的顾客行为或关注情境中的积极因素的能力,以更多地采用深层动作的情绪劳动方式(Grandey,2000;Hennig-Thurau et al.,2006)。并且,大部分研究者关注情绪劳动与压力感、倦怠、幸福感等个体变量之间的关系,对于其与绩效变量之间的关系的讨论并不完善。表层劳动与压力感之间的显著正相关关系已经得到了广泛的证明(Bono & Vey,2005;Grandey,Fisk,& Steiner,2005b),然而表层劳动有时与绩效呈正相关(Beal et al.,2006),有时却与绩效呈负相关(Grandey,2003)。如果想有效地避免表层劳动的消极作用,最大化表层劳动的积极影响,就应对绩效变量进行进一步细化,并讨论这一路径中可能起到作用的调节变量。

第五,现在情绪劳动框架中依然存在着很多看似矛盾的结论尚待解决,这源于我们对于情绪劳动的作用机制的了解尚浅,Diefendorff 等人(2011)指出,虽然他们的研究发现了团队水平情绪表达规则的作用,然而却并不了解情绪表达规则的知觉是如何发展成为团队水平变量的。他们指出,只有通过追踪数据研究才能对这一问题进行进一步的解释。通过关注目前领域内的研究结果,我们也能发现对情绪劳动的讨论越来越关注心理机制这一层面,这也和 Weiss 和 Rupp(2011)提出的管理心理学领域中个体中心取向(person-centric perspective)的研究角度是相一致的。Hülsheger(2011)指出,目前领域内对于情绪劳动机制进行探讨的研究少之又少,因此未来的研究者们可以结合其他领域的研究手段(如生理指标、脑成像技术等),对情绪劳动的心理机制进行进一步的探讨。

参考文献

Abraham, R. (1998). Emotional dissonance in organizations: Antecedents, consequences, and moderators. *Genetic, Social, and General Psychology Monographs*, 124, 229—246.

Adelmann, P. K. (1995). Emotional labor as a potential source of job stress. In S. L. Santer & L. R. Murphy (Eds.), *Organizational risk factors for job stress* (pp. 371—381). Washington, DC: American Psychological Association.

Ashforth, B. E., & Humphrey, R. H. (1993). Emotional labor in service roles: The influence of identity. *Academy of Management Review*, 18, 88—115.

Beal, D. J., Trougakos, J. P., Weiss, H. M. & Green, S. G. (2006). Episodic Processes in Emotional

Labor: Perceptions of Affective Delivery and Regulation Strategies. *Journal of Applied Psychology*, 91, 1053—1065.

Bono, J. E., Foldes, H. J., Vinson, G., & Muros, J. P. (2007). Workplace emotions: The role of supervision and leadership. *Journal of Applied Psychology*, 92, 1357—1367.

Brotheridge, C. M. (1999). Unwrapping the black box: A test of why emotional labour may lead to emotional exhaustion. In D. Miller (Ed.), *Proceedings of the Administrative Sciences Association of Canada (Organizational Behaviour Division)* (pp. 11—20). Saint John, New Brunswick.

Brotheridge, C. M., & Grandey, A. A. (2002). Emotional labor and burnout: Comparing two perspectives of "people work." *Journal of Vocational Behavior*, 60, 17—39.

Brotheridge, C. M., & Lee, R. T. (2002). Testing a conservation of resources model of the dynamics of emotional labor. *Journal of Occupational Health Psychology*, 7, 57—67.

Brotheridge, C. M., & Lee, R. T. (2003). Development and validation of the emotional labour scale. *Journal of Occupational and Organizational Psychology*, 76, 365—379.

Chau, S., Dahling, J. J., Levy, P. E., & Diefendorff, J. M. (2009). A predictive study of emotional labor and turnover. *Journal of Organizational Behavior*, 30, 1151—116 3.

Cheung, F. Y., & Tang, C. S. (2007). The influence of emotional dissonance and resources at work on job burnout among Chinese human service employees. *International Journal of Stress Management*, 14, 72—87.

Côté, S. (2005). A social interaction model of the effects of emotion regulation on work strain. *Academy of Management Review*, 30, 509—530.

Diefendorff, J. M., Croyle, M. H., & Gosserand, R. H. (2005). The dimensionality and antecedents of emotional labor strategies. *Journal of Vocational Behavior*, 66, 339—357.

Diefendorff, J. M., & Gosserand, R. H. (2003). Understanding the emotional labor process: a control theory perspective. *Journal of Organizational Behavior*, 24, 945—959.

Diefendorff, J. M., Erickson, R. J., Grandey, A. A., & Dahling, J. J. (2011). Emotional display rules as work unit norms: A multilevel analysis of emotional labor among nurses. *Journal of Occupational Health Psychology*, 16, 170—186.

Diefendorff, J. M., & Richard, E. M. (2003). Antecedents and consequences of emotional display rule perceptions. *Journal of Applied Psychology*, 88, 284—294.

Erickson, R. J., & Ritter, C. (2001). Emotional labor, burnout, and inauthenticity: Does gender matter? *Social Psychology Quarterly*, 64, 146—163.

Gardner, W. L., Fischer, D., & Hunt, J. G. (2009). Emotional labor and leadership: A threat to authenticity? *Leadership Quarterly*, 20, 466—482.

Gosserand, R. H., & Diefendorff, J. M. (2005). Emotional Display Rules and Emotional Labor: The Moderating Role of Commitment. *Journal of Applied Psychology*, 90, 1256—1264.

Grandey, A. (2000). Emotion regulation in the workplace: A new way to conceptualize emotional labor. *Journal of Occupational Health Psychology*, 5, 95—110.

Grandey, A. (2002). *Emotional regulation as emotional labor: A test of a framework*. Symposium presentation for the 17th annual meeting of the Society of Industrial and Organizational Psychology. Toronto, Ontario.

Grandey, A. (2003). When "the show must go on": Surface and deep acting as predictors of emotional exhaustion and service delivery. *Academy of Management Journal*, 46, 86—96.

Grandey, A. A., Fisk, G. M., Mattila, A. S., Jansen, K. J., & Sideman, L. A. (2005a). Is "service with a smile" enough? Authenticity of positive displays during service encounters. *Organizational Behavior and Human Decision Processes*, 96, 38—55.

Grandey, A. A., Fisk, G. M., & Steiner, D. D. (2005b). Must "service with a smile" be stressful? The moderating role of personal control for American and French employees. *Journal of Applied Psychology*, 90, 893—904.

Hennig-Thurau, T., Groth, M., Paul, M., & Gremler, D. D. (2006). Are all smiles created equal? How emotional contagion and emotional labor affect service relationships. *Journal of Marketing*, 70, 58—73.

Hobfoll, S. E. (1989). Conservation of resources: A new attempt at conceptualizing stress. *American Psychologist*, 44, 513—524.

Hochschild, A. (1979). Emotion work, feeling rules, and social structure. *American Journal of Socialogy*, 85, 555—575.

Holman, D., Chissick, C., & Totterdell, P. (2002). The effects of performance monitoring on emotional labor and well-being in call-centers. *Motivation and Emotion*, 26, 57—81.

Johnson, H. M. & Spector, P. E. (2007). Service with a smile: Do emotional intelligence, gender, and autonomy moderate the emotional labor process? *Journal of Occupational Health Psychology*, 12, 319—333.

Judge, T. A., Woolf, E. F., & Hurst, C. (2009). Is emotional labor more difficult for some than for others? A multilevel, experience-sampling study. *Personnel Psychology*, 62, 57—88.

Liu, Y., Prati, L. M., Perrewe, P. L., & Ferris, G. R. (2008). The relationship between emotional resources and emotional labor: An exploratory study. *Journal of Applied Social Psychology*, 38, 2410—2439.

Martínez-Iñigo, D., Totterdell, P., Alcover, C. M., & Holman, D. (2007). Emotional labour and emotional exhaustion: Interpersonal and intrapersonal mechanisms. *Work and Stress*, 21, 30—47.

Maslach, C., Schaufeli, W. B., & Leiter, M. P. (2001). Job burnout. *Annual Review of Psychology*, 52, 7—422.

Mikolajczak, M., Menil, C. Lumine, O. (2007). Explaining the protective effect of trait emotional intelligence regarding occupational stress: Exploration of emotional labour processes. *Journal of Research in Personality*, 41, 1107—1117.

Morris, J. A., & Feldman, D. C. (1996). The dimensions, antecedents, and consequences of emotional labor. *Academy of Management Review*, 21, 986—1010.

Pugliesi, K. (1999). The consequences of emotional labor: Effects on work stress, job satisfaction, and well-being. *Motivation and Emotion*, 23, 125—154.

Pugliesi, K., & Shook, S. (1997). Gender, jobs, and emotional labor in a complex organization. *Social Perspectives on Emotion*, 4, 283—316.

Rafaeli, A. (1989). When clerks meet customers: A test of variables related to emotional expression on the job. *Journal of Applied Psychology*, 74, 385—393.

Schaubroeck, J., & Jones, J. R. (2000). Antecedents of workplace emotional labor dimensions and moderators of their effects on physical symptoms. *Journal of Organizational Behavior*, 21, 163—183.

Sideman Goldberg, L. S., & Grandey, A. A. (2007). Display rules versus display autonomy: Emotion regulation, emotional exhaustion, and task performance in a call center simulation. *Journal of Occupa-*

tional Health Psychology, 12, 301—318.

Simpson, P. A., & Stroh, L. K. (2004). Gender differences: Emotional expression and feelings of personal inauthenticity. *Journal of Applied Psychology*, 89, 715—721.

Totterdell, P., & Holman, D. (2003). Emotion regulation in customer service roles: Testing a model of emotional labor. *Journal of Occupational Health Psychology*, 8, 55—73.

Zapf, D. (2002). Emotion work and psychological well-being: A review of the literature and some conceptual considerations. *Human Resource Management Review*, 12, 237—268.

Zapf, D., & Holz, M. (2006). On the positive and negative effects of emotion work in organizations. *European Journal of Work and Organizational Psychology*, 15, 1—28.

黄敏儿,吴钟琦,唐淦琦(2010). 服务行业员工的人格特质、情绪劳动策略与心理健康的关系. 心理学报,42,1175—1189.

李红菊,许燕,张宏宇(2007). 情绪劳动研究的回顾与展望. 中国临床心理学杂志,4,409—411.

李银(2012, 02, 21). 海口涨薪潮难挡"用工荒". 海口晚报. 提取自 http://han.house.sina.com.cn/news/2012—02—21/084647242.shtml.

马淑蕾,黄敏儿(2006). 情绪劳动:表层动作与深层动作,哪一种效果更好? 心理学报,38,262—270.

汪纯孝,刘义趁,张秀娟(2007). 医务人员情感性劳动行为的前因后果. 中山大学学报(社会科学版),47,111—117.

吴宇驹,刘毅(2011). 中小学教师情绪劳动问卷的编制. 西北师大学报(社会科学版),48,102—108.

杨林锋,余新年,范庭卫(2008). 情绪劳动结构维度初探. 内蒙古农业大学学报(社会科学版),3,263—265.

杨泳波,张建新,周明洁(2010). 呼叫中心座席员情绪劳动方式与职业枯竭的关系. 中国临床心理学杂志,18,377—378.

赵蕊(2003). 国内呼叫中心市场现状与趋势分析. 数码世界,4,18—21.

中研网讯(2011.04.06). 2010年服务业增加值占GDP比重统计分析. 中国行业研究网. 提取自 http://www.chinairn.com/doc/60250/689707.html.

10

健康与经济压力的动态模型

近年来,经济压力与身心健康之间的关系逐渐成为管理心理学领域的重要主题。经济问题会给个体带来心理压力,甚至出现身体不适,而身心健康的损害又会进一步加剧经济压力。而如果经济压力得到了有效缓解,那么就将有助于个体恢复身心健康;同时,良好的身心健康又有助于获得更多的经济收益。那么,如何才能有效缓解经济压力,进而实现经济与身心健康之间的良性循环? 或者说,在经济压力面前,个体如何才能实现经济与身心健康的"双赢"呢?

为了解决这一问题,本章从压力的角度出发,首先介绍了资源保存理论,之后将关注点转向经济压力与身心健康的内部结构,详细阐述了经济压力与身心健康各部分之间的关系,在此基础上提出健康与经济压力的动态模型。这一模型很好地描述了经济压力与身心健康之间的双向关系,并为实现经济与身心健康的双赢提供了可行方案。随后,本章还介绍了有关这一模型的实证研究,并提出了这一模型的未来研究方向。

§1 资源保存理论

1.1 理论基础

压力一直是管理心理学领域的重要主题,很多相关研究表明,压力与人们的身心健康息息相关。Cannon 与 Selye 最早在研究中使用了压力这一概念,Cannon(1932)提出,如果个体长期处在恶劣的环境中,比如天气严寒、高原缺氧,那么身体机能就会遭到严重的破坏,身体的损害就意味着个体正处于压力之中。Selye(1950,1956)进一步指出,在身体机能遭受环境威胁的情况下,个体会进一步出现警惕性增强、自我保护等反应,正是这些反应的出现使得我们可以判定个体感受到了来自环境的压力。这两种定义显然都是比较粗糙的,仅仅通过反应来逆向推导压力的存在并不可靠,因为每个人的个性以及对事件的敏感性等方面均存在着差异(Meichenbaum,1977;Moos,1984;Sarason,1975;Spielberger,1972;Zuckerman,1976),而此导致每个人对压力的感知不一样。

Spielberger(1966,1972)与 Sarason(1972,1975)进一步考察了人格特质在压力感知中的作用。Spielberger(1966,1972)发现,外部环境会威胁个体的身体和心理健康,不同个体在面临身体威胁时反应比较类似,但在面临心理威胁时,却因人格特质的不同而出现不同的反应。比如易焦虑的人会更容易受到外部环境的影响,从而产生不安情绪,而其他人在同样的环境下可能不会受到影响。Sarason(1972,1975)也指出,尽管某些事件被认为会带来压力,比如期末考试,但每个人的反应程度并不相同,因为个体的人格特质影响了他们感知事件的敏感性,更敏感的人在这类事件面前的反应会更大,比如易焦虑的人会更容易感受到由考试带来的压力,进而花费更多的时间和精力进行复习。

尽管如此,每个人在对压力的感知上还是呈现出一个共同的特点——一旦环境的变化与自身应对能力出现不平衡时,每个人都会明显感受到压力(Lazarus,1966;McGrath,1970)。尤其在自身能力不足以应对外部环境变化的情况下(Lazarus & Folkman,1984),个体会出现情绪波动、心理困扰和健康恶化等一系列连锁反应(Elliot & Eisdorfer,1982)。

Hobfoll(1988)正是在此基础上提出了资源保存理论(the conservation of resources,COR),指出在资源遭受损失的情况下,个体才会感知到压力,他还进一步提供了应对方案——投入其他资源以弥补损失,或者改变自身对损失的理解。总之,Hobfoll 的整个理论围绕一个核心思想展开:个体努力去维系、保护并且创建资源,资源的实际或潜在损失会对他们构成威胁。

1.2 资源的种类

在资源保存理论中,资源的损失会导致压力,而压力的应对又需要个体投入资源,投入的资源可以是个体自身拥有的,也可以是环境中可利用的其他资源,因此,资源是整个理论的核心概念。Hobfoll(1989)认为,资源既可以作为个体追求的目标,也可以作为获得其他重要资源的工具。

Hobfoll(1989)将资源分为客体、条件、个人特征与能量四种类型。第一类客体资源(object resources),这类资源的价值主要体现在两方面:一是客体的物理属性,二是由这一客体的稀缺程度或自身价值带来的地位或身份象征。比如一套两居室的房子之所以重要,是因为它提供了居住场所;而一座别墅的重要性则不仅体现在它提供了住所,还在于它象征了更高的社会经济地位。第二类条件资源(condition resources),主要包括婚姻状况、任职年限和资历等内容。研究表明,失败的婚姻或恶化的社会关系会对个体产生消极影响(Rook,1984;Thoits,1987);相反,已婚个体则会在缓解压力的过程中感受到更多支持(Henderson,Byrne,& Duncan-Jones,1981)。第三类个人特征(personal characteristics)资源,主要包括自尊(Rosenberg,1965)和才智(learned resourcefulness)(Rosenbaum & Smira,1986)等内容。相关研究表明,个体具有的特质与技能均有助于缓解压力(Cohen & Wills,1985;Hobfoll,1985;Pearlin,Lieberman,Menaghan,& Mullan,1981)。最后一类是能量(energies)资源,主要包括时间、金钱、知识与信息。这类资源之所以受到重视并不是因为其内在价值,而是由于它们具有较高的交换价值(Hobfoll,1988),而这对于获得其他资源非常重要。

除了 Hobfoll 的区分之外,Wang(2007)提出了另一种划分方式,他将资源分为身体资源、经济资源、社会资源、认知资源和动机资源五种类型。

身体资源主要是指包括肌肉力量在内的身体素质。McArdle,Vasilaki 和 Jackson(2002)的研究发现,随着年龄的增长,人体肌肉变得越来脆弱,这直接导致了身体变得虚弱,生活质量也开始下降。尤其对于老年人来说,肌肉一旦受损,不仅恢复过程比较缓慢,而且最终也难以恢复到受损前的状态(Brooks & Faulkner, 1988; Faulkner, Brooks, & Zerba, 1990; McArdle, Vasilaki, & Jackson, 2002)。

经济资源主要是指收入、财产与福利等资源。研究表明,收入的减少会给个体带来压力(Drentea & Lavrakas, 2000),比如失业人员会明显表现出焦虑、沮丧、自信心下降和自尊心受挫等消极反应(Theodossiou, 1998)。同时,这类资源的增加也有助于缓解压力。Frijters, Shield 和 Haisken-DeNew(2004)的研究表明,收入的增加可以提高个体的生活满意度,同时还有助于保持更好的心情(Stevenson & Wolfers, 2008),并进一步改善健康状况(O'Neill, Prawitz, Sorhaindo, Kim, & Garman, 2006)。

社会资源主要是指以社会支持为代表的一类资源。社会支持是指在个体需要时,他人给予的帮助(Raschke, 1977)。在压力事件面前,社会支持有助于个体压力的缓解(Cohen & Wills, 1985)。准确地说,社会支持缓解了压力事件对个体健康的影响,进而保护个体免受压力事件的消极影响。Brown, Bhrolchain 和 Harris(1975)在研究社会关系与身心健康的关系时发现,对于妇女而言,如果她们与丈夫或男友关系非常亲密,那么这一社会关系就能有效地缓解压力事件造成的消极影响。Paykel, Emms, Fletcher 和 Rassaby(1980)也发现,产后妇女通常会感受到由母亲角色所带来的压力,但如果她们与丈夫沟通良好,那么这一压力可以得到有效缓解。

认知资源则涉及工作记忆与加工速度等多方面内容。工作记忆是一种对信息进行暂时性加工和储存的记忆系统(Baddeley & Hitch, 1974),Salthouse(1990)发现工作记忆的下降将导致认知能力的衰退。同时,研究还表明,随着年龄的增长,个体的加工速度会越来越慢,这直接体现为感觉运动速度、知觉速度和认知速度的变慢,进而导致个体的认知能力日益衰退(Salthouse, 1985, 1996; Lindenberger, Mayr, & Kliegl, 1993)。

动机资源主要包括自我效能与目标承诺等内容。Bandura(1977)指出,当个体坚信自己有能力实现目标时,就会产生较高的自我效能感(self-efficacy)。高的自我效能感会促使个体不断尝试挑战性高的工作,设置高水平的目标,并表现出较强的目标承诺(goal commitment)(Bandura, 1986),进一步提高工作绩效(Mayo, Pastor, & Meindl, 1996)。因此,在压力面前,自我效能感高的人具有更强的动机去应对压力,通过主动采取一系列行动,他们能够更快地从困境中走出来(Bandura, 1997)。

1.3 基本原则

之前提到,整个资源保存理论围绕一个核心思想展开:个体努力去维系、保护并且创建资源,资源的实际或潜在损失会对他们构成威胁(Hobfoll, 1988)。在此基础上,Hobfoll(2001)提出了关于资源保存的两个基本原则。

第一个原则涉及资源损失,主要强调与资源收益相比,资源损失显得更加突出。这表明,与资源收益带来的快乐相比,同等数量的资源损失给个体造成的痛苦程度会更大(Kahneman & Tversky, 1979)。比如一个人丢了500块钱,而另一个人捡到了500块钱,那么丢钱的感受会比捡钱更强烈,丢钱的人会认为遭受了大损失,而捡钱的人只会觉得获得了小收益。另外,面对资源收益,如果个体之前经历了资源损失,那么他就会更加珍视这次的收益(Hobfoll, 2001)。比如之前提到的捡到500块钱的人,如果他在捡钱的前一天丢了500块,那么捡到的500块钱对他而言就显得更加重要。

第二个原则涉及资源投入,主要是指为了避免损失、弥补损失并获得收益,个体需要投入自身拥有的其他资源。Schönpflug(1985)关于资源投入的研究表明,如果一个人得到了一笔收入,那么为了弥补之前遭受的损失或者获得更多的收益,他会想方设法利用这笔收入进行投资,类似于经济学中所讲的"沉没成本效应"。而在他考虑这笔收入的投资方案时,实际已经投入了诸如时间、精力在内的多种资源。如果投入的其他资源并不能弥补损失或获得预期收益,那么个体就会感觉遭受了更多的资源损失(Hobfoll,2001)。比如个体在投入大笔资金之后并没有获得预期的收益,那么他就会因为投入了额外的时间与精力而遭受更多的资源损失。在这一情形中,个体通过投入资源的方式想要弥补的损失称为"主要损失"(primary loss),而在弥补过程中,由于投入额外资源而遭受的损失称为"次要损失"(secondary loss)(Wang, Liao, Zhang, & Shi, 2011)。一般而言,如果在投入资源之后反而遭受了更多的资源损失,或者没有获得预期的资源收益,那么个体往往会产生严重的自我怀疑(Hobfoll,2001)。

在第二个原则的基础上,Hobfoll(2001)进一步阐发出四个推论。

首先,资源越多的人越不容易遭受资源的损失,反而更容易获得资源收益;相反,资源越少的人越容易遭受资源损失,而且获得资源收益也越困难。这一差别是由资源的属性决定的——它既可以作为被追求的目标,也可以作为获得其他重要资源的工具(Hobfoll,1989)。也就是说,一个人的资源越多,就意味着获得资源收益的工具更多,自然他就更容易获得更多的资源;相反,一个人的资源越少,那么获得资源收益的工具就更少,他就越容易遭受资源损失。正是由于资源并不是孤立存在的,总是与其他资源相联系,所以有研究者发现,已有资源可能会带来更多的资源收益,也可能导致更多的资源损失(Cozzarelli, 1993; Hobfoll, 1998; Rini, Dunkel-Schetter, Wadhwa, & Sandman, 1999)。比如一个人缺乏某类资源,那么这一情况很可能会随着时间的推移进一步恶化(King, King, Foy, Keane, & Fairbank, 1999)。又比如,如果一个人的自我效能感很高,那么他的乐观程度可能也比较高,获得的社会支持也比较多;相反,如果一个人的自我效能感很低,那么与其他人相比,他的自尊水平和获得的社会支持也就更低,从而进一步降低了其应对危机的能力(Kobasa & Puccetti, 1983; Thoit, 1994)。

其次,资源较少的个体不仅更容易遭受损失,而且最初的损失会导致更多的损失,进而陷入损失循环。由于在资源损失面前,个体需要投入其他资源以弥补损失,因此很容易陷入更大的损失当中。Lane 和 Hobfoll(1992)的研究表明,长期患有肺部疾病的患者总是面临不断扩大的资源损失。因为只要出现身体不适,他们就变得敏感且易怒,这使得支持他们的人越来越少,进而他们在损失面前也变得越来越脆弱,最终陷入损失循环之中。Rini 等(1999)人的研究也发现,与其他人相比,收入水平和教育水平较低的西班牙裔的美国孕妇拥有的个人资源(如乐观和自尊)更少,这导致她们更容易出现妊娠期缩短等不良反应,而且她们产下的婴儿一般都不会很健康,因此,这些妇女还需在未来投入更多的资源来照顾孩子,而这会使她们承担长期的压力。此外,损失循环产生的影响也不容忽视。Wells, Hobfoll 和 Lavin(1997, 1999)针对中产阶级孕妇的研究表明,尽管短期的资源损失并不会影响这一群体的心理状态,但如果陷入损失循环,那么损失带来的负面影响将显著增加。

第三，资源越多的个体不仅越容易获得资源，而且最初的收益还会导致更多的资源收益，直接导向收益循环。然而，正如之前提到的，资源损失比资源收益更突出（Kahneman & Tversky，1979），因此与收益循环相比，损失循环会对个体造成更大的影响，而且损失循环发生的速度也更快（Hobfoll，2001）。Norris 和 Kaniasty（1996；Kaniasty & Norris，1993，1995）的研究表明，在灾难发生之后，社会上通常会开展各种支援灾区的动员活动，而实际上，灾民感受到的社会支持却在不断减少。这是因为灾难引发了一连串的损失循环，比如无家可归、失业甚至死亡，灾民感受到的资源损失远远超过了社会支持所能弥补的范围，所以与资源收益相比，灾民感受到的资源损失更明显（Norris，Baker，Murphy，& Kaniasty，2005）。

最后，Hobfoll（2001）推断，缺少资源的人倾向于以更为保守的应对措施来促进资源的保存。Schönpflug（1985）的研究表明，资源被耗尽的个体为了保存资源，常常选择不作为的方式，并不愿意投入更多的努力与资源来弥补资源损失。Breznitz（1983）也发现，同样是缺乏资源，为了保存仅有的资源，心理素质较差的人倾向于完全采用不作为的应对方式；而心理素质较好的人更愿意将这样的"不作为"限定在某一范围之内，比如只是避免直接行动而对自己产生严重影响等，一段时间之后，他们又会重新投入已有资源来弥补资源损失。Carver（1993）的研究得出了类似的结论，灾难带来的损失越大，灾民就越可能逃避事实，并出现创伤后应激障碍（PTSD）。即使逃避会带来一系列严重后果，他们也不会主动采取任何积极应对措施。Hazan 和 Shaver（1994）有关亲密关系的研究也表明，如果个人在成长阶段失去过好朋友，那么他就更不愿意投入资源（比如时间和忠诚等）去发展一段新的朋友关系。因为害怕以后会失去朋友，加之处理人际关系的能力也出现退化，所以不会选择主动改变孤独与苦闷的现状。

1.4 压力的产生

根据资源保存理论的基本原则（Hobfoll，1988，1989），个体在面临以下三种情形时会明显感受到心理压力：① 潜在的资源损失；② 实际的资源损失；③ 未获得预期收益。

毫无疑问，损失是导致压力的主要原因，因为损失威胁到了个体拥有的资源。回顾一些针对压力事件的调查（Dohrenwend，1978；Holmes & Rahe，1967；Sarason，Johnson，& Siegel，1978）会发现，由损失产生的压力源主要涉及丧偶、离婚、夫妻分居、失业和退休等各个方面。与其他事件相比，这类事件普遍被认为会产生更大的压力（Holmes & Rahe，1967）。当然，如果这些事件对个体的影响比较间接，比如一个人的妻子失业了，那么与自己失业相比，他感受到的压力会相对较小（Hobfoll，London，& Orr，1988；Swindle，Heller，& Lakey，1988）。

然而，对于有些事件而言，其产生压力的过程并不是很明确。这类事件通常有一个共同特点，就是当考虑到事件的积极影响时，个体会感到自己收获了某些重要资源；当考虑到事件的消极影响时，个体又感到遭受了重大损失（Hobfoll，1989）。Vinokur 和 Selzer（1975）认为，只有不理想的生活事件才会给个体带来压力。也就是说，如果生活中发生了个体原本并不希望发生的事件（比如离婚或失业），那么个体就需要做出更多的调整来适应这一状态，因此会感受到较大的压力；相反，如果发生的事件是个体所期待的，那么他并不会感受到压力。

以大学毕业为例,从积极角度看,毕业意味着可以将多年积累的知识投入到工作当中,从而获得更多的经验与机遇;而从消极角度看,毕业也意味着需要四处奔波寻找工作,稍有不慎就会陷入失业的尴尬境地。因此,对于应届毕业生而言,如果踌躇满志,一心想在工作岗位上大显身手,那么毕业不仅不是压力,反而是一个很好的机会;相反,如果只是担心找不到工作,不能获得满意的收入,那么他感受到的压力会比别人大很多。

1.5　压力的应对

由于资源的损失给个体造成了压力,所以应对压力的首要原则就是尽量减小损失。具体可以分为两种方式,一是从行为上投入可利用的其他资源来弥补损失,二是从认知上改变对这一损失的理解(Hobfoll, 1989)。

1.5.1　行为方式

因为压力是由资源的损失所致,所以个体会主动投入已有的其他资源或环境中的可用资源来弥补损失(Hobfoll, 1988, 1989, 1998, 2001),最直接的方式就是进行资源重置(replacement)。比如离婚之后,最常见的应对方式就是再婚(Burgess, 1981),女性流产之后,大部分人会建议她尽快再孕(Hobfoll & Leiberman, 1987)。即使长期失业使人产生了沮丧、焦虑等负面情绪,再就业之后这些情况都会得到明显改善(Kessler, Turner, & House, 1987)。然而,并不是所有资源损失都可以找到同类的资源予以弥补,所以个体有时也需要采用更间接的方式。比如在某一情境中一个人的自尊心受到了伤害,那么他既可以通过改变该不利环境来寻求正性反馈(相对直接),也可以在其他相关情境中重新赢回自尊(相对间接),甚至还可以通过制造有利的假象来弥补创伤(更加间接)(Schlenker, 1987)。

但运用资源来进行应对的行为方式本身也可能产生压力。Schönpflug(1985)的研究表明,一旦个体在缓解压力过程中使用了其他资源,也就意味着所使用的资源遭到了损耗,比如能量被耗尽,周围支持减少以及自尊受到威胁(Hobfoll, 1989)。一旦这些资源的投入并没有弥补损失或带来预期收益,那么个体会感受到更多的资源损失,进而产生更大的压力(Hobfoll & London, 1986; Riley & Eckenrode, 1986)。

对于那些原本资源储备就很少的个体,这一现象尤为突出。具体而言,在面临同等程度的资源损失时,资源储备较少的个体会比其他人感受到更大的压力(Dohrenwend, 1978)。究其原因,可以从资源的数量与种类两个角度进行思考。首先从数量上看,这类个体拥有的资源总量原本就很少,如果还要在这一基础上损失一部分,那么他们就会比其他人更明显地感受到资源的缺失(Eron & Peterson, 1982; Menaghan, 1983)。就像妇女在丧偶之后,家庭的收入总量明显减少,如果还要和以前一样在教育上支付同样的费用,她们就会感到比以前更大的经济压力(Hobfoll, 1989)。而从种类上看,这类个体拥有的资源种类也是很有限的,因此在面临资源损失时,他们也许更倾向于采取保守的应对措施,但如果长时间都不采取实质性的行动,最终只会感受到强烈的无奈与绝望(Alloy, Peterson, Abramson, & Seligman, 1984),并陷入损失的恶性循环之中(Hobfoll, 1989)。因此,他们只能从很少的可选对象中挑选投入的资源,即使那并不是获得收益的有效选择。Mitchell 与 Hodson(1986)的研究就很好地证明了这一点,长期遭受家庭暴力的妇女并不是不懂得反抗,也不是有受虐倾向,只是因为她们在个体资源上极度匮乏(例如,没有接受过教育,没有个人收入,没有社会地位),因此别无选择,只能通过向长辈求助的方式来寻求社会支持,虽然这只会换来更多的家庭暴力。

即使并没有遭受实际的资源损失,为了在未来出现损失时有能力进行弥补,个体也会不断丰富自身的资源储备。在这一过程中,如果资源的实际收益低于预期目标,那么个体也会感觉自己遭受了损失,准确地说是失去了想象中的收益(Hobfoll,1989)。

1.5.2 认知方式

除了投入其他资源以外,个体还可以通过改变对损失的理解来缓解压力,具体又可分为以下两种情况。

一种常见的方式是转移关注点,即将威胁视为机遇(Kobasa, 1979; Kobasa, Maddi, & Courington, 1981)。具体而言,就是在特定的环境中,个体不再关注他们可能会失去什么,而只关心能得到什么。但这一方法的适用范围非常有限,只适用于那些既可能造成积极影响又可能带来消极作用的事件。比如公司高级管理层发生人事变动,那么对员工而言这既可能意味着一次升职的机会,也可能是失业的前兆。如果个体将其视为失业的前兆,那么就会感受到压力,而如果将其看作升职的契机,那么这一压力就会很快消失。而对于那些典型的压力事件(Hobfoll, 1985),比如亲人过世(Lehman, Wortman, & Williams, 1987),这一方法并不适用。

另一种常见的方法是重新对遭受损失的资源进行价值评估。比如学习成绩不好会给学生带来压力,但如果告诉他学习的内容并不重要,那么之前的压力会很快消失。然而,重新评估价值这一方法对人们的普遍共识提出了挑战(Hobfoll, 1989)。按照这一方法,学生可以在考试失败后通过贬低教育价值的方式来缓解压力;然而,如果这个学生以前一直品学兼优或者生活在一个崇尚教育的社会里,那么他就很难贬低教育的价值,因为这一认知上的改变会与社会的普遍共识发生冲突。在这种情况下如果坚持贬低教育的价值,后果只能是使自己陷入更大的恐慌与绝望(Hobfoll, 1989; Kaplan, 1983)。也就是说,这一方法只有在尊重社会普遍共识的前提下才能获得理想的效果(Erikson, 1963; May, 1950; Rokeach, 1973)。

1.6 理论的局限

尽管资源保存理论现已发展成为一个经典理论,但从理论提出到现在,其间难免会受到各种质疑与批评。Hobfoll(2001)将这些批评总结为以下五点,并一一做出了回应。

第一,"资源损失"只是个人评估的产物,评估结果可能存在个体差异(Lazarus, 1991; Aldwin, 1994)。面对这一批评,Hobfoll(2001)及时做出了回应。他认为通过评估(appraisal)的确可以有效地测量"资源损失",但"评估"并不仅限于个人评估。具体来说,"评估"包括客观、社会与个人三个标准,除了个人标准之外,很多评估结果还是根据客观标准或社会公认的统一标准得来的。如果不考虑客观评估与社会评估,个人评估对"资源损失"的预测能力几乎可以被忽略。Hobfoll(2001)还提出,之所以会出现这一批评,是因为有人过度强调了个人评估在整个评估中的地位,进而忽视了评估过程的客观因素和社会因素。根据资源保存理论,只有在以下情境中,才需要突出个人评估的重要性:① 压力源不明确;② 根据客观标准不能得到满意的评估结果;③ 不同个体或不同文化对客观事件的理解不同;④ 评估者的资格得到公认。而在以下情境中,客观评估则更重要:① 压力源很明确;② 客观事件对主要资源产生了重大影响;③ 不同个体或不同文化对客观事件有相同的理解;④ 评估者的资格具有争议。最后,资源保存理论认为,客观评估、社会评估与个人评估是一个统一体,在评估过程中不能顾此失彼。

第二,在考虑"资源损失"对个体造成的影响时,如果个体具有神经质与外向性等人格特质,那么很容易将资源损失造成的影响与人格特质导致的影响相混淆。Hobfoll(2001)认为,只要了解了损失的客观事实(如家庭损失、大规模裁员等),就可以有效评估资源损失对个体造成的影响。而且,Suh,Diener和Fujita(1996)的研究也表明,在控制了神经质与外向性的影响后,资源损失给个体带来的消极影响更大,积极影响也更小。因此,Hobfoll(2001)认为第二个批评也是不成立的。

第三,资源损失可能与负性情感相关,资源收益可能与正性情感相关。正是因为资源损失会给人带来负性情感,所以资源损失的影响比资源收益更大。然而,Suh等(1996)人的研究并没有发现任何支持这一结论的证据,只是证明了资源损失可以有效地预测个体的正性情感与负性情感。而且,Freedy,Shaw,Jarrell和Masters(1992)的研究,以及Carver(1993)的研究也只是表明,资源损失可以有效预测个体应对危机时的积极方式与消极方式。到目前为止,资源保存理论并没有对这一批评做出很好的回应,还有待进一步的研究发现。

第四,由于对"资源"概念没有特殊的界定,加之资源保存理论的适用范围过于广泛,所以整个理论的有效性是有限的。为了反驳这一批评,Hobfoll(2001)试图挑选出 74 项关键资源(如自我效能感、自尊、乐观与社会支持),以此为"资源"概念做出一个初步的界定。但仅仅这些还不够,还需要更多的研究才能对这一批评做出有力的回应。比如,Thoits(1994)提到,某些资源有助于缓解压力,其中包括有助于危机应对的资源。那么为了更好地了解这些资源,还需要进一步开展与危机应对相关的实证研究(Hobfoll,2001)。

第五,资源保存理论描述的是一般性的压力过程,缺乏对情境的考虑(Hobfoll,1988,1998)。也就是说,资源保存理论只是说明了资源的运转过程(如资源损失导致压力)以及如何利用资源缓解压力,并没有考虑在具体情境下的应用。比如,Hobfoll和London(1986)就发现,心理资源越多的女性往往会感到更多的心理困扰,因为总是有很多人向她们寻求帮助,以至于使她们感到筋疲力尽。如何应对这一批评,这也是资源保存理论未来需要解决的重要问题之一。

1.7 理论的应用

尽管存在诸多争议,但与其他压力理论相比,资源保存理论依然具有极大的现实意义。这一理论对现实的启发主要体现在以下四个方面(Hobfoll,2001):

第一,要想理解压力,就必须关注个人所在的客观环境。比如,当压力导致员工出现身体不适或心理困扰时,管理者应该从工作环境入手寻找解决方案,而不是一味改变员工的主观认知。又比如,如果女性抱怨在家庭或工作中感觉压抑,那么就需要从其所处的客观环境来寻找原因,而不只是劝导她们要改变主观想法。

第二,在关注客观环境之前,还必须考察某一概念在不同文化下是否代表了相同的含义。比如,同样是自称"家庭主妇",如果在 20 世纪 80 年代之前,人们联想到的是这位妇女应该完成多少家务,而到了现在,人们只会想到"家庭主妇"这一角色所代表的特殊地位。当然,除了社会文化之外,组织文化同样如此。

第三,要想缓解个体压力,就必须对个人资源或所处环境进行有效干预。从资源角度来说,由于某一资源总是与其他资源相联系,因此资源的收益总会带来一连串的积极影响,进而有利于压力的缓解。比如自我效能感的提升有助于个体提高自尊并获得更多的社会支持。而从环境角度来说,如果环境的变化有助于个体避免资源损失或获得资源收益,那么个体感受到的压力会显著降低。比如,美国曾一度禁止黑人参加职业棒球联赛,对于黑人棒球联盟(the Negro Baseball League)的成员来说,种族歧视给他们造成了巨大的压力,而如果环境发生了变化,种族歧视被禁止,那么他们的压力将得到有效缓解。

第四,在缓解压力的过程中,还必须关注资源运转的过程,如损失循环和收益循环。这意味着,外界对压力的干预不能停留在某个单一层面,还必须意识到资源与资源之间的关系,尽早制止损失循环的发生。同时,在实施干预之前,还必须意识到建立收益循环是有难度的,因此需要做好充分的准备。

总的来说,Hobfoll(1988,1989,2001)的资源保存理论围绕压力概念构建了一个完整的理论体系。根据这一理论,在资源遭受损失的情况下,个体会感受到压力。而为了缓解这一压力,他需要尽可能地减小损失。因此,为了实现这一目标,他会不断投入其他资源,或者直接改变自身对损失的认知。只有通过这样的方式,个体所感知到的压力才能得到有效缓解。

§2 健康与经济压力的动态模型

按照资源保存理论,个体如果在经济上遭受了损失,那么就会感受到压力。而为了缓解这一压力,他需要不断投入其他资源以弥补经济损失,或者改变对损失的认知(Hobfoll, 1988,1989,2001)。如果他选择投入更多的时间与精力,即使经济状况得到了改善,耗费的时间与精力也会对身心健康产生不利影响。而如果选择改变对损失的认知,暂且不论具体的情形是否适用于这一方法,即使身心健康有可能得以恢复,最终也不会对解决经济问题有什么实质性的帮助。

那么,面对压力,经济与身心健康是否真的无法兼得?健康与经济压力动态模型在资源保存理论的基础上,引入传统"稳定—变化"模型的观点(Heady & Wearing, 1989; Duncan-Jones, Fergusson, Ormel, & Horwood, 1990; Ormel & Schaufeli, 1991),将资源划分为稳定与可变两部分,深入探讨了经济资源的各部分与身心健康资源各部分之间的关系,最终为维持二者的平衡提供了理想的解决方案。在这一模型中,身心健康涉及心理与身体两方面的健康状态,其中心理健康用心理压力(psychological distress)这个指标来衡量,而身体健康则用自我报告的疾病(self-reported illness)这个指标来衡量(Gorgievski-Duijvesteijn, Bakker, Schaufeli, & van der Heijden, 2005)。

2.1 资源的"稳定—变化"模型

根据传统的动态平衡模型(Heady & Wearing, 1989; Duncan-Jones, Fergusson,

Ormel, & Horwood, 1990; Ormel & Schaufeli, 1991)(图 10.1),或叫"稳定—变化"模型(stability-and-change model),身心健康(或经济)资源主要由两部分构成,一部分为类似于特质的稳定成分(a stable, traitlike component),即在个体内保持稳定的基线水平;另一部分是类似于状态的可变成分(a variable, statelike component),即资源围绕基线水平发生的偏移变化。一旦面临外部事件或称之为"变化驱动力"(change agents)的作用,资源水平会从稳定的基线水平发生偏移,进而出现资源总水平的变化。比如,一个人汽车被偷了,那么他除了遭受物质损失之外,可能还感受到了包括控制感与身心健康在内的个体资源的损失。但这一变化是暂时的,因为个体内部的自我平衡过程(homeostatic processes)会逐渐调整这一偏移状态,使个体资源恢复到原有的稳定水平。而且这一内部的平衡过程越强,外部事件所带来的影响就会越小。

图 10.1 "稳定—变化"模型(Gorgievski-Duijvesteijn et al., 2005)

2.1.1 稳定水平与可变水平

尽管身心健康与经济都可以视为资源,但两者呈现出不同的特点,准确地说,经济比身心健康更容易受到客观环境的影响(Gorgievski-Duijvesteijn et al., 2005)。根据资源保存理论的观点,个体努力想要创建、保护并维持自身拥有的资源,当外部环境引起资源损失时,个体会主动投入已有的其他资源来弥补这一损失(Hobfoll, 1988, 1998, 2001)。而无论哪种资源遭受了损失,由于经济资源中流通的经济货币或债券等具有重要的交换价值(Hobfoll, 1988),因此相对于身心健康,经济资源更有可能会被作为"已有的其他资源"来弥补损失。而且与身心健康不同,经济资源一旦被投入,就面临着消耗殆尽的结果(Gorgievski-Duijvesteijn et al., 2005)。

因此,作为资源,身心健康比经济更加稳定。就心理压力而言,研究者认为其稳定成分占到了总资源的 48%~56%(Gorgievski-Duijvesteijn et al., 2005),有研究者认为这一比例应该更高,即资源中至少有 2/3 的部分都是由稳定成分组成(Duncan-Jones et al., 1990; Ormel & Schaufeli, 1991)。而对于自我报告的疾病,由于它强调的是个体对自我健康状况的感知,一方面部分反映了个体真实的身体状况,另一方面也与个体的稳定人格特质紧密相关(Watson & Pennebaker, 1989),比如负性情绪较多的人更倾向于认为自己患有疾病,因此,稳定成分在总资源中的比例也高达 62%~71%(Gorgievski-Duijvesteijn et al, 2005)。至于经济资源,正如之前提到的,由于资源更容易受到客观环境的影响,因此资源中包含的稳定成分较少,只有 14%~18%(Gorgievski-Duijvesteijn et al,2005)。

此外,身心健康与经济的可变水平之间也存在差异。除了体现为可变水平在总水平中所占的比重不同之外,还涉及可变水平间不同的纵向关系(图 10.2)。

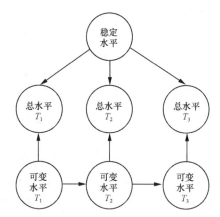

图 10.2 "稳定—变化"的扩展模型(Duncan-Jones et al., 1990; Ormel & Schaufeli, 1991)

假设分别于 T_1、T_2、T_3 三个时间点对个体的身心健康与经济状况进行测量(Duncan-Jones et al., 1990; Ormel & Schaufeli, 1991),根据"稳定—变化"模型的基本原则,在某一特定时间点(如 T_1)上的资源总水平就等于这一时间点(T_1)的稳定水平与可变水平之和。比如总水平(T_1)=稳定水平+可变水平(T_1),总水平(T_2)=稳定水平+可变水平(T_2)。由于稳定水平代表了资源里类似于特质的成分,因此,不同时间点上的资源水平的差异主要取决于可变水平。

对于经济资源而言,可变水平之间呈现显著的自回归效应(autoregression)(Gorgievski-Duijvesteijn et al., 2005)。通过 T_1 时间点的经济变化可以预测 T_2 时间点的经济变化,而 T_2 时间点的变化情况又会影响 T_3 时间点的经济变化。比如某人的公司遭遇了金融危机,在第一个月损失了 50 万,一旦危机持续,那么第二个月他可能会损失上百万,而第三个月又会在前两次损失的基础上损失更多,如果不采取补救措施,最后只能宣告破产。

而身心健康的可变水平之间只是部分呈现自回归效应,准确地说,只是在自我报告的疾病上发现了这一关系,而心理压力的表现并不明显。也就是说,个体在 T_1 时间点对自我健康状态的感知会影响到他在 T_2 时间点所报告的健康状态,以此类推。究其原因,一方面可能是因为个体确实遭遇了身体健康的恶化,比如癌细胞扩散使得病人的健康状态每况愈下;另一方面也可能是由于个体对健康的感知出现了偏差,如果一个人很悲观,那么即使身体健康出现了好转,比如癌细胞的扩散被抑制了,他也会认为自己的身体一天不如一天。而心理压力在每一个时间点上的可变水平是相互独立的,意味着它不会出现随时间推移日益好转或日益恶化的现象。即使外部环境给个体带来了更多的心理压力,个体也能很快做出自我调整,迅速恢复日常的心理状态,并不会影响以后的心理健康(Gorgievski-Duijvesteijn et al., 2005)。

2.1.2 内部平衡

除了资源内部结构之外,身心健康与经济的内部平衡过程也不相同。具体而言,在外部环境保持稳定的前提下,个体面临身心健康或经济的变化时,通常会采取不同的方式帮助资源恢复到稳定水平。

面对身心健康的变化,自我平衡的有效性主要依赖于个体的稳定属性,个体越稳定,内部平衡就越强(Ormel & Schaufeli, 1991),恢复效果就越好。根据 Depue 和 Monroe(1985)的研究,个体的稳定属性主要包括以下三类:① 人格特质,尤其是神经质,即个体的情绪稳定性特质(Eysenck & Eysenck, 1975; Watson & Clark, 1984)。稳定的人格特质能够预测身心健康的稳定水平(Heady & Wearing, 1989),情绪更稳定的个体更不容易产生心理压力,恢复自然就更快(Duncan-Jones et al., 1990)。② 生理缺陷,疾病或残疾等生理缺陷直接影响个体应对变化的能力,进而影响恢复过程。③ 精神错乱。与生理缺陷一样,精神错乱也会导致个体难以应对外部变化,只是前者表现为生理能力的丧失,而后者体现为心理能力的下降。

这一内部平衡还受到自我认知尤其是积极认知偏差(positive cognitive bias)的影响(Cummins & Nistico, 2002; Taylor & Brown, 1988, 1994)。个体都有选择性知觉的偏差,在面对外部事件的影响时,每个人都希望获得一个好结果,为此他们可能会回避一些不好的信息或者将负面信息以积极的形式表现出来(比如,将挑战视为机遇)(Taylor & Brown, 1988)。因此,个体即使在生活中只是感受到了一定程度的自尊的提升、控制感的增强与乐观的情绪,他也会倾向于扩大这一结果,以此得到高自尊、高控制感与过分乐观的心理体验(Cummins & Nistico, 2002),这一体验明显有助于身心健康的恢复(Taylor & Brown, 1988)。

而面对经济的变化,个体除了使用认知方式之外,还伴随着可能带来资源损益的行为过程。与应对身心健康变化的方法相似,个体可以通过改变对事件的认知来加快自我平衡,比如尽量回避对经济损失的感知,过高地相信自己解决问题的能力,或者保持对未来的过分乐观(Cummins & Nistico, 2002)。但由于经济资源经常被当作获得其他资源的交换工具(Hobfoll, 1988),因此在现实生活中,个体的经济资源储备很难维持在一个稳定的水平(Hobfoll, 1989)。一旦遭受经济损失,个体总会想尽办法(比如加班、兼职与买彩票等)创造更多的经济收益。但这并不代表原有的经济损失一定能够得到有效弥补,个体反而可能因此失去更多的经济资源(Hobfoll, 1988, 1989)。

因此,与经济资源相比,身心健康的自我恢复能力更强。当身心健康发生变化时,个体的自我恢复主要依赖于生理与心理上的调节;当经济发生变化时,个体除了利用心理调节之外,还需要采取必要的行动。前者强调个体的自我调节,可操作性更强,而后者除了考虑个人因素之外,很大程度上还受到不可控的外部因素影响,因而更难恢复稳定(Gorgievski-Duijvesteijn et al., 2005)。

2.2 身心健康与经济的关系

基于身心健康与经济各自不同的特点、结构与内部平衡过程,可以推知在稳定的外部环境下,经济与身心健康之间的双向关系将呈现出动态而且复杂的特点(图10.3)。具体体现为以下两方面:① 经济对身心健康的"直接压力链";② 身心健康对资源的"资源管理过程"。

2.2.1 经济对身心健康的影响

经济对身心健康的影响主要体现为经济压力与心理健康(即心理压力维度)之间的因果

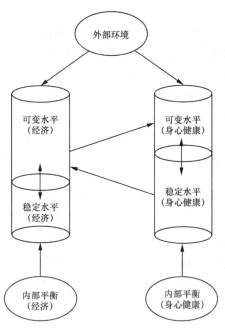

图 10.3　健康与经济压力的动态模型(Gorgievski-Duijvesteijn et al. , 2005)

关系,这一影响机制被称为"直接压力链"(direct stress chain)。根据资源保存理论,资源的损失会给个体带来压力(Hobfoll, 1988, 1989, 1998, 2001)。也就是说,如果个体遭受了经济损失,那么这一损失本身就会给个体带来压力。Hobfoll(1988,1989, 1998, 2001)还提到,为了弥补某一资源的损失,个体通常会主动投入可利用的其他资源。也就是说,为了改善经济状况,个体通常会耗费更多的时间和精力来寻找赚钱的机会,但体力或精力的透支反而可能给个体造成更大的身体或心理负担。尤其当这些努力并不能有效改善经济状况的时候,个体感受到的压力会更加明显(Hobfoll, 2001)。比如,由于投资失败,一个人会选择通过贷款来维持资金周转,但与以往相比,他此时并没有足够的偿还能力,因此他会觉得自尊受到了打击,对于形势的控制力也降低了,周围的支持也变少了(Pearlin, Lieberman, Menaghan, & Mullan, 1981; Vinokur, Price, & Caplan, 1996),进而心理负担加重。

　　心理压力只会随着经济的变化而变化,如果经济状况长期保持稳定,哪怕维持在贫困的水平,个体的心态也不会出现波动。一方面可能因为,长期处于贫困状态的人并不将自己的生活水平与其他群体做比较,被他人视为贫困的生活在他们看来就是正常的生活,他们以自我调节的方式在这一状态中感到自足。非洲裔美国妇女就是低收入群体的典型代表,在美国,黑人可以获得的教育与就业机会原本就很少,对于黑人妇女而言,由于与白人妇女相比,她们在工作中更容易因为女性身份而遭受歧视,加之还需要抚育子女,因而获得的教育与工作机会就更是少之又少,这就直接导致非洲裔美国妇女的经济状况远远低于社会平均水平。尽管如此,她们并不会感到沮丧难过,因为通过不断的自我调整,她们对目前的生活状态感到很满足(Ennis, Hobfoll, & Schröder, 2000; Hobfoll, Johnson, Ennis, & Jackson, 2003)。另一方面也可能是由于经济的稳定实际意味着经济水平并没有发生变化,经济所产生的压力问题根本就不存在,因此,经济上的问题自然也就不会影响心理健康(Gorgievski-

Duijvesteijn et al.，2005)。

而经济压力对于自我报告的疾病的影响是比较间接的。因为经济问题会引起心理压力的变化,而心理压力的变化又会带来一系列相应的生理反应,而这样的生理反应就会影响个体对自我健康的感知程度(Lovallo，1997),因此,经济损失可以通过加大心理压力而间接影响自我报告的疾病水平(Gorgievski-Duijvesteijn et al.，2005)。

2.2.2 身心健康对经济的影响

身心健康对经济的影响也集中体现为心理健康与经济压力之间的因果关系,这一影响机制又叫"资源管理过程"(resource management process),具体表现为心理压力的稳定状态对经济变化的影响。这不仅是对"直接压力链"所体现的经济压力与心理健康之间因果关系的反向探讨,更为"直接压力链"提供了一套应对方案,以缓解经济损失带来的心理压力。

当经济损失加重了心理负担,进而损害身心健康时,个体需要投入其他资源以缓解压力(Hobfoll，1988，1989，1998，2001)。此时,心理更健康,即心态更好的个体最后对经济问题的处理会更好。因为保持好的心态才可能在选择资源投入时做出更有效的判断,才可能在应对危机时更加灵活,也才可能在相同的时间里完成更多的工作(Staw, Sandelands, & Dutton，1981;Gorgievski-Duijvesteijn et al.，2005)。当然,这里的好心态是指个体在长期生活中保持的良好心理状态,并不是暂时性的良好表现(Gorgievski-Duijvesteijn et al.，2005)。

但对于自我报告的疾病这一维度而言,它并不能显著影响经济的变化。因为它侧重于个体对自我健康尤其是身体健康的感知,而在经济问题的解决上,身体健康的重要性远远不及心理健康。具体来讲,个体如果没有好的心态,就很难做出冷静的判断,自然也就不能采取有效措施解决问题;而如果没有好的身体,个体还是可以对问题进行有效的分析,只是在采取行动上会出现不便,而这可以通过其他替代性措施来克服。比如对于农民而言,即使身体出现不适,那么他还是可以在维持原定工作计划的前提下,利用机器生产取代个人劳动,最后也会获得理想的收益(Gorgievski-Duijvesteijn et al.，2005)。

最终,身心健康与经济压力的动态模型为维持经济与身心健康的平衡提供了一个很好的理论范式。外部事件引发的经济损失会导致身心健康遭到损耗,直接体现为心理压力的增加,甚至出现身体不适。但如果个体一直维持良好的心态,那么即使面临危机,他也能沉着冷静地应对,经济问题也就能很快得到解决。简言之,长期保持良好的心态是实现经济与健康"双赢"的关键所在。

§3 健康与经济压力的动态模型的实证研究

对于经济与身心健康之间的关系,不少研究者进行了广泛而深入的研究。研究内容主要涉及以下三个方面:① 经济压力对身心健康的影响;② 身心健康对经济的影响;③ 经济压力与身心健康之间的双向关系。

3.1 经济压力对身心健康产生影响的实证研究

实证研究表明,经济压力通常会导致个体在身体与心理方面出现不适,相反,经济压力的缓解将有助于改善个体的健康状况。

Ullah(1990)针对经济状况与心理健康之间的关系进行了一个纵向研究。研究者在1987年访谈了161名失业青年,在1988年又访谈了201名失业青年。访谈内容涉及收入、经济压力、求职动机、时间管理的结构化水平与心理健康水平几个方面。对数据进行多元方差分析后发现:① 感知到的经济压力越大,个人的心理健康水平越低;② 感知到经济压力越大,个人的时间管理越糟糕,求职动机也越大,这又进一步降低了心理健康水平。

Krause,Jay 和 Liang(1991)通过对美国和日本的老年群体进行跨文化研究,也证实了经济压力对身心健康的影响。研究使用的美国数据来自密歇根大学调查研究中心(The University of Michigan's Survey Research Center)于1986年收集的3671名美国老人的访谈结果。而日本方面的数据则来自研究者于1987年收集的2200名日本老人的访谈结果。美国与日本方面的访谈内容均涉及经济压力、自我控制、自尊、身体症状和抑郁表现五个方面。采用结构方程模型进行数据处理后,研究者在两种文化背景下得出了同样的结论:经济压力越大,心理困扰就越严重,具体表现为经济压力降低了个体的自我控制感和自尊,进而引发更多的身体不适与抑郁表现。

Drentea 和 Lavrakas(2000)以俄亥俄州970名成年公民为对象进行研究,结果表明,经济压力会损害身心健康。研究者采用电话调查的方式,一方面测量了受访者的健康状况、损伤情况、健康风险(包括体重指数、是否吸烟以及是否喝酒),另一方面也测量了受访者的债务—收入比、信用卡还款情况、信用卡额度和持卡数量。研究者在1997年收集了两次数据,第一次面向俄亥俄州的全体公民,而第二次面向该州的黑人公民。采用分层回归进行数据处理后发现:① 个人的债务—收入比越高,身体越容易受到损伤,自我报告的健康状况也越糟糕;② 个人感受到的债务压力越大,健康状况就越糟糕;③ 个人的债务—收入比越高,感受到的债务压力就越大,进而健康状况就越糟糕。

O'Neill,Prawitz,Sorhaindo,Kim 和 Garman(2006)以某信用咨询公司3121名客户为对象,开展了为期三年的追踪研究,结果发现,经济压力的缓解将有助于改善健康状况。研究者使用问卷法测量了客户的经济压力、经历的负性经济事件以及对自我健康状况的感知,并于2003年和2005年各收集一次数据。对数据进行多元回归分析后发现:① 随着时间的推移,客户的健康状况会得到明显改善;② 客户经历的负性经济事件越少,健康状况就越好;③ 客户感受到的经济压力越小,健康状况也越好。

3.2 身心健康对经济产生影响的实证研究

除了经济能够影响身心健康之外,身心健康的变化也能对个体的经济状况产生影响。具体体现为:身心健康的恶化会给个体带来更多的经济压力;相反,身体与心理越健康,个体感受到的经济压力就越小。

Schyns(2001)利用 RUSSET 专项研究小组(RUSSET panel study)收集的数据进行研究,结果表明,良好的心理状态有助于缓解经济压力。在1993年、1994年和1995年,RUSSET 专项研究小组以1357名俄罗斯公民为对象分别发放了三次问卷,问卷内容涉及生活满意度、收入满意度、收入水平等多个方面。Schyns 利用结构方程模型对三批数据进行处理后发现:个人的生活满意度越高,对收入水平的满意度也就越高。

Graham、Eggers 和 Sukhtankar(2004)利用俄罗斯纵向检测调查(Russia Longitudinal Monitoring Survey, RLMS)收集的数据进行研究,也得到了类似的结论。从 1992 年到 2001 年,俄罗斯纵向检测调查每年都会通过问卷收集到 13000 名俄罗斯公民的调查数据,内容包括快乐(happiness)、收入、教育水平、少数族裔、失业等多个方面。Graham 等人利用该调查在 1995 年和 2000 年收集的两批数据进行研究,结果发现有 16% 的公民比其他人更快乐,随即将少数公民比多数公民更快乐的程度称为"剩余快乐"(residual happiness)。对两批数据进行多元回归分析后,研究者得出结论:公民在 1995 年感受到的"剩余快乐"越多,在 2000 年的收入水平就越高。

O'Neill、Xiao、Sorhaindo 和 Garman(2005)以某大型国营信用咨询机构的 3121 名客户为对象进行研究,结果也证实了良好的健康状况的确有助于缓解经济压力。研究者采用问卷调查的方法,测量了经济行为、健康改善状况、经济改善状况、感知到的经济问题对健康的影响、健康状况、负性经济事件、经济压力、对经济状况的满意度以及家庭关系等多个指标。采用卡方检验和多元方差分析对数据进行处理后发现:① 个人健康得到越明显的改善,其从事经济活动的效果就越好;② 个人健康得到越明显的改善,其经济状况也会得到更大的改善;③ 个人越健康,感知到的经济问题对健康的影响就越小;④ 感知到的经济问题对健康的影响越小,个人所经历的负性经济事件就越少;⑤ 个人越健康,感受到的经济压力就越小;⑥ 个人越健康,对经济状况的满意度就越高。

Lyons 和 Yilmazer(2005)利用美联储在 1995、1998 和 2001 年收集的消费者财务状况调查(Survey of Consumer Finances)数据进行研究,结果发现,健康的恶化将导致个体感受到更多的经济压力。美联储每三年都会根据美国国税局提供的纳税人信息,随机向国内的高收入家庭发放调查问卷。调查内容涉及健康欠佳的程度、收入水平、经济压力水平、借钱的合理性与人口统计资料(如年龄、性别等)五方面。研究者利用结构方程模型对数据进行处理后发现:① 健康越糟糕,家庭感受到经济压力的可能性就越大;② 健康越糟糕,家庭的经济问题越严重;③ 健康越糟糕,家庭的社会经济地位越低,尤其对中低等收入家庭而言,情况更是如此。

3.3 经济压力与身心健康之间的双向关系

一方面,经济压力会损害身心健康,进而不利于个体在未来创造更多的收益;另一方面,经济压力的缓解将明显改善个体的健康状况,进而促进个体创造更多的经济收益。但如何才能将经济压力与身心健康之间的恶性循环转变为良性发展呢?目前,几乎还没有研究能够提供一个有效的方法来实现这一转变。荷兰研究者 Gorgievski-Duijvesteijn 等人(2005)引入了资源的"稳定—变化"模型(Heady & Wearing, 1989; Duncan-Jones, Fergusson, Ormel, & Horwood, 1990; Ormel & Schaufeli, 1991),深入探讨了经济压力与身心健康之间的关系,为实现两者的良性发展找到了解决方案。

Gorgievski-Duijvesteijn 等人的研究处于农民问题日益严重的大背景下,在荷兰,农场数量减少、产品成本上升等一系列经济问题,已经严重损害了农民的身心健康(Rosenblatt, 1990)。农民作为个体经营者的典型代表,身兼管理者与员工双重角色,因此身心健康的损害既会降低生产率,也会影响经营决策,进而导致经济收益的减少,同时,经济收益的减少又会进一步地影响身心健康。

为了解决这一问题,Gorgievski-Duijvesteijn 等人(2005)展开了历时 3 年的追踪研究。研究选取荷兰农业经济研究会的 688 名农民与园艺家作为被试,从 1998 年开始,先后 3 次使用问卷测量 688 名被试的经济问题与身心健康水平,其中身心健康包括心理压力与自我报告的疾病两个指标。第一年收到有效问卷 513 份(75%),第二年收到有效问卷 405 份(59%),第三年收到有效问卷 361 份(52%)。

在研究过程中,研究者针对被试的经济问题与身心健康分别使用了不同的问卷。测量经济问题时,研究者在 Giesen (1991)与 Mulder(1994)的研究基础上编制了 8 个条目的"经济问题感知量表"(Gorgievski-Duijvesteijn et al.,2005),量表题目均以"最近这些事件发生的频率"开头,后接"你有没有足够的钱保证收支平衡""不能及时支付账单""因为缺乏足够的资金,不得不在工作中使用破损的机器"等多种情况,被试根据自身情况从 1(从不或很少)到 5(经常)这五个等级中选择合适的答案。而对心理压力的测量,研究者使用了 12 个条目的"一般健康问卷"(the General Health Questionnaire)(Goldberg,1972),题目主要包括"最近你是否感到不开心或沮丧?""最近,你是否觉得有能力做决策?""最近,你是否认为自己是个没有价值的人?"等问题,要求被试结合前几周的实际情况,在 1(少于平时)到 4(多于平时)这四个等级之间选择合适的答案。而测量自我报告的疾病时,研究者使用了 21 个条目的"荷兰健康感知问卷"(the Dutch Health Perception Questionnaire)(Dirken,1967),被试需要回答在过去的几周内他们是否遭受了健康的恶化,比如头痛、背痛、胃部不适、疲劳、头晕以及心脏不适(0=否,1=是)。

数据收集完毕之后,使用结构方程模型技术进行数据分析。结果表明:① 心理压力的稳定水平解释了总水平的 48%~56%,自我报告的疾病的稳定水平解释了总水平的 62%~71%,而经济的稳定水平只能解释 14%~18%的总水平,这意味着经济比身心健康更容易受到外部事件的影响。② 经济的变化预测了心理压力的变化,这表明经济一旦恶化,就会给农民带来更多的心理压力,但并不会影响农民对自我健康状况的感知。③ 心理压力的稳定水平预测了经济的变化,这表明好心态并不意味着农民一定拥有良好的经济条件,而如果农民能够长期保持良好的心态,那么在经济损失面前,他就可以应对自如并很快走出困境。

最后,Gorgievski-Duijvesteijn 等人成功地发现,通过影响心理压力可以有效地解决农民的问题。如果农民长期维持良好的心态,那么就能够在危机面前保持冷静并做出合适的判断,进而有效地解决经济问题。

§4 研 究 展 望

健康和经济压力的动态模型是探讨身心健康与经济关系的最新理论模型,还需要更多的实证研究予以发展和完善,我们在这一部分对未来该领域的研究方向提出一些建议,主要涉及内容的扩展与方法的完善两方面。

既有的动态模型探讨了身心健康与经济的稳定和可变成分,以及帮助资源恢复稳定的内部平衡过程,但并没有提供关于客观环境的具体信息。如果加入外部环境的客观信息,就可以直接测量外部环境与内部平衡对资源水平的不同影响,而且对于良好心态有助于解决经济问题这一结论,也可以提供客观的证据予以支持。此外,如果在模型中增加对经济与身心健康的客观测量,还将有助于突破现有研究的局限,比如身心健康中自我报告的疾病这一维度可能只是部分反映了个体的真实健康状况(Watson & Pennebaker, 1989),又比如经济损失程度只代表了个体感知到的情况(Gorgievski-Duijvesteijn et al., 2000),并没有真实反映经济问题在客观经济环境中的地位。因此,在模型中加入客观环境的信息将有助于模型的完善以及一系列后续研究的开展。

而且,现有模型中关于身心健康的测量以负性指标居多,主要包括心理压力与自我报告的疾病。我们建议将更多的正性指标也加入到身心健康的测量之中。一方面,根据 Brickman 和 Campbell(1971)的研究,外部环境的积极变化或消极变化会导致个体短暂地表现出相应的幸福(happiness)或难过(unhappiness)的感受,但很快都会恢复到中性(neutrality)的情绪水平。这一结果和身心健康与经济压力动态模型中的另一现象非常相似——经济损失会给个体带来心理压力,但身心健康的内部平衡过程会迅速做出调整,帮助个体更快地恢复到日常的心理状态。因此,可以考虑将包括"幸福"(happiness)在内的身心健康的正性指标也纳入模型进行考察。另一方面,根据 Diener, Suh, Lucas 和 Smith(1999)的研究,主观幸福感(subjective well-being)主要由生活满意度(life satisfaction)、积极情绪(pleasant affect)与消极情绪(unpleasant affect)三部分构成,同一变量比如经济对于不同成分的影响是不同的。因此,增加身心健康的正性指标将有助于更全面的考察身心健康与经济之间的关系。

此外,模型关于内部平衡过程的信息是不全面的,只提出了与内部平衡相关的因素,并没有详细阐述内部平衡的实现过程。以身心健康为例,模型提到身心健康自我平衡的有效性依赖于人格特质的稳定,即人格特质影响了身心健康的稳定水平(Duncan-Jones et al., 1990; Heady & Wearing, 1989; Ormel & Schaufeli, 1991; Ormel & Wohlfahrt, 1991),但这一影响过程是如何实现的却不得而知。因此,未来的研究可以集中关注这一方向。

在已有的关于动态模型的研究中,测量资源水平的时间间隔比较长,最短也是 4 个月(Duncan-Jones et al., 1990; Ormel & Schaufeli, 1991),因此我们建议在以后的研究中可以增加短期测量,比如每周或每日测一次。因为对于资源尤其是身心健康资源而言,内部平衡的过程非常迅速,过长的时间间隔并不利于捕捉到这一短期变化。

最后,为了测试模型的稳定性与适用性,可以将模型施测于不同的群体。比如,可以根据经济状况的不同,分别选择收入稳定的白领或失业的工人作为被试;也可以按照身心健康状况的不同,将模型施测于高压环境下的矿工或自给自足的农民。

参考文献

Cummins, R. A., & Nistico, H. (2002). Maintaining life satisfaction: The role of positive cognitive bias. *Journal of Happiness Studies*, 3, 37—69.

Ennis, N., Hobfoll, S. E., & Schröder, K. E. E. (2000). Money doesn't talk, it swears: How economic stress and resistance impact inner-city women's depressive mood. *American Journal of Community Psychology*, 28, 149—173.

Freedy, J., Shaw, D., Jarrell, M., & Masters, C. (1992). Towards an understanding of the psychological impact of natural disasters: An application of the Conservation of Resources stress model. *Journal of Traumatic Stress*, 5, 441—454.

Frijters, P., Shields, M. A., & Haisken-DeNew, J. P. (2004). Money does matter! Evidence from increasing real incomes in East Germany following reunification. *American Economic Review*, *94*, 730—741.

Gorgievski-Duijvesteijn, M. J., Giesen, C. W. M., & Bakker, A. B. (2000). Financial problems and health complaints among farm couples: Results of a 10-year follow-up study. *Journal of Occupational Health Psychology*, *5*, 359—373.

Gorgievski-Duijvesteijn, M. J., Bakker, A. B., Schaufeli, W. B., & van der Heijden, P. G. M. (2005). Finances and well-being: a dynamic equilibrium model of resources. *Journal of Occupational Health Psychology*, *10*, 210—224.

Hobfoll, S. E. (1989). Conservation of resources: A new attempt at conceptualizing stress. *American Psychologist*, *44*, 513—524.

Hobfoll, S. E. (2001). The influence of culture, community and the nested-self in the stress process: Advancing conservation of resources theory. *Applied Psychology: An International Review*, *50*, 337—396.

Hobfoll, S. E., Johnson, R. J., Ennis, N., & Jackson, A. P. (2003). Resource loss, resource gain, and emotional outcomes among inner city women. *Journal of Personality and Social Psychology*, *84*, 632—643.

Kahneman, D., & Tversky, A. (1979). Prospect theory: An analysis of decision under risk. *Econometrica*, *47*, 263—291.

Lane, C., & Hobfoll, S. E. (1992). How loss affects anger and alienates potential supporters. *Journal of Consulting and Clinical Psychology*, *60*, 935—942.

O'Neill, B., Prawitz, A. D., Sorhaindo, B., Kim, J., & Garman, E. T. (2006). Change in health, negative financial events, and financial distress/financial well-being for debt management program clients. *Financial Counseling and Planning*, *17*, 46—63.

Rook, K. S, (1984). The negative side of social interaction: Impact on psychological well-being. *Journal of Personality and Social Psychology*, *46*, 1097—1108.

Salthouse T. A. (1985). *A theory of cognitive aging*. Amsterdam: North Holland.

Schyns, P. (2001). Income and satisfaction in Russia. *Journal of Happiness Studies*, *2*, 173—204.

Stevenson, B., & Wolfers, J. (2008). Economic growth and subjective well-being: Reassessing the Easterlin paradox. *Brookings Papers on Economic Activity*, *39*, 1—102.

Taylor, S. E., & Brown, J. D. (1994). Positive illusions and well-being revisited: Separating fact from fiction. *Psychological Bulletin*, *116*, 21—27.

Ullah, P. (1990). The association between income, financial strain and psychological well-being among unemployed youths. *Journal of Occupational Psychology*, *63*, 317—330.

Wang, M. (2007). Profiling retirees in the retirement transition and adjustment process: Examining the longitudinal change patterns of retirees' psychological well-being. *Journal of Applied Psychology*, *92*, 455—474.

Wang, M., Liao, H., Zhang, Y., & Shi, J. (2011). Daily customer mistreatment and employee sabotage against customers: Examining emotion and resource perspectives. *Academy of Management Journal*, *54*, 312—334.

11

员工退休的转变和调整

退休是个体毕生发展的重要事件之一,在近些年来越来越受到研究者们的重视。本章对过去20年中对退休问题的理论和实证研究进行了综述。具体而言,本文从决策、适应过程、职业发展阶段、和人力资源发展一部分这四个方面总结了对于退休的理论概念研究。之后,我们会将退休决策、过渡型就业和退休适应这几个领域的实证研究进行了归纳总结。最后,我们对今后退休问题的研究方向进行了展望。

退休(retirement)问题涉及多个学科的领域,如心理学、社会学、人口学、经济学和组织学等。因此,不管是在学术著作还是大众出版物之中,经常能看到对于退休问题的探讨。根据PsycINFO的统计,20世纪70年代的学术论文中有203篇包含"退休"这个关键词,这一数字在80年代和90年代分别上升到522篇和680篇;而在最近十年,这一数字猛增至1804篇。因此,可以看出在心理学领域,退休成为了一个越来越重要的课题。出现这一趋势的主要原因之一是发达国家面临的越来越快速的老龄化问题引起了研究者们的重视(OECD,2006)。而中国作为世界人口第一大国,同样也受到了老龄化问题的困扰。据第六次人口普查的统计,中国60岁以上的老人占人口的13.26%,超过联合国制定的老龄化社会的标准(10%),其中65岁及以上人口占8.87%,同样超过了联合国的老龄化社会标准(7%)。根据预测,其后5年中国将步入人口老龄化加速发展期,预计到2015年,中国60岁以上老年人口将达到2.16亿,约占总人口的16.7%,老龄化问题更加突出。因此,退休问题的研究对中国社会同样也具有重要的意义。

尽管不同研究者采取了不同的方法和形式来研究退休问题,这些研究大多将退休视为一个持续若干年的过程,而非一个单独的事件。然而,由于不同的个体会经历不同的退休相关事件,很难得到所谓的统一的退休过程。并且,退休员工和即将退休的员工所处的组织和社会环境也是在不断变化着的,退休过程也会随之产生变化。对于退休这样一个个体差异较大且呈现动态变化的问题,心理学家们可能会更好地进行研究,因为心理学家们可以直接将研究重点指向退休的行为上和心理上的前因变量和结果变量,以及退休过程中的心理机制(Shultz & Wang,2011)。

在本章中,我们会首先总结退休问题的理论研究;之后,将关注点转向退休的实证研究。

§1 退休的理论研究综述

在过去二十年的研究中,不同的研究者将退休作为不同的概念进行研究。在此对其中四种比较重要的概念进行了总结。表 11.1 展示了这些概念，以及每一个概念下对应的理论和实证研究的例子。

表 11.1 退休的概念、相关理论、和研究的例子

概念	相关理论	研究的例子
退休：作为一个决策的概念	理性选择理论 映像理论	Hatcher（2003） Feldman（1994）
退休：作为一个适应过程的概念	角色理论 计划行为理论 期望理论 生命历程观点 连续性理论 角色理论	Talaga & Beehr（1995） Cron, Jackofsky, & Solcum（1993） Kim（2003） Wang（2007） Kim & Feldman（2000） Adams, Prescher, Beehr, & Lepisto（2002）
退休：作为一个职业发展阶段的概念	变化的职业生涯模型 退休者职业生涯发展模型	Freund & Baltes（1998） Shultz & Wang（2008）
退休：作为一个人力资源管理的退休概念	一般系统理论 社会背景理论	Birati & Tziner（1995） Greller & Stroh（2003）

1.1 退休——从决策的角度分析

将退休视为决策的概念，强调退休是个体的有动机的选择行为。换句话说，这一概念认为当员工决定退休时，他们会选择降低对工作的心理承诺，以及在行为上逐渐离开当前的工作环境（如 Adams, Prescher, Beehr, & Lepisto, 2002; Feldman, 1994; Shultz & Wang, 2007）。这一概念假设当员工做出退休的决策后，他们在工作中的活动会随着时间递减；而其他活动，如家庭和社区活动，会逐渐增加（如 Smith & Moen, 2004）。尽管并不是所有的实证研究的结果都能够证实这样的观点，但是这一假设的优点在于强调了将退休决策视作为个体的重大生活事件，以及说明了人们退休的一些规范性动机（Adams & Beehr, 1998; Shultz, Morton, & Weckerle, 1998）。

当将退休视作决策时，研究者们通常采取知情决策（informed decision-making）的方法进行研究。这一方法假设员工会基于自身特点的信息和对工作环境及非工作环境的评估做出是否退休的决策。在进行决策前，他们会权衡这些因素，然后对退休带来的整体效用进行评价。将这些因素和退休决策联系起来的理论机制包括理性选择理论（rational choice theory; Gustman & Steinmeierm, 1986），映像理论（image theory; Beach & Frederickson, 1989），角色理论（role theory; Ashforth, 2001; Moen, Dempster-McClain, & Williams, 1992），计划行为理论（theory of planned behavior; Ajzen, 1991），和期望理论（expectancy theory; Vroom, 1964）。这些理论阐述了上述因素是如何影响人们的退休决策的，以下分别对这些理论进行简要介绍。

理性选择理论将年老员工的经济状况以及外部经济环境与他们的退休决策联系起来（Hatcher, 2003; Quinn, Burkhauser, & Myers, 1990）。这一理论认为退休决策是人们比较已经积累的经济资源和退休后需要的经济资源之后的结果。只有当员工们认为他们已有的经济资源和对未来经济状况的预测能够满足退休后的消费需求时，才会做出退休决策。

映像理论和角色理论将员工的人口统计学状况、工作经验、婚姻状况、行业类型和生产效率与退休决策联系到一起(如 Adams et al.,2002;Anson,Antonovsky,Sagy,& Adler,1989;Feldman,1994;Mears,Kendall,Katona,Pashley,& Pajak,2004;Talaga & Beehr,1995)。总的来说,所有的这些因素会影响人们对自我的感知以及对更大的社会背景下的自身角色的感知,以这些感知作为标准,人们会评价退休是否符合他们的自我形象或者角色(Brougham & Walsh,2007)。如果这一比较得到正性的结果,那么员工就会决定退休。需要注意的是,这两种理论有少许差别。映像理论通常强调退休决策时的比较基准是稳定的自我形象(Feldman,1994),而角色理论则以退休后的角色变化作为个体做出决策的依据(Barnes-Farrell,2003)。因此,与映像理论相比,角色理论更加聚焦于未来而非现在。

　　计划行为理论经常用来将员工的工作态度(如工作满意度和组织承诺)、退休态度和工作场所中对于退休决策的规范与退休决策联系起来(如 Adams & Beehr,1998;Cron,Jackofsky,& Slocum,1993;Huuhtanen & Piispa,1992;Shultz,Taylor,& Morrison,2003;Wang,Zhan,Liu,& Shultz,2008)。这一理论强调员工对退休的态度和对继续工作的态度对退休决策的重要影响。它同时强调了个体感知到的退休的社会压力(也就是规范)对于员工退休决策的影响。

　　最后,期望理论经常用来解释员工的生产率、工作特征和健康状况对于退休决策的影响(如 Belgrave & Haug,1995;Cron et al.,1993;DeVaney & Kim,2003;Karpansalo,Manninen,Kauhanen,Lakka,& Salonen,2004;Kim,2003)。这一理论认为,当接近退休年龄的员工对获得较高的生产率和报酬的期望较低时,他们更有可能选择退休而不是继续工作。

　　值得注意的是,尽管将退休概念化为决策,大大丰富了退休的前因变量的研究,退休的结果变量的研究却几乎没有遵从退休决策的思路。换句话说,有关退休的结果变量的研究中,很少有将上述提到的影响退休决策的前因变量考虑进去。即使有,这些退休的前因变量与结果变量之间的关系也不是用退休决策相关的理论去解释的(如 Wang,2007;Zhan,Wang,Liu,& Shultz,2009)。这一现状使我们无法弄清楚那些影响员工决定退休的原因是如何影响退休有关的行为和心理结果。因此,同时考察退休决策的前因和结果变量有助于我们更深入地理解作为决策的退休这一概念。

　　作为决策的退休的概念存在一个局限性:并非所有的退休都是员工自愿的(如 Gallo,Bradley,Siegel,& Kasl,2000;Hanisch & Hulin,1990;Shultz et al.,1998;Szinovacz & Davey,2005;van Solinge & Henkens,2007)。因此,这一概念的价值取决于退休决策在多大程度上是员工个人的选择。如果个人选择的成分不存在,那么知情决策法便不再适用。因此,退休决策的自主性可以被看作使用知情决策法研究前因变量的前提条件。

1.2　退休——从适应过程的角度分析

　　与将退休概念化为决策相比,将退休作为适应过程为理解退休提供了更加全面的方法(Wang,Adams,Beehr,& Shultz,2009)。此处,适应过程是指退休员工在从工作过渡到退休的这段时间对生活的各个方面逐渐适应、并对退休后的生活感到心理上舒适的过程(van Solinge & Henkens,2008;Wang,2007)。具体来说,这一概念认为退休包含了退休转换(retirement transition)和退休后生活轨迹(post-retirement trajectory)。根据这一概念,首先,具有重要意义的是做出退休决策之前的退休转换过程的特点而非退休决策本身(van Solinge & Henkens, 2008)。换句话说,人们可能同样做出退休的决策,但是决策的时间长短和由该决策引起的日常活动的数量变化可能会存在较大个体差异。因此,将退休概念化为一个适应的过程,强调了探讨退休决策复杂的影响机制而非简单的决策内容(Szinovacz, 2003)。第二,这一概念将退休视为纵向的发展过程,可以提供对退休的更真实的描绘,以及对退休的结果变量的选择和探讨进行指导(Wang, 2007)。

当使用退休的适应过程的概念时,研究者们很自然地会使用能够描述纵向适应过程的理论框架来进行研究。到现在为止,与这一概念有关的最常用的理论框架有三种——生命历程观点(life course perspective; Elder, 1995; Elder & Johnson, 2003)、连续性理论(continuity theory; Atchley, 1989; 1999)和角色理论(role theory; Ashforth, 2001; Moen et al., 1992)。

生命历程观点关注退休转换在个人整个生命历程中的地位,并指出个体的个人经历和特质以及过渡期间的环境会影响个体完成退休转换的方式。例如,个人历史因素包括人们如何应对曾经经历过的转换(Orel, Ford, & Brock, 2004; Settersten, 1998)、工作和休闲习惯(Morrow-Howell & Leon, 1988)以及工作的偏好(Appold, 2004)。与转换相关的个体特质包括个体的人口统计学状态、健康和经济状况、以及与转换相关的能力和技巧(如Kim & Moen, 2002; Makino, 1994; Szinovacz, 2003)。生命历程观点的一个普遍假设是如果个体在面对过去的生活转换事件时能够以比较灵活的方式进行处理、并且在社会环境中的融入度较低,那么个体在面对转换时可以做到更好的准备、在更合适的时间进行转换以及获得更好的转换结果(George, 1993; Settersten, 1998; van Solinge & Henkens, 2008)。

生命历程观点同时还强调生命中转换事件的经历,并指出转换之后的发展与事件发生的特定环境密不可分。这些环境包括年老员工的工作相关的状态和角色(如退休前的工作态度和工作特征; Wang, 2007)以及社会环境(如社会网络和家庭结构)。由于个体的资源根植于社会环境中,因此社会环境具有十分重要的意义。例如社会支持,一种存在于个体社会网络中的资源,常常能够帮助员工进行退休的适应(如 Taylor, Goldberg, Shore, & Lipka, 2008)。另一方面,社会环境中的其他因素,如对退休的负面刻板印象可能会对退休的适应造成损害(如 Settersten & Hagestad, 1996)。员工在生活其他方面(如婚姻生活; Rosenkoeter & Garris, 1998; Szinovacz & Davey, 2004)的经验也很重要,可以在退休后为个体提供新的身份认同,以及提供退休后参与其他活动的机会(Bosse, Aldwin, Levenson, & Workman-Daniels, 1991; Calasanti, 1996; Reitzes, Mutran, & Fernandez, 1996)。

另外,生命历程观点提供了有关转换后生命发展轨迹的假设。生命历程理论家们(Levinson, 1986; Levinson & Levinson, 1996; Super, 1990)认为转换后的生活包含更少的责任和努力。相应地,退休人员重组他们的日常活动和时间结构的资源需求将会随着时间逐渐降低(Reitzes & Mutran, 2004; van Solinge & Henkens, 2008)。因此,生命历程观点预测了一条积极的退休后生活的发展路线。

除了生命历程观点以外,研究者们还使用其他理论来研究适应过程,如连续性理论和角色理论。具体来说,连续性理论强调人们维持生活模式的连续性的普遍趋势以及在不被打断生活节奏的前提下进行生活事件转变的适应(Atchley,1989,1999)。因此,连续性理论将退休适应看作退休者们在退休后保持和维系社会关系和生活模式的过程。在这一理论框架下研究过的变量包括退休转换期间的健康和经济状况的变化(如 Gallo et al.,2000;Wang,2007)、过渡型就业(如 Kim & Feldman,2000;Zhan et al.,2009)、退休计划(Fretz,Kluge,Ossana,Jones,& Merikangas,1989;Taylor-Carter,Cook,& Weinberg,1997)和工作技巧的可转移性(Spiegel & Shultz,2003)等。

角色理论强调退休过程中角色退出(role exit)和角色转换(role transition)的重要性。根据 Ashforth(2001)的观点,当个体高度卷入某一特定角色时,自我价值感便会促使个体以更高的效率执行这一角色的职责。因此,退休作为一种角色的转换过程,会减弱个体的工作角色而增强家庭和社区成员的角色(Barnes-Farrell,2003)。另外,角色理论认为角色转换既会导致积极的后果也会导致消极的后果,其作用取决于角色转换是否符合个体的价值和目标(如 Adams et al.,2002;Thoits,1992)。根据角色理论,影响退休转换和适应的前因变量包括角色应激源(如 Lin & Hsieh,2001)、角色认同(如 Taylor,Shultz,Morrison,Spiegel,& Greene,2007)以及价值和目标(如 Shultz et al.,1998)。

1.3 退休——从职业发展阶段的角度分析

传统的职业发展理论强调组织对员工的影响,并十分关注组织给予的报酬,包括晋升和养老金制度(Feldman,2007)。然而,近年来,这种观点逐渐被易变性职业生涯模型(protean career model)所取代。这一模型强调职业生涯发展掌握在员工自己的手中,并且关注员工的个人价值和目标(如 Hall,2004;Hall & Mirvis,1995)。根据这一模型,在近些年的研究中,退休被认为是晚期职业发展阶段(Shultz & Wang,2008;Wang et al.,2009)。与将退休视作为职业发展的终结不同,这一观点认为,人们在退休生活中职业发展有可能重新延续(Shultz,2003)。对于过渡型就业和退休生活中工作行为的研究便是基于变化的职业发展模型。

在一项最近的理论研究中,Shultz 和 Wang(2008)总结了可能影响退休人员职业发展的三个层次的因素:个体层次、工作层次和组织层次。在个体层次中,与职业发展最相关的因素包括退休人员身体和认知上的衰老情况、以及工作经验和专业知识。具体来说,身体上的衰老会让年老员工在完成对体力要求较高的工作时产生困难,并让他们更有可能患上职业病,因为身体上的衰老经常会带来肌肉力量和免疫系统功能的降低(Jex,Wang,& Zarubin,2007)。身体上的衰老还会影响退休员工的职业目标,因为这些员工会更喜欢从事有较好的医疗保障的职业。年龄增长还会造成员工认知能力的下降。这同样应该引起组织的重视,并为他们提供合适的培训,以使这些员工能够顺利使用新的技术和设备,来帮助他们实现职业追求(Hedge et al.,2006)。另一方面,具有较为丰富的相关工作经验和较高水平专业技能的年老员工对于雇主是有吸引力的,因为雇佣这些员工可以省下大量的培训成本,并且他们能创造比新人更好的绩效(AARP,2005;Hedge et al.,2006)。

在工作层面上,年老的员工能否跟上工作所需技术的进步和更新(如 Spiegel & Shultz,2003)、工作特征(如 Kanfer & Ackerman,2004)、以及工作应激源,都会影响年老员工的职业追求(如 Barnes-Farrell,2005;Elovainio et al.,2005;Hansson,Robson,& Limas,

2001)。例如,年老员工可能会觉得跟进工作所需技术的更新有困难,导致他们会离开现在所从事的工作,换一个工作技能比较稳定、不需要经常更新技能的工作。另外,年老员工经常喜欢一个人工作并且喜欢在工作相关的决策过程中有较大的自主权。因此,具有较低自主性的工作对这些员工的吸引力不大。最后,年老员工在面对工作中的应激源时,可能做出与年轻人有不一样的反应(Barnes-Farrell, 2005;Shultz, Wang, Crimmins, & Fisher, 2010)。例如,他们并不会像年轻人那样关注兼职工作的稳定性(Morrow-Howell & Leon, 1988)。

在组织层面,与年龄歧视相关的组织氛围(如 Finkelstein & Farrell, 2007;Posthuma & Campion, 2009)、组织裁员(如 Gallo et al., 2000)、以及对某些类型的劳动力的需求下降等因素都会影响年老员工的职业选择(如 AARP, 2005)。例如,组织是否给予老年员工足够的尊重,会在很大程度上影响这些员工留在组织中继续工作还是退休。组织裁员和组织对某些类型的劳动力的需求下降同样会降低年老员工继续工作的动机。

1.4 退休——从人力资源的角度分析

最后,我们来看将退休视作为人力资源管理的一部分这一概念。这个概念强调了组织对退休的管理在帮助组织达成组织目标的过程中的重要性。这一概念不仅建议管理者们重新审视组织中有关员工退休的组织政策,还要求管理者们审视这些退休政策引起的组织层面的变化对员工退休决策和适应的影响(Kim & Feldman, 1998)。

一般系统理论(general system theory)是与这一概念相联系的传统理论框架,它将组织比作生命体(Katz & Kahn, 1978),在这一理论框架下,人力资源管理被视为吸引、发展和激励员工,以及保证组织有效率的运转和生存,而与环境交换信息和能量的子系统(Jackson & Schuler, 1995)。为了达到这一目的,退休相关的人力资源政策和福利政策,如更多的养老金(如 Shuey, 2004)、为养老金资格设立较低门槛(如 Lund & Villadsen, 2005)、退休后的医疗保障福利(如 Fronstin, 1999)以及终生雇佣系统(如 Hayes & VandenHeuvel, 1994),已经被组织用作为提高员工工作满意度和组织承诺的工具。另外,人力资源管理还会在维持合理人事结构、达成最佳的技能和知识的结合、以及保持合理的劳动力支出等方面为组织的战略目标服务。基于这一点,与相关退休的人力资源政策和实践,如鼓励早退休的激励政策(如 Birati & Tziner, 1995;Feldman, 2003)、分阶段退休政策(如 Greller & Stroh, 2003;Penner, Perun, & Steuerle, 2002)、以及工作分享(如 Rix, 1990)等,已经被用于组织人力资源的裁减和重组。

回顾将退休视为人力资源管理的一部分的实证研究,我们发现这些研究的思路在一定程度上符合社会背景理论(social context theory)的描述。这一理论认为人力资源政策和实践受到相关社会、经济、政治和文化环境的影响(Ferris et al., 1998)。具体来说,大多数有关提前退休的研究都是在 20 世纪 90 年代展开的,这个时候许多组织致力于通过全球制造业转移和外包周边服务来提升组织的竞争力。而大多将过渡型就业作为组织的新选择的研究开始于 21 世纪初,因为此时 20 世纪婴儿潮出生的人们开始进入退休年龄,导致了劳动力大量短缺(如 AARP, 2005)。考虑到当前的经济衰退,我们将会看到针对退休的不同人力资源政策在组织中共同存在:一方面,组织会为了减少人力成本在更加大力上推行鼓励提前退休的政策;另一方面,组织为了保证劳动力拥有具有竞争力的技能和经验,可能会与一些到达退休年龄的员工继续签订合同或者雇佣更多的已退休员工(Greller & Stroh, 2003)。总之,社会环境理论指出了关注影响员工退休的宏观环境的重要性。

在介绍完退休的四种概念以及相关理论之后,我们接下来介绍退休的实证研究。这些研究大都围绕如下几个主题:退休计划、退休决策、提前退休、过渡型退休以及退休转换和适应。这几个过程可以按图 11.1 中的顺序进行排列,形成一个完成的退休过程。我们在这里具体讨论的实证研究包括退休决策、过渡型退休和退休转换和适应这三个相对比较重要的主题。在每一个主题下,都会涉及与这一主题相关的前因变量,讨论这些变量是如何影响退休个体的行为和心理状态的。这些变量可以总结为四个层次:个人特质、工作和组织因素、家庭因素和社会经济因素,也在图 11.1 中有所展示。

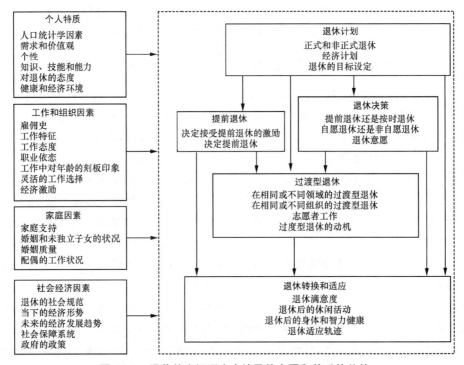

图 11.1　退休的实证研究中涉及的主题和关系的总结

§2　退休相关的实证研究:退休决策

退休决策是一个持续一段时间的复杂的心理过程,而非一个即时的事件(Beehr, 1986)。Wang 等人(2009)将影响退休决策的因素分成了两大类:微观层次的个人因素和发生在社会、经济和政治背景下的中间层次工作相关因素。然而,我们在这里还要讨论第三个层次的因素:在更大的社会背景下的宏观社会因素。

一些对退休决策影响最显著的预测变量都处在个体层次上。例如,员工的年龄越大便越有可能退休(如 Adams & Rau, 2004; Kim & Feldman, 2000; Wang et al., 2008),这一规律支持了生命历程观点,因为年老员工会面临身体能量和认知能力的下降,因此继续参与工作的可能性降低(Jex et al.，2007)。教育程度与退休决策有关(如 von Bonsdorff，Shultz, Leskinen，& Tansky，2009)，因为教育程度较高的员工具有较多的专业知识和技能，在掌控自己的生活模式上有更多的余地和选择，这支持了连续性理论的观点。因此，他们有更多的机会在自己专长的领域继续工作，承担咨询或者其他对企业发展有比较直接影响的工作(Ekerdt, Kosloski，& DeViney，2000)。

健康也会影响员工的退休决策(Jex et al.，2007; Mutchler, Burr, Pienta，& Massagli，1997; Shultz & Wang，2007)。健康问题可能会影响个体的工作效率，甚至阻碍员工继续参与工作，对他们生活的持续性造成影响。因此，身体健康的年老员工可能会选择继续工作，而身体不好的员工则更有可能做出退休决策(Barnes-Farrell，2003)。员工的经济状况也会影响退休决策(Gruber & Wise，1999; Quinn et al.，1990)。然而，研究发现经济状况和退休决策之间的关系比较复杂。例如，Wang 等人(2008)发现员工的总财富并不会预测退休员工参与过渡型就业的比例。换句话说，年老员工可能因为对从事的职业抱有较高的满意感或是依恋感(如 Shultz，2003)、或是对组织有较高的承诺度而选择继续工作(如 Adams & Beehr，1998)，而非仅仅是因为处于较差的经济状况之中。

与退休决策有关的工作层面的预测变量包括工作角色的特征和员工对于工作的态度。例如，从事对体力和脑力要求较高的工作的员工(Elovainio et al.，2005; Gobeski & Beehr，2008; Hayward, Grady, Hardy，& Sommers，1989; Lin & Hsieh，2001; Wang，2007)，以及对工作不满意的员工(Shultz et al.，1998; Wang et al.，2008)更有可能选择退休。不过，也有研究发现工作满意度和退休并没有直接的联系，而与员工是否会在其他领域选择一份工作作为向退休的过渡有关(Gobeski & Beehr，2008)。另外，一些研究发现那些报告"对工作感到疲倦"的员工更有可能决定退休(Beehr et al.，2000; Bidwell, Griffin，& Hesketh，2006)。而对工作的依恋和承诺则与退休决策呈负相关(如 Adams，1999; Adams & Beehr，1998; Adams, et al.，2002; Luchak, Pohler，& Gellatly，2008)。Schimidt 和 Lee(2008)的一项研究则发现工作重心度(work centrality)和对休闲活动的承诺才是退休意愿的预测变量，而对组织的情感承诺只能预测离职意愿。

家庭也是影响退休决策的重要方面(Szinovacz，2003)。研究发现配偶的工作情况、配偶的支持、子女状况都与退休决策有关。配偶的工作情况不是很理想、配偶对自己退休的支持较少，有较多的子女还未经济独立时，个体做出退休决策的时间会延后(Henkens，1999; Henkens & Tazelaar，1997; Henkens & van Solinge，2002; Szinovacz, DeViney，& Davey，2001)。然而，也有研究发现一些家庭变量，如婚姻状况和婚姻质量，与退休决策并没有关系(如 Wang et al.，2008)。由于这部分的研究数量并不是很多，现在还不能得到统一的结论。

最后，宏观的环境因素与退休决策之间的关系也得到了许多研究者的关注。这些因素包括组织政策、与退休有关的职业规范、以及在组织甚至更大的全社会范围内感受到的对退休的消极刻板印象等。例如，Settersten 和 Hagestad(1996)发现工作环境中和社会中认定的合理的退休年龄会对年老员工的退休计划造成压力，那些有着更远的职业发展计划的年老员工和在职业生涯中趋于稳定的年老员工，感受到了来自组织和社会的更大的压力。

§3 退休相关的实证研究:过渡型就业

过渡型就业(bridge employment)是指年老员工在从离开原有的职业到完全离开劳动力市场的过程中发生的再就业(Shultz, 2003),也就是俗称的"返聘"。过渡型就业是一个相对较新的领域,大部分的实证研究集中在 1990 年之后。实证研究始于对不同人在退休后想要重新参与劳动的意愿存在越来越大的个体差异的关注,并且表明退休并不意味不再有带薪就业的意愿(如 Doeringer, 1990; Herz, 1995; Mutchler, Burr, Pienta, & Massagli, 1997; Quinn, 1997, 1999, 2000; Ruhm, 1990, 1994),而是往往将过渡型就业看作退休的过渡和调整过程。此外,在这一时期,对过渡型就业预测因素的研究还处于探索阶段,主要集中在人口统计学因素(例如,年龄、种族、性别、教育、婚姻状况; Ruhm, 1994)和社会经济地位变量(例如,经济形势和失业率; Quinn, 2000)。

从 20 世纪 90 年代末开始,实证研究开始系统研究过渡型就业决策的前因变量。大部分研究者已经将过渡型就业看作有利于退休者向完全退休状态过渡和调整的积极就业选择(Kim & Feldman, 2000)。例如,Weckerle 和 Shultz(1999)发现,退休后从事过渡型就业的老年员工对自己财政状况更加满意,认为工作的灵活性较高,并且感到退休决定是自愿的。Kim 和 Feldman (2000)发现健康状况、工作年限、有在工作的配偶,以及有未成年子女均和退休后过渡型就业的程度呈正相关。他们也发现年龄、退休工资和提前退休导致机会的减少和退休后过渡型就业程度负相关。Kim 和 DeVaney(2005)发现,退休前是个体经营者或者拥有大学学位的个体更愿意进行过渡型就业。

Davis(2003),von Bonsdorff 等(2009)和 Wang 等(2008)将退休概念化为职业生涯发展的一个阶段,并将过渡型就业重新归类为两种类型:相同领域的过渡型就业(即个体接受退休前同一行业的过渡型就业)和不同领域的过渡型就业的。Davis(2003)发现,男性退休人员和拥有较高的创业意向的退休人员更有可能选择过渡型就业而不是完全退休,而已婚的退休人员和在组织内有较长任期的退休人员更可能选择完全退休。Davis(2003)进一步发现,年轻的退休人员和有更渴望追求新事业的退休人员更可能选择从事不同领域的过渡型就业而不是完全退休。von Bonsdorff 等(2009)则发现,认为劳动力市场就业形势良好,想更好地利用自己的技能,并且对利益的变化关注较少的员工,更可能从事不同领域的过渡型就业而不是完全退休。同时,拥有较少工作之外的兴趣、想更好利用自己身技能并且有更多金钱欲望的员工更倾向于从事同一领域的过渡型就业而不是完全退休。最后,拥有较少工作之外兴趣的年轻女性雇员更愿意在同一领域进行过渡型就业而不是选择新的领域。

基于 Kim 和 Feldman(2000)以及 Davis(2003)的研究,Wang(2008)等发现:① 年轻、接受更多教育、健康状况良好、工作压力小、退休前工作满意度高并且较少考虑退休的员工,更可能从事过渡型就业而不是选择完全退休;② 年轻、接受更多教育、健康状况和经济状况良好,退休前工作压力小,并且较少考虑退休的员工更可能从事不同领域的过渡型就业而不是选择完全退休;③ 经济状况好,退休前工作压力小并且工作满意度高的员工更可能从事同一领域的过渡型就业。

相对而言,较少研究关注过渡型就业的结果变量。这些研究主要集中在将过渡型就业作为退休的过渡和调整过程,更多地用角色理论和连续性理论来解释。例如,Kim 和 Feldman(2000)发现过渡型就业和退休员工的退休满意度、生活满意度均呈正相关。Wang(2007)发现过渡型就业帮助退休者在退休过渡时期保持良好的心理状态。最近的研究中,Zhan 等(2009)发现从事过渡型就业的退休者患病较少,日常生活功能下降也较少。他们还发现和完全退休的退休者相比,同一职业的过渡型就业对退休者的精神健康状况更有利,而不同行业过渡型就业对退休者精神状况影响不显著。

§4 退休相关的实证研究:退休适应

退休适应(retirement adjustment)是指退休员工对退休后改变了的生活环境进行适应的过程。与退休适应有关的实证研究主要集中在两个问题上:退休对于个体有什么影响?哪些因素影响退休适应的质量。以下分别简要综述与这两方面问题有关的实证研究。

有许多研究考察了退休人员在退休后变化了的生活环境中心理舒适度的程度,指标包括幸福感、退休满意度、生活满意度等(如 Gall et al., 1997; Calasanti, 1996)。而近些年来对退休适应更直接的测量,包括退休人员对于退休过程中困难的自我评估、退休适应消耗的时间等(如 van Solinge & Henkens, 2005, 2008)。然而,退休对个体的影响的研究结果出现了不一致的现象。有的研究发现退休员工相对于其他员工来说会报告更高的抑郁和孤独感、更低的生活满意度和幸福感、对退休更消极的看法,和更低的活动强度(如 Kim & Moen, 2002; Richardson & Kilty, 1991)。另一些研究则发现退休对个体有积极的影响,而没有明显的负性作用(如 Gall et al., 1997)。Wang(2007)的一项研究为解决这一争议提供了证据。Wang 对一项纵向研究的数据使用增长混合模型(growth mixture modeling)的技术,发现在退休群体中同时存在着拥有不同形式退休适应过程的个体。约 70% 的退休人员在适应过程中有较少的心理状态的变化;约 25% 的退休人员在退休初期会表现出心理健康水平的下降,但之后会有所恢复;约 5% 的退休人员显示出了积极的心理健康变化。这项研究表明今后对于退休影响的研究需要更多地考虑个体差异,不能再使用统一的退休适应变化模式。

而对于影响退休适应的因素,大体可以划分五个方面:个体特质、退休前工作相关的变量、家庭相关的变量、退休过渡相关的变量和退休后的活动(Wang & Shultz, 2010)。其中,个体特质包括身体健康(如 van Solinge & Henkens, 2008)、心理健康(如 Kim & Moen, 2002)和经济地位(如 Gall et al., 1997)等;退休前工作相关的变量包括工作压力(Wang, 2007)、工作要求(Wang, 2007)、工作挑战(van Solinge & Henkens, 2008)、工作不满意(Wang, 2007)、退休前的解雇(Pinquart & Schindler, 2007)和工作角色认同(Quick & Moen, 1998)等;家庭相关的变量包括婚姻状况(Pinquart & Schindler, 2007)、配偶工作状况(Wang, 2007)、婚姻质量(Wang, 2007)、未经济独立的子女数量(Kim & Fledman, 2000)、丧失伴侣(van Solinge & Henkens, 2008)等;退休过渡相关的变量包括退休计划(Reitzes & Mutran, 2004)、提前退休(Quich & Moen, 1998)、因为健康原因退休(Quich & Moen, 1998)、因为经济激励退休(Quich & Moen, 1998)等;退休后的活动包括过渡型就业(Kim & Feldman, 2000)、志愿工作(Dorfman & Douglas, 2005)、休闲活动(Dorfman &

Douglas, 2005)、与社交活动有关的焦虑等(van Solinge & Henkens, 2008)。这些变量的总结可以参考表 11.2,同时,表 11.2 中还指出了每一个变量对退休适应过程的影响方向。总的来看,这些变量均带有资源的性质,可以归为生理资源、情感资源、认知资源、经济资源、社会资源、动机资源等类别之中(Wang, Henkens, van Solinge, 2011)。总之,这些发现表明个体生活中重大的资源变化是与退休适应的质量有密切关系的。

表 11.2 影响退休适应质量的预测变量的总结

预测变量所属的类别	预测变量	影响方向	研究的例子
个体特质	身体健康	+	van Solinge & Henkens, 2008
	心理健康	+	Kim & Moen, 2002
	经济状况	+	Gall et al., 1997
退休前工作因素	工作压力	+	Wang, 2007
	工作要求	+	Wang, 2007
	工作挑战	+	van Solinge & Henkens, 2008
	工作不满意	+	Wang, 2007
	退休前解雇	+	Pinquart & Schindler, 2007
	工作角色认同	−	Quick & Moen, 1998
家庭因素	婚姻状况	+	Pinquart & Schindler, 2007
	配偶工作状况	−	Wang, 2007
	婚姻质量	+	Wang, 2007
	未经济独立的子女数量	−	Kim & Fledman, 2000
	丧失伴侣	−	van Solinge & Henkens, 2008
退休过渡因素	退休计划	+	Reitzes & Mutran, 2004
	提前退休	−	Quich & Moen, 1998
	因健康原因退休	−	Quich & Moen, 1998
	因经济激励退休	+	Quich & Moen, 1998
退休后活动	过渡型就业	+	Kim & Feldman, 2000
	志愿工作	+	Dorfman & Douglas, 2005
	休闲活动	+	Dorfman & Douglas, 2005
	与社交有关的焦虑	−	van Solinge & Henkens, 2008

注:"+"表示对退休适应质量有正性影响,"−"表示对退休适应质量有负性影响。

§5 研究展望

在上面对近二十年来的退休问题的理论和实证研究进行了综述。接下来,我们将对未来该领域的研究方向提出一些建议和展望。这些建议和展望包括从人与环境匹配的角度理解退休决策和过渡型就业决策(如 Ostroff & Schulte, 2007)、从资源的角度去理解退休转换和退休适应过程(如 Hobfoll, 2002)、以及从动态的角度去理解过渡型就业的概念(如 Wang et al., 2009)。

回顾有关退休决策和过渡型就业决策的研究,尽管这些研究系统地考察了影响决策的不同层次(如个体、工作、组织和社会层次)的前因变量,但是这些研究使用的知情决策的研究方法并不适用于考察不同层次的变量如何共同作用对退休和过渡型就业决策造成影响的。将人—环境匹配框架(person-environment fit environment)融入到这些研究中可以帮助填补这一空白。根据人—环境匹配理论,人和环境之间的匹配程度决定了人们如何对环境做出反应,人和环境之间较高的相容性有助于产生正性的结果(Caplan,1987)。在这一理论下,退休的决策可能会是员工的个人特点(如人格、能力、动机、健康和经济状况)与环境(包括团队、上级、和组织等)之间的不匹配造成的。而退休员工决定参加过渡型就业可能是个人特点与退休环境(包括休闲活动、社会网络、养老金收入和医疗保险等)的不匹配。

再来看退休过渡和退休适应的文献,大都是基于各式各样的理论来进行研究的,每个理论下的研究结果可能只能解释一部分个体的行为结果(如 Pinquart & Schindler, 2007; Wang, 2007)。因此,我们需要一个具有较高普适性的理论来指导今后该领域的研究。资源理论便是一个很好的选择。对于退休员工,他们的资源包括身体资源(如肌肉力量; McArdle, Vasilaki, & Jackson, 2002)、认知资源(如信息处理速度和工作记忆; Park, 2000)、动机资源(如自我效能感; Bandura, 1997)、经济资源(如薪水和养老金; Taylor & Doverspike, 2003; Dormann & Zapf, 2004)、社会资源(如社会网络和社会支持; Kim & Feldman, 2000)和情感资源(如情绪; Dormann & Zapf, 2004)等。从资源的观点来看,退休员工在转换和适应阶段的主观感受的变化可以被视作为资源变化的结果。当个体的资源增加时,他们会产生更加正性的心理状态;反之则会产生负性的心理状态(如 Gorgievski-Duijvesteijn, Bakker, Schaufeli, & van der Heijden, 2005)。因此,在研究退休转换和退休适应的前因变量时,研究者们可以关注影响个体资源变化的变量,包括个体层次、工作层次、组织层次上的变量等。这样,研究者们可以更加全面地理解不同的退休过渡和退休适应结果是如何引起的。

在有关过渡型就业的文献中,大多数研究者将过渡型就业作为一个即时的决策事件(如 Davis, 2003; Feldman, 1994; Kim & DeVaney, 2005; von Bonsdorff et al, 2009)。我们建议今后过渡型就业的研究应该从动态的角度进行,并将过渡型就业视作为个体在退休决策之后、进入完全退休之前的一个重新进入劳动力市场的纵向过程。根据 Wang 等人(2009)的研究,在 1992 年到 1996 年之间退休的员工中间,有 50% 左右的员工有至少一次过渡型就业的经验。在这些员工之中,只有 33% 的员工在这 8 年中始终处于过渡型就业状态,而大多数的人(66%)在这段时间有着进入或退出过渡型就业的经历。也就是说,在不同的时间退休员工可能需要多次做出是否进行就业的决策。因此,从动态的角度研究过渡型就业有助于更加准确地把握过渡型就业决策的真实情况。

从这一部分的内容可以看出,有关退休问题的研究基本都是由国外学者实施的;而在中国,对退休问题的心理学研究还处于起步阶段,研究数量不多,且主题大多集中在退休员工的异常心理上,如抑郁症(如李芹英等,2009;邢凤梅,李建民,田喜凤,2004)。当然,也有少数研究关注了退休员工的正常心理状态,如主观幸福感(李幼穗,赵莹,张艳,2008),但这些研究也相对比较简单,没有系统考察退休对员工心理健康的影响机制。中国有着特殊的国情,老年人数量庞大,但老年人社会保障系统却并不完善。如何帮助退休老人在合适的时间离开岗位,以较好的心态应对退休生活中的问题,最终进入理想的退休生活,这是每一位心理学工作者应该思考的问题。因此,我们希望本章的内容能给国内相关领域研究者提供一些参考。

参考文献

AARP. (2005). *The business case of workers age 50+: Planning for tomorrow's talent needs for today's competitive environment*. Washington, DC: Author.

Adams, G. A., & Beehr, T. A. (1998). Turnover and retirement: A comparison of their similarities and differences. *Personnel Psychology*, 51: 643—665.

Adams, G. A., Prescher, J., Beehr, T. A., & Lepisto, L. (2002). Applying work-role attachment theory to retirement decision-making. *International Journal of Aging and Human Development*, 54: 125—137.

Adams, G., & Rau, B. (2004). Job seeking among retirees seeking bridge employment. *Personnel Psychology*, 57: 719—744.

Barnes-Farrell, J. L. (2003). *Beyond health and wealth: Attitudinal and other influences on retirement decision-making*. In G. A. Adams & T. A. Beehr (Eds.), Retirement: Reasons, processes, and results: 159—187. New York: Springer.

Bidwell, J., Griffin, B., & Hesketh, B. (2006). Timing of retirement: Including delay discounting perspective in retirement model. *Journal of Vocational Behavior*, 68: 368—387.

Brougham, R. R., & Walsh, D. A. (2007). Image theory, goal incompatibility, and retirement intent. *International Journal of Aging and Human Development*, 63: 203—229.

Davis, M. A. (2003). Factors related to bridge employment participation among private sector early retirees. *Journal of Vocational Behavior*, 63: 55—71.

DeVaney, S. A., & Kim, H. (2003). Older self-employed workers and planning for the future. *Journal of Consumer Affairs*, 37: 123—142.

Feldman, D. C. (1994). The decision to retire early: A review and conceptualization. *Academy of Management Review*, 19: 285—311.

Fronstin, P. (1999). Retirement patterns and employee benefits: Do benefits matter? *The Gerontologist*, 39: 37—47.

Gall, T. L., Evans, D. R., & Howard, J. (1997). The retirement adjustment process: Changes in the well-being of male retirees across time. *Journals of Gerontology: Psychological Sciences*, 52B: 110—117.

Gobeski, K. T., & Beehr, T. A. (2008). How retirees work: Predictors of different types of bridge employment. *Journal of Organizational Behavior*, 37: 401—425.

Greller, M. M., & Stroh, L. K. (2003). *Extending work lives: Are current approaches tools or talismans?* In G. A. Adams & T. A. Beehr (Eds.), Retirement: Reasons, processes, and results: 115—135. New York: Springer.

Gustman, A. L., & Steinmeier, T. L. (1986). A structural retirement model. *Econometrica*, 54: 555—584.

Hanisch, K. A., & Hulin, C. L. (1990). Job attitudes and organizational withdrawal: An examination of retirement and other voluntary withdrawal behaviors. *Journal of Vocational Behavior*, 37: 60—78.

Henkens, K., & Tazelaar, F. (1997). Explaining early retirement decisions of civil servants in the Netherlands: Intentions, behavior and the discrepancy between the two. *Research on Aging*, *19*: 129—173.

Jex, S., Wang, M., & Zarubin, A. (2007). *Aging and occupational health*. In K. S. Shultz & G. A. Adams (Eds.), Aging and work in the 21st century: 199—224. New York: Psychology Press.

Kanfer, R., & Ackerman, P. L. (2004). Aging, adult development, and work motivation. *Academy of Management Review*, *29*: 440—458.

Kim, J. E., & Moen, P. (2002). Retirement transitions, gender, and psychological well-being: A life-course, ecological model. *Journals of Gerontology: Psychological Sciences*, *57B*: P212-P222.

Kim, S. (2003). The impact of research productivity on early retirement of university professors. *Industrial Relations: A Journal of Economy & Society*, *42*: 106—125.

Kim, S., & Feldman, D. C. (2000). Working in retirement: The antecedents of bridge employment and its consequences for quality of life in retirement. *Academy of Management Journal*, *43*: 1195—1210.

Lund, T., & Villadsen, E. (2005). Who retires early and why? Determinants of early retirement pension among Danish employees 57—62 years. *European Journal of Aging*, *2*: 275—280.

Mears, A., Kendall, T., Katona, C., Pashley, C., & Pajak, S. (2004). Retirement intentions of older consultant psychiatrists. *Psychiatric Bulletin*, *28*: 130—132.

Morrow-Howell, N., & Leon, J. (1988). Life-span determinants of work in retirement years. *International Journal of Aging and Human Development*, *27*: 125—140.

Pinquart, M., & Schindler, I. (2007). Changes of life satisfaction in the transition to retirement: A latent-class approach. *Psychology and Aging*, *22*: 442—455.

Quinn, J. F. (1997). Retirement trends and patterns in the 1990s: The end of an era? *Public Policy and Aging Report*, *8*: 10—14.

Reitzes, D. C., & Mutran, E. J. (2004). The transition into retirement: Stages and factors that influence retirement adjustment. *International Journal of Aging and Human Development*, *59*: 63—84.

Ruhm, C. J. (1994). Bridge employment and job stopping: Evidence from the Harris/ Commonwealth Fund Survey. *Journal of Aging & Social Policy*, *6*: 73—99.

Shultz, K. S., Morton, K. R., & Weckerle, J. R. (1998). The influence of push and pull factors on voluntary and involuntary early retirees' retirement decision and adjustment. *Journal of Vocational Behavior*, *53*: 45—57.

Shultz, K. S., Taylor, M. A., & Morrison, R. F. (2003). Work related attitudes of Naval officers before and after retirement. *International Journal of Aging and Human Development*, *57*: 259—274.

Shultz, K. S., & Wang, M. (2011). Psychological perspectives on the changing nature of retirement. *American Psychologist*, *66*, 170—179.

Shultz, K. S., & Wang, M. (2007). The influence of specific health conditions on retirement decisions. *International Journal of Aging and Human Development*, *65*: 149—161.

Shultz, K., Wang, M., Crimmins, E., & Fisher, G. (2010). Age differences in the demand-control model of work stress: An examination of data from 15 European countries. *Journal of Applied Gerontology*, *29*: 21—47.

Talaga, J. A., & Beehr, T. A. (1995). Are there gender differences in predicting retirement decisions? *Journal of Applied Psychology*, *80*: 16—28.

Taylor, M. A., Goldberg, C., Shore, L. M., & Lipka, P. (2008). The effects of retirement expectations and social support on post-retirement adjustment: A longitudinal analysis. *Journal of Managerial Psychology*, 23: 458—470.

Taylor, M. A., Shultz, K. S., Morrison, R. F., Spiegel, P. E., & Greene, J. (2007). Occupational attachment and met expectations as predictors of retirement adjustment of naval officers. *Journal of Applied Social Psychology*, 37: 1697—1725.

van Solinge, H., & Henkens, K. (2008). Adjustment to and satisfaction with retirement: Two of a kind? *Psychology and Aging*, 23: 422—434.

Wang, M. (2007). Profiling retirees in the retirement transition and adjustment process: Examining the longitudinal change patterns of retirees' psychological well-being. *Journal of Applied Psychology*, 92: 455—474.

Wang, M., Henkens, K., & van Solinge, H. (2011). Retirement adjustment: A review of theoretical and empirical advancements. *American Psychologist*, 66, 204—213.

Wang, M., Zhan, Y., Liu, S., & Shultz, K. (2008). Antecedents of bridge employment: A longitudinal investigation. *Journal of Applied Psychology*, 93: 818—830.

Weckerle, J. R., & Shultz, K. S. (1999). Influences on the bridge employment decision among older USA workers. *Journal of Occupational and Organizational Psychology*, 72: 317—330.

Zhan, Y., Wang, M., Liu, S., & Shultz, K. (2009). Bridge employment and retirees' health: A longitudinal investigation. *Journal of Occupational Health Psychology*, 14: 374—389.

李芹英, 孔英, 赵爽, 焦淑莉, 郑愈梅(2009). 住院离退休老干部抑郁相关因素调查及分析. 中国健康心理学杂志, *11*, 1321—1323.

李幼穗, 赵莹, 张艳(2008). 退休老人的主观幸福感及其影响因素. 中国临床心理学杂志, *16*, 591—593.

邢凤梅, 李建民, 田喜凤(2004). 离退休老年人抑郁状况及其相关因素与社区护理. 中国老年学杂志, *11*, 1014—1015.

12

工作态度

工作态度是员工对工作所持有的情感、认知和行为倾向,是管理心理学中最重要的研究内容之一。工作态度在管理心理学中起到很重要的桥梁作用:态度形成会受到组织环境、个体差异和工作特征等许多内部和外部的因素的影响,同时,工作态度还会作用于个体在组织中的工作绩效以及其他行为,如组织公民行为和离职行为等。因此,了解工作态度的概念及其影响机制尤为重要。本章我们关注了两种最重要的工作态度——工作满意度和组织承诺,重点讨论两种工作态度的理论研究进展。

§1 工作满意度

1.1 工作满意度的概念和特性

工作满意度(job satisfaction)是个体对工作的多维度心理反应,这种反应包括认知、情感和行为三种成分。三种成分可以分别通过测量个体对工作特征的评价、测量个体对工作中发生的事件的情绪反应以及测量个体在工作中的行为倾向和意图来进行量化(Hulin & Judge, 2003)。

然而,并非所有的工作满意度研究都考虑了工作满意度的三个方面。工作满意度是一种重要的工作态度,而工作态度又是一般的社会态度的特例。因此,有许多研究者从社会态度的角度对工作态度进行了研究。由于在社会态度的概念中,许多研究者着重强调了认知评价的重要性(Campbell, 1963; Eagley & Chaiken, 1993; Fishbein, 1980; Fishbein & Ajzen, 1972, 1975; Thurstone, 1928; Triandis, 1980),因此许多工作满意度的研究都以员工对工作的认知评价作为工作满意度的测量(Hulin & Judge, 2003)。这些研究也确实发现了工作满意度与它的前因和结果变量确实存在比较稳定的关系(Roznowski & Hulin, 1992)。然而,态度还包含情感和行为另外两种成分,如果仅仅将从认知角度考察的工作满意度研究成果作为这个概念的网络框架,则未免有些片面。虽然也有人提到了态度中的情感和行为成分(如 Eagley & Chaiken, 1993),不过持这种观点的研究者比较少。

Triandis (1980), Fishbein (1980), Eagley 和 Chaiken (1993)等人的研究开始将个体的情感反应加入到社会态度的测量中。然而,在这些研究中,研究者发现个体对事物的情感和情绪反应并不能稳定预测个体的行为倾向和行为。Weiss 和 Cropanzano (1996)认为,上述研究中对将情感和情绪作为一种稳定的、类似特质的变量进行测量是出现不理想结果的原因。因此他们在研究中记录了个体即时的情感,通过动态测量的方法捕捉个体内情绪和情感的变化对行为倾向和行为的影响。这一方法成为了他们提出的情感事件理论的基础,该理论在后文有详细的描述。

总之,工作满意度是一个包含多种态度成分的概念,仅从认知或者仅从情感的角度去考察工作满意度都是不全面的。以下我们首先来看工作满意度中理论较多的部分——从认知角度对工作满意度进行考察的理论模型。

1.2 工作满意度的理论模型

这一部分我们将会关注五种理解工作满意度的理论模型,这些理论大多都强调了认知评价对工作满意度的作用。当然,这些理论只是众多工作满意度理论中的一部分(Hulin & Judge, 2003)。

1.2.1 Cornell 模型

Cornell 的工作态度模型(Hulin, 1991; Smith, Kendall, & Hulin, 1969)是一系列工作态度和退休态度研究的理论基础。这些研究的两个主要成果是工作描述指数量表(Job Descriptive Index)和退休描述指数量表(Retirement Descriptive Index),前者现在被广泛地应用于工作满意度的测量之中(Cranny, Smith, & Store, 1992; DeMeuse, 1985)。Cornell 的修订版模型如图 12.1 所示。这个图描述了影响参照框架(frames of reference)的来源以及它们是如何影响工作角色的成本与工作角色产出的价值的。

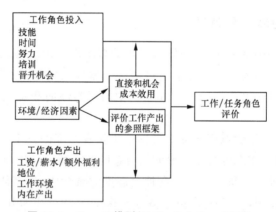

图 12.1 Cornell 模型(Hulin & Judge, 2003)

Cornell 模型与其他工作态度理论模型的不同之处在于,它强调了参照框架对工作产出评价的影响。模型中评价工作产出的参照框架来源于 Helson(1948, 1964)的适应水平理论(adaptation-level theory)。参照框架来自于个人的经验,可以用于解释不同的个体在客观上相同的工作中表现出了不同水平的工作满意度的原因。例如某些雇员在客观上不愉快的岗位上工作,几乎没有积极的产出,但却表达出对工作和工作环境积极的评价;而另一些看上去有一份令人向往的工作的人却对自己工作的评价很低。这种态度上的差异受到个体参照框架的影响,如果个体认为自己的投入产出比不如参照框架下的其他员工,他们便倾向于对自己的工作持有较低评价;反之,则会对工作持有较高评价。因此,这两类持有类似工作但却对工作有截然不同评价的员工在工作满意度上面的表现也是截然不同的。

另外，Cornell 模型还强调了外部因素（如环境因素和经济因素）对个人和组织工作态度的影响，强调了这些因素是怎样通过影响参照框架进而影响对工作的评价的。Kendall(1963)调查了 21 个不同社区的 21 家公司，发现社区繁荣程度和工作满意度呈显著的负相关。Hulin(1966)将研究规模扩大到生活在 300 个不同社区的 1950 名员工，发现了同样的结果。研究者使用了参照框架的概念来解释这样的结果。在那些比较贫穷的社区内，工作机会较少，工作环境较差，工资也较低，那些拥有工作的人知道如果不做现在的工作，等待他的可能是更差的工作，甚至是没有工作，因此他们对工持有较高的评价；而在富裕社区的人们则具有较高的参照框架，认为他人的工作更好，而对自己的工作持有较低的评价。因此，环境条件会对参照框架造成影响，员工对工作的态度进而也会受到影响。

总之，Cornell 模型最重要的贡献是将影响工作态度的因素从员工和组织本身扩大到更大的社会和经济环境中，为之后的研究提供了新的视角。

1.2.2 Thibaut 和 Kelley 的满意度比较水平模型

Thibaut 和 Kelley(1959)的比较水平模型(comparison level model)也可以用来解释工作满意度的产生。这个模型的核心在于个体对当下角色和先前角色的产出的比较。个体过去所有角色的经验会为个体提供一个进行比较的基准，称为比较水平(comparison level，CL)。个体如果能在当下角色中获得比比较水平更多的结果，便会产生满意感；反之，则会产生不满意感。将这一模型应用到工作情景下，便可以得到比较水平与工作满意感的关系。不过，这一应用是基于以下两个前提的：一是个体在不同时期经历的工作角色是可以进行类比的；二是个体可以直接或间接地受到过去角色经验的影响。

在 Thibaut 和 Kelley(1959)的模型中还有一个重要比较水平，叫做可供选择的比较水平(comparison level for alternatives，CL_{ALT})。可供选择的比较水平是指个人从当下可供选择的角色中得到的最高产出。这一概念可以从机会成本的角度去理解，即选择某一角色后，那些被放弃的角色可能带来的产出。当前角色的产出与的可供选择的比较水平之间的差异决定了个人改变角色的可能性。Thibaut 和 Kelley(1959)关于比较水平和可供选择的比较水平的假设如表 12.1 所示。

表 12.1 比较水平，可供选择的比较水平和行为三者之间的关系

当前角色产出	比较水平	可供选择的比较水平	满意度	行为
情境 1	>	>	满意	留下
情境 2	>	<	满意	离开
情境 3	<	>	不满意	留下
情境 4	<	<	不满意	离开

注：>和<表明角色在此情境下的产出比比较水平或可供选择的比较水平高或者低。

表 12.1 显示了当前角色产出、比较水平、可供选择的比较水平、满意度和退出行为之间的关系。>和<表明了角色的产出比比较水平和可供选择的比较水平多或者少。满意度受比较水平影响。行为受可供选择的比较水平的影响。需要指出的是，从一个角色退出不仅仅意味着离职。退出一个关系可以有很多形式，如缺勤和早退(Hanisch & Hulin, 1990, 1991; Simon, 1975)。

这一模型简洁地给出了比较水平、可供选择的比较水平、满意度和退出行为之间的关

系,但实际上这几个变量之间的关系是十分复杂的。实证研究发现满意度与离职(退出行为的一种)之间有负相关关系,而当地的经济条件则可以通过可供选择的比较水平来调节上述的负相关关系。当经济条件较差时,可供个体选择的产出理想的工作角色较少,可供选择的比较水平较低,此时由工作满意度预测的离职行为较少;而当经济条件较好时,可供个体选择的理想工作角色较多,可供选择的比较水平较高,工作满意度预测的离职行为更多(Hanisch & Hulin, 1990, 1991; Hulin, 1991)。总之,不同的环境下各种退出行为会表现出差异(Hanishc, Hulin, & Seitz, 1996)。

总的来看,Thibaut 和 Kelley(1959)最重要的贡献在于考察了不同外部因素对工作态度和工作行为的交互影响。

1.2.3 价值—知觉模型

Locke(1976)将价值定义为人们渴望得到的或者认为重要的东西。他的价值—知觉模型(value-percept model)认为工作满意度产生于个体对重要价值的依恋。这个模型将工作满意度表示如下:

$$工作满意度 = (想要的 - 已经有的) \times 重要性$$

Locke 认为只有个体认为工作中某些要素是重要的时候,他想要的东西与实际得到的东西之间的差距才会引起满意感或者不满意感。例如那些认为薪水很重要的员工,对想要的薪水和实际得到的薪水水平之间的差距更敏感,更容易产生满意感。由于人们在形成工作满意度时会考虑许多方面,因此上述对价值的知觉和比较会涉及工作的各个方面,然后根据每一方面权重的不同,综合起来对总体工作满意度造成影响。但是,有研究者指出了这里的权重概念实际上是很难进行操作的,影响了价值—知觉模型的应用性(Mikes & Hulin, 1968)。

需要指出的是,尽管在概念上人们想要的东西与人们想要的东西的重要性是截然不同的,但在实际生活中,人们往往无法区分这两个概念。一般来说,人们认为重要的东西往往也是他们想要得到的东西。Dachler 和 Hulin(1969)发现对工作某方面的满意度与对这方面的重要性的评价之间具有强烈的正相关。

总的来看,价值—知觉模型最重要的贡献在于考虑了在价值判断上的个体差异,即个体只有对真正重视的事物才会产生满意度或者不满意。但这一模型忽略了外界因素,包括工作的机会成本、环境条件和经济因素等等,并且存在着"权重"的概念很难进行操作的问题。

1.2.4 工作特征模型

工作特征模型(job characteristics model, JCM)认为工作特征的丰富是让员工满意自己工作的核心要素。这个模型由 Hackman 和 Oldham(1976)提出,它关注 5 个核心工作特征,这些特征让工作有挑战性、充实,并且提供给人们更多的满意度和动力:① 任务一致性:在多大程度上工作需要员工从始至终都参与其中;② 任务重要性:在多大程度上员工认为自己的工作具有重要性(如影响其他人的工作或生活);③ 技能多样性:完成一项工作涉及的范围,包括各种技能和能力;④ 自主性:在多大程度上允许员工自由、独立地进行工作;⑤ 反馈:员工能及时明确地知道所从事的工作的绩效及其效率。

JCM 已经得到了实证研究中许多直接或间接证据的支持。当要求员工评价工作不同方面如薪水、晋升机会、同事等的重要性时,工作本身的性质始终是被认为最重要的方面

(Jurgensen,1978)。出现这种情况并不奇怪,因为工作满意度的研究者已经发现了在工作满意度的几个主要方面(包括薪水,晋升机会,同事,督导,整体组织和工作本身等)之中,对工作本身的满意度与整体工作满意度之间有最强的相关(如 Rentsch & Steel,1992),也可以说,工作本身的满意度已经成为了整体工作满意度最重要的因素(Herzberg, Mausner, Peterson, & Capwell,1957)。以上这些证据均表明了任务本身的性质在工作满意度中的重要性,为工作特征模型提供了坚实的基础。

Hachman 和 Oldham(1976)还提出了成长需要强度(growth need strength, GNS)这一概念来解释工作特征对工作满意感的影响之中的个体差异。所谓成长需要强度,是指个体对自我发展和自我实现的需要。GNS 较高的员工希望工作可以为他们的个人成长带来更多的帮助,因此工作特征对这些员工尤为重要。对于那些 GNS 较高的员工,工作特征与工作满意度的关系($r=0.68$)显著高于 GNS 较低的员工($r=0.38$;Frye,1996)。然而,即使是对 GNS 较低的员工,工作特征与工作满意度之间的关系依然显著。

JCM 模型也存在着一些缺陷。第一,大多数与 JCM 有关的研究都采用了自陈式量表对工作特征进行测量,这对 JCM 的效度提出了质疑(Roberts & Glick,1981)。第二,GNS 的构想效度受到了许多研究者的质疑。这一概念本身就有些模糊,它反映的到底是一种文化背景还是人格特质?还有没有其他的变量可以对工作特征—工作满意度的关系起到调节作用?这些问题都构成了对 GNS 效度的质疑(Turner & Lawrence,1965;Hulin & Blood, 1968)。

1.2.5 特质影响

还有一种观点认为工作满意度具有特质的成分。Staw 和 Ross(1985)使用 National Longitudinal Surveys (NLS)进行调查,发现了工作满意度随着时间具有一定的稳定性,两年前与两年后工作满意度的相关系数为 0.42,三年后为 0.32,五年后为 0.29。他们还发现在 5 年后,即使员工已经更换了上司或者组织,工作满意度依然能保持一个 0.19 的中等相关性。最后,他们还发现与薪酬上和地位上的变化相比,对先前工作的满意度可以更好的预测当前的满意度。不过,Staw 和 Ross(1985)的研究受到了一些批评(例如 Davis-Blake & Pfeffer,1989;Gerhart,1987;Gutek & Winter,1992;Newton & Keenan,1991)。这些批评认为,Staw 和 Ross 的研究并没有直接测量个体的特质,因此很难得出结论说工作满意度具有特质的成分。另外,工作的改变也并不总意味着工作特征、内容和质量的变化,个体很可能在工作选择上具有一致性,因此工作满意度的一致性有可能仅仅是因为他们选择了和之前差不多的工作,而并非工作满意度本身具有一致性。

为了弥补上述缺点,Staw,Bell 和 Clausen(1986)使用了一套纵向研究工具进行了一项跟踪研究。这份数据中记录了以往心理学家对一群孩子的各种心理特点的评分记录,其中有 17 项代表了情感特质,如消极的、温和的、欣喜的等。他们对这些个体进行了跟踪,结果发现,在被试 12—14 岁时测得的情感特质与他们 54—62 岁时测得的总体工作满意度具有较强的相关性,相关系数达 0.34。

在另一项研究中,Arvey,Bouchard,Segal 和 Abraham(1989)在 34 对分开成长的同卵双生子进行了研究,也发现了每对同卵双生子的工作满意度有较高的相关性,相关系数达 0.31。出现这一结果的一种解释是双胞胎由于遗传上的一致性,在能力和其他一些方面保持一致,因而会选择类似的工作、进入类似的组织,造成了工作满意度上面的一致性。为了排除这种解释的可能性,Arvey 等人(1989)使用了职业名称字典(Dictionary of Occupational Titles,DOT)来划分被试的职业类型并在统计中进行控制,发现控制了被试的职业类型后,双胞胎的工作满意度依然保持较高的一致性($r=0.29$),这一研究发现了人们生来可能就具有对工作满意或者不满意的特质,对工作满意度的特质成分研究做出了重大的贡献。

在 Staw 和 Ross(1985)、Staw 等(1986)、Arvey 等(1989)等几个开创性研究之后,有关工作满意度的特质成分以及影响工作满意度的特质的研究开始大量展开。其中有的研究者使用正性情感特质(positive affectivity,PA)和负性情感特质(negative affectivity,NA)作为工作满意度的特质影响变量。正性情感特质用来形容一种使个体更倾向于感受到愉快、自信以及受到关注的特质;而负性情感特质则用来形容一种使个体倾向于感受到害怕、难过、愧疚和敌意的特质。已经有一些研究发现正性和负性情感特质都与工作满意度有关(如 Agho, Muller, & Price, 1993; Brief, Butcher, & Roberson, 1995; Levin & Stokes, 1989; Necowitz & Roznowski, 1994; Watson & Slack, 1993)。

然而,许多研究者指出 PA 和 NA 理论存在不可取之处。一是 PA 和 NA 到底是一个维度的两端还是两个独立维度这一问题始终没有定论(Watson, 2000)。二是 PA 和 NA 到底是测量情感特质还是当下的情感状态也存在混淆(Weiss et al., 1999; Miner et al., 2001)。因此,有的研究者另辟蹊径,如 Judge, Locke 和 Durham(1997)关注了核心自我评价对工作满意度的影响。

核心自我评价(core self-evaluation)是个体关于自己、自己的作用以及世界的基本信念。核心自我评价包含很大范围的一群特质,Judge 等人认为主要包含以下四种:自尊、一般自我效能感、神经质和控制源。在此基础上,Judge 等人提出了一个将核心自我评价与工作满意度联系到一起的模型,如图 12.2 所示。从图中可以看出,这个模型不仅包括了核心自我评价,还包含了个体对现实的评价(对更广泛环境的整体信念)以及对他人的评价(对他人动机和行为的信念)。实证研究也发现了核心自我评价确实可以影响工作满意度,如 Judge 和 Bono(2001)对 59871 个被试的数据的元分析研究发现两者之间的相关系数达 0.37。

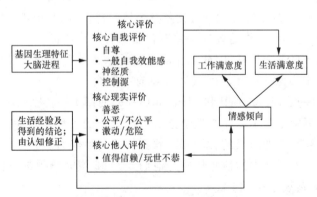

图 12.2 工作态度的核心自我评价模型(Hulin & Judge, 2003)

不过,使用核心自我评价作为工作满意度的特质影响变量也存在一些问题,其中受到批评最多的在于这些研究中员工自评和他评的方法对核心自我评价进行测量得到的结果存在一定的差异,这降低了核心自我评价在模型中的效度。由于工作本身也可能是核心自我评价的一部分来源,采用员工自评得到的核心自我评价可能包含工作态度的一部分,当然也会与工作满意度之间存在相关(Hulin & Judge,2003)。另外,本书中有专门的一章详细介绍核心自我评价的概念,有兴趣的读者可以阅读相关内容。

除了 PA 和 NA 的观点、核心自我评价的观点,还有研究者认为大五人格也是影响工作满意度的特质。一些研究者将 PA 和大五中的外向性(extraversion)等同了起来、将 NA 和大五中的神经质(neuroticism)等同了起来(Brief,1998;Watson,2000),因此有人便认为大五人格也可以作为影响工作满意度的特质(如 McCrae & Costa,1997)。为此,Judge,Heller 和 Mount(2001)使用元分析的方法对上述三种观点所涉及的变量与工作满意度之间的关系进行了比较,结果如表 12.2 所示。

表 12.2 特质与工作满意度关系的元分析结果

特质	r 的均值	p 的均值
大五人格		
神经质	-0.24	-0.29[a]
外向性	0.19	0.25[a]
开放性	0.01	0.02
宜人性	0.13	0.17
尽责性	0.20	0.26
核心自我评价特质		
自尊	0.20	0.26[a]
一般自我效能感	0.38	0.45[a]
控制源	0.24	0.32[a]
情绪稳定性	0.20	0.24[a]
正性和负性情感特质		
PA	0.41	0.49[a]
NA	-0.27	-0.33[a]

注:r 是指未校正的相关系数,p 是指校正过的相关系数,[a] 代表 80% 置信区间内不包含 0。

从表 12.2 中可以看到,大五人格中的神经质和外向性、四个核心自我评价特质变量以及 PA 和 NA 都对工作满意度有预测作用。至于三组变量中谁的作用最大,Judge 和 Heller(2001)认为核心自我评价是最有效的预测变量。总的来看,这三组变量一共可以解释自评测量的工作满意度 36% 的方差和他评得到的工作满意度 18% 的方差。Judge 和 Heller(2001)还建议可以将这三组变量重新分类——第一组是核心自我评价特质、神经质和 NA,第二组是外向性和 PA,第三组是尽责性。他们发现尽管这三组变量都可以预测工作满意度,但只有第一组变量在所有研究中都起到了预测作用。

总之,这一部分的重点在于讨论到底哪些特质可以用来预测工作满意度。已往研究中的发现只能在部分程度上解释工作满意度,我们仍然需要更多的研究关注工作满意度的特质影响变量。

1.2.6 对上述几种理论模型的比较

图 12.3～图 12.6 使用图表的形式总结了上述五种理论模型中的四种：Cornell 模型、Thibaut-Kelley 比较水平模型、Locke 的价值—感知模型以及特质影响模型。

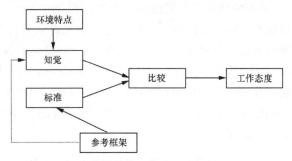

图 12.3　Cornell 模型的图形描述（Hulin & Judge, 2003）

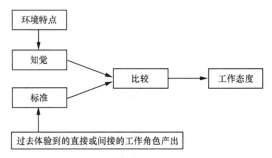

图 12.4　Thibaut-Kelly 比较水平模型的图形描述（Hulin & Judge, 2003）

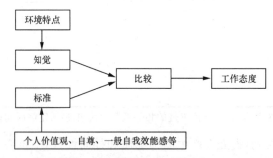

图 12.5　Locke 的价值—感知模型的图形描述（Hulin & Judge, 2003）

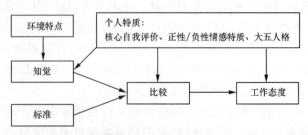

图 12.6　特质影响模型的图形描述（Hulin & Judge, 2003）

从图中可以看出,这些工作态度理论在表现形式上具有很高的相似性。员工对工作产出的判断与对实际情况的知觉和自己已有的标准有关。这些标准受到一系列因素的影响,包括评价工作产出的参考框架和核心自我评价等。员工会对工作产出(有时候也包含投入)与已有的标准进行比较,这种认知上的"比较器"最终会产生员工对工作的评价,即工作满意度。

与文字描述相比,上述的图形描述更加清楚地展示了不同理论模型之间的相似性。尽管模型之间存在相似性,但每个模型又有强调的侧重点,因此并不能认为这些看上去在表述上存在相似性的模型是冗余的。相反,这些模型结合在一起可以为我们提供理解工作满意度的更广泛的视角。例如,我们可以发现所有这些模型都忽视了工作满意度的一个重要方面:没有一个模型考虑了即时(on-the-job)的情感或情绪对工作满意度的影响。由于情感是态度的一个重要成分,动态情感对工作满意度的影响应该是不容忽视的,这为今后的研究提供了新的方向。

尽管模型之间有相似性,模型之间的比较也同样重要。一种比较的方法是从工作满意度的影响来源入手。工作特征模型和价值—感知模型强调了工作特征的影响,并认为工作特征对满意度的影响受到价值观或者成长需要强度的调节作用。核心自我评价及其他特质理论则强调了个体及其他微观层面对满意度的作用。而 Cornell 模型和比较水平模型将环境因素纳入到考虑范围之内。

1.3 工作满意度研究的新方向

上面我们也提到了,目前的工作满意度模型几乎没有考虑即时的、动态的情感成分对工作满意度的影响。Weiss 和 Cropanzano(1996)已经呼吁研究者们要注意情感(affect)对工作满意度的影响,并认为对工作的情感评价和对工作的认知评价的前因变量是不同的两组变量。为此,他们提出了情感事件理论(affective events theory, AET),将工作事件(job events)与工作满意度联系起来,认为工作中出现的即时事件会对个体对工作的情感评价造成影响。该理论还假设工作的情感评价和认知评价分别影响不同类型的行为。对工作的认知评价和情感评价共同构成工作态度,其中认知评价会影响一些理性的、长期的行为,如离职和退休,这些行为被称作判断驱动行为(judgment-driven behavior);而情感评价则会影响一些自发的、短期的行为,如工作退缩和组织公民行为,这些行为被称作情感驱动行为(affect-driven behavior)。这一模型对情感的强调可以为今后的研究者们提供启示,图 12.7 是 AET 的简化图形表示。

情感是指个体对他们的工作以及发生在工作中的事件的情感体验。与同事的争吵、突然受到主观的表扬、听到其他公司涨薪的传闻等等发生在工作中的事件都会对员工在工作中的情感状态造成影响(Miner et al.,2001)。这些事件是即时的,但却可能会对员工对工作的评价造成长久的影响。这种影响还会体现在员工的行为中,如是否帮助同事完成任务、花多长时间通过电话为顾客提供帮助等(Miner,2001)。对工作的认知评价形成的工作态度往往是稳定的,但情感评价形成的工作态度则是受到即时事件的影响,最终体现在表现出积极或消极的行为之中。

与其他工作满意度理论相比,AET 具有以下特点。第一,它区分了工作特征和工作事

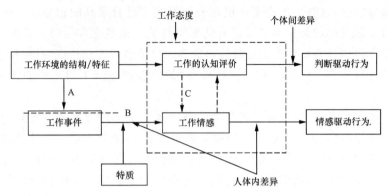

A: 对工作事件的影响
B: 工作事件和工作结构\特征之间的模糊边界(fuzzy boundary)
C: 评价\情感连结

图 12.7 情感事件理论的图形表示

件,尽管工作特征(如人力资源政策)有时会对工作事件的分布造成影响。第二,它强调了情感成为也是工作满意度的一部分。第三,它认为工作态度的不同成分影响不同类型的行为。第四,该理论强调了个体内差异(within-person difference)和个体间差异(between-person difference)在工作态度—工作行为关系之间的不同作用。所谓个体内差异是指同一个体在不同时间表现出的在行为、态度等上面的差异,个体间差异则是不同个体之间在某一变量上的差异。Miner(2001)发现表现出较高正性情感的个体更有可能发生组织公民行为和助人行为;而当关注某一个体时,他\她在不同时间内表现出的正性情感却和组织公民行为及助人行为呈负相关。这为我们提供了启示,工作态度的变化不仅仅由个体差异引起,其中的一部分方差有可能可以由个体本身行为和态度上的变化来解释。因此,使用多水平分析的研究方法来分解工作态度的方差,考察个体内成分和个体间成分的关系,是一个值得考虑的新研究方向。

1.4 工作满意度的测量

工作满意度的测量工具数量十分繁多,有许多工作满意度的量表是研究者自行开发、未经过效度检测的。这些量表有些是让被试在里克特式量表上对工作的薪酬、上级的管理、工作的内容等等进行评价,有些是让被试对工作的若干不同特征的满意度进行评价,还有一些则考察了被试在多大程度上认为工作满足了自己的需求(Hulin & Judge, 2003)。与这些未经过效度检验的量表不同,由 Smith 等人开发(1969)、Roznowski(1989)修订的工作描述指数(Job Descriptive Index, JDI)量表,工作诊断调查表(Job Diagnostic Survey, JDS)(Hackman & Oldman, 1976),明尼苏达满意度量表(Minnesota Satisfaction Questionnaire, MNSQ)(Dawes, Dohm, Lofquist, Chartrand, & Due, 1987)以及组织反应指数问卷(Index of Organizational Reaction, IOR)(Dunhan & Smith, 1979;Dunham, Smith, & Blackburn, 1977)这四个量表是目前经过许多研究者的验证并且使用最广泛的工作满意度测量工具。

工作指数量表可衡量员工对工作本身、薪资、升迁、上司和同事等五个方面的满意度,而这五个方面满意度分数的总和,可以代表整体工作满意度的分数。JDI 的特点是不需要被试说出内心感受,只是根据不同方面找出不同的描述词,由其选择即可。因此,对于教育程度较低的被试也可以容易的回答。工作诊断调查表可以测量员工的一般满意度、内在工作动机和特殊满意度(包括工作安全感、待遇、社会关系、督导及成长等方面);此外,它还可以测量员工的特性及个人成长需求强度。明尼苏达满意度量表分为长式量表(21 个分量表)和短式量表(3 个分量表)。短式量表包括内在满意度、外在满意度和一般满意度 3 个分量表。长式量表包括 100 道题目,可以测量员工对 20 个工作方面的满意度及一般满意度。组织反应指数问卷则确认了工作满意度的 8 个维度:上级、工作种类、同事、工作环境、经济奖励、事业前景、公司认同和工作量。共包括 42 道题目。

§2 组织承诺概念研究的新进展

2.1 传统的组织承诺三因素模型

组织承诺最早由 Becker(1960)提出,可以被定义为由个体对组织的投入而产生的维持个体在组织中"活动一致性"的倾向。在组织中,这种投入包括一切有价值的东西,如技能、精力、福利等。Becker 认为组织承诺是员工随着投入的增加而不得不留在组织中继续工作的心理现象。作为一种工作态度,组织承诺的概念在近些年得到了研究者们的大量关注,其中 Allen 和 Meyer (1990)提出的组织承诺三因素模型(three-component model of organizational commitment,TCM)产生了最为广泛的影响。他们认为组织承诺包含三种成分:情感承诺(affective commitment)、持续承诺(continuance commitment)和规范承诺(normative commitment),这三种成分都强调了一种"将个体与组织联系到一起的心理状态"(Allen & Meyer, 1990)。情感承诺是指员工对组织的情感依恋、认同感和投入度。员工由于情感承诺而表现出来的忠诚和努力主要是由于对组织有深厚的感情,而非物质利益。持续承诺是指员工对于离开组织所带来的损失的感知,是员工为了不失去多年努力换来的待遇和成果而不得不继续留在组织中的一种承诺。规范承诺则是员工对继续留在组织中的义务感的感知,由于长期受到社会影响产生了社会责任,员工产生了这种继续留在组织中的承诺(Allen & Meyer, 1990)。这一模型将以往研究中出现的对组织承诺概念的三种不同理解联系到了一起,因此受到了西方学者的青睐(Becker, 1960; Buchanan, 1974; Kanter, 1968; Mathieu & Zajac, 1990; Mowday, Porter, & Steers, 1982; Salancik, 1977; Wiener, 1982; Wiener & Vardi, 1980)。

在 TCM 中,三种成分带有不同的态度倾向:"具有强烈情感承诺的人留在组织中是因为他们想要留下,具有强烈持续承诺的人留在组织中是因为他们需要留下,具有强烈规范承诺的人留在组织中是因为他们觉得自己应该留下"(Allen & Meyer, 1990)。由于 TCM 的三种成分均反映了员工对于组织的心理状态,因此这一模型让组织承诺这个概念能够很好地反映态度的成分,也使得组织承诺成为了工作态度领域研究中的重要部分。而 TCM 模型也成为了目前组织承诺领域占据最重要地位的模型(如 Bentein, Vandenberg, Vandenberghe, & Stinglhamber, 2005; Cohen, 2003; Greenberg & Baron, 2003)。

2.2 TCM 在实证研究中的困境

尽管 TCM 得到了研究者们的广泛认同,但随着研究的展开,越来越多的实证研究的结果表现出了与 TCM 不一致的地方(Allen & Meyer, 1996; Ko, Price, & Mueller, 1997; McGee & Ford, 1987; Meyer, Stanley, Herscovitch, & Topolnytsksy, 2002)。针对这些不一致的结果,Meyer 等人对组织承诺的测量工具进行了修改(Meyer, Allen, & Smith, 1993; Powell & Meyer, 2004)。然而,Solinger, van Olffen 和 Roe (2008)则认为出现上述不一致的原因并不在于组织承诺的测量,而是在于组织承诺的基本概念上。为此,他们 2008 年在《应用心理学杂志》(*Journal of Applied Psychology*)上面发表了一篇文章,详细讨论了 TCM 的弊端以及组织承诺的新概念。

实证研究中发现的 TCM 的不适用之处主要有两个:持续承诺作为组织承诺的一个单独维度的合理性问题,以及情感承诺与规范承诺的关系问题。这两个问题都涉及了组织承诺这一概念的构想效度(construct validity),其中前者与汇聚效度(convergent validity)有关,后者与区别效度(discriminate validity)有关。第一,许多研究发现持续承诺与情感承诺、与一些情感或态度变量、与重要的相关工作结果变量(如组织公民行为)之间的关系呈弱的负相关甚至不相关(如 Cohen, 2003; Dunham, Grube, & Castaneda, 1994; Hackett, Bycio, & Hausdorf, 1994; Ko et al., 1997; Meyer et al., 2002)。而 Meyer 等人(2002)的一篇元分析研究发现持续承诺和情感承诺之间的相关系数只有 0.05。另外,持续承诺与工作投入度之间的相关系数为 0.03,与总体工作满意度之间的相关系数是 -0.07,与组织公民行为之间的相关系数是 -0.01。这些结果对持续承诺的聚合效度提出了质疑。第二,研究发现规范承诺始终与情感承诺之间具有强烈的正相关关系,如基于 54 个研究的结果,Meyer 等人(2002)发现两者之间的关系高达 0.63。许多研究都指出了很难在实证考察中将规范承诺与组织情感承诺区分开来(如 Ko et al., 1997; Lee & Chulguen, 2005),这样一种区分效度上的缺陷可能提示我们规范承诺这一维度的划分是多余的(Ko et al., 1997)。而另外一些研究则发现规范承诺的前因变量往往与情感承诺之间也有差不多强度的关系,如自我呈现关注(self-presentation concern)与情感承诺和规范承诺的相关系数分别为 0.49 和 0.50,他人的期望(expectations of others)与两者的相关系数则为 0.42 和 0.62(Powell & Meyer, 2004; Organ & Ryan, 1995)。

与持续承诺的汇聚效度问题和规范承诺的区分效度问题相比,情感承诺的研究结果则理想得多。研究发现情感承诺与许多行为准则变量之间具有较强的关系,包括助人行为($r=0.15$)(Meyer et al., 1993)、额外工作时间($r=0.12$)(Meyer et al., 1993)、进谏行为($r=0.20$)(Meyer et al., 1993)、信息分享($r=0.28$)(Randall, Fedor, & Longenecker, 1990)等。而另外两种组织承诺和这些变量之间却没有表现出显著的相关关系。至于与规范承诺和持续承诺显著相关而与情感承诺不相关的变量就更罕见了(Allen & Meyer, 1996)。因此,有许多研究者认为情感承诺是 TCM 中的核心成分(如 Brickman, 1987; Brown, 1996; Buchanan, 1974; Mowday et al., 1982)。这一观点同样得到了 Solinger, van Olffen 和 Roe (2008)的赞同,并将其运用到了组织承诺的新模型中。

2.3 态度—行为模型视角下的组织承诺新概念

鉴于 TCM 在实证研究中存在上述问题，Solinger，van Olffen 和 Roe（2008）重新从工作态度的角度审视了组织承诺的概念。组织承诺是一种态度，这一点已经得到了研究者们的广泛同意（如 Allen & Meyer, 1990；Angle & Perry, 1981；Buchanan, 1974；Jaros, Jermier, Koehler, & Singigh, 1993；Mowday et al., 1982；O'Reilly & Chatman, 1986）。不管将组织承诺视作为心理状态（Allen & Meyer, 1990）、人与组织之间的连结（Mathieu & Zajac, 1990；Mowday et al., 1982）、情感上的依恋（Buchanan, 1974）、还是"行动的准备"（Leik, Owens, & Tallman, 1999），这些概念都强调了将组织承诺理解成一种态度，即个体的一种内在状态，这种状态可以指导行为，形成感觉、信念和行为倾向（Ajzen, 2001；Ajzen & Fishbein, 1980；Eagly & Chaiken, 1993）。

因此，Solinger 等人（2008）使用了研究态度的一种有效范式——理性行为理论（theory of reasoned action）来重新审视 TCM。具体来说，他们使用的是 Eagly 和 Chaiken（1993）的态度—行为模型（attitude-behavior model），该模型以理性行为理论为基础，描述了个体对于目标（target）的态度如何与个体对于行为（behavior）的态度联系起来。态度—行为模型如图 12.8 所示，里面的例子是 TCM 所涉及的内容。

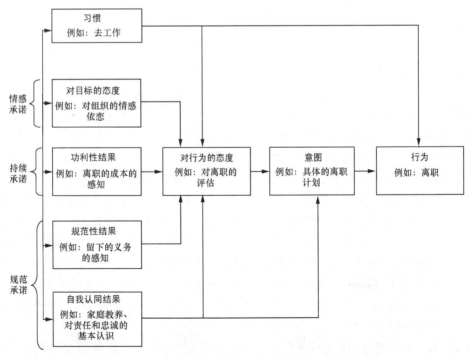

图 12.8 将组织承诺三成分模型应用于态度—行为模型的示意图（Solinger et al., 2008）

在这一模型中，对某一具体行为的态度（attitude towards specific behavior）处于中心地位。这种态度会产生行为的意图，之后引起实际的行为。对行为的态度的前因变量包括个体的习惯、个体对目标的态度以及三类个体对行为结果的期望和感知：功利性结果（utilitarian outcome）的感知、规范性结果（normative outcome）的感知以及自我认同结果（self identity outcome)的感知。下面我们分别来看这些前因变量。

习惯是指多次重复的行为或按顺序出现的行为经常发生，最终变得相对自动化了（如 Triandis，1977；Wood，Quinn，Kashy，2002）。如图12.8所示，每天去工作这种习惯会对个体对离职行为的评估（即对行为的态度）产生影响（如"我每天都去工作，因此我最好继续这样做"），这种习惯也会对个体对组织的态度（即对目标的态度）造成影响（如"我每天都去工作，因此我必须喜欢我的公司"），这一习惯甚至还可以直接对员工的离职行为造成影响，而无需员工做出深思熟虑或是有意识的思考。

个体对目标的态度（attitude towards targets）包含了个体对特定行为所指向的人或组织（即所谓的"目标"）的评估。要注意的是，个体对目标的态度与个体对行为的态度是两个不同的因素，个体对目标的态度会影响个体对行为的态度，如员工对组织的评价会影响他们对离职行为的态度。

最后是个体对不同行为结果的评估。个体可能会感知到与离职相关的潜在威胁，如失去养老金的保障（即功利性结果）、对同事或者公司感到愧疚（即规范性结果）、或是感到与自我概念不一致（即自我认同结果）。这三类对行为结果的评估也会影响个体对行为的态度。

根据Eagly和Chaiken（1993）的研究，个体对行为的态度的几个前因变量（即习惯、对目标的态度、功利性结果、规范性结果、自我认同结果）彼此之间也互相影响，如图12.8中最左边的一组箭头所示。例如，每天上班的习惯还会影响员工的自我认同感（如"我每天都来上班，因此我必须做组织中一名优秀的忠实的战士"）以及对离职的功利性结果的感知（如"我对在这家公司工作十分熟悉，因此离职的成本太高了"）。

TCM的几个因素与Eagly和Chaiken（E&C）模型很好地契合在一起。首先，TCM中情感承诺被定义为"员工对组织的情绪依恋、认同以及卷入"（Allen & Meyer，1990），这与E&C模型中个体对目标的态度的概念是相吻合的。因此，在E&C模型中，情感承诺反映的是个体对组织这一目标的情绪依恋，而非对离职或留任的行为的态度。第二，TCM中持续承诺被定义为个体对离开组织所带来的成本的感知（Meyer & Allen，1991），这符合"功利性结果"的概念："对参与某种行为所带来的回报和惩罚的感知"（Eagly & Chaiken，1993）。持续承诺仅仅反映了对某一行为带来的结果的考虑，因此是对行为的态度，而非对组织或是具体目标的态度。最后，TCM中规范承诺被定义为"员工对继续留在组织中的义务的感知"（Meyer & Allen，1991），这一定义可以很好地与E&C模型中的规范性结果和自我认同结果相契合。如果感知到的义务来自于他人的期望，这种感知到的义务可以归为规范性结果的范畴；如果来自于自我概念，则可以将其归为自我认同结果。Solinger等人（2008）因此认为规范承诺可以理解成E&C模型中规范性结果和自我认同结果的结合。规范承诺在自我和他人上的分离是一个很有趣的问题，值得今后的研究关注。

总之，我们可以将TCM视作E&C模型在工作情景下的一个实际应用的例子。然而，与TCM不同，E&C模型很清楚地将情感承诺视作个体对目标的态度，而持续承诺和规范承诺则代表了不同的概念：它们是对行为结果的期望，具体来说，这里的行为是指离职行为。因此，TCM中所说的组织承诺不应该是一个统一的概念，而是将目标态度和行为态度归到了一个范畴之内，这在逻辑上是混淆的、不正确的。而Eagly和Chaiken（1993）的态度—行为模型则为TCM中出现的种种问题提供了合理的解释。

2.4 组织承诺研究的新方向

Solinger 等人(2008)认为,E&C 模型的价值不仅在于展现 TCM 的缺点,它更可以为我们解释组织承诺和更多组织中行为的关系提供一种思路,而不仅仅是局限于离职行为。这是因为已经有大量证据表明组织承诺与许多组织行为之间存在相关关系,其中最显著的包括组织公民行为(美国国内 $r=0.26$,国外 $r=0.46$,来自于 22 个研究的结果)(Meyer et al., 2002),工作绩效($r=0.15$,来自 25 个研究)(Meyer et al., 2002)以及各种形式的退缩行为(withdrawal behavior),包括缺勤($r=-0.15$,来自 10 个研究)(Meyer et al., 2002)、离职意向($r=-0.51$,来自 24 个研究)(Meyer et al., 2002)和实际离职行为($r=-0.17$,来自 8 个研究)(Meyer et al., 2002)。更早的一些元分析也显示出了类似的结果(如 Allen & Meyer, 1996; Mathieu & Zajac, 1990)。因此,使用 E&C 模型为组织承诺和行为之间的关系提供新的解释方法,实际上是有大量的实证基础的。而在使用 E&C 模型来解释组织承诺和组织行为之间的关系时,模型中"对目标的态度"成分等价于组织承诺,而模型中的行为则可以指代任何组织相关的行为。模型中习惯和对行为结果的期望则应根据特定的行为来进行定义。

至于如何选取具体的行为作为组织承诺的结果变量,Solinger 等人(2008)建议使用一种双维度分类法。这种分类方法认为行为可以通过"建设性—破坏性"和"积极—消极"两个维度来进行划分。"建设性—破坏性"维度是指个体的行为对组织造成积极还是消极的影响;"积极—消极"则可以从个体能量的释放程度来理解;积极的行为指那些对外界释放较多能量的行为,而消极的行为则是采取较平静的方式应对环境。建设性行为的例子包括拥护行为(如筹款、加强销售)、顾客导向行为(Morgan & Hunt, 1994)、表现出对质量的关心(Randal et al., 1990)、个人剥夺(如牺牲个人时间、睡眠或其他雇佣机会)、维持组织形象(Dutton, Dukerich, & Harquail, 1994)和亲社会行为(O'Reilly & Chatman, 1986)等。上述这些建设性行为同时又可以归为积极行为,同样也有许多建设性的消极行为,如保持耐心(Farrell, 1983; Hagedoorn et al., 1999)和遵守组织规范(Kunda, 1992)。

而破坏性的行为则包括一系列退缩行为,如缺勤和怠慢(Meyer et al., 2002),以及一系列对组织和员工造成较大伤害的行为(Robinson & Bennett, 1995; Skarlicki & Folger, 1997)。这些行为包括违反企业法规的行为(如偷窃)、攻击行为(如言语侮辱、性骚扰和暴力)、报复行为、向媒体告密、隐瞒重要信息等。上述这些破坏性的行为是积极的,也有一些破坏性行为具有消极的特性,如漠视(Farrell, 1983; Hagedoorn et al., 1999)、玩世不恭的谈话(cynical talk; Ford, Ford, & McNamara, 2002)以及逃避责任(Robinson & Bennett, 1995)。

Solinger 等人(2008)认为,上述这些行为都可以放到 E&C 模型中,来研究组织承诺与它们之间的关系。为了进一步阐述这种方法,他们使用了位于"破坏性—积极"维度的一种行为——员工偷窃(employee theft)在 E&C 模型中的应用来作为示例。在美国,偷窃行为几乎是增长速度最快的企业违规行为,目前在员工中出现这一行为的比率大约在 50% 到 70% 之间,造成的经济损失每年从 40 亿美元到 120 亿美元不等(Case, 2000; Coffin, 2003; Wimbush & Dalton, 1997)。在组织行为的文献中,员工偷窃往往被视作为员工对于感受到的不公正的报复行为(如 Greenberg, 1990; Skarlicki & Folger, 1997)。图 12.9 展示了 E&C 模型如何将组织承诺与偷窃行为的发生联系在了一起。

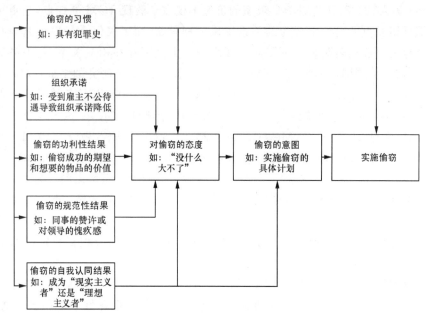

图 12.9　E&C 模型的应用例子——以偷窃行为为例(Solinger et al., 2008)

那些对雇主感到失望或者是感受到不公正待遇的员工会降低他们对组织的忠诚感(Brown, 1996)。他们会在心理上与雇主拉开距离,以避免受到更多的伤害。因此,他们会对组织感到更少的依恋感(情感),对组织的评价降低(认知),降低为组织服务的努力程度(行为)。这样一种组织承诺感的降低会使员工的行为准则降低,并为报复行为提供了可能性,包括偷窃行为(Solinger et al., 2008)。因此,组织承诺可能会影响个体对偷窃的态度。

个体的习惯也会影响员工参与偷窃行为的可能性。那些具有犯罪史的员工更有可能将犯罪行为评价为"没什么大不了"。研究发现,偷窃惯犯对偷窃的态度和他们习惯性偷窃的行为是相一致的,而在从未偷窃的员工身上则不存在这样的态度(Salancik, 1977; Wood et al., 2002)。因此,偷窃的习惯可能会对个体对偷窃行为的态度以及偷窃行为本身都产生影响。

个体对功利性结果的感知则可以通过期望—价值范式(expectancy-value paradigm)来进行测量(如 Eagly & Chaiken, 1993; Scholl, 1981)。在偷窃行为这个例子中,个体会对偷窃的潜在收益和潜在成本进行比较。具体来说,他们会对偷窃行为成功可能性以及想要偷的物品的价值与偷窃行为被发现的可能性以及其他潜在的成本进行比较。偷窃的规范性结果则是个体对来自他人的赞成态度和不赞成态度的期望的比较,这里的他人往往指员工身边扮演比较重要角色的人物(如同事、上司)。某位员工可能认识一些不把偷窃当回事儿的同事,为了获得认知上的一致性,这位员工可能也会产生"偷窃没有什么不合适的"这种想法。同时,他也会因为偷窃这种想法而对组织整体或是那些清楚地反对偷窃行为的重要人物产生愧疚感。员工会在这两种认知之间进行权衡,期望—价值的范式又一次被用到了(Ajzen & Fishbein, 1980; Eagly & Chaiken, 1993; Fishbein & Ajzen, 1975),比较了两种对行为的不同态度之后,员工便会产生对偷窃行为的态度。自我认同感结果也可以使用期望—价值范式进行解释。与具有现实主义自我概念的员工相比,具有理想主义自我概念的员工更有可能对偷窃行为持有消极的态度(Henle, Giacalone, & Jurkiewicz, 2005)。上述三种对偷窃行为结果的考虑最终可以对对偷窃行为的态度造成影响。

总之,图 12.9 的这个例子告诉我们,个体缺少组织承诺会有助于他们形成倾向于偷窃的态度,这种态度结合个体的习惯以及个体对偷窃结果的感知,共同对个体对偷窃行为的态度形成起作用。之后,对偷窃的态度会增加个体实施偷窃的行为倾向,并对最终偷窃行为的产生起到促进作用。相反,高组织承诺则会降低偷窃行为的产生。

使用 E&C 模型来解释组织承诺和更多的组织行为之间的关系有以下几点意义。第一,这一模型认为在解释组织行为时,组织承诺具有中心地位。不管行为是建设性的还是破坏性的,是积极的还是消极的,都可以将组织承诺作为前因变量来进行解释。这与以往研究中组织承诺可以预测大量组织行为的发现是相一致的(如 Allen & Meyer, 1996; Mathieu & Zajac, 1990; Meyer et al., 2002)。第二,加入习惯和对行为结果的期望这两组因素可以提高对组织行为的解释力。尽管根据具体行为的不同以及组织环境和员工组成的不同,这些因素起到的作用会有比较大的差异,但是与仅仅考虑组织承诺的作用相比,同时考虑这些因素的作用无疑会增强模型的解释力。第三,从 E&C 模型中可以看出,组织承诺对行为的影响是间接的,受到个体对行为态度的中介作用,而行为的习惯则与行为之间具有直接的作用。也就是说,即使个体没有形成对某一行为或者行为倾向的态度,个体依然可能因为习惯表现出这种行为(Eagly & Chaiken, 1993; Wood et al., 2002)。这意味着当存在较强的行为习惯时,组织承诺对这种行为的解释力会下降。总之,习惯既可以直接影响行为的产生,也可以通过影响对行为的态度和倾向最终对行为造成影响。第四,E&C 模型最重要的贡献在于它区分了对目标的态度和对行为的态度。Eagly 和 Chaiken(1993)认为这两者是存在于一条逻辑链上不同概念。这与理性行为理论的假设是相一致的:行为的产生必须受到某种想法的激活,至少要存在指导行为的行为倾向(Ajzen & Fishbein, 1980; Fishbein & Ajzen, 1975)。在实证研究中,这意味着对目标的态度和实际行为的发生之间应该受到对行为的态度和行为倾向的完全中介作用。

在 E&C 模型的基础上,Solinger 等人(2008)从态度的角度出发,对组织承诺又进行了一个更加严格的定义:组织承诺是个体对组织的态度,反映为个体的情感(对组织的情绪依恋和认同感)、认知(组织目标、规范和价值观的内化)以及行为倾向(为组织利益服务的一般性倾向)的结合。这一个更加严格的定义同样为组织承诺的测量带来了启示,即组织承诺的测量中应该包含对情绪、认知和行为倾向三方面态度的测量,而以往研究中往往忽视了个体行为倾向态度的测量(Solinger et al., 2008)。

2.5 组织承诺的测量

在 Meyer 和 Allen (1990)提出组织承诺三成分模型之前,组织承诺的测量工具中最常用的是 Porter, Steers 和 Mowday (1979)编制的组织承诺量表。Porter 等人从组织承诺规范性的观点出发,提出了组织承诺量表(Organizational Commitment Questionnaire, OCQ),从三个方面对员工的组织承诺进行测量:① 对组织目标及价值观的认同和接受程度;② 愿意为组织付出心力;③ 愿意保留组织成员身份。该量表共15题。

而Meyer和Allen提出了组织承诺的三成分模型后,越来越多的研究也开始采用情感承诺、持续承诺和规范承诺三个维度的测量。其中,Meyer和Allen(1990)所编制的三维度组织承诺量表最为常用。该量表共24道题,分为持续、规范和情感承诺三个维度,每个维度有8道题目。而近几年来,随着对组织承诺三维度结构的批判,越来越多的研究倾向于仅仅关注情感承诺这一个维度(如Eisenberger et al., 2010),这些研究多使用Meyer和Allen后来修订的6条目情感承诺量表(Meyer & Allen, 1997; Meyer, Allen, & Smith, 1993),这一量表的单维度特性较稳定,信度也较高。

§3 研究展望

3.1 工作满意度

相比较于西方国家对工作满意度概念系统性的理论探索,我国有关工作满意度的研究则显得较为零散。首先,国内对工作满意度的研究大都停留在实证研究之中,将工作满意度作为研究中的一个自变量或者因变量来看待,很少有研究主动探索工作满意度理论层面的内容。第二,国内工作满意度的研究之中存在比较严重的概念界定模糊现象,例如并没有做到区分工作满意度的认知成分和情感成分。当然,我们也看到了西方国家的研究中工作满意度的若干成分也还没有一个较好的定论。在工作满意度的测量方面,国内有一部分学者进行了努力,如卢嘉、时勘、杨继锋(2001)提出了工作满意度的五因素模型:企业形象满意度、对领导行为的满意度、对工作回报的满意度、对工作协作的满意度、对工作本身的满意度。

总的来看,工作满意度理论层面的研究越来越强调动态的、即时的情感成分对满意度形成的影响。配合多水平分析、追踪数据分析等近年来越来越流行的统计方法,研究者们应该重视在实证研究中这一方面的考察。另外,将满意度的情感成分与认知成分结合在一起进行考察和比较,探讨其与个人特质、组织环境等前因变量及不同类型的组织行为之间的关系,也是值得研究者们注意的方向。最后,研究者们还应该重视工作满意度及其他变量之间的因果关系的研究,特别是与其他工作态度之间的因果关系。总之,工作满意度理论上的研究成果愈发丰富,这要求研究者们在实证研究中必须采取新的视角、采用新的技术,以追赶上理论研究的脚步。

3.2 组织承诺

我国学者在组织承诺上进行的研究中比较重要的是组织承诺维度的研究。凌文辁、张治灿和方俐洛(2000)采用半开放式问卷发现中国职工组织承诺包含五个因素:情感承诺、规范承诺、理想承诺、经济承诺和机会承诺,其中包含了两个西方研究中没有的承诺类型(理想承诺和机会承诺),并认为因素之间的相互组合也在一定程度上反映了组织承诺的不同表现形式。而刘小平和王重鸣(2002)则从文化差异和离职\留职的角度提出了不同文化背景下组织承诺的研究思路。在西方背景下,员工倾向于从离职角度考虑自己和企业的关系;而在中国背景下,员工倾向于从留职角度考虑自己与企业的关系。在此基础上,他们提出了一个基于社会交换理论的组织承诺形成过程模型,并通过模拟实验发现(刘小平,王重鸣,Charle-Pauvers,2002),组织承诺与组织支持感及可选择的工作机会之间有较强的相关关系,并且组织支持感与可选择的工作机会的交互作用也可以影响组织承诺的形成。

总的来看,E&C模型与TCM的结合为组织承诺的研究提供了新的方向。首先,组织承诺可以预测各种类型的组织行为,这些行为可以通过"建设性—破坏性"和"消极—积极"两个维度来进行界定。第二,如果一种行为可以使用组织承诺进行预测,我们同样也应该考虑习惯和对行为结果的期望(即功利性、规范性和自我认同结果)的作用,这可以有效的提高模型的解释力。第三,个体的习惯可以对行为的发生起到直接和间接的预测作用。也就是说,我们可以考察个体对行为的态度以及行为倾向对习惯与行为之间的关系起到的部分中介的作用。第四,当控制住习惯和对行为结果的预期的作用之后,我们还可以考察组织承诺和特定行为之间的关系受到个体对行为的态度以及行为倾向的完全中介作用。上述这些方向均可以使用结构方程模型(structural equation modeling)的统计技术进行检验。具体来说,结构方程模型的统计技术可以帮助我们检测组织承诺与特定行为之间关系的强度,还可以通过拟合度指标的变化考察加入三类对行为结果的预期后模型的解释力是否有提高。不仅如此,结构方程模型对中介效应的考察还能更加科学地检测E&C模型的结构。另外,由于E&C模型对组织承诺的传统概念和维度提出了挑战,测量学的研究也是今后应当注意的方向。

参考文献

Ajzen, I. (2001). Nature and operation of attitudes. *Annual Review of Psychology*, 52, 27—58.

Allen, N. J., & Meyer, J. P. (1990). The measurement and antecedents of affective, continuance, and normative commitment to the organization. *Journal of Occupational Psychology*, 63, 1—18.

Allen, N. J., & Meyer, J. P. (1996). Affective, continuance, and normative commitment to the organization. *Journal of Vocational Behavior*, 49, 252—276.

Angle, H. L., & Perry, J. L. (1981). An empirical assessment of organizational commitment and organizational effectiveness. *Administrative Science Quarterly*, 27, 1—14.

Bentein, K., Vandenberg, R. J., Vandenberghe, C., & Stinglhamber, F. (2005). The role of change in the relationship between commitment and turnover: A latent growth modeling approach. *Journal of Applied Psychology*, 90, 468—482.

Brief, A. P., Butcher, A., & Roberson, L. (1995). Cookies, disposition, and job attitudes: The effects of positive mood inducing events and negative affectivity on job satisfaction in a field experiment. *Organizational Behavior and Human Decision Processes*, 62, 55—62.

Brown, R. B. (1996). Organizational commitment: Clarifying the concept and simplifying the existing construct typology. *Journal of Vocational Behavior*, 49, 230—251.

Dunham, R. B., Grube, J. A., & Castaneda, M. B. (1994). Organizational commitment: The utility of an integrative definition. *Journal of Applied Psychology*, 79, 370—380.

Hackett, R. D., Bycio, P., & Hausdorf, P. A. (1994). Further assessments of Meyer and Allen's (1991) three component model of organizational commitment. *Journal of Applied Psychology*, 79, 15—23.

Hulin, C. L., & Judge, T. A. (2003). In W. C. Borman, D. R. Ilgen, & R. J. Klimoski (Eds.).

Handbook of Psychology (Vol. 12, Industrial and Organizational Psychology). New York: Wiley.

Judge, T. A., & Heller, D. (2001). *The dispositional sources of job satisfaction: An integrative test*. Working paper, University of Florida, Gainesville, Florida.

Judge, T. A., Heller, D., & Mount, M. K. (2001). *Personality and job satisfaction: A meta-analysis*. Paper presented at the Society for Industrial and Organizational Psychology Annual Meetings, San Diego, CA.

Levin, I., & Stokes, J. P. (1989). Dispositional approach to job satisfaction: Role of negative affectivity. *Journal of Applied Psychology*, 74, 752—758.

McGee, G., & Ford, R. C. (1987). Two (or more?) dimensions of organizational commitment: Reexamination of the Affective and Continuous Commitment Scales. *Journal of Applied Psychology*, 72, 638—641.

Meyer, J. P., & Allen, N. J. (1991). A three-component conceptualization of organizational commitment. *Human Resource Management Review*, 1, 61—98.

Meyer, J. P., Allen, N. J., & Smith, C. A. (1993). Commitment to organizations and occupations: Extension and test of the three-component conceptualization. *Journal of Applied Psychology*, 78, 538—551.

Meyer, J. P., Stanley, D. J., Herscovitch, L., & Topolnytsksy, L. (2002). Affective, continuance, and normative commitment to the organization: A meta-analysis of antecedents, correlates, and consequences. *Journal of Vocational Behavior*, 61, 20—52.

Mowday, R. T., Steers, R. M., & Porter, L. W. (1979). The measurement of organizational commitment. *Journal of Vocational Behavior*, 14, 224—247.

O'Reilly, C. A., & Chatman, J. (1986). Organizational commitment and psychological attachment: The effects of compliance, identification, and internalization of pro-social behavior. *Journal of Applied Psychology*, 71, 492—499.

Powell, D. M., & Meyer, J. P. (2004). Side-bet theory and the three-component model of organizational commitment. *Journal of Vocational Behavior*, 65, 157—177.

Randall, D. M., Fedor, D. B., & Longenecker, C. O. (1990). The behavioral expression of organizational commitment. *Journal of Vocational Behavior*, 36, 210—224.

Solinger, O. N., van Olffen, W., & Roe, R. A. (2008). Beyond the three-component model of organizational commitment. *Journal of Applied Psychology*, 93, 70—83.

Staw, B. M., Bell, N. E., & Clausen, J. A. (1986). The dispositional approach to job attitudes: A lifetime longitudinal test. *Administrative Science Quarterly*, 31, 437—453.

Watson, D., & Slack, A. K. (1993). General factors of affective temperament and their relation to job satisfaction over time. *Organizational Behavior and Human Decision Processes*, 54, 181—202.

Weiss, H. M., & Cropanzano, R. (1996). Affective events theory: A theoretical discussion of the structure, causes and consequences of affective experiences at work. *Research in Organizational Behavior*, 19, 1—74.

Wiener, Y. (1982). Commitment in organizations: A normative view. *Academy of Management Review*, 7, 47—52.

凌文辁, 张治灿, 方俐洛(2000). 中国职工组织承诺的结构模型研究. 管理科学学报, 3(2): 76—81.

刘小平, 王重鸣(2002). 中西方文化背景下的组织承诺及其形成. 外国经济与管理, 24(1): 17—22.

刘小平, 王重鸣, B. Charle-Pauvers(2002). 组织承诺影响因素的模拟实验研究. 中国管理科学, 10(6): 97—100.

卢嘉, 时勘, 杨继锋(2001). 工作满意度的评价结构和方法. 中国人力资源开发, 1: 15—17.

13

工作投入度

随意日益激烈的市场竞争,组织已经不满足于员工完成基本的工作任务,而是希望员工能够更加积极主动地投入到工作中,为组织创造更好的效益。因此,工作投入度的概念得到了越来越多的重视。在本章,我们以 Macey 和 Schneider 于 2008 年提出的工作投入度模型为基础,详细地梳理了工作投入度的特质成分、状态成分和行为成分概念以及包含的内容,并且探讨了工作投入度三种成分之间的关系,以及其他影响工作投入度的要素。

§1 工作投入度的研究概况

工作投入度(job engagement)近些年来受到越来越多的关注,特别是得到了企业管理者的关注。企业管理者已经意识到让员工投入工作并保持这种投入状态的重要性,同时开始将工作投入度的测量作为员工绩效考核的一部分。而人力资源咨询公司也围绕着如何提高员工的工作投入度展开了大量业务,如有公司说到他们"已经证明了员工的工作投入度与公司收益之间有决定性的、令人信服的相关关系,可以通过实际企业的产量、销售额、顾客满意度和员工保持(employee retention)等指标的提高来证明"(Hewitt,2005)。

相对于企业管理者在工作投入度这一概念上的关注,组织行为学家的研究成果则显得不是很充分,甚至可以说工作投入度的学术研究还处在起步阶段。最能体现这一点的,是学者们对工作投入度的概念至今没有达成统一的共识,甚至还存在着矛盾的说法(Saks,2006)。在以往的研究中,工作投入度有时候用来指代员工态度(包括忠诚度、承诺度、依恋、情绪等),如有研究发现工作投入度与组织结果有关,如员工离职和员工生产率(Harter,Schmidt, & Hayes,2002);有时候用来指代员工绩效(如亲社会行为和组织公民行为);还有时候用来指代特质(Macey & Schneider,2008);甚至还会出现以上几种情况的结合,如 Wellins 和 Councelman(2005)认为投入度是"承诺度、忠诚度和生产效率等的结合"。由此看出,以往研究对工作投入度这一概念的使用并不精确,有时指代行为和绩效,有时指代心理状态,甚至同一篇文章中工作投入度会出现多个角度的定义。

许多组织行为学中的概念在发展初期中都缺少精确的定义(Kanungo,1982),因此工作投入度概念模糊的现状可能是其发展的一个过程。现阶段,我们并不能否定这个概念的理论和应用价值。不过,研究者们在使用这一概念时,必须明确说明他们文中的工作投入度是指员工的心理状态还是行为结果,或是两者的结合。只有这样,才能为之后的研究者提供有意义的参考。

在进行实证研究的时候,涉及的概念要有相应的操作性定义。因此,为了能够更好地理解工作投入度本身的建构以及它的前因变量和结果变量,一个既包含状态成分又包含行为成分的模型框架,以及对模型中每个变量的操作化定义是十分必要的。Macey 和 Schneider (2008)提出的工作投入度模型为解决工作投入度概念模糊的问题提供了新的方法(如图13.1 所示)。

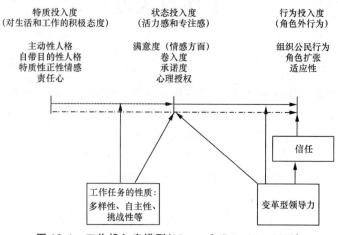

图 13.1　工作投入度模型(Macey & Schneider,2008)

该模型认为,工作投入度由特质投入度(trait engagement)、状态投入度(state engagement)和行为投入度(behavioral engagement)三部分组成:特质投入度影响状态投入度,进而影响行为投入度;而特质投入度也可以直接影响行为投入度。另外,工作条件直接或间接地影响状态投入度和行为投入度,其中主要考虑工作任务的性质(如工作的挑战性、多样性和自主性)和领导力特性(如变革型领导力)两方面的因素。例如,从图13.1 中可以看到,工作特性直接影响状态投入度(Hackman & Oldham,1980),同时对特质投入度与状态投入度之间的关系起调节作用;而领导力特性既可以直接影响状态投入度,也可以通过员工信任的中介作用对行为投入度产生影响,同时也能作为调节变量影响状态投入度和行为投入度之间的关系。

Macey 和 Schneider(2008)的这个模型在以往研究的基础上加入了新的观点,提出了工作投入度三个主要成分所包含的基本元素,并指出了影响员工投入度的外界因素。这一模型是目前工作投入度研究领域中最有说服力的成果,因此,在接下来的部分,我们将对模型中三个成分以及影响三个成分的外界因素进行详细的阐述。需要指出的是,在接下来的所有内容中,我们并没有界定哪一个工作投入度的概念是正确的,哪一个是错误的,因为所有这些概念在特定研究情境下都是适用的,而且在工作投入度研究的初期,我们更需要对这一概念的全面理解。只有对不同的概念界定以及这些概念之间的逻辑关系有了全面、深入的理解,我们才可能在今后的研究中把握住正确的方向。

§2　工作投入度的理论模型——以 Macey 和 Schneider 的模型为例

状态投入度和行为投入度并不是独立的存在,而是受到其他的一些变量的影响,如员工的人格特质和工作条件。我们可以很容易的知道那些对工作更有激情的员工更有可能表现出投入的适应性行为,然而我们却很难说明为什么有些员工对工作更有热情,而另一些不这样;为什么有些组织内热情是员工的普遍特点,而另一些组织内不这样。这就必须考虑到影响状态投入度和行为投入度的前因变量,包括人格特质和工作条件,以及两者的交互作用。

2.1 特质投入度

由图13.1可知,工作投入度可以被看作是一种特质,是另外两种投入度的前因变量。特质投入度包括人格特征,以及体验到工作投入的情感的倾向。根据以往研究,特质投入度主要包括以下四个成分:正性情感(positive affect)、主动性人格(proactive personality)、尽责性(conscientiousness)和自带目的性人格(autotelic personality)。接下来我们一一来看这些变量和特质投入度的关系。

在许多组织行为学的文章中,都将正性情感看作是一种特质。这里指的正性情感更准确地说应叫做特质性正性情感(trait positive affect),即体验到正性情感状态的倾向。而下文状态投入度提到的正性情感则更多包含的是状态成分。有的研究将正性情感特质作为工作满意度的前因变量或是工作满意度的一种特质。但Macey和Schneider(2008)认为,将正性情感作为投入度的特质变量才是正确的。这是因为与工作满意度相比,工作投入度包含更多的情感唤起,这一点在前文已有涉及。而正性情感的测量工具PANAS量表中包含的题目大多含有情绪的活跃成分,如热情、专注等,而不是泛泛的评价性成分,如高兴、愉悦。这一点对于将正性情感视作为满意度的标志的研究提出了有力质疑。总之,与工作满意度相比,正性情感更应该是工作投入度的标志。正性情感与"热情和兴奋而不是高兴"的情感相关(Huelsman et al.,2003)。

Crant(2000)指出,主动性人格是特质因素和环境因素的综合产物,代表着个体的一种主动采取行动影响工作环境的稳定倾向。Crant(1995)对房地产推销员的研究发现,主动性人格与工作绩效之间有显著的相关关系;其他的一些研究也发现了主动性人格与事业成功之间的显著相关关系(Seibert,Kraimer & Crant,2001)。另外,Crant(1995)还发现当控制了尽责性和外向性(即大五人格量表中的正性情感成分)之后,主动性人格还可以解释工作绩效8%的变异,进一步证明了主动性人格可以有效预测员工的工作绩效。因此,Macey和Schneider(2008)提出,主动性人格也应该是特质投入度的一部分。

Roberts,Chernyshenko,Stark和Goldberg(2005)分析了人格量表中与尽责性有关的内容并指出,尽责性中的主动性方面包括勤奋(industriousness)与秩序(order)两个方面,其中前者是指"努力、有进取心、自信和机智等"。从主动性的角度来看,进取心可能对于关系绩效的提升有作用,特别是当它作为组织公民行为的一个方面时(Organ & Ryan,1995)。工作投入度产生的行为大多是角色要求外的主动性适应行为(这将在下文行为投入度的部分有所解释),由于尽责性人格特质与个体主动性有关,因此Macey和Schneider(2008)将尽责性也划分到特质投入度的范畴之内。

福乐(flow)是个体的一种情绪体验,是个体对某一活动或事物表现出浓厚的兴趣,这种情绪体验能推动个体完全投入到某项活动或事务之中。这是一种包含愉快、兴趣等多种情绪成分的综合情绪,而且这种情绪体验是由活动本身而不是任何外在其他目的引起的。

Csikszentmihalyi（2003）将更容易产生福乐体验的人格称为"自带目的性人格"。自带目的性人格的人把生活本身看成是一种享受，他们"做任何事情总的来说是因为自我的原因，而不是为了获得任何其他的外在目的"。自带目的性人格的人常常愿意迎接挑战，有耐心和坚持性，更容易表现出投入，这些因素都有助于达到并保持一种福乐的状态。因此，Macey 和 Schneider（2008）将这种人格也放到了特质投入度的概念之中。

状态投入度和行为投入度在一定程度上受到特质的影响。具体而言，对正性情感、主动性人格、尽责性和自带目的性人格的研究表明，可以将特质投入度这个概念理解成包含诸多要素的较为宽泛的结构，这些要素的特点与投入度的传统定义是相一致的，例如强调激情和活跃等强烈情绪状态。Macey 和 Schneider（2008）对此进行了总结：特质投入度包括许多方面，如特质性正性情感、主动性人格、尽责性和自带目的性人格。这些方面表明了个体能够以一种积极、活跃和有活力的行为倾向进行工作，并且表现出适应性行为。

2.2 状态投入度

将工作投入度视为一种个体状态的研究在工作投入度的研究中所占的比例最大；而且在上述的模型中，状态投入度处于模型的中间位置，既可以作为前因变量又能作为结果变量，是工作投入度心理机制必不可少的一环。

以往研究中，工作投入度状态方面的测量工具往往包含测量以下四个变量的条目：工作满意度、组织承诺（organizational commitment）、心理授权（psychological empowerment）和工作卷入（job involvement）。

2.2.1 状态投入度与工作满意度

在以往的研究中，有些研究者会将工作投入度与满意度的概念混淆在一起，他们通常会通过测量员工的工作满意度来研究他们的投入度状况。如 Harter，Schmidt 和 Hayes 等人（2002）将投入度定义为"个体对工作的满意度、参与度和热情"，甚至还有一些学者更为直接地用员工对公司、上级、工作小组、工作环境及工作本身的满意度作为工作投入度（Burke, 2005）。

确实，工作满意度在某些方面与工作投入度的概念是重叠的，比如两者都强调了员工在工作中感受到的鼓励和肯定，以及在组织中感到归属感和认同感等情感状态（Towers-Perrin, 2003）。但是这里存在一个严重的问题，上述提到的测量大都是员工对工作条件（包括工作环境、人际关系、工作性质等）的描述性测量（Brief & Weiss, 2002），不涉及员工对工作本身的认知和情感体验。这些量表中提到的工作条件也许确实对员工的工作投入度有影响，但仅仅通过这些对情境进行描述的题目，我们无法得知员工真正的工作投入度是怎么样的。

对于工作投入度和工作满意度在概念和测量上的混淆，许多学者提出了自己的看法。如 Erickson（2005）指出"工作投入度高于对工作安排的满意度或对上级基本的忠诚（这些特征已经被测量了很多年）；相反，投入度与热情和承诺有关——比如愿意付出更多努力去帮助上级取得成功。"Macey 和 Schineider（2008）也指出，当工作满意度作为对工作环境的满意程度进行测量时，它并不能构成工作投入度概念的一部分；只有当工作满意度作为对工作活力、工作热情以及类似的正性情感状态进行测量时，它才构成了状态投入度的一个方面。

因此,我们认为工作满意度和工作投入度是两个独立的概念,但是两者存在交集,交集的部分是工作满意度所包含的情感成分,如员工的工作热情和活力等。总之,我们应该将工作满意度分开来看:那些对员工的工作条件满意状况的测量(如"你在多大程度上对你公司给予的薪酬感到满意?")不属于工作投入度的范畴,而与情感有关的工作满意度测量才是我们所说的状态投入度的一部分(Macey & Schineider, 2008)。

2.2.2 状态投入度与组织承诺

一些学者从组织承诺的角度对工作投入度进行了定义。如 Corporate Executive Board (2004)认为工作投入度是"员工对组织内人或事情的承诺程度、工作努力的程度以及在组织中工作时间的长短"。Wellins 和 Concelman (2005)则更直接地认为投入即是一种积极的承诺状态。

承诺可以作为依恋的心理状态(O'Reilly & Chatman, 1986),也可以作为一种维系个体与组织之间关系的力量(Meyer, Becker, & Vandenberghe, 2004)。承诺包含组织承诺和工作承诺,在这里我们讨论的是组织承诺,而工作承诺将在下文的工作卷入部分进行讨论。组织承诺的测量工具主要有 Meyer 和 Allen 的组织承诺量表(organizational commitment scale)(1997)的情感承诺分量表,这一量表包含了个体对组织的归属感、个人意义以及"成为组织大家庭一员"的感受的测量;组织承诺的测量工具还有 Mowday, Porter 和 Steers (1982)的量表,这一对组织承诺的测量不仅包含归属感,还包含了对努力和自豪感的测量。

使用以上测量工具的研究发现,组织承诺可以作为许多组织行为的前因变量,包括亲社会行为和组织退却行为等(Macey, & Schneider, 2008)。由于组织承诺和状态投入度在其影响机制(包括前因变量和结果变量)方面存在诸多相似之处,且上述对组织承诺的测量均涉及承诺的情感方面,Macey 和 Schneider (2008)认为传统意义上的组织承诺可以作为状态投入度的一个方面,同时做出了如下总结:组织承诺是个体对组织的正性依恋,可以通过个体在组织中的努力程度、组织内自豪感以及对组织的认同感等进行测量,此时,组织承诺构成了状态投入度的一个重要方面。

2.2.3 状态投入度与工作卷入

在概念上,工作卷入与状态投入度也有重叠的部分。Maslach 等人(2001)认为投入度包括员工的能量、卷入和效率等多个方面。Cooper-Hakim 和 Viswesvaran (2005)将工作卷入定义为员工在心理上投入到工作中的程度,高工作卷入的员工将他所从事的工作看作是自我概念中非常重要的一部分。尽管学者对工作卷入的定义不尽相同,但都认同工作卷入强调员工对工作本身的认知和由此产生的行为结果,这与强调员工与组织之间产生的情感维系的组织承诺的概念有着本质的差别。

Macey 和 Schneider (2008)认为工作卷入包含了任务投入(task engagement)和工作承诺(job commitment)这两个概念。但是将任务投入和工作承诺与员工投入度联系起来的研究并不是很多,个别如 Erickson (2005)的研究,将员工从事的工作本身视为产生状态投入度的前因变量,即认为当员工更多的卷入到工作中时能够在心理上产生更高的投入度。需要,以往研究经常将工作卷入和工作投入度这两个概念混淆在一起,虽然两者强调的都是员工在任务和工作方面的表现,但工作卷入往往仅影响员工与某些工作或任务有关的变量(如工作承诺),而不会影响与组织有关的变量。工作投入度带来的影响则不仅局限于工作本身,还能影响与组织相关的变量。

在前人的研究基础上,Macey 和 Schneider(2008)对此进行了总结:传统意义上的工作卷入(包括任务投入度和工作承诺)是状态投入度的一个重要方面。

2.2.4 状态投入度与心理授权

从员工的角度来讲,心理授权是指员工对于工作及自己在组织中的角色的知觉或态度,可以对员工进行内在激励。关于心理授权这一概念的结构,主要有两种观点:一种观点(Mathieu,2006)认为授权是二维度的结构,包括个体对权威和责任的体验,这一观点与我们强调的状态投入度的情感方面没有太多联系。另一种观点(Spreitzer,1995)认为授权包括四个部分:意义(meaning)、自我效能感(self-efficacy)、自我决定(self-determination)和影响(impact)。意义是指个体依据自己的价值观和标准,对工作目标或目的产生的价值感受;自我效能感是个体对自己成功地完成工作的能力的知觉和评价;自我决定是指个体可以对工作方式以及要付出多少努力做决策的一种认知,反映了个体在工作上的自主权;影响则是指个体可以影响组织策略、行政管理和经营绩效的程度。

Spreitzer(1995)认为这四个方面代表了员工愿意投入到工作角色和工作环境中的一种倾向,这与状态投入度的内涵是吻合的,因此心理授权也是构成状态投入度的一个重要方面。另外,心理授权的结果变量包括努力、毅力和创造力等,这些是我们后面讨论到的行为投入度的标志。

Macey 和 Schneider(2008)对此进行了总结:心理授权(包括自我效能感、控制感和影响力)构成了状态投入度的另一个方面。

总之,工作满意度、组织承诺、工作卷入和心理授权都是状态投入度的组成部分,到目前为止,状态投入度可以说是一些有着不同着重点的旧概念的混合体。不过,状态投入度的范围不仅局限于此,它还包括了一些强调情感因素的新成分——正性情感和个体参与度。

2.2.5 状态投入度与正性情感

有些研究者认为投入度是一种情感状态。Larsen 和 Diener(1992)认为情感包括唤起(activation)和愉悦(pleasant affect)两个维度,这两个维度可以组成一个正交坐标系,坐标系中的点可以用来代表各种情绪,如图 13.2 所示。唤起维度代表了情绪的强度,唤起较高的情绪往往表现得很激烈,但持续时间不长。愉悦维度则代表了情绪的性质,类似于平时所说的心情,愉悦维度的正向方向所代表的情绪往往能给人带来积极的情绪体验。在这个坐标系中,正性情感(positive affectivity,PA)定位于唤起维度的正性方向和愉悦维度的正性方向构成的象限的角平分线上。因此,那些用来描述正性情感的词语应包括唤起与愉悦两个特征。测量正性情感最常用的量表是正性和负性情感量表(PANAS),其中与正性情感有关的词语包括兴奋、热情、自豪、活跃等。

以往研究中,有的使用正性情感描述即时的强烈的情绪状态,有的将正性情感看作一种特质,还有的将正性情感看作个体能够积极地体验事件和环境的一种趋势,这造成了正性情感概念使用的混淆(Thoresen,Kaplan,Barsky,Warren,& de Chermont,2003)。如研究中使用上述 PANAS 量表更多地测量特质的、内隐方面的情感,而很少用它测量即时的、外显的情感。尽管有些人确实拥有更容易投入的特质,但在状态投入度的概念中,我们更多的考虑员工即时的、外显的情感。这是因为员工在组织中进行工作时会不断受到个体内部和

图 13.2　情绪环路模型（引自 Larsen & Diener，1992）

外界环境因素的影响，因此员工的情感体验只能是一种相对恒定的状态，获得即时的、外显的情感状态有助于进一步考察员工投入度。已经有很多研究者意识到了即时情感体验的重要性，如 Shirom(2003)将活力(vigor)看作是一种心理状态的体验，包括身体强壮、思维活跃和充满精力等，这种体验来自于工作和工作环境的不同特性，并伴随它们的变化而变化，而不是简单地将活力看作普通的恒定的心理状态。

从这一点出发，Macey 和 Schneider (2008)对此进行了总结：与工作场合相关的正性情感，包括明确表现出的工作持久度、精力、活力、奉献度、专注度、热情、敏捷度和自豪感等，这些情感状态在状态投入度的概念和测量中占据着重要地位；相反，对状态投入度的测量中如果缺少了直接明确的情感和精力等方面因素，那么，这些测量将无法获取准确的状态投入度的状况。

2.2.6　状态投入度与个体卷入

我们之前提到的状态投入度的组成成分大都是与工作和组织有关的，如工作满意度、组织承诺、对工作和工作环境的正性情感体验，而状态投入度还包括另一个重要的组成成分，即员工对个体卷入的感知——包括自尊、自我效能感和自我认同感。

Kahn 早在 1990 年就对投入度进行了详细的研究，并指出"人们在扮演他们的角色时，可以不同程度地使用自身力量，人们越多依赖自身力量来扮演他们的角色，他们的绩效越令人满意，这样的自身力量可以是身体上的、认知上的或者情绪上的"，同时还指出员工的投入度可以被视为联结员工和组织的纽带，使得员工通过努力投入工作而深深"扎根"于组织。

Kahn(1992)将这种对自我卷入的状态称之为心理在位(psychological presence)。只有员工在心理上投入工作，能够在工作中感受到自尊和自我认同感等象征着存在感的心理状态，他们才会获得较高绩效和更好的职业发展，并且会产生行为上的工作投入（即下文提到的行为投入度）。根据 Kahn 的观点，Rothbard(2001)将投入度定义为工作中的注意程度（"我在工作上集中了大量的注意力"）和投入程度（"当我在工作时常常忘记时间"）。而 Macey 和 Schneider(2008)在此基础上也给出了自我卷入和状态投入度的关系:状态投入度还包括个体在工作中的卷入程度、对工作成果重要性的感知以及个体认同感的感知。

总之,尽管学界还存在着各式各样的有关状态投入度的概念和测量工具,越来越多的人倾向于认为状态投入度包含强烈的情感因素,如在工作和组织中高水平的卷入,以及具有情感能量和工作中的自我存在感。下面,我们将注意力转向工作投入度的另一个成分——行为投入度。

2.3 行为投入度

2.3.1 行为投入度的测量困境

在 Macey 和 Schneider(2008)的模型中,工作投入度也可以表现为在工作中可观察到的实际行为。当然,这些行为并不包括与工作绩效有关的所有行为,因此,区分体现员工工作投入度的行为和其他与工作绩效有关的行为是一个很重要的问题。

我们知道,在一个组织内,既有仅仅按照上级的要求完成分配的工作的员工,也有在此基础上投入更多时间和精力,完成额外工作任务的员工。因此,以往研究通常将行为投入度定义为付出"自发的努力"(discretionary effort),即与一般情况下相比,员工额外付出的时间、脑力和精力(Towers-Perrin,2003)。一般认为,努力包括持续时间(duration)、强度(intensity)和努力的方向(direction)三个成分(Campbell & Pritchard,1976;Kanfer,1990)。然而,编制能够准确测量额外努力程度的问卷则成为了一个难题。所谓的"额外"的标准是什么?同一个体在不同时间、不同个体之间、组织之间的标准是否有所差异?只有寻找出一套准确测量"额外"的测量标准,我们才能接下来更加科学地考察工作投入度的行为成分。

Brown 和 Leigh(1996)没有在前人的文献中找到相应的解答,于是通过测量时间承诺(如"我因为工作时间长而在公司中被人熟知")和工作强度("当我工作时,我确实竭尽全力")来表示员工额外努力的情况。Van Scotter 和 Motowidlo(1996)则通过收集上级对员工付出额外时间和努力的程度、表现出的持久性和积极性的评估来测量员工的工作奉献度(job dedication)。这些测量方法都为解决测量额外努力程度的问题做出了贡献。然而,行为投入度却不仅仅包含额外努力的行为。Kahn(1990)认为那些突破常规的员工不仅仅是做更多的工作,还倾向于做与别人不一样的事情;同样,Brown(1996)认为高卷入度会使员工不仅付出更多努力,而且会用更"聪明"的方式完成工作。因此,高投入度员工与低投入度员工的行为在"量"和"质"上都有明显的差异,以往研究大多在"量"上进行努力,却忽视了"质"的重要性。

总之,行为投入度意味着员工付出了超出常规标准的努力,这种努力是员工可以自由选择的,而非上级要求的;如果公司和组织学会了如何发挥员工的这种潜力,将会带来明显的竞争优势。然而,将投入度定义为"额外的"或"无条件"的努力需要首先解决至少以下4个问题:① 努力的定义和测量并不简单;② "额外的努力"如果仅代表做更多同样的事情,那么用它表示投入度的话将会有很大的局限性;③ 定义"额外"的标准往往难以具体化;④ "自发"(discretionary)同样是一个复杂的定义。因此,要想更好的理解行为投入度的概念,上述问题必须要得到解决。

接下来,我们将对具体的行为投入度有关的行为进行讨论。Macey 和 Schneider(2008)

指出,行为投入度包括创新行为,主动性,积极主动的寻求为组织多做贡献的机会,以及在合理的范围内超越组织内一般的期望和要求。与这些描述有关的行为主要有三种:组织公民行为及相关概念(Organ,Podsakoff & MacKenzie,2006)、角色扩张(Crant,2000)和个人主动性行为(Frese & Fay,2001)。

2.3.2　行为投入度与组织公民行为

组织公民行为(organizational citizenship behavior,OCB)是指那些未被正常的报酬体系所明确直接规定的、员工出于自觉产生的个体行为,这种行为有助于提高组织功能的有效性(Bateman & Organ,1983;Smith,Organ,& Near,1983)。组织公民行为一般都超出了员工的工作描述,完全出于个人意愿,既与正式奖励制度无任何联系,又非角色内所要求的行为。组织公民行为包括利他行为、尽职行为、运动家精神、恭谦有礼和公民道德等(Organ,1988)。这些行为意味着员工做了"额外的事情",与行为投入度的概念有类似之处。

需要指出的是,虽然组织公民行为看上去是员工工作角色之外表现出的行为,但是用角色内(in-role)行为与角色外(extra-role)行为这样的标准去区分组织公民行为并不完全正确,以"员工的行为是否属于他的职位所要求的"这一标准来界定组织公民行为有时甚至还会造成混淆。如 Vey 和 Campbell(2004)的一项调查显示,拥有管理经验的受测者更倾向于将组织公民行为的一些成分(如尽职行为和恭谦有礼)看作是角色内行为。

所以,对于与组织公民行为有关的投入度行为也不应该仅从角色内外的角度去界定。Macey 和 Schneider(2008)认为,从组织公民行为的角度来看,代表工作投入度的行为应是超出一贯的平常的要求或期望的行为,然而这些行为并不一定是员工在完成规定任务后的角色外行为。这是因为要考虑到工作环境的多样性,在某些环境下被认为是平常的普通的行为,在另一些环境下有可能变得不同寻常。例如,Meyer,Becker 和 Vandenberghe(2004)认为在特殊环境下(如极端天气状况)无法完成平常胜任的工作是可以原谅的,而在这种条件下如果完成了平常的工作应被视为角色外行为,而非角色内行为。因此,行为投入度不局限于"做额外的工作",还应包含在特殊情境下做出的、在一般情境下被认为是角色内行为的那些行为。总之,工作投入度表现出的组织公民行为,包括标准和规范以外的有利于组织的行为以及特殊情境下超越期望的行为。

2.3.3　行为投入度与角色扩张行为

角色扩张(role expansion)是指员工选择完成一些超出自己职责范围的任务。角色扩张虽然不被认为组织公民行为的一部分,然而最近的研究强调角色扩张也是角色外行为的一种。如 Coyle-Shapiro,Kessler 和 Purcell(2004)指出,角色扩张的动机可能来源于互惠互利的考虑,对他人实施友好的行为,并期待他人的回报,甚至有的员工将这种行为简单地看作是自己本职工作的一部分。

Morgenson,Delaney-Klinger 和 Hemingway(2005)指出,在性质相同的一组工作任务中,有的员工会从事更多的任务,而员工的角色广度(role breadth)与员工的主动性和认知能力有关。同样,Conte,Dean,Ringenbach,Moran,Landy(2005)发现在相对同质的一组工作任务中,那些角色广度越高的员工,即角色扩张程度较高的员工,他们的组织承诺和工作满意度得分也越高。因此,角色扩张意味着完成本职角色没有要求的一些非典型的行为,而且与自我效能感、主动性和认知能力等存在相关关系。

Macey 和 Schneider（2008）对此进行了总结：角色扩张代表着在典型的、通常的角色要求的基础上完成更多的任务，这同样是行为投入度的一个方面。值得注意的是，角色扩张行为强调的是角色的广度，而上面说的组织公民行为的重点则在于角色的深度。

2.3.4 行为投入度与个人适应

Dvir 等人（2002）将活跃投入度（active engagement，即我们现在所说的行为投入度）定义为主动性、活力和责任。所谓的个人主动性（personal initiative）是指个体自发地采取积极的方式，通过克服各种障碍和困难，去完成工作任务并实现目标的行为特征，包括自发（self-starting）、前摄行为（pro-activity）和持久度（persistence）三个成分（Frese & Frey, 2001）。这三个方面说明由个人主动性引发的行为具有超出预期的特征，而判断某个行为是否超越预期或违背预期的标准则要根据组织的背景和特性来制定，关于这一点，上面组织公民行为的部分已经有所讨论。

上述的这些行为都强调了一个共同的方面——适应（adaptation）。需要指出的是，传统意义上的适应性行为是针对于员工而言的（Miller & Rosse, 2002），而这里所指的适应性行为（adaptive behavior）强调的是，员工在应对工作中和组织里的挑战和机会时做出的行为反应。目前，员工的工作角色、组织的商业环境以及工作本身的特征处于不断地变化之中，因此员工和组织都面临着越来越多的挑战。将工作投入度视作为聚焦于组织的适应性行为的观点是非常实用的，因为这在很大程度上与组织和工作的变化趋势相吻合（如 Ilgen & Pulakos, 1999），有助于帮助探讨组织和员工如何应对不断变化的环境。

将适应性行为作为工作投入度的一部分有助于描述促进组织效能（organizational effectiveness）的行为。员工自发主动产生的适应性行为不仅仅是为了维持组织的现状，更多的是为了使组织获得更好的发展，以及为了更好地迎接组织在短期或长期内面临的挑战。需要强调的是，适应性行为并不是所有对组织有益的行为，而应是那些对组织面临的挑战做出反应的行为或预见性行为：比需要的做得更多，改变需要改变的东西，当变化可能对组织效能有害时积极主动地阻止这些变化等。换句话说，在这一前提下，按规定完成的绩效不算是典型的工作投入，按时上班不算是典型的工作投入，完成上级期望的事情也不算是典型的工作投入。另一点需要强调的是，适应性行为一定是为组织利益服务的行为，员工为了私利做出的针对组织变化和挑战的反应不在此讨论范畴内。

总之，行为投入度是包含那些为组织利益服务的适应性行为，包括为保护组织的现状而对组织存在的或可能存在的威胁做出的反应，以及面对存在的或可能存在的困境而进行变通。

在讨论完行为投入度后，我们可以看到行为投入度和状态投入度一样，也包含了许多方面，如组织公民行为、角色扩张、主动性行为等等聚焦于组织目标实现的行为。这些不同的行为有着一个共性：强调行为本身是超越常规、不是组织要求的典型行为。不仅如此，这些行为的界定还需要有参考的标准，包括组织中的其他个体、其他团队、甚至不同的组织。只有通过与标准进行比较，我们才能判断所关注的员工是否真正地做出了超越标准的努力，即具有工作投入的行为。另外，行为投入度与适应性行为的关系密不可分，因为它们都强调了行为的非典型性。

2.4 影响工作投入度的环境因素

2.4.1 工作特征和领导风格

影响工作投入度的环境因素有许多,在这里我们主要讨论工作本身的特征以及领导的作用。

早期对工作投入度的研究强调工作任务的重要性(Kahn,1990；1992),现在的一些学者仍将工作任务的性质作为影响投入度的重要因素,如工作的自主性、挑战性和多样性。这些研究认为,当员工能够在工作中具有更多的自主性、从事更多挑战性工作以及工作内容多样时,他们会表现出更高的工作投入度(Erickson,2005)。

除了工作本身,工作环境对工作投入度的影响也受到了关注。例如,盖洛普研究项目(Gallup research program)(Harter et al.,2003)鉴别出 12 种与单元绩效(unit performance)有关的工作环境或工作条件,如"我有做好我的工作所需要的材料和设备吗?""我觉得我的主管或同事关心我的个人情况吗?""工作单位有人鼓励我的发展吗?""我的工作单位内有一个我最要好的朋友吗?"等。当这些工作环境或条件存在时,员工的投入度行为导致了单元绩效的提高。这些工作环境所指的范围很广,包括工作地点、周围的上司和同事的情况、以及资源的可利用情况。盖洛普公司的研究者指出在这些工作环境的因素中,上级的行为对员工绩效的影响最大,并指出能够激发员工投入度的上级往往能够做到不去刻意改变员工的行为,而是通过某些方法激发员工本身的潜能。

尽管在盖洛普的 12 个情景中员工有更好的绩效表现(包括产量、顾客满意度以及效益等),但我们仍不清楚这些情景与展现员工更多努力的状态投入度和行为投入度之间的关系到底如何。对变革型领导力(transformational leadership)的研究有助于理解上述关系。拥有变革型领导力的领导者通过自身的行为表率,对下属需求的关心来优化组织内的成员互动。同时通过对组织愿景的共同创造和宣扬,在组织内营造起变革的氛围,在富有效率地完成组织目标的过程中推动组织的适应性变革。研究发现,变革型领导力有助于员工的状态和行为投入度。如 Dvir(2002)等发现,在变革型领导力的环境下,士兵会投入到那些不符合他们最佳兴趣的任务中,即"自我牺牲"。

Macey 和 Schneider(2008)对此进行了总结:在一些情景下,员工的状态投入度和行为投入度会更高。这些情景包括员工从事的工作任务的性质(如工作自主性、挑战性和多样性更高时)以及领导力风格(公平、有明确的期望、认可员工的行为)。

另一个影响投入度的重要的前因变量是信任。信任的动机可以是多种多样的,即使是功利性的动机也可能促发员工的工作投入。例如,Hui,Lee 和 Rousseau(2004)的研究发现,功利性(instrumentality)对合同义务与五种组织公民行为之间的关系有中介作用。因此,员工对组织、领导、经理或团队的信任对提高投入度行为的发生有重要作用,这是因为对环境的信任感实际上告诉了员工,他们的行为是可以被环境所接受的,满足了员工在工作环境中心理安全(psychological safety)的需要(Kahn,1990),使得员工相信自己的努力会得到回报,因此他们会付出更多的精力、时间和个人自愿,即表现出更高的工作投入度。这提示组织应尽量营造出信任的氛围,这对组织的发展是有好处的。Macey 和 Schneider(2008)对此进行了总结:信任感对领导力行为与行为投入度之间的关系起中介作用。因此,领导行为在员工中创造出信任感有助于提高了他们的行为投入度。

2.3.2 人格特质与环境因素的交互作用

在本章最开始,我们讨论了与工作投入度有关的人格特质;这里我们又讨论了可能影响工作投入度的环境因素,这两方面的因素使得研究者们对两者的交互作用对工作投入度的影响产生了兴趣,即对人—环境匹配问题(person-environment fit issue)的研究。例如,基于自我一致性理论(Sheldon & Elliot, 1999)、自我决定理论(Ryan & Deci, 2000)和自我概念理论(Shamir et al, 1993)等,Bono 和 Judge (2003)将自我投入(self-engagement)看作是"对工作的投入程度",指出那些认为自己的工作和个人价值观相一致的个体会更投入地进行工作。另外,还有研究指出当领导的目标与个体的目标相一致的时候,员工的状态投入度会更高,并且更有可能表现出适应性行为(Macey & Schinerder, 2008)。这些结果清楚地表明了,有些时候影响员工工作投入程度的是员工与环境之间的适应程度或是匹配程度,而不仅仅是员工的人格特质或是工作环境。

员工工作投入度不仅受到员工特质和工作特点的匹配程度的影响,还会受到员工与组织本身的匹配程度的影响。组织本身所持有的目标和价值观会成为员工对于组织的依恋感和承诺感的来源,使得一些员工将自身与组织看作一个整体,进而表现出与组织长远利益相一致的适应性行为。研究者们提出的"组织认同"(Hall & Schneider, 1973)、"基于认同的承诺"(identification commitment)(O'Reilly & Chatman, 1986)和情感承诺(Meyer & Allen, 1997)等概念都着重强调了个人价值与组织价值的匹配程度对员工行为的影响。当员工的个人价值与组织的价值观相吻合时,员工更有可能表现出组织认同感和承诺感,进而更有可能表现出工作投入行为。

因此,基于人—环境匹配的观点,以往考察个人因素对工作投入度影响的研究实际上仅仅是考察了这些因素的主效应,一旦考虑了特定的工作环境,结果可能变得更加复杂。为此 Macey 和 Schneider (2008)认为,特质投入度与工作或组织环境的交互作用对状态投入度和行为投入度会造成影响。因此,工作环境不仅对状态投入度和行为投入度有主效应,还可能对特质投入度与状态投入度之间的关系、状态投入度与行为投入度之间的关系有调节作用。

§3 对 Macey 和 Schneider 的模型的批评

Macey 和 Schneider 的模型对工作投入度这一概念进行了详细的说明,同时也有不少学者指出了这一模型的不足之处。

Dalal 等人(2008)针对"状态投入度的概念"和"投入度包含状态、行为和特质三个方面"这两个问题上提出了质疑。首先,他们认为 Macey 和 Schneider 所说的状态投入度这一概念并不准确,他们所指的"状态"更多偏向于"特质"(trait)。在以往研究中,状态往往与特质进行比较,前者在时间上相对不稳定而后者相对稳定。因此,一个关键的问题在于特质到底有多稳定,而状态到底有多不稳定? 在一些对情绪进行研究的文章中,状态一般在一周时间内或更短时间内(几个小时甚至几分钟)发生变化,而特质一般在几个周或几个月内才发生变化(George, 1991; Watson & Clark, 1984; Weiss & Cropanzano, 1996)。从这个角度来看,认知—情感方面的工作投入度到底是一种状态,还是一种特质,或者是位于两者之间?

根据以往研究,工作投入度更多的被看作是一种特质进行测量,尽管没有充分的数据表明它确实是一种特质。

换句话说,以往对工作投入度认知—情感方面的研究假定了这一概念具有较好的时间稳定性。而 Macey 和 Schneider 认为状态投入度包含了很多旧的概念,这里面的概念都可使用传统方式进行测量。因此,尽管他们认为投入度具有状态方面的特征,对这一概念的测量却是从特质的方面考虑的,至少是认为状态投入度具有较好的时间稳定性。根据 Dalal 等人(2008)的观点,对状态投入度的测量需要固定样本取样(panel sample)得到的数据,在一段时间内(如几个星期)每天对员工实施多次测量。这样的方法可以知道不同时间间隔和个体差异可以在多大程度上解释投入度的变化。但由于该方法在数据收集上比较困难,目前没有这样进行的研究。

其次,Dalal 等人(2008)认为 Macey 和 Schneider 将状态投入度的前因变量和结果变量分别命名为"特质投入度"和"行为投入度"稍有不妥。他们指出从前因变量和结果变量的角度对一个概念进行命名是不可取的。例如,将组织公民行为认定为行为投入度的一个要素意味着组织公民行为主要是由认知—情感方面的投入度引起的。然而,研究表明组织公民行为与认知—情感方面的投入度之间并不存在较强的相关关系,且其他结构能够更有效的预测组织公民行为。按照他们的建议,"状态投入度"被称为"投入度"即可,因为投入度既包括特质方面又包括状态方面的因素;而且与特质或行为方面相比,投入度更多是一个认知—情感方面的概念。另外,"特质投入度"最好是指对生活和工作有正性态度的一系列特质,而"行为投入度"最好是与适应性行为和角色外行为有关的一系列行为的总称。这保证了这些特质和行为不是从投入度的角度进行命名。这样一来,认知—情感投入度就不是 Macey 和 Schneider 所说的"特质投入度"的唯一的结果变量,也不是"行为投入度"的唯一的前因变量,为工作投入度的影响机制模型创造了更大的研究空间。

Harter 和 Schmidt (2008)对 Macey 和 Schneider 的模型的批判主要在于,尽管他们对一些概念及其测量做了概念上或逻辑上的区分,这些区分却不一定被参与调查的员工所认识到。例如,Le 等人 (2007)在对测量误差进行适当修正后,发现工作满意度与组织承诺度之间的相关系数至少为 0.92。大多数工业与组织心理学家认为工作满意度与组织承诺度在概念上确实有明确的区分(实际上也确实如此),但如果员工没有认识到这两个概念之间逻辑上的区别,区分这两个概念的实际意义又何在?0.92 的相关系数说明,员工在对工作的感知当中,工作满意度和组织承诺感没有什么不同,这与研究者认为这是两个独立的概念相矛盾。但是,员工对工作的感知正是研究者们要测量的对象以及建立理论的基础。总之,高级的测量手段允许研究者们从实验的角度验证两个概念是否有区别,然而这种区别如果仅仅存在于实验结果数据(如相关系数)当中,而不存在于受测者的真实感知当中,这样的区别便没有太多的应用价值。

Harter 和 Schmidt(2008)之所以提出这一点批评,是因为 Macey 和 Schneider 指出盖洛普测量工作投入度的 Q12 量表是对"员工工作环境"的测量,而"没有测量投入度的情感成分"。确实,Q12 量表包含的条目是对工作环境和工作条件的评估,但 Harter 和 Schmidt (2008)发现 Q12 量表与工作满意度、组织承诺度、工作卷入等状态投入度包含的概念的相关系数都高达 0.8 以上,并且如果由上级进行这些测评时,相关系数则会接近 1.0。由此,尽管

Macey 和 Schneider 强调了区分工作特性(即 Q12 所侧重的方面)和状态投入度的重要性,但由于两者之间高度的共线性,这种区分的必要性有待考察,即用 Q12 测量状态投入度并不像 Macey 和 Schneider 所说的那样没有可行性。从应用的价值来看,Q12 量表对工作条件描述性的条目可以提供给上级和员工用来改善工作投入度状况的更多手段,因此更加应该提倡使用。

§4 研究展望

4.1 国内研究

国内对于工作投入度概念的研究还是相对比较少,且存在两个很重要的问题。第一,工作投入度与工作卷入(job involvement)这两个概念在使用时仍然存在混淆,如一项考察组织气候对工作投入度和组织承诺度的研究(陈维政,李金平,吴继红,2006),实际上使用的是工作卷入的概念和测量。相比工作卷入,工作投入在认识和行为上对工作的付出和努力都要更加深入,因此两个概念是需要明确区分的。第二,国内对于工作投入度的研究大多数停留在它的认知和状态层面,而很少涉及工作投入度的特质和行为。如李文东等人(2007)一项关于工作投入度和工作技能关系的研究中使用的工作投入度测量工具中包含这样的题目:"目前发生在我身上最重要的事包括我现在的工作""我认为工作是我存在的核心"。这些题目与我们在状态投入度中讨论的员工对个体卷入工作的感知是相一致的。张姝玥等人(2007)的一项研究考察了工作要求和工作资源对警察的工作倦怠和工作投入的影响,其中使用的工作投入度量表测量了个体的精力、奉献和专注三方面的投入情况,也与状态投入度是相吻合的。另外,李锐和凌文辁(2007)的一篇工作投入度的综述也是从状态投入度的角度入手,讨论了投入度的概念及其前因和结果变量。总之,今后国内该领域的研究尤其要重视工作投入度概念的界定,以及研究中到底关注的是工作投入度的哪个方面。

4.2 未来研究方向展望

总的来看,Macey 和 Schneider 的工作投入度模型是近些年来工作投入度研究领域中最令人满意的成果,这一模型最可取之处在于试图解决以往研究中工作投入度概念混淆严重的状况。因此,这一模型提出了特质投入度、状态投入度和行为投入度三个概念来囊括以往研究中对投入度的定义。另外,这一模型不仅仅是概念的集合,而是在此基础上探讨了这些概念之间的逻辑关系,并引入工作特征和工作环境等因素作为工作投入度的影响变量。因此,这一模型不仅在理论上对工作投入度的概念进行了很好的创新,还为今后的实证研究提供了许多有价值的方向。当然,上面也提到了,这一模型还存在许多问题,比较重要的是工作投入度三元素的划分方式是否有实际意义,以及能否开发出一套系统有效的测量工具对工作投入度的各种成分进行测量。回答这些问题在现在看来似乎有些难度,因为这都需要大量的实证研究的证据进行支持或反驳。从这里来看,未来有关工作投入度的研究应该着重探讨工作投入度这一概念到底包含哪些成分,是否有必要将特质、状态和行为三个成分统统整合于一个概念之中。在有了一个更加清晰的概念之后,工作投入度测量的研究就可以更加容易地展开了。不论如何,毋庸置疑的一点是,Macey 和 Schneider 的工作投入度模型将该领域的研究推向了一个新的高度。

参考文献

Brown, S. P. (1996). A meta-analysis and review of organizational research on job involvement. *Psychological Bulletin*, 120, 235—255.

Brown, S. P., & Leigh, T. W. (1996). A new look at psychological climate and its relationship to job involvement, effort, and performance. *Journal of Applied Psychology*, 81, 358—368.

Burke. (2005). Employee engagement. Retrieved May 4, 2005, from www.burke.com/EOS/prac_EmployeeEngagement.htm

Corporate Executive Board. (2004). *Driving performance and retention through employee engagement*. Retrieved September 13, 2005, http://www.corporateleadershipcouncil.com/Images/CLC/PDF/CLC12KADBP.pdf

Dalal, R. S., Brummel, B. J., Wee, S., & Thomas, L. L. (2008). Defining employee engagement for productive research and practice. *Industrial and Organizational Psychology*, 1, 52—55.

Harter, J. K., Schmidt, F. L., & Hayes, T. L. (2002). Business-unit-level relationship between employee satisfaction, employee engagement, and business outcomes: A meta-analysis. *Journal of Applied Psychology*, 87, 268—279.

Hewitt. (2005). *Employee Engagement*. Retrieved April 29, 2005 from http://was4.hewitt.com/hewitt/services/talent/subtalent/ee_engagement.htm

Kanungo, R. N. (1982). Measurement of job and work involvement. *Journal of Applied Psychology*, 67, 341—349.

Macey, W. H., & Schneider, B. (2008). The meaning of employee engagement. *Industrial and Organizational Psychology*, 1, 3—30.

Rothbard, N. P. (2001). Enriching or depleting? The dynamics of engagement in work and family roles. *Administrative Science Quarterly*, 45, 655—684.

Saks, A. M. (2006). Antecedents and consequences of employee engagement. *Journal of Managerial Psychology*, 21, 600—619.

陈维政,李金平,吴继红(2006). 组织气候对员工工作投入及组织承诺的影响作用研究. 管理科学, 19(6), 18—23.

李锐,凌文铨(2007). 工作投入研究的现状. 心理科学进展, 15(2), 366—372.

李文东,时勘,何丹,庄锦英,梁建春,徐建平(2007). 工作满意度、情感承诺和工作投入对工作技能评价结果的影响. 心理学报, 39(1), 146—154.

张姝玥,许燕,王芳(2007). 工作要求、工作资源对警察的工作倦怠和工作投入的预测作用. 中国健康心理学杂志, 15, 14—15.

14 信　任

正如我们在上一章当中所提到的,领导行为在员工中创造出信任感有助于提高了他们的行为投入度。而员工工作投入度的提高会影响员工之间的合作与团队的工作绩效,因而人际心理这个主题一直是管理心理学的重要课题。那么信任会受到哪些因素的影响?它又如何影响员工与组织的工作绩效呢?除了工作投入度这种机制之外,是否还存在着其他的机制呢?针对这些问题,本章对以往有关信任的理论和实证研究进行了综述,从信任的定义与分类、信任的理论模型及信任的实证研究等方面对组织信任的作用及其机制进行了回顾与探讨,在本章的最后,我们还对该领域的研究方向进行了展望。

§1　信任的定义

牛津英语词典将信任定义为"相信陈述的真实性,确信人或事物具有某些特质属性",在中文词典中释义为"相信而敢于托付"。信任贯穿生活的方方面面,从个人的衣食住行到人与人之间的交往相处,因而一直是人类学、经济学、社会学、心理学与政治学等多个学科的研究热点。在组织科学中,信任被视为维持员工与组织有效运行的重要因素,众多的理论与研究都涉及组织信任(organizational trust)的意义与作用机制。下面我们先对信任的跨学科研究进行简单的回顾,然后再详细介绍组织信任的概念。

1.1　信任的跨学科研究

不同学科的学者对信任有不同的理解,并采取不同的方法来研究这一课题。经济学家常将信任看作是精心计算的结果(Williamson, 1993),社会学家常将信任看作人际关系中的社会资源(Granovetter, 1985),经济学家与社会学家都对陌生人之间的交换行为感兴趣,研究如何增强信任来降低交换的焦虑与不确定性(Goffman, 1971; Zucker, 1986)。人格心理学家一般将信任看作一种个人特质(Rotter, 1971, 1980; Tyler, 1990; Deutsch, 1962),如Rotter(1971)将信任定义为个人或组织所持有的一般性期待,这种期待使得个人或组织愿意相信其他个人或组织的言辞承诺、口头陈述以及书面声明。Rotter定义中的"一般性期待"是一种相对稳定的个人特质,与之相反,社会心理学家认为信任具有特异性,即信任是在特定环境中,对特定人以及特定交换行为的期待,其研究主要关注影响信任的形成、发展与维持的环境因素(Lewicki & Bunker, 1995)。

1.2 组织信任的定义

到目前为止,学术界就组织信任的概念尚未达成一致意见。Colquitt,LePine,Piccolo 与 Zapata(2012)总结了以往研究中信任定义的三种类型:① 信任是一种单一维度的积极的期待;② 信任是一种多维度的积极期待;③ 信任是甘愿成为弱势并承担风险的意愿。

第一种定义方法在信任的初期研究中最为常见。例如,Robert 与 O'Reilly(1974)对信任的操作化定义便是询问员工期待他们的上级在各种情境下会做出怎样的行为反应,比如,在需要做出一些有悖于员工利益的决定时,员工认为他们的上级会如何选择。Gabarro 与 Athos(1976)则通过询问员工是否对他们的上级持有一些积极的期望来测量信任,期望包括善良的意图动机、开放性的人格、行事的可预测性、行事为人的正直等。在这些研究中,信任被视为对对方积极人格与行为的一种信心与期待。

第二种定义方法出现在 20 世纪 90 年代中期。虽然此类研究仍将信任看作积极的期待,但概念突破了以往单一的维度。基于 Lewis 与 Weigert(1985)早期的理论,McAllister(1995)率先将信任区分为情感型信任(affect-based trust)与认知型信任(cognition-based trust)两种类型。差不多同一时期,Lewicki 与 Bunker(1995,1996)在 Shapiro,Sheppard 与 Cheraskin(1992)的理论基础上也提出了类似的区分,将信任划分为基于认同的信任(identification-based trust)与基于知识的信任(knowledge-based trust)。信任类型的区分使得研究者突破了以往对信任的理解,信任不再仅仅只是"理性计算"的产物,研究与理论均开始关注情感在信任关系中的作用,为更全面的理解信任的概念奠定了基础。

第三种定义方法的代表是 Mayer,Davis 与 Schoorman(1995),他们认同 Luhmann(1988)提出的有关期待与信任之间的差别,认为传统的信任概念界定不够完整,信任在期待之外还存在风险承担的意愿。他们认为,信任是指在不考虑监控能力等因素的情况下,甲方期待乙方将会完成某种对甲方有重要意义的特定行为,这种期待使甲方处于弱势且变得被动,甲方必须承受乙方后续行为可能带来的后果(Mayer et al.,1995)。

信任定义的分歧并没有阻碍信任研究的进行,越来越多的研究者开始整合信任的概念,虽然组织信任的定义还有待进一步明确,但是学者们普遍都认可组织信任对组织的重要作用。

§2 信任的理论模型

2.1 信任的一体化模型

Mayer 等(1995)在回顾前人的研究时发现,信任的研究存在很多尚未理清的问题,比如,信任与风险之间的关系、一般信任倾向对信任的影响、信任与可靠性之间的关系等。

在回顾前人研究的基础上,Mayer 等(1995)提出了信任的一体化模型(见图1)。鉴于信任是双方互动的过程,双方的特点都会影响到信任水平,因此该模型提出有两个因素共同决定了信任者的信任水平:被信任方的可靠性与信任者的信任倾向。能力(ability)、善意(benevolence)与正直(integrity)是影响可靠性的三个因素。当个体选择信任他人的时候,往往会率先付出一些代价,比如金钱、关心或助人行为等。而这些行为却不一定能够得到预期的回报,这对个体而言是一种风险。个体承认并接受这种风险存在的同时,依然选择相信他人,这就是信任。信任会使个体变得被动,因为他的利益甚至安危都掌握在了别人的手中。在文中我们将这种意愿称为"成为弱势的意愿"。信任的最终结果取决于个体是否信任对方,也取决于对方的反馈行为,如果对方按照预期行动,那么信任就获得的良好的结果;如果对方没有按照预期行动,信任就带来了伤害。下面将详细介绍模型中的变量。

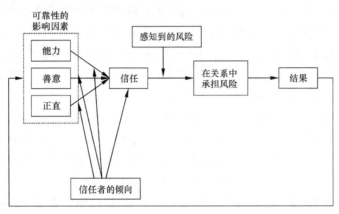

图 14.1　信任的一体化模型(Mayer, Davis, & Schoorman, 1995)

2.1.1　信任者倾向

信任者倾向是指个体对他人可靠性的无差别期待,类似于个体信任的基线水平。有的人很容易相信别人,而有的人则很多疑,不轻易相信别人。这是一种相对稳定的个体特质,不会随着环境或者信任对象的变化而发生变化,具有跨情境与跨信任对象的一致性。个体的信任倾向受到个性、成长经历与文化背景等因素的影响(Hofstede, 1980)。

信任倾向来源于特质型信任的理论,例如,Rotter(1967)将信任视为对他人一般性的无差别的期待;Farris, Senner 与 Buterfield(1973)则直接将信任定义为一种与组织环境互动时表现出来的人格特质。信任倾向的作用在实证研究中也得到了证实,如 Conlon 与 Mayer(1994)研究发现在代理机构中,员工信任他人的倾向与工作绩效显著相关。因此,Mayer 等(1995)提出信任者倾向会影响信任水平,在缺乏任何有关对方可靠性的资料信息时,信任者倾向越高则信任水平越高。

2.1.2　可靠性与影响因素

可靠性将目光投向了被信任方,Ring 与 Van de Ven(1992)认为由于交换行为存在风险,所以个体必须在决定是否信任之前判断对方的可靠性。Good(1988)认为信任就是对另一方下一步行为的期待,而这种期待是根据对方一直以来内在与外在的线索进行的判断。什么样的人或者说具有什么品格和能力的人可以被视作可靠的呢?这一问题一直是研究者的兴趣所在。早期的研究来自于 Hovland, Janis 与 Kelley(1953),他们的研究表明影响一个人信誉的两个重要因素是专业知识与可靠性,其中可靠性是对说谎动机的评估,如果个体发现对方通过说谎可以获取一些利益,那么对方的可靠性就会下降。Lieberman(1981)有关信托关系的研究表明,信任来自于对另一方专业能力与正直的判断。众多学者都认可被信任方的个性与行为会影响到信任者对他的信任水平。因此,Mayer 等(1995)在总结以往研究的基础上,提出了三个因素:能力、善意和正直。

能力是指技能与胜任力。因为信任具有领域特异性(Zand,1972),在某些领域值得信任的人未必在其他领域值得信任。因此这里的能力指的是特殊能力,即被信任方在某些技术领域有能力,所以在该领域的任务中具有可靠性;而在其他领域缺乏相应的能力,则在这些领域的任务中不具有可靠性。

善意顾名思义是指个体的善良与好意,即会善良对待他人的程度。善意反映了信任双方特殊的依恋关系。以往的研究中,一些学者直接使用善意这个概念来查考信任双方之间特殊关系的性质(Larzelere & Huston,1980;Solomon,1960;Strickland,1958);另一些学者则关注被信任方的意图与动机(Cook & Wall,1980;Deutsch,1960;Giffin,1967;Kee & Knox,1970),因为意图与动机往往决定了个体对待他人的态度是否友好良善;Frost,Stimpson 与 Maughan(1978)发现利他主义倾向会影响信任的水平;Jones,James 与 Bruni(1975)研究表明领导对他人需要的积极回应会影响员工对领导的信任。这些研究所关注的变量都属于模型中的善意因素。

正直是指对原则和规范的遵守程度。McFall(1987)认为,对规范的遵守反映了个体的诚信与正直,而诚信与正直可以避免唯利是图的发生。评判一个人是否正直可以通过搜取他的各种信息来进行判断,比如过去行为的一致性、第三方提供的信用信息、正义感和言行一致的程度等等。以往的研究中,Lieberman(1981)将正直看作重要的信任因素;Butler(1991)也将一致性、正直与公平感看作信任的重要条件;Hart,Capps,Cangemi 与 Caillouet(1986)对24道有关可靠性的测量题进行因素分析得到了三个因素,其中之一就是正直。

2.1.3 风险承担

信任的潜在假设是对方会按照预期来行动,但是个体并不确认对方一定会按照预期去行动,所以信任关系就产生了不确定性。当信任者选择信任时,就已经承认并接受有被利用和背叛的风险。信任与风险是一种相互依存的关系:风险创造了信任的机会,而信任又产生了风险;当对方实施了预期的行为时,最初的风险承担成为了信任的基石(Coleman,1990)。当不确定性与风险完全不存在时,信任也没有存在的空间(Lewis & Weigert,1985)。许多信任的研究都包含了风险要素,例如,Kee 与 Knox(1970)认为信任存在的环境中,至少有一方有重要的利益处在风险中,并且认识到有可能会被另一方利用或背叛;Gambetta(1988)认为信任必然与欺骗、背叛共存;Granovetter(1985)认为信任最显著的特点是为被信任者提供了不法行为的机会;Sabel(1993)认为信任就是双方都相信对方不会利用自己的弱点牟利。

需要指出的是,风险承担并不是指产生信任的意图需要承担风险,而是说信任付诸行动需要承担风险。对风险的感知会影响信任行为的发生,而风险的感知又受到信任结果(对方按照预期行动或者背叛)的影响(Chiles & McMackin,1996;MacCrimmon & Wehrung,1986)。从长期来看,风险承担的最终结果,也是信任的最终结果,反过来又会影响以后对可靠性的评估。

Mayer 等(1995)信任一体化模型一经提出便得到了各领域的关注,不仅仅在组织行为学,在市场营销学、会计学、金融学、经济学、工业管理学、政治学、伦理学、法律、社会学、医疗保健等领域都得到了重视,许多研究对该模型进行了实证研究与探讨,并对该模型以及基于此模型的信任概念进一步的修正与完善。

§3 认知型信任与情感型信任

Mayer 等(1995)一体化模型的基础是理解信任方如何对另一方的信息进行加工,并据此决定是否承担信任的风险。一体化模型认为信任是一种理性产物,然而事实上信任不完全是理性的结果,除了理性认知外,也包含着情感成分。下文将详细介绍认知型信任与情感型信任。

3.1 认知型信任与情感型信任

Lewis 与 Weigert(1985)提出,人际信任可以分为基于认知的信任和基于情感的信任。基于认知的信任来自于人们的理性思考,具体是指人们在不同的环境下自主选择相信的对象,这种相信建立在对"可靠性"证据的判断之上,这些证据是人们真实掌握的且认为充足的知识信息。信任所依靠的知识信息介于完全掌握与全然不知之间(Simmel, 1964)。完全掌握时无需信任,全然不知时则没有信任存在的基础。可利用的知识信息数量与对信息充分性的判断共同构成了信任决策的前提(Luhmann, 1979; Simmel, 1964)。可利用的知识信息(认知判断的证据)包括的范围很广,以往对组织信任的研究表明被信任者的能力与责任心是其中最为关键的因素(Bulter, 1991; Cook & Wall, 1980);亲密关系中的信任常涉及可靠性的判断(Johnson-George & Swap, 1982; Rempel, Holmes, & Zanna, 1985),Zucker(1986)提出如果希望维持和发展信任,通常需要满足信任者对可靠性的期待,研究也发现如果可靠性的期待没有得到满足,信任的形成与发展将会受到阻碍(Luhmann, 1979; Shapiro, 1987, 1990)。

基于情感的信任来自于人与人之间的感情联系(Lewis & Weigert, 1985)。个体在信任关系中会投入情感,真切的去关心另一方的福祉,并且认可关系的价值,相信情感是相互的(Pennings & Woiceshyn, 1987; Rempel et al., 1985)。正是上述这些人与人之间的感情联系构成了情感型信任。

社会心理学领域对亲密关系的研究支持了上述区分方法,即将信任分为认知型和情感型两种。比如,Johnson-George 与 Swap(1982)区分并测量了"可靠性"与"情绪信任",Rempel 等(1985)区分了"可靠性"与"信念"(情绪上的安全感)。

同样的,组织内部充满了多种多样的人际关系,人与人之间的感情联系十分普遍(Granovetter, 1985; Griesinger, 1990; Pennings & Woiceshyn, 1987),基于此 McAllister(1995)提出并验证了组织信任也可以划分为认知型信任与情感型信任两种。认知型信任建立在考察对方可靠性、诚实、正直与公平等信息的基础上,而情感型信任则反映了与对方特殊的情感联结。这一区分在后来得到了大量实证研究的支持(Fryxell, Dooley, & Vryza, 2002; Holste & Fields, 2005; Levin & Cross, 2004; Lewicki & Bunker, 1996; Ng & Chua, 2006; Webber & Klimoski, 2004; Wilson, Straus, & McEvily, 2006)。

3.2 认知型信任与情感型信任理论模型

McAllister(1995)在区分认知型信任与情感型信任的基础上,围绕组织中的管理者对同伴的信任,建立了人际信任作用的模型(见图14.2),模型包括四个部分:同伴的特征与行为、管理者对同伴的信任、管理者的行为反应以及上级评定的管理者与同伴的绩效。图中的同伴组织公民行为、交流互动频率、可靠的角色表现、文化/民族的相似性和专业证书都属于同伴的特征与行为,McAllister(1995)认为同伴的特征与行为会影响管理者对同伴的情感型信任和认知型信任。而管理者对同伴的信任又会影响后续管理者对同伴的行为反应,包括基于需要的监控、管理者对同伴的组织公民行为、基于控制的监控和管理者的防御行为。管理者对同伴的行为反应最后会影响上级评定的管理者的绩效和上级评定的同伴的绩效。下面将详细介绍 McAllister(1995)对变量之间关系的假设。

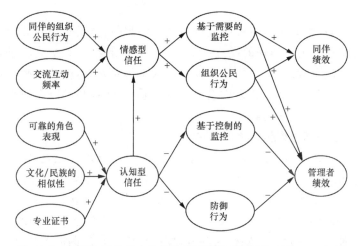

图 14.2　组织人际关系中信任作用的理论模型(McAllister, 1995)

3.2.1　认知型信任的前因变量

在组织中,前期互动交流的经验、彼此社交的相似性与组织环境因素都会影响管理者对同伴的认知型信任(Zucker, 1986)。首先,在评估可靠性时,可用工作履历来查看对方过去角色内职责的履行状况(Cook & Wall, 1980; Granovetter, 1985)。对方的行为是否一向符合互惠性与公平性的原则?是否对承诺会坚持到底?这些信息对可靠性的评估至为重要(Lindskold, 1978; Stack, 1988),因此同伴可靠的角色表现会增加管理者对他的认知型信任。

其次,社交的相似性会影响信任的发展。有着类似基本特征的群体,如拥有相同民族背景的个体之间可能更容易形成与发展信任。Light(1984)记录了少数民族企业家更倾向于在同民族社交圈内开展贸易。自我分类的理论家观察到个体倾向于基于客观特征对自己分类,如年龄、种族与性别(Turner, 1987),而且发现相对于组织内部成员,组织外部成员更容易被认为不诚实、不可靠与不合作(Brewer, 1979)。因此民族与文化的相似性可以促进组织信任的形成与维持。

再者,教育机构和专业组织通过授予专业证书的方式来证明个体的专业与技术水平(Zucker, 1986),这为个体能力提供了可靠性参考。因此拥有较高专业证书的个体更容易引起管理者的认知型信任。

3.2.2 情感型信任的前因变量

情感型信任来自于人与人之间的情感联结,维系人与人之间情感联结的行为都会对情感型信任产生影响。组织公民行为是在自己的工作角色之外为他人提供帮助的行为,该类型行为并没有直接的奖赏,却有益于组织(Organ, 1988)。这种角色外的表现并没有被角色职责所要求,因此可以被视作个人的选择行为。归因研究表明基于个人自由选择的行为,相比较被强制规定的行为,更容易引起人格倾向的归因,因此组织公民行为这种出于自身意愿的行为更有可能引起情感型信任(Clark & Mills, 1979; Clark, Mills, & Powell, 1986; Clark & Waddell, 1985; Holmes, 1978; Holmes & Rempel, 1989; Kelly, 1979; Rempel et al., 1985)。

其次,情感型信任来源于个体对他人行为动机的归因,必然受到互动频率的限制,只有足够多的互动才能做出值得信任的推论(Lewis & Weigert, 1985)。在互动较少时,熟悉程度和彼此了解的程度都较低,彼此的情感关系尚未来得及建立,因此情感型信任较低;随着交流和互动的频率增加,双方在关系中投入更多的感情,形成情感联结也会增多。因而,互动频率越高,情感型信任水平越高。

3.2.3 认知型信任与情感型信任之间的关系

值得注意的是,亲密关系中认知与情感的研究表明人际情感会对认知产生影响(Holmes & Rempel, 1989; Rempel et al., 1985),相对于情感型信任而言,基于认知的信任或者可靠性常被认为更为肤浅与表面化(Johnson-George & Swap, 1982)。信任比单纯的可靠性拥有更多的时间与情感投入(Rempel et al., 1985)。对于工作关系而言,情感型信任的建立与发展可能需要一定的认知作为基础,即工作同伴最起码需要达到可靠性期待的基线水平,才能进一步深入发展人际关系。如果基线的期待没有达到,那么个体的组织公民行为可能不会被看作是处于关怀与关心,而会被看作是逢迎讨好与印象管理。因此,认知型信任是情感型信任的基础,只有对个体有较高水平的认知型信任,才可能有较高水平的情感型信任。

3.2.4 信任引发的行为反应

在该假设模型中,基于控制的监控行为与防御行为都是认知型信任的行为结果。首先,当个体依靠同伴时,并不能指望对方完全可靠,必须采用一些方法来控制关系和环境中潜在的不确定性。基于控制的监控行为是应对不可靠个体的一种常见措施(Bradach & Eccles, 1989; Pennings & Woiceshyn, 1987; Williamson, 1974)。因而,当认知型信任水平较高时,管理者对同伴基于控制的监控行为会减少。

其次,对于管理者而言,除了需要确保同伴的工作表现,还需要尽可能的免受打扰的履行自己的职责,完成自己的任务(Ashforth & Lee, 1990)。他们要防止员工在可以及时、独立完成任务的情况下过早、过多的寻求帮助。所以,当认知型信任水平较高时,管理者对同伴的此类防御行为会降低。

因此,McAllister(1995)认为,管理者对同伴的认知型信任越高,管理者对员工基于控制的监控行为和防御行为会越少。在现实关系中,情感型信任的建立需要一定的认知型信任作为基础,我们下面来看情感型信任可能引发的行为反应。

通过情感信任联结的关系类似于所谓的共有关系(Clark, Mills, & Gorcoran, 1989;

Clark et al.，1986)，研究发现共有关系(communal relationships)中的个体，相比在交换关系中，更有可能关注于同伴的需求。这种基于需求的监控与基于控制的监控不同，并不是为了控制对方的行为，而是为了体察对方的需要。在共有关系中，个体很少关注同伴在合作任务中投入了多少(Clark，1984)，也很少纠结自己的善意行为是否被他人利用了(Clark & Waddell，1985)。在共有关系中，个体总是将同伴的困难视作自己的困难，对同伴的需求非常敏感并且学会如何互动帮助(Holmes & Rempel，1989)。因此，在情感型信任的关系中，个体对他人工作相关需求的敏感度会很高，监控行为是基于内心需要而非控制。同时，对同伴需求的敏感并且乐意帮助他人都会有利于产生更多的帮助行为。所以，当管理者对同伴拥有较高情感型信任时，管理者对同伴会有更多的基于需求的监控行为与更多的组织公民行为。

3.2.5 行为反应对绩效的影响

组织成员的工作效率与彼此之间的合作行为都对组织有重要的贡献，成员的能力只有合理的使用才能对组织的贡献最大化。组织不仅仅需要员工努力工作，还需要他们能够聪明的工作。而聪明工作的方法之一便是关注并寻找机遇来对组织做贡献。因此，管理者对同伴基于需要的监控以及组织公民行为会提高上级对管理者的绩效评定。

管理者对同伴基于需要的监控的首要目的便是为了提高同伴的工作绩效。当管理者感觉到对同伴的需求有责任，且愿意回应这样的需要时，基于需要的监控便会出现(Clark et al.，1989)。因此，管理者对同伴基于需要的监控与组织公民行为会提高同伴的绩效。

但是，管理者对同伴基于控制的监控行为和防御行为会使管理者从自身的工作中分心，无益于管理者自身的绩效，所以会降低上级评定的管理者绩效。

3.2.6 模型验证

McAllister(1995)对194名不同行业的管理者进行研究，对该假设模型进行了检验。因素分析支持了情感型信任与认知型信任之间的区别。结构方程模型分析得到以下模型(见图14.3)。结果支持了情感型信任与前因变量和部分行为结果变量之间的关系，也支持了两种信任之间的关系，但是认知型信任与前因和行为结果变量之间的关系没能得到验证。管理者基于需要的监控行为与上级评定的管理者绩效之间没有显著关系，而管理者基于帮助的组织公民行为与上级评定的管理者绩效之间显著的负相关。另外，结果还区分了组织公民行为的两个维度对上级评定的管理者绩效的不同影响，基于亲和目的的组织公民行为与

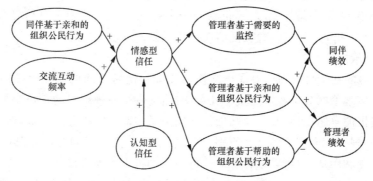

图14.3 验证后的组织人际关系中信任作用的模型(McAllister，1995)

上级评定的管理者绩效正相关,而基于帮助目的的组织公民行为与上级评定的管理者绩效负相关。

McAllister(1995)关于认知型信任与情感型信任的区分为信任的理论探讨与实证研究指出了新的方向。无论是对信任作用机制还是作用效果的探讨,都需要同时考虑信任类型的区分。另外,两种信任与前因变量及结果变量之间的关系需要更多的实证研究来验证。

§4 信任的实证研究

信任一直是组织研究中的重要课题,Gambetta(1988)指出学者们往往将信任看作社会交换的基本要素以及组织有效运转的必要因素。有关信任的研究涉及交流(Giffin, 1967),领导力(Atwater, 1988),目标管理(Scott, 1980),协商谈判(Bazerman, 1994),博弈理论(Milgrom & Roberts, 1992),绩效评估(Cummings, 1983)和劳资关系(Taylor, 1989)等多个领域。下文我们将着眼于信任与组织公正、领导行为、团队之间的关系,回顾相关的理论与研究。

4.1 信任与组织公正

信任与组织公正一直是预测员工态度与行为的重要变量。元分析的结果证实了信任与工作绩效、组织公民行为与反生产行为等组织结果变量之间的关系(Colquitt, Scott, & LePine, 2007;Dirks & Ferrin, 2002)。同样,元分析的结果也证实了组织公正与组织承诺、工作绩效与组织公民行为等组织结果变量之间的相关(Cohen-Charash & Spector, 2001;Colquitt, Conlon, Wosson, Portor, & Ng, 2001)。

在组织公正的研究中,信任常被用来解释组织公正与员工工作绩效之间的关系,即将信任作为组织公正与员工绩效的中介变量。尽管以往的实证研究表明信任与组织公正之间存在较强的相关,元分析的结果也支持了二者之间存在中到强的正相关(Cohen-Charash & Spector, 2001; Colquitt et al., 2001; Dirks & Ferrin, 2002),但是很多学者都认为信任与组织公正之间的关系存在疑问(Colquitt & Mueller, 2008;Lewicki, Wiethoff, & Tomlinson, 2005):这些研究所采用的理论并不相同,因而对信任的作用机制解释也不一样。

下面将先介绍三种常见的理论——社会交换理论、公平启发理论(fairness heuristic theory)和不确定性管理理论(uncertainty management theory)——对信任作用机制的解释,然后再介绍Colquitt等(2012)验证信任作用机制的一个实证研究。

4.1.1 社会交换理论

Blau(1964)的社会交换理论着眼于交换活动如何随着时间的变化而发展,提出了一系列交换原则。该理论区分了经济交换与社会交换:前者是一种严格的等价交换;后者是指个人为了获取回报的自愿行为,其交换基础是交换关系中双方的义务。比如,领导向员工提供了支持与帮助,根据社会交换的互惠原则,员工就有义务要回报领导(Gouldner, 1960)。员工可以选择接受和顺从,也可以以自身的支持与帮助行为作为回报。

在组织公正研究中,Organ(1990)最先引入了社会交换理论,他用社会交换理论来解释程序公正与组织公民行为之间的关系。Organ认为领导的公正行为本身就是一种能够引发回报的奖赏行为,与传统的交换资源有着同样的功能,公正能够引发员工的互惠义务与互惠行为。但是,领导的公正行为并不一定会得到员工的回报,这种不确定性会阻碍社会交换的进行。此时,信任就变得尤为重要。Konovsky与Pugh(1994)进一步提出,信任是维持与深化社会交换关系的关键,也是社会交换扩大化的重要前提。一方面,领导对员工的信任使得领导愿意率先付出,并且相信员工会在以后给予回报。另一方面,当组织中某个员工的付出超过其他员工时,如果该员工对领导的信任水平较高,他会相信自己的超额付出将在后期关系中得到回报。这样,通过双方的互动扩大了社会交换,深化了社会交换关系。

所以,根据社会交换理论,信任会增加双方互惠的义务,提高互惠行为发生的可能。

4.1.2 公平启发理论

公平启发理论认为,组织中的员工往往面临一个基本的社会困境:与权威人士(领导管理人员、公司高层等)的合作会导致更好的结果,但同时也会增加被剥削的风险(Lind,2001)。这种社会困境对员工而言,其实是一种不确定性。公平启发理论认为,员工往往根据自己对权威人士的信任来应对此不确定性。这让人想起了Luhmann(1979)对信任的定义,他认为个体面临着社会环境中持续增长的复杂性,这些复杂性是指超过个人应对能力,会威胁生活稳定性的可能事件,而信任可以将一些威胁(比如,剥削、背叛)减少到最小,从而降低复杂性。

公平启发理论认同Luhmann(1979)对信任的定义,认为信任可以减少复杂性与不确定性,但是员工需要足够的时间与信息来建立信任。在现实中,员工通常无法获取有关权威人士的大量信息,所以往往采用公平启发的方法来决定是否合作(Lind,2001;van den Bos,2001a)。在面对被剥削的风险时,员工往往采用组织公正作为启发的凭据,即通过评估权威人士的公正程度来决定是否信任与合作(Lind,2001;van den Bos,Lind,& Wilke,2001)。对公正的评估可以以程序公正、分配公正或人际公正为参考对象,这取决于员工第一次在组织中接触到而且最容易理解的是哪种公正形式(Lind,2001;van den Bos,2001a;van den Bos et al.,2001)。

所以,根据公平启发理论,员工利用组织公正来判定领导是否值得信任,信任可以应对领导行为带来的不确定性。

4.1.3 不确定性管理理论

公平启发理论只关注于领导行为带来的不确定性,而不确定性管理理论将目光扩展到了员工在组织环境中可能遇到的各种不确定性。员工在组织中缺乏控制感,会面临很多的不确定性,不仅仅来自权威人士,还可能来自组织环境。不确定性管理理论在公平启发理论的基础上进一步强调组织公正的重要性,组织公正可以在更一般的情境中协助员工应对不确定性(Lind & van den Bos,2002;van den Bos & Lind,2002)。以往的研究也表明组织公正可以缓解员工的各种不确定性(van den Bos,2001b;van den Bos & Miedema,2000)。

所以,根据不确定性管理理论,组织公正与信任在降低权威人士带来的不确定性的同时,还帮助员工管理更一般意义上的不确定性。

4.1.4 实证研究

Colquitt等(2012)为了进一步了理解组织公正通过信任如何影响工作绩效,构建了一个组织公正—信任—工作绩效的综合模型(见图14.4)。模型沿用了McAllister(1995)对认知型信任和情感型信任的划分,提出了信任影响工作绩效的两种作用机制:交换深化与降低不确定性。

Colquitt等(2012)假设认知型信任与情感型信任,一方面通过强化双方的互惠义务感,增加互惠行为,深化了社会交换关系,提高了工作绩效(交换深化机制);另一方面通过减少组织和工作中的不确定性而提高工作绩效(降低不确定性机制)。交换深化机制来自于社会交换理论,强调信任在社会交换关系中加深了互惠的义务感。图中规范承诺(normative commitment)来自于组织承诺(organizational commitment)概念,反映员工对组织的义务感(Meyer & Allen, 1997),组织公正的研究者认为规范承诺能够很好地描述交换过程中义务感的动态变化(Colquitt, Greenberg, & Scott, 2005)。降低不确定性机制来自于公平启发理论与不确定性管理理论,强调信任在降低来自权威人士的不确定性的同时,还降低了一般意义上的工作不确定性,模型采用不确定性感受来检验这一作用机制。

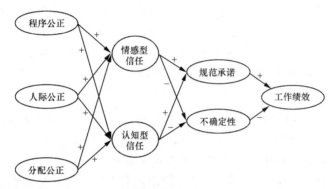

图 14.4　组织公正—信任—工作绩效模型(Colquitt, LePine, Piccolo, & Zapata, 2012)

为了验证该模型,Colquitt等(2012)对美国东南地区医疗系统内的195名员工进行了为其三个月的追踪研究。首先收集了有关组织公正、认知型信任、情感型信任、规范承诺、不确定性感受和一些人口学变量的数据,三个月后从员工所属的公司收集员工工作绩效的数据。

最终得到的验证模型见图14.5。模型传达了研究的五个重要结果:第一,组织公正的三个维度与信任的两个维度均显著正相关。这说明组织公正既影响了员工对领导的可靠性感知,也引发了员工对领导的情感投入。第二,组织公正的三个维度都通过信任对工作绩效产生影响,值得注意的是,程序公正是工作绩效的直接预测变量,即使在控制了信任的中介作用以后,程序公正依然能够直接影响工作绩效。第三,信任既加深了员工互惠的义务感,也减少了一般意义上的不确定性,这说明信任的两种作用机制都有发挥作用。

第四,规范承诺仅与情感型信任显著相关。这说明当员工对领导的情感型信任水平越高时,他们会产生更多的互惠义务感;而员工认为领导可靠时却不能增加他们互惠的义务感。于是,根据Blau(1964)的社会交换理论,我们可以推论说情感型信任增加了员工的互惠义务,提高了员工互惠行为发生的可能,从而提高了工作绩效;而认知型信任却没有这样的效果。

有一点需要注意,情感型信任对规范承诺的显著影响,这一结果的出现可能受到了其他因素的影响:McAllister(1995)对情感型信任的定义强调双方对观点与关心的相互感知,这种"相互性"恰恰是互惠性义务所强调的。所以,情感型信任对规范承诺的显著影响,有可能

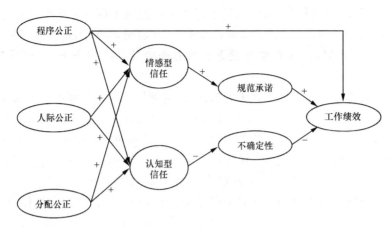

图 14.5　组织公正—信任—工作绩效的验证模型(Colquitt, LePine, Piccolo, & Zapata, 2012)

来自于他们概念中共同的"相互性"。这一结果的解释需要未来研究来澄清。

最后,不确定性减少仅与认知型信任显著相关。这说明当员工认为领导可靠时,他们工作中的不确定性感受会降低;而员工对领导的情感型信任却不能降低他们对工作不确定性的感受。以往的研究也表明,在风险决策时,个体更多的考虑被信任方的能力,而不是被信任方的善意(Colquitt et al., 2007)。

Colquitt 等(2012)的研究不仅验证了员工对领导的信任在组织公正与工作绩效关系中的中介作用,而且检验了不同理论对信任作用的解释。员工对领导的信任不仅增强了员工互惠的义务感,而且减少了员工的不确定性感受,从而提高了员工的工作绩效。

另外,Colquitt 等(2012)的研究还验证了 McAllister(1995)有关情感型信任与认知型信任的区分,并且发现两种信任的作用机制存在差异,认知型信任降低了员工的不确定性感受,情感型信任提高了员工互惠的义务感。这一发现呼吁更多的研究关注信任类型的划分,为进一步理解信任的作用机制指出了新的方向。

4.2　信任与领导行为

早在 20 世纪 60 年代,研究者就已经意识到信任与领导行为的重要关系,员工对领导的信任是领导理论的关键概念,比如,变革型领导与魅力型领导会建立下属对自身的信任(Kirkpatrick & Locke, 1996; Podsakoff, MacKenzie, Moorman, & Fetter, 1990),员工感知到的领导的可靠性直接影响领导的有效性(Bass, 1990; Hogan, Curphy, & Hogan, 1994),信任是领导成员交换理论(Schriesheim, Castro, & Cogliser, 1999)的组成要素。

员工对领导的信任如何影响员工的工作结果(工作绩效、工作态度与组织公民行为),研究者有各样的解释,Dirks 与 Ferrin(2002)将这些观点划分为基于特征的观点(character-based perspective)和基于关系的观点(relationship-based perspective)。

4.2.1　基于特征的观点与基于关系的观点

基于特征的观点关注员工对领导的看法,以及这种看法如何影响员工的信任、后续的态度和行为。当员工认为领导值得信任时,员工可以安心的投入到工作当中,会有较高的工作绩效,也会展现更多的组织公民行为;当员工认为领导不值得信任时,员工不愿意让自己参与有风险的行为,组织公民行为会减少,加上还需要应对由不信任带来的糟糕心态,员工的工作绩效也会降低。比如,Mayer与Gavin(1999)研究表明,当员工认为他们的领导不正直时,他们不愿意信任领导,进而需要花费更多精力来掩盖自己的不满,最终导致了绩效的降低。

基于关系的观点则以社会交换理论为依据,侧重领导与员工之间的交换关系,关注员工在交换关系中如何回报(Blau, 1964; Konovsky & Pugh, 1994; Whitener, Brodt, Korsgaard, & Werner, 1998)。当员工认为领导曾经或者将会对自己的付出给予回报时,员工会倾向于用领导期望的行为来回报。Konovsky与Pugh(1994)提出社会交换关系鼓励员工花费更多的时间在工作上,甚至主动超额完成任务或帮助其他员工等。Dirks与Ferrin(2002)认为基于特征的观点更倾向于影响情感型信任,基于关系的观点更倾向于影响认知型信任。

Dirks与Ferrin(2002)在总结前人研究的基础上,提出了一个员工对领导信任的假设模型(见图14.6)。模型也采用了认知型信任与情感型信任的划分方式,并将基于特征的观点与基于关系的观点进行了整合。该模型区分了信任的前因变量与结果变量:前因变量包括领导的行为、下属的特征和关系特征,而结果变量涉及行为与绩效、态度与意图以及一些相关变量等。

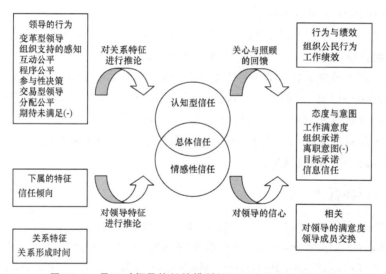

图14.6　员工对领导信任的模型(Dirks & Ferrin, 2002)

4.2.2　领导行为

根据前文提到的两种信任的观点,员工观察领导的行为,并据此对领导的属性、与领导关系的属性进行推论,因此信任必然会受到领导行为的影响。

就领导风格而言,信任最常与变革型领导联系在一起,变革型领导能够获取跟随者的信任,而信任会带来期望的结果(Podsakoff et al., 1990)。Pillai, Schriesheim与Williams(1999)提出,变革型领导的运作得益于领导与员工建立了社会交换的关系,变革型领导通过展示对员工的关心与尊敬来赢取信任与回报(Jung & Avolio, 2000)。与之相反,交易型领导更多的关注奖惩的公正性,并确保员工意识到必须履行劳务合同的责任,而对领导—员工之间的良好互动关系较少关注。总的来说,变革型领导会使员工感受到关系中存在关怀,而交易型领导更重视公正,关怀与公正都会增加员工感知的领导的可靠性。因此,两种领导风格都会促进员工对领导的信任。

除了领导风格之外,组织公正、参与性决策(participative decision making)、员工感受到的组织支持(perceived organizational support)、员工的期待是否得到满足等因素也会影响员工对领导的信任。组织公正与信任二者之间的关系已在前文进行了详细论述;参与性决策是一个重要的前因变量,它传达了这样一个信息:领导在制订方案时对下属有信心、尊重和关注下属,这会影响员工对领导特征的感知,从而促进员工对领导的信任;员工感受到的组织支持中包含了员工与领导、组织之间的交换关系,员工如果相信领导和组织会关心他们的幸福,那么员工的信任水平就会提高;有关心理契约的文献表明,如果领导没有满足员工的期待,那么员工对领导的信任会降低(Robinson,1996)。

Dirks 与 Ferrin(2002)元分析结果表明,领导行为确实会影响员工对领导的信任,具体而言,程序公正、结果公正、互动公正、参与性决策、组织支持的感知、确保期望满足、变革型领导、交易型领导都与员工的信任呈正相关。其中,变革型领导、感知到的组织支持以及人际公正与信任的相关最强,而程序公正、交易型领导、分配公正、参与性决策与未满足的期望与信任的相关较弱。

4.3 信任与团队

如果说组织信任的概念与作用机制还存在争议的话,那么信任在组织中的作用可以说得到了研究学者的一致认可,信任会提高整个组织团队的绩效。信任如何影响团队的运作过程和结果?这是研究者们纷纷试图解答的问题。下文将分别从三个方面来介绍信任在团队中的作用机制:信任对团队绩效的主效应、信任与团队绩效之间中可能存在的中介变量和信任与团队绩效之间可能存在的调节机制。

4.3.1 信任对团队绩效的主效应

大多数理论认为信任对绩效等结果变量有主效应,即信任与绩效之间存在必然的联系。信任的相关研究也往往认为信任直接影响团队运作过程和绩效(Golembiewski & McConkie,1975;Mayer, et al.,1995;McGregor,1967),换句话说,信任水平增加,团队的运作会变好,绩效会提高;信任水平降低,团队运作会变差,绩效也会降低。

信任会直接影响团队绩效等结果变量——这一观点看似很有说服力,实际上却没有充分的证据支持(Kegan & Rubenstein,1973)。尽管一些实证研究考察了信任的主效应,但这些研究结果存在不一致。就信任与团队绩效的关系而言(Hughes, Rosenbach, & Clover,1983;Klimoski & Karol,1976),Friedlander(1970)的研究只支持信任的间接作用,而 Kimmel, Pruitt, Magenau, Konar-Goldband 与 Carnevale(1980)甚至发现信任的效应不显著。信任对团队绩效的影响的研究结果差异很大,在有些研究中是不存在影响的(Williamson,1993),而在另一些研究中却存在着非常显著的影响(Golembiewski & McConkie,1975)。

信任主效应的不一致性表明,信任与团队绩效之间可能存在一些中介变量和调节变量,这引起了学者进一步探讨的兴趣。

4.3.2 信任与团队绩效之间的中介变量

寻找信任与绩效之间的中介变量，就是确认信任通过是通过什么样的机制来改善组织运作，从而最终提高团队绩效的。信任作用机制的文献表明，信任可以通过团队反思(team reflexivity)、团队监控(team monitoring)与团队努力(team effort)对绩效产生影响。比如，Schippers(2003)的研究发现信任较高的团队，会更多的进行团队反思，从而提高了团队的绩效；而 Langfred(2004)对短期团队的研究则强调了团队监控的重要性，信任通过团队监控对团队绩效产生影响；Dirks(1999)首次提出团队努力在信任与团队绩效之间的中介作用，尽管这一中介作用在他的短期团队的研究中未能得到证实。但是，Spreitzer, Noble, Mishra 与 Cooke(1999)的长期团队的研究证实了团队努力的中介作用，他们发现，高信任团队倾向于表现得更好，因为相比较低信任的团队，高信任团队的成员更有可能为了团队目标而努力。

以往的研究一般只关注某一个机制(Schipper, 2003)，也主要在短期团队中进行研究，因此对信任作用机制的理解不够完整(De Jong & Elfring, 2010)。De Jong 与 Elfring (2010)提出，短期团队的研究结果并不适用于长期团队，因为短期团队在任务完成后会解散；而长期团队会一直存在，持续的接受任务，之前的团队经验会对后续的活动产生影响。因此，在不同性质的团队(如短/长期团队)中检验多重作用机制的作用，会对信任机制有更好的理解(MacKinnon, 2000; Mathieu, DeShon, & Bergh, 2008)。

针对以上问题，De Jong 与 Elfring(2010)对长期团队中的三重作用机制（见图 14.7）进行了实证研究。研究对来自 92 个团队的 879 名税务顾问进行了网络调查，从团队成员中收集了有关信任、团队努力、团队监控、团队反思的数据，从团队的管理者那里收集了团队绩效的数据。团队绩效包括团队产出的数量和质量以及管理者对团队的总体评价。

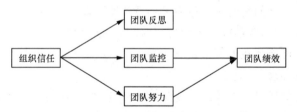

图 14.7 组织信任与团队绩效的中介机制(Jone & Elfring, 2010)

研究结果表明，在长期发展中的团队中，团队监控与团队努力中介了信任与团队绩效之间的关系，而团队反思的中介作用不显著。这一结果证明了在不同性质的团队中进行多重中介机制研究的必要性。

信任会影响团队运作过程的哪些方面？在寻找中介变量的研究中，研究者发现了新的问题：信任是否在不同类型的团队中的影响方式存在差别？信任与团队结果之间的关系还可能受到哪些因素的影响？这使得研究者开始寻找信任与团队结果之间的调节变量。

4.3.3 信任作为调节变量

Dirks(1999)提出，信任与绩效的关系可能受到其他因素的影响，具体来说，信任可能调节了其他变量对团队绩效的影响。任务动机理论(Kanfer, 1990)认为，个体的行为与表现是由个体的需求、目标和奖赏机制所决定的，而不是由对合作者的信任决定的。Dirks(1999)根据这一理论提出，信任影响了员工动机与绩效之间的关系，而不是直接对绩效产生影响。

Dirks(1999)实验室研究发现,信任并非直接影响了团队结果(团队效率与团队绩效),而是通过与动机的交互作用:相比信任水平低的团队,高信任水平的团队未必有更高的团队绩效,但是信任的水平影响了员工的动机与团队绩效之间的关系。在信任水平较高时,高动机有助于提高团队效率;而在信任水平低时,动机对团队效率没有影响。

上面介绍的研究都围绕团队绩效这一结果变量,在团队绩效之外,还有很多研究关注团队中员工与领导的合作行为(De Cremer & Van Vugt, 2002; Tyler & Blader, 2000; Van Vugt & De Cremer, 1999)。这些研究重点考察了两个前因变量:对领导的信任与程序公正。两者都会促进员工与领导的合作行为,但是值得注意的是,两者之间还存在交互作用:员工对领导的信任会影响程序公正与合作行为之间的关系。换句话说,程序公正是否会促进员工与领导的合作行为有一个重要的前提,那就是领导使用程序公正的规则必须是真诚而且可靠的,即领导的行为必须是真心为众人谋取福利的(Tyler & Huo, 2002)。然而,程序公正的执行者未必一定真诚可靠,比如Greenberg(1990)发现领导有时会用程序公正作为印象管理的方法,为自己赢得好名声。尽管这种方法会在短时间内获得良好的结果(Tyler, 2001),但最终会带来不可靠的坏名声(De Cremer, Snyder, & Dewitte, 2001; Milinski, Semmann, & Krambeck, 2002)。De Cremer与Tyler(2007)的实证研究也表明,与值得信任的领导相比,不可信的领导执行程序公正所产生的合作行为要少。因此,员工对领导的信任将会影响程序公正与团队合作之间的关系。员工对领导信任较高时,程序公正能够促进团队合作;当员工对领导不信任时,程序公正对团队合作没有影响。

从上文的讨论可以看出,已有的对信任作用机制的研究结果存在不一致性,这表明要全面理解信任的作用机制,目前的研究仍然不够。未来需要更多的实证研究与元分析来探讨信任与结果变量之间可能存在的中介变量与调节变量。

§5 研究展望

5.1 信任的一体化模型

Mayer等(1995)提出的一体化模型在目前的信任研究中受到了广泛关注以及反复的验证,后续仍有大量研究将基于该模型展开,然而该模型在众多研究中受到了一些挑战,需要有所修正和拓展。

第一,Mayer等(1995)将前人有关特质型信任的概念融入于模型中的一般信任倾向,表明个体存在跨情景性的信任倾向。这个假设在研究中很少被关注(Schoorman, Mayer, & Davis, 2005),一般默认该假设成立而对其他变量进行研究,仅有的实证研究对该变量的研究结果存在不一致性(Conlon & Mayer, 1994; Dirks & Ferrin, 2002)。因此,一般信任倾向对员工工作结果变量是否有影响,其间是否存在调节变量与中介变量,需要后续研究的持续关注。

第二,组织信任不仅包括组织内的信任,还包括组织与组织之间的信任。研究者指出,在缺乏清晰的多水平概念模型时,对信任的研究与理解会出现偏差(Currall & Inkpen, 2002; Mossholder & Bedeian, 1983; Rousseau, 1985)。随着信任多水平观点获得越来多组织研究者的关注,理解组织内与组织间的信任的差异变得尤为迫切,越来越多的研究指出信任的一体化模型需要在组织的微观与宏观层面被验证(McEvily, Perrone, & Zaheer, 2003;Zaheer, McEvily, & Perrone, 1998)。比如,在 Mayer 等(1995)模型中的可靠性的三个因素在团队水平应该如何界定?什么是团队的善意?是否需要重新探索影响团队可靠性的因素?同样,信任者的一般倾向在人际信任中是指信任者的人格特质,而在组织间信任的情况下,这种一般倾向是否更多的与组织所处的企业文化、地区环境和经济史有关?如何将人际信任的一体化模型拓展为团队与团队之间、组织与组织之间的信任模型,这都是未来理论需要关注的方向。

第三,信任是一个逐渐发展的动态过程,对于一个既定的组织而言,信任从发生到发展到维持有一定的时间历程。时间是一个重要的变量,会影响信任水平的高低,也会影响各个变量对信任的影响。比如,一些实证研究表明善意与正直之间存在高相关,而质疑这两个变量的独立性(Schoorman et al., 2005)。但是 Schoorman(2002)在对这些研究的回顾中发现,这些研究属于实验室研究,由于信任关系发展时间较短,信任者未能获取有关对方善意的信息,所以善意与正直之间出现了高相关。而现场研究中,研究对象是现实中长时间建立的信任关系中的个体,所以这些被试报告的善意与正直之间并没有出现实验室研究结果中的高相关。因而,在一体化模型中加入时间维度会为信任研究开拓更广阔的前景(Schoorman et al., 2005)。

第四,信任的形成受到多种因素的影响,除了模型中的信任者一般倾向于被信任者的能力、善意与正直之外,还包括其他因素:如文化因素,第三方的存在、双方的情绪状态等,而这些因素在模型中未能得到体现。尤其情绪的动机和组织作用会对信任产生积极或消极的影响(Dunn & Schweitzer, 2005)。到目前为止的实证研究往往忽略了情绪状态在信任中的作用,而很多重要的信任决定是在充满情绪与情感的环境下做出的。Dunn 与 Schweitzer(2005)的研究发现,即使是与被信任方和环境都无关的情绪状态,都会对信任方的信任水平产生影响。Schoorman 等(2005)提出,一体化模型需要加入情绪的维度,而情绪的作用将会是信任研究中一个很有趣的领域。

5.2 信任的破坏与修复

到目前为止,组织信任的研究大多关注信任的建立与信任对工作结果变量的影响,而较少关注信任的破坏与修复(Schoorman et al., 2005)过程。在实际的组织生活中,信任却并非一成不变,尤其是信任的破坏可能随时发生。信任建立很难,破坏却很容易,这种不平衡是由于人们在感知和加工信息时,负面信息比正面信息更令人印象深刻,对人们的判断产生更大的影响。信任破坏之后会产生经济上、情绪上和社会关系成本上的重要损耗,浪费大量人力物力和资源。那么信任破坏会受到哪些因素的影响?破坏之后如何进行信任修复?修复后的信任跟没有被破坏过的信任是否有差别?这些都成了信任研究需要解决的重要问题。

仅有的信任修复的研究都把信任方摆在了被动的旁观者的位置上(Tomlinson, Dineen & Lewicki, 2004),研究关注信任破坏后可能采取的信任修复措施上(Schweitzer, Hershey & Bradlow, 2006;Shapiro, 1991;Tomlinson et al., 2004)。而信任修复是双方互动的过程,受到很多因素的影响,比如第三方意见,信任者与破坏者的特质和事件严重程度等。未来需要更多的理论和研究来探讨信任破坏后修复的动态过程与双方互动结果。

参考文献

Butler, J. K. (1991). Toward understanding and measuring conditions of trust: Evolution of a condition of trust inventory. *Journal of Management*, 17, 643—663.

Colquitt, J. A., LePine, J. A., Piccolo, R. F., & Zapata, C. P. (2012). Explaining the justice-performance relationship: Trust as exchange deepener or trust as uncertainty reducer? *Journal of Applied Psychology*, 97, 1—15.

Colquitt, J. A., & Mueller, J. B. (2008). Justice, trustworthiness, and trust: A narrative review of their connections. *Justice, morality, and social responsibility*, 101—123.

Colquitt, J. A., Scott, B. A., & LePine, J. A. (2007). Trust, trustworthiness, and trust propensity: A meta-analytic test of their unique relationships with risk taking and job performance. *Journal of Applied Psychology*, 92, 909—927.

Conlon, E. J., & Mayer, R. C. (1994). *The effect of trust on principal-agent dyads: An empirical investigation of stewardship and agency*. Paper presented at the annual meeting of the Academy of Management, Dallas, TX.

De Cremer, D., & Tyler, T. R. (2007) The effects of trust in authority and procedural fairness on cooperation. *Journal of Applied Psychology*, 92(3), 639—649.

De Jone, B. A. & Elfring, T. (2010). How does trust affect the performance of ongoing teams? The mediating role of reflexivity, monitoring and effort. *Academy of Management Journal*, 53(3), 535—549.

Dirks, K. T., & Ferrin, D. L. (2002). Trust in leadership: Meta-analytic findings and implications for research and practice. *Journal of Applied Psychology*, 87, 611—638.

Jung, D., & Avolio, B. (2000). Opening the black box: An experimental investigation of the mediating effects of trust and value congruence on transformational and transactional leadership. *Journal of Organizational Behavior*, 21, 949—964.

Langfred, C. W. (2004). Too much of a good thing? Negative effects of high trust and individual autonomy in self-managing teams. *Academy of Management Journal*, 47, 385—399.

Levin, D. Z., & Cross, R. (2004). The strength of weak ties you can trust: The mediating role of trust in effective knowledge transfer. *Management Science*, 50, 1477—1490.

Mayer, R. C., Davis, J. H., & Schoorman, F. D. (1995). An integrative model of organizational trust. *Academy of Management Review*, 20(3), 709—734.

McAllister, D. J. (1995). Affect-and cognition-based trust as foundations for interpersonal cooperation in organizations. *Academy of Management Journal*, 38, 24—59.

Pillai, R., Schriesheim, C., & Williams, E. (1999). Fairness perceptions and trust as mediators for transformational and transactional leadership: A two-sample study. *Journal of Management*, 6, 897—933.

Robinson, S. L. (1996). Trust and breach of the psychological contract. *Administrative Science Quarterly*, 41, 574—599.

Schoorman, F. D., Mayer, R. C., & Davis, J. H. (2005). An integrative model of organizational trust: Past, present, and future. *Academy of Management Review*, 32(2), 344—354.

Schweitzer, M. E., Hershey, J. C., & Bradlow, E. T. (2006). Promises and lies: Restoring violated trust. *Organizational Behavior and Human Decision Processes*, 101, 1—19.

Wilson, J. M., Straus, S. G., & McEvily, B. (2006). All in due time: The development of trust in computer-mediated and face-to-face teams. *Organizational Behavior and Human Decision Processes*, *99*, 16—33.

Zaheer, A., McEvily, B., & Perrone, V. (1998). Does trust matter? Exploring the effects of interorganizational and interpersonal trust on performance. *Organization Science*, *9*, 141—159.

Zucker, L. G. (1986). Production of trust: Institutional sources of economic structure. *Research in organizational behavior*, 53—111.

15

绩效的情感影响

20世纪末,组织环境中的情感(affect)研究日益兴起,逐渐成为学界关注的热点。组织是一种充满了情感的环境,复杂多样的情感决定着员工愿意做什么,喜欢与什么人合作;而工作的过程和结果又会让员工感到快乐、骄傲、焦虑或是抑郁。情感伴随、影响并塑造着员工,贯穿了员工的整个工作过程,无时无刻不在影响着员工的工作绩效。本章从情感事件理论、绩效的时间性、情感如何影响绩效这三个角度,介绍了情感反应的结构、诱因及绩效片段的加工过程、情感对绩效的影响,为情感领域的研究提供了一个综合的框架。

§1 情感事件理论

Cranny,Smith和Stone在1992年曾将工作满意度定义为对工作的情感反应,这种情感反应产生于将实际收益与期望收益进行的对比。但实际上,工作满意度并不仅仅是对工作的情感反应,它还包含了对工作本身及有关环境所持的态度或看法。虽然情感反应与工作满意度密切相关,但两者有着各自独立的结构:一方面情感反应有其独特的心理成分,而这些心理成分并不一定与满意度有关;另一方面满意度还受到信念和情境(如从同事那获得的信息)等因素的影响,而这些因素并不一定会诱发情感反应(Weiss & Cropanzano,1996)。因此,研究独立于工作满意度的情感反应具有一定的重要性。对此,Weiss和Cropanzano于1996年提出了一个探讨组织成员在工作中经历的情感事件(affective events)、产生的情感反应(affective reactions)与其态度及行为关系的理论,即情感事件理论(affective events theory,AET)。通过了解情感事件理论,我们可以识别导致人们产生情感反应的各种因素,以及理解这些情感反应是如何影响员工态度和行为的。

1.1 情感事件理论的理论基础:工作满意度的三种理论取向

尽管情感事件理论描述的是情感反应的结构、原因及结果,但其理论基础则来源于工作满意度的相关研究。因此,在介绍情感事件理论之前,我们将先简要介绍工作满意度的相关理论。工作满意度的理论可分为三种取向,分别为:认知判断取向(cognitive judgment approach),社会影响取向(social influences approach)和特质取向(dispositional approach)(Arvey, Carter, & Buerkley, 1991; Locke, 1976)。

1.1.1 认知判断取向

到目前为止,在工作满意度的研究中,认知判断取向仍是占据主导地位的理论取向。具有该取向的理论认为(见图15.1):工作环境是由一系列的特征(工作特征、薪酬水平、晋升机会、人际关系等)所组成的,员工对这些特征进行认知评价,将其与预先设立的某种标准进行比较(价值、需求等),并在此基础上形成工作满意度(Weiss & Cropanzano, 1996)。因此,工作满意度具有多维度的结构,这种维度结构由工作环境的特征决定(Rentsch & Steel, 1992; Herzberg, Mausner, Peterson, & Capwell, 1975)。例如,满意度可以分为薪酬满意度、人际关系满意度以及绩效考核满意度等。

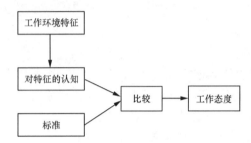

图15.1　工作态度的认知判断取向示意图(Weiss & Cropanzano, 1996)

1.1.2　社会影响取向

20世纪70年代中后期,学者开始从社会影响取向研究工作满意度。认知判断取向认为工作态度取决于对环境特征的认知与标准进行的比较,社会影响取向在保留这一认知过程的基础上,增加了社会信息这一影响因素(Zalesny & Ford, 1990)(见图15.2)。社会影响取向认为社会信息以两种方式影响着人们对工作的判断:一是直接影响员工的工作态度(Adler, Skov, & Salvemeni, 1985),二是通过影响员工对环境特征的认知(Weiss & Shaw, 1979)或者比较标准(Weiss, 1977),间接影响工作态度。

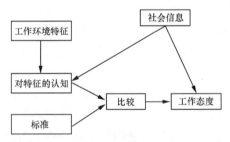

图15.2　工作态度的社会影响取向示意图(Weiss & Cropanzano, 1996)

1.1.3　特质取向

认知判断取向和社会影响取向都强调态度形成过程中工作环境的作用,而忽视了人们个性方面的影响。特质取向观点认为:在某种程度上,工作满意度反映了人们倾向于体验到生活中的积极方面还是消极方面,并且这种倾向性与工作的具体特征无关。情感特质影响人们在工作中的情绪状态,而这些情绪状态又会影响包括工作满意度在内的工作态度(George, 1989; Weiss, Nicholas & Daus, 1993)。

关于特质和工作满意度的研究着重关注两种人格特质,即积极情感特质(positive affectivity)和消极情感特质(negative affectivity)。这两种人格特质可以预测人们的一般情感倾向:积极情感特质高的人活泼好动,善于交际,并经常处于积极情绪状态;消极情感特质高的人容易抑郁，不开心，并且倾向于关注事物的消极方面。研究发现，无论从事何种工作，积极情感特质高的人其工作满意度高于积极情感特质低的人(Levin & Stokes, 1989; Cropanzano, James, & Konovsky, 1993; Watson & Stack, 1993)。

1.2 情感事件理论的具体内容

图 15.3 详细描述了情感事件理论的宏观结构，其涉及的变量包括了情感反应、工作环境特征、工作事件、特质、工作态度、判断驱动行为和情感驱动行为。为更好地理解情感事件理论，我们将先对图 3 涉及的变量进行详细的说明，然后再从整体上对理论进行解释。

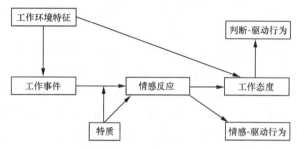

图 15.3　情感事件理论宏观结构示意图(Weiss & Cropanzano, 1996)

1.2.1　情感反应

传统研究取向依据工作环境特征将工作满意度分为各个维度（例如薪酬满意度、主管满意度等）(Rentsch & Steel, 1992; Herzberg, Mausner, Peterson, & Capwell, 1975)，而情感事件理论则认为情感反应的结构同样重要。情感事件理论指出情感存在多维结构，并强调研究与之对应的心理体验的重要性。情感事件理论探讨了情感反应的结构，该理论认为，情感反应主要包括两个成分：心境（mood）和情绪（emotion）。心境是指强度较低但持续时间较长的情感，它是一种微弱、平静而持久的情感，具有弥散性，不是个体关于某一特定事物的具体感觉，而是以同样的态度体验对待一切事物(Tellegen, 1985; Frijda, 1993)，如绵绵柔情、闷闷不乐等。心境的产生无明确诱因，如一位员工最近心境较好，可能是受具体工作事件的影响，也可能与具体工作事件无关，仅仅是因为天气好而心境不错。情绪是指强度较高但持续时间较短的情感，如兴高采烈、欢欣鼓舞等。与心境相比，情绪与具体的事件相关更高。如员工在会议上被领导批评，进而产生强烈的气愤、挫败等情绪反应。

情感事件理论强调研究情绪反应的重要性，虽然在实际的研究中可以用积极和消极这两个维度的心境来预测行为，但具体的情绪反应往往比心境更能准确预测特定的行为(Lazarus, 1991a)。另外，心境与情绪都会随着时间的推移而波动，并且这种变化在很大程度上是可以预测的。情感的时间变化不仅会影响人们对工作的总体感受，也会影响人们工作中的具体行为(Weiss & Cropanzano, 1996)。

情感事件理论同时也关注工作环境中员工情感反应的产生原因，分析了情感反应的产生机制，即认知评价是情感产生的必要前提，对事件的认知评价决定了情感反应，而不是事件本身直接引起情感反应，对事件的认知评价先于情感反应的产生(Weiss & Cropanzano, 1996)。对工作事件的认知评价可分为初评（primary appraisal）和次评（secondary appraisal）两个过程。初评是指确认刺激事件与自己是否有利害关系，以及这种关系的严重程度。

次评则对事件有了更多意义的分析,例如评价个体是否有足够的资源来处理这一事件(Ortony, Clore, & Collins, 1988; Roseman, 1984; Stein, Tribasso, & Liwag, 1993)。情感产生于次评的过程。特别值得指出的是,并不是所有的工作事件都能诱发情感反应(Clore, 1994)。如一些温和的事件,它们与个体自身的目标、价值并不相关,对这类事件的评估可能只是停留在了初评阶段,往往并不引起次评,也就不会诱发情感反应。

1.2.2 工作环境特征与工作事件

传统研究取向关注工作环境特征对满意度的影响,而情感事件理论则将工作中发生的事件作为情感反应的直接原因(Weiss & Cropanzano, 1996)。情感事件理论并非忽视工作环境特征的作用,而只是认为这些特征或多或少是通过工作事件来影响情感体验的(Weiss & Cropanzano, 1996)。

工作环境特征和工作事件的主要区别在于它们的持续时间、发生频率以及可预测性不同。也就是说,相对于稳定的工作环境特征而言,工作事件的特点是持续时间更短、发生频率更少并且更加不可预测。值得注意的是,工作环境特征与工作事件是可以相互转变的。当某项工作事件发生的频率变多并且可预测时,这项工作事件就成了工作环境特征。例如,公司某月因业绩剧增而偶然性的给员工发奖金,这可以看成是一个工作事件;但如果公司业绩一直很好,员工每月均会固定的获得一笔奖金,那就可以看成是工作环境特征(Hulin & Judge, 2001)。

情感事件理论指出,工作中存在的工作环境特征可以是工作的自主性、晋升的机会、福利待遇和领导风格等,这样的工作环境特征对工作满意度及其他工作态度的影响存在两条路径:一是非情感路径,即个体通过将工作环境特征与标准进行比较,形成对工作的评价;二是情感路径,即工作环境特征通过影响特定的工作事件(如与同事产生冲突),进而引发各种情感反应,最终影响工作态度(Weiss & Cropanzano, 1996)。

情感事件理论又进一步将工作事件分为两类:一类是麻烦(hassles)或负面事件,另一类是令人振奋的事件(uplifts)。前者妨碍工作目标的实现并与消极情感相关,后者促进工作目标的实现并与积极情感相关(Weiss & Cropanzano, 1996)。

1.2.3 特质

情感事件理论保留了满意度特质取向理论的一些观点,认为特质是影响情感反应和工作满意度的因素之一。情感反应很大程度上依赖情境,而特质则相对稳定。情感事件理论认为:一方面,特质可以调节工作事件与情感反应间的关系。如积极情感特质高的人对积极的情绪刺激(事件)更为敏感,因此可能会产生更多的积极情感反应;而消极情感特质高的人则相反。另一方面,特质本身与工作满意度等工作态度也密切相关,它会直接影响员工对工作事件的认知评价,进而影响他们的工作满意度(Weiss & Cropanzano, 1996)。

1.2.4 判断驱动行为与情感驱动行为

为更好地理解情感和工作行为之间的关系,情感事件理论将工作行为分为情感驱动行为(affect-driven behaviors)和判断驱动行为(judgment-driven behaviors)(Weiss & Cropanzano, 1996)。

情感驱动行为是指直接受情感影响的工作行为。例如,受心境直接影响的助人行为和负面情感体验直接引起的应对反应(Lazarus, 1991a, 1991b)。情感驱动行为会对工作绩效产生影响,并且这种影响并不涉及情感和满意度之间的关系。因此,情感驱动行为表达的是直接的情感—绩效关系,而并不涉及满意度—绩效关系。另外,由于情感随时间不断变化,情感驱动行为的持续时间也相对较短且不断变化(Weiss & Cropanzano,1996)。

判断驱动行为是指受工作满意度影响的工作行为,一般产生于对工作进行整体性判断之后,是深思熟虑的结果。判断驱动行为涉及满意度—绩效关系,相对于情感驱动行为而言,判断驱动行为持续时间较长,且变化相对较小(Weiss & Cropanzano,1996)。

1.2.5 情感事件理论的概述

情感事件理论认为人们的情感在一定程度上由工作环境的各种特征所决定。稳定的工作环境特征导致积极或者消极工作事件的发生,而对这些工作事件的体验会引发个体的情感反应(这个过程受到个体特质的影响),情感反应又进一步影响个体的态度与行为(Weiss & Cropanzano,1996)。情感反应通过两种方式影响人们的行为:一是直接影响员工的行为,二是通过影响员工的工作态度(如工作满意度、组织承诺)间接影响行为。该理论进一步区分了两类不同性质的行为:一类是直接由情感反应驱动的行为,即情感驱动行为。如员工被领导批评,产生挫折或不愉快的情感反应,第二天仅因心情不好而迟到或旷工;另一类是间接由情感反应驱动的行为,即情感反应先影响员工的工作态度,再进一步由这种态度驱动行为,称为判断驱动行为,又称为态度驱动行为。如员工离职一般不只是出于情绪冲动,而更可能是长期消极情感的累积而导致工作满意度、组织承诺等工作态度的变化,深思熟虑之后对工作形成总体的评价判断,如"觉得这样不会有发展前景",进而做出决策(Weiss,2002)。

情感事件理论通过"事件—情感—态度行为"这一完整链条,系统地揭示了工作场所中员工的情感作用机制。举一个常见的情境来说明这一过程:压力较大的工作条件(环境特征)易导致老板对组织成员的公开批评(事件),从而使组织成员体验到愤怒或挫折(情感反应)。当然,此时那些具有消极情感特质的人也许比具有积极情感特质的人更易体验到这种愤怒或挫折(特质的调节作用)(Huelsman,Furr,& Memanick,2003)。接着可能会导致直接与老板公开争吵(情感驱动行为),也可能因员工对工作有了更多的不满意(工作态度),而降低其继续留在公司的意愿并最终离职(判断驱动行为)。

1.3 情感事件理论的重要性

情感事件理论作为相对较新的理论,关注工作中情感反应的结构、原因和结果,对解释工作环境与组织成员态度、行为间的关系具有独特的作用(Ashkanasy,Hartel,& Daus,2002),得到了学者们的大力支持(Miner & Hulin,2000;Spencer & Rupp,2009;Wegge,Dick,Fisher,West,& Dawson,2006;Merlo,Hartel,& Mann,& Hirst,2002;Grandey,Tam,& Brauburger,2002;McCullough,Bono,& Root,2007;Rothbard & Wilk,2011;Spencer & Rupp,2009;Judge,Woolf,& Hurst,2009)。情感事件理论的重要性主要体现在两方面:一个是对学者而言,情感事件理论深入探讨了工作环境中个体情感反应的作用机制,为今后组织行为领域开展情感研究提供了整合的思路。随着研究的深入,相信情感事件理论在组织行为学、管理学、社会学等研究领域都将发挥更多的理论指导作用。另一个是对管理实践中的管理者而言,情感事件理论充分重视组织情境中情感的重要性,给管理者传递了明确的信息:员工的情绪会影响员工的工作行为,最终也将影响员工的工作绩效。为获得令人满意的工作绩效,管理人员必须注意调控员工的情感(Ashkanasy, Hartel, & Daus, 2002)。为此,我们接着将具体而详细的探讨情感如何影响工作绩效。

§2 绩效的时间性

尽管情感(包含心境与情绪)对工作绩效的影响日益得到人们的重视(Brief & Weiss, 2002; Weiss, 2002),但其研究结论往往相对零散。导致这一现象的重要原因是缺乏一个普遍适用的总体过程模型来指导这一领域的研究,而建立这一模型的主要障碍则在于情感和绩效性质的不一致性,也就是说,情感表现的是瞬间状态,是一种瞬态因素(transient factors),而在传统意义上绩效却是一个静态概念。具体而言,心理学将情感划分为心境和情绪,这两者都随时间的变化而不断变化。如在白天的时候,一个人的心境可能是消极的,但到了晚上,他的心境可能变得很积极。一个人可能对顾客很生气,但是那种情绪终将消失。相反的,尽管人们普遍认为一个人的绩效也随着时间的变化而变化(Kane & Lawler, 1979),但大多数关于绩效的模型却将个人绩效看成是稳定不变的,并将测量到的绩效差异视为误差,并侧重于解释人与人之间绩效的差异(McCloy, Campbell, & Cudeck, 1994)。

大多数现有的关于情感—绩效关系的研究往往通过"稳定"情感来解决情感和绩效性质不一致这个问题(Robinson & Clore, 2002)。也就是说,研究者通过参照一定的判断标准对情感状态进行综合评价,然后建立单一的情感分数。不幸的是,通过人与人之间的差异来研究情感—绩效的关系具有一定的局限性,因为情感并不是一个能表示人与人之间差异的概念。举例来说,愉悦和愤怒并不是人们的性格特点,而是个体内部随着时间变化的一种有意义的经验性心态。即:如果我们说某人是一个快乐或愤怒的人,那也只意味着他更倾向于在某一具体时间点上体验到这种情绪(Fleeson, 2001)。

另一种研究情感—绩效关系的方法是接受情感是一种瞬间状态的事实,并且检验随时间的推移情感状态将如何影响绩效。传统绩效模型主要研究人与人之间的绩效差异,但研究个体自身绩效的变化也具有重大意义。正如在日常工作中观察到的那样,人并不能一直表现出其最优秀的一面,在某些天员工的表现会比其他天更好,即使在同一天,人们也可能在某一段时间内的表现比其他时间段更好。个体自身绩效的变化甚至可能和个体之间绩效差异一样巨大(Deadrick, Bennett, & Russell, 1997; Fisher & Noble, 2004)。因此,建构一个框架用以研究个体情感变化和绩效变化的关系具有重大意义。如果我们期望了解情感状态和绩效间的关系,那势必就要解决情感的瞬间性和绩效的稳定性之间的不一致性。

2.1 绩效片段

如果需要将个体内部不断变化的情感与绩效相联系起来,首先需要完成的一个步骤就是建立一个关于个体的"时间单位绩效"的概念,个体的"时间单位绩效"要具有类似情感的性质,即具有时限、为期短暂并不断变化。具体操作方法是将整体绩效分解到一定的时间单位中,使分解后的绩效能够随情感状态的变化而不断变化。

Barker(1963, 1968)最早意识到人们的日常生活是由一系列的片段构成的,这些片段是连贯的,具有一定的主题,并与特定的人、事或目标有关。例如,起床、吃早饭、上班、吃午餐、休息片刻、工作、下班以及回家之后的家庭生活等一系列片段组成了人们一天的生活。人们可以将连续的日常行为分解为一些自然单位,这些自然单位被命名为"行为片段(behavior episodic)"。通过观察,Barker还发现行为片段总是围绕着一定的目标、追求或理想化状态而组织的(Barker,1963;Craik,2000)。具体来说,Barker认为行为片段有一个共同的特点,即它们都朝向一个单一的最终状态或目标。

将Barker的观点运用到实际工作中,可以将每天工作中的连续行为(the stream of behavior)分解成自然单位,并将这些自然单位称为绩效片段(performance episodes)。这些绩效片段都是自然划分并且相对短暂的,其主题就是围绕着组织的近期或最终目标。如:上午我为即将要举行的会议做了一系列的准备,下午我主持了这次会议。同情感相似,绩效片段是有时限的,并且这种时限受主观感受限制。

绩效片段并不等同于任务。虽然任务同绩效片段一样,也是围绕着一定的目标而组织的,但是,绩效片段还必须考虑到时间因素。当一个人达到了理想中的目标状态或者放弃实现这种状态,这时绩效片段就结束了。然而,对于任务而言,可以中途放弃,并在稍后的时间里重新完成该项任务。每次人们返回任务时,均被看成是开始一个新的绩效片段。从这个意义上说,如果完成一项任务需要多个时间段,那么该项任务就包含着多个绩效片段(Beal,Weiss,Barros,& MacDermid,2005)。

此外,并不是所有的行为片段都包含着组织目标,因此,行为片段并不都是绩效片段。例如,一位经理接到一个重要的但与组织工作毫无关系的电话,那么接电话这个事件可以看成是行为片段,但却不是绩效片段。也就是说,绩效片段是在主题上围绕着组织目标的行为片段(Beal et al.,2005)。

总之,我们可以按照时间进展用绩效片段描述一天中与工作有关的行为。这些片段都是有时间限制的工作活动,嵌套在任务之中,受情感状态影响(Beal et al.,2005)。

2.2 绩效片段模型:绩效片段的核心加工过程

任何时刻,瞬态因素和稳定因素均会影响一个人在绩效片段中有效执行任务的能力。这种影响既可能是阻碍任务的完成,也可能是促进任务的完成;既可能是影响任务完成的速度,也可能是影响任务完成的质量。在不同的时间内,瞬态因素对绩效片段的影响将随着绩效片段的不同而不同;稳定因素对绩效片段的影响也会随着不同绩效片段任务要求的不同而不同(Beal et al.,2005)。了解绩效片段的加工过程,有利于理解瞬态因素和稳定因素对绩效片段产生影响的机制。

图15.4为我们具体描述了绩效片段的核心加工过程,即绩效片段的表现主要由认知资源的水平及分配方式决定。其中,认知资源水平由个人的知识、技能等稳定因素决定,而资源如何分配是由注意的自我调控决定。注意的自我调控则取决于监管资源、任务的注意拉力(task attentional pull)和偏离任务的注意需求(off-task attentional demands)三者共同的作用,其中注意的自我调控和监管资源存在相互影响(Beal et al.,2005)。为具体而详细的理解绩效片段的核心加工过程的内在机制,我们将依次对图15.4中出现的影响因素做出解释。

2.2.1 认知资源的水平和分配方式

在工作中,人们将可获得的各种资源用于完成当前任务,其中包括技能、与任务相关的

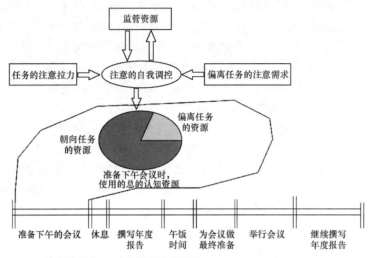

图 15.4 绩效片段加工过程的概念模型（Beal, Barros, & MacDermid; 2005）

知识、一般认知能力等（Ackerman, 1988）。不同的人获得这些资源的数量是不同的（Ackerman, 1987; Humphreys, 1979），这种相对稳定的特征可用于解释人与人之间绩效水平的差异（Ackerman, 1986）。因此，这些资源是传统模型中解释个体之间绩效差异的典型因素（McCloy et al., 1994）。

如果某人想要成功地完成特定任务，那么就必须合理运用多种资源（Kanfer, Ackerman, Murtha, Dugdale, & Nelson, 1994）。如完成一个飞机拼图，不仅需要我们提取有关飞机外形的知识，还需拥有组装拼图的技能。为完成任务而将相关资源直接指向任务的过程被定义为注意聚焦（attentional focus）。当注意力和资源集中在工作上时，工作绩效将会提高（Hirst & Kalmar, 1987; Kahneman, 1973）；当注意力和资源集中在工作以外的事物上时，工作绩效将会降低（Schneider & Fisk, 1982; Speier, Valacich, & Vessey, 1999）。如果在整个绩效片段中，某人将所有的资源都投入到当前工作上，那么他将最有效的完成任务。因此，最优绩效能够反映人们一般的、稳定的资源水平。我们都有注意分散或者转移的经验。当打电话的时候，如果试图设定录像机，你往往会错过一些步骤；当建筑工人在屋外发出敲击声时，你的工作速度往往会减慢，并且很容易出错。这同人们的认知资源分配有关（Kahneman, 1973; Norman & Bobrow, 1975; Pashler, 1994），具体来说，人的认知过程受到中央资源的控制，并且这个中央资源可能同时被多种任务或者刺激占用。如果需要同时处理多项任务或者存在令人分心的刺激时，人们在其中一些或所有的任务中的绩效将降低（Schneider & Fisk, 1982）。因为当引入额外信息时，中央资源往往被多个活动同时占据，这就增加了其运行负担，从而降低绩效水平。一旦额外信息被移除，个人将迅速恢复到先前的工作能力。因此，资源分配（resource allocation）是了解绩效片段的一个关键概念。在建立绩效片段的模型时，不仅要考虑人们拥有的、有助于完成任务的资源水平，也要考虑这些资源是否被分配到当前的任务中。也就是说，在一个绩效片段中，人们的表现取决于资源水平和资源分配的共同作用。偏离任务的想法来源于何处并不重要，重要的是这些想法与当前的任务是否有联系。如果这些想法与当前任务没有任何联系却占据资源，就意味着它们将降低工作绩效。只要人的注意力没有完全集中于当前任务,人们就不可能发挥他的全部潜能(Beal et al., 2005)。

2.2.2 偏离任务的注意需求

偏离任务的注意需求是影响绩效片段的一个关键因素。注意从当前任务中转移的原因多种多样,其中最常见的是出现分心物。这些分心物往往很容易使人产生情感体验,并因此会产生更多的注意需求(Jett & George, 2003)。当具体的分心物消失后,人们仍可能对其产生一些后续思索。总之,如果我们的注意没有集中于当前的绩效片段上,这就表示这个人产生了偏离任务的注意需求,并且其绩效水平很有可能会降低。

2.2.3 注意的自我调控

虽然工作环境中存在很多与工作无关的事件或想法,但我们往往也能够将注意集中于当前工作。在某种程度上,通过自我调节,人们可以决定如何分配自己的注意,忽视干扰源,提高对任务的注意力。我们将自我调节定义为付出努力试图调节或改变原本可能发生的行为或心理状态。从绩效片段的角度来看,当我们面临可能使注意发生转移的需求时,自我调节决定了我们是否仍能够维持当前注意并使资源集中于当前工作任务(Lord & Hanges, 1987)。例如,在一般情况下,当工作环境中出现一个新异刺激时(如闯入一位陌生人),我们可能会将注意力转移到新异刺激上。但为了更有效地完成工作,通过注意的自我调节,我们可以将注意力一直维持在当前工作上。有效的自我调节要求人们在面临注意即将偏离当前工作的自然倾向时,能够调控注意和资源使其继续关注当前任务。

2.2.4 监管资源

自我调控的成功运作需要特定的监管资源,这种监管资源同上文所说的认知资源在性质上是不同的(Baumeister & Exline, 1999; Baumeister, Muraven, & Tice, 2000; Muraven & Baumeister, 2000)。这些监管资源在得到充分休息后将发挥其最大的功能水平;而在持续使用后,其功能水平则会下降。这就是监管资源出现枯竭的过程。随着资源枯竭,监管将变得更加困难,而监管资源的恢复需要时间和休息。

各方面的自我调控均需要监管资源(Muraven & Baumeister, 2000),而认知资源的使用并不消耗这种监管资源(Muraven, Tice, & Baumeister, 1998)。自我监管的使用只会影响人们对任务的持续关注,而并不会影响人们对任务的认知。可以说,监管资源是一个专门为自我调控服务的"发动机"。因此,一个人是否能够努力持续关注工作、压抑笑或者吆喝的冲动,这些都与监管资源的使用有关(Beal et al., 2005)。

很明显,监管资源在很大程度上影响着绩效片段的表现,调控注意使其关注于当前工作的能力在一定程度上取决于监管资源的多少,而监管资源的多少则取决于已经发生的监管力度,即监管资源的枯竭水平。总之,监管资源决定个人的资源分配能力(Beal et al., 2005)。

2.2.5 任务注意拉力

同监管资源一样,任务的注意拉力有利于降低个体偏离任务的注意倾向,提高个体对任务的注意。任务的注意拉力取决于任务本身的重要性、表现方式、难度和时限等因素。例如,意料之外的电话可能成为一个分心源,但由于工作的重要性,员工很有可能忽视电话,而将注意持续投入在当前工作中。因此,可以通过设置困难、具体的或者对个人具有重大利益的目标,增加任务的注意拉力,避免其他事件干扰员工的绩效表现(Locke & Latham,1990;Shah, Friedman, & Kruglanski, 2002)。

§3 绩效的情感影响模型

在探讨了绩效片段的加工过程后,更重要的是探讨情感如何通过各种途径影响绩效片段的加工过程并最终影响个体的绩效水平。图 15.5 建立在图 15.4 的基础上,并对情感如何影响绩效的过程做了详细说明。当然,也存在其他因素对这一加工过程产生影响,但我们把重点放在那些在本质上属于情感的因素。接下来,我们将根据图 15.5 探讨情感是如何影响绩效片段的。

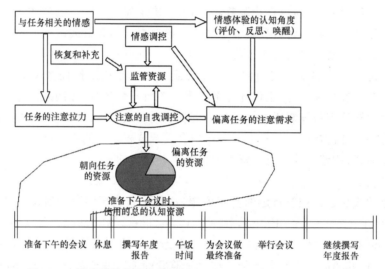

图 15.5　情感的绩效影响模型(Beal, Barros, & MacDermid, 2005)

3.1　情感体验产生认知需求并影响资源分配

一般来说,情感状态尤其是情绪片段(emotion episodes)可以引起注意焦点的重新设定,使其从当前任务转移到由情感体验包围的情境中。在多数情况下,注意焦点的重新设定将降低绩效表现。情感经验涉及一系列复杂的过程,其中一些过程会产生额外的资源需求,这些需求极有可能降低而不是促进目前活动的效率。情感体验主要通过以下四个过程产生认知资源需求。

3.1.1　评价

正如前文所说,情感产生于对工作事件或工作特征的评价,大多数的评价理论都区分了两种评价类型——初评和次评(Smith & Kirby, 2001)。初评不产生情绪体验,而次评则决定了人们将产生怎样的具体情绪。次评作为一种详细的评价过程,无疑需要占用当前的认知资源,因此次评会影响当前绩效活动(Clore, 1994)。此外,考虑到情绪片段可能持续一小时甚至超过一天(Sonnemans & Frijda, 1994),与之对应的多个绩效片段中产生的持续的、潜在的认知需求可能会很高。

3.1.2 反刍

反刍(rumination)是指有意识的围绕某一主题而进行的反复思考,这一主题可能与当前工作有关,也可能与当前工作无关(Martin & Tesser,1996),但反刍却和情感密切相关。当难以达到目标时,人们往往会产生沮丧、愤怒或焦虑等情感体验(Berkowitz,1989;Carver & Scheier,1998),并促使人们进行更多的反刍(Martin & Tesser,1996)。如果情绪产生的原因与当前绩效片段无关,那么持续的反刍将产生额外的认知需求并降低即时绩效。例如,如果某人知道同事对其进行了侮辱,那么他很可能愤怒。正如我们前面提到的,他的愤怒体验产生于次评过程,而这一过程可能占用成功执行任务所需的资源。如果此事一直停留在他心中,那么他很可能会不断对这件事情进行反刍,而在反刍的过程中,会对事件进行不断的评估与再评估,可能最终导致对该事件产生多种离散的情绪,所有这些都可能干扰注意力。

Mor(2002)等人的实证研究表明,情感引发的反刍将加剧并延长这种情感,当对抑郁或愤怒症状进行反刍时,人们会变得更加沮丧、愤怒并将这种状态保持得更为持久;McCllough(2007)等人的实证研究则表明,情绪在反刍和行为反应的关系中起到中介作用,也就是说,反刍将引起或强化人们的情绪反应,而情绪反应则进一步对人们的行为产生影响。总之,反刍是一种特殊的与情感相联系的过程,对任务绩效片段具有独特的破坏性。

3.1.3 唤醒

情感产生于对工作事件的次级评价,在情感唤醒(arousal)之后,人们可能会对体验到的情感进行进一步评估。例如,员工由于收到升职通知而产生了强烈的兴奋感,并有种手舞足蹈的冲动,这时员工可能会对自己的情感进行进一步评估,以保证自己的情感表达符合当时的情境。对情感进行评估后,人们的唤醒水平将会提高(Lazarus,1991c)。Easterbrook(1959)指出:在较高的唤醒水平下,人一般不可能同时关注当前情境中的所有信息,而是主要关注与情感有关的情境或情绪产生的原因。这样,较高的唤醒水平将干扰人们有效完成工作任务的能力。需要注意的是,一系列的情感体验也可能产生这样的影响,因为这些体验增强了情绪中的唤醒成分,情绪的强度往往用唤醒水平来标识。因此,同愤怒与焦虑一样,较高的愉悦感也会减少一个人的注意领域,但是悲伤并不能产生这样的效果,因为悲伤是一种唤醒水平较低的情绪(Beal et al.,2005)。除了影响对环境中的线索进行提取的能力以外,唤醒还可能限制一个人处理信息的能力(Kahneman,1973)。当然,我们也必须考虑到唤醒具有其他可能提高绩效水平的属性(Christianson,1992)。例如,一定程度的唤醒水平有利于人们解决复杂的决策问题(Anderson & Revelle,1994;Dickman,2002;Humphreys & Revelle,1984)。因此,唤醒水平可能在一些情况下导致绩效的下降,而在另外一些情况下则导致绩效的提高。

3.1.4 情感调控的认知需求

在情感被进一步评估之后,人们既可能任情感自由发展,也可能对其进行调控。如果任其自由发展,持续发展的情感体验可能会通过反刍或持续评估而占用认知资源,并因此干扰绩效。这并不是说任其自由发展始终是一个不明智的选择,因为如果不对情感进行调控,则不需要占用监管资源,而监管资源对于绩效表现也很重要(Beal et al.,2005)。

如果我们需要对情感体验进行调控,那么有多种方式可以选择(Gross,1998)。具体包括:转移注意力(如思考除了情感及其原因之外的一些事物);进行认知上的重新评估(如重新分析当前所面临的情况以改变情感反应);对情感体验进行抑制(如改变情绪的表达方式)。

然而,值得注意的是,一些情绪调控策略在最初的时候可能需要占用认知资源,但在足够多的经验之后,这些过程可能变成自动化的(Pugh,2002)。

3.2 任务所需的认知资源调节情感对绩效的影响

情绪对绩效的影响受到完成任务所需的认知资源的调节。如果这些活动并不需要大量的认知资源,那么资源集中在情感体验方面并不会明显的降低绩效水平。如果这些绩效活动高度复杂,需要大量的认知资源,那么资源集中在情感体验方面将会导致注意力从当前任务中转移,从而会明显地降低绩效水平(Posner & Snyder, 1975; Schneider & Fisk, 1982)。人们为了获得良好的绩效而必须同时从事多重任务时,将更容易受到情感体验所产生的额外认知需求的影响。每项任务对认知资源的需求并不相同,如果需求变大,那么就更有可能由于情感体验而分心(Weiss, Ashkanasy, & Beal, 2004)。

3.3 情感调控消耗监管资源

除了认知资源会影响绩效片段的表现,监管资源也是重要的影响因素。监管资源使得一个人在面临其他注意目标的干扰时,仍能够将注意焦点停留在当前工作中。随着监管资源的枯竭,人们将越来越容易分心,绩效水平并因此而降低。情感体验本身并不消耗监管资源,只有当人们进行情感调控时,才会在一定程度上消耗这些监管资源。如果完全不对情绪进行调节,则不会对监管资源产生影响;如果个人按照其情绪状态直接做出反应,那么监管资源也没被使用;如果对情感进行调控,不同的调控策略对监管资源的需求也不同。当情绪占用监管资源时,用于完成任务的监管资源将会变少(Muraven & Baumeister, 2000),绩效最终将受到影响。例如,对情感体验的抑制需要大量的监管资源,这就会导致对任务的坚持性降低,并因此降低绩效。

3.4 资源的补充和恢复

一般来说,绩效的情感影响模型侧重于情感体验对绩效的负面影响。产生这一现象的主要原因是缺乏监管资源如何恢复以及怎样恢复这方面的实证研究(Beal et al., 2005)。然而,工业组织心理学的专家研究了假期、休息日、短暂的休息所产生的情感对绩效的影响,发现在度假的过程中,职业倦怠的症状下降了,但返回工作后不久其倦怠水平又回到了假期前的状态(Westman & Eden, 1997)。在设定了某种目标的条件下,那些被允许进行休息的人表现明显优于那些不被允许休息的人(Kanfer et al., 1994; Doerr, Mitchell, Klastorin, & Brown, 1996)。当然,并不是所有的休息对资源恢复的作用都相同(Kaplan, 2001)。例如,与在市中心步行 40 分钟或在实验室休息 40 分钟的人相比,在自然环境中步行 40 分钟的人在随后的定向注意任务中表现得更好(Hartig, Mang, & Evans, 1991)。虽然资源恢复的确切原因以及这些原因与情感的关系仍有待进一步的探讨研究,但显而易见的是,绩效活动中需要的资源能够通过闲暇时间的活动得到补充。

3.5 与任务相关的情感影响当前和未来的绩效片段

到目前为止,我们主要探讨了与任务无关的情感对绩效过程的影响。然而,我们也需要考虑任务本身产生的情感对绩效的影响。由于工作进展顺利而产生的满足感,或实现任务的艰巨性而产生的焦虑感,这些都是任务本身产生情感体验的具体事例。

如果某人将其情绪体验归因于任务之外的其他原因,那么情感将按照前面讨论的流程对绩效产生影响;如果将其归因于当前任务,那么情感对绩效的影响主要通过任务的注意拉力而发生作用。例如,如果某人由于正在从事一项繁重的任务而觉得心烦,那么任务的注意拉力可能会减少,由此需要大量的监管资源以使注意焦点停留在当前工作上。随着监管资源的不断消耗,此人将越来越容易产生与当前任务无关的想法。相反,如果个体体验到积极的情感并将这种情感归因于当前任务,那么任务的注意拉力就会增加,个体只需消耗较少的监管资源就能将注意焦点停留在当前工作上(Beal et al.,2005)。

与任务相关的情感也可以通过上文讨论过的认知需求的方式影响绩效片段。例如,任务产生的焦虑可以通过认知干扰和提高唤醒水平而对绩效产生不利影响(Sarason,1984;Smith,1996)。

任务产生的情感并不一定由当前的绩效片段产生,先前的绩效片段、预期的未来的绩效片段均可能产生情感体验,这些情感体验也可能影响人们对当前绩效片段的想法和行为。例如,如果预期未来绩效水平较高而产生的愉悦情绪很强烈,那么在当前的绩效片段中做出的风险决策的可靠性将会降低(Mellers,2000)。

3.6 情感状态影响瞬间反应倾向

并非所有情感都是通过注意而对绩效产生影响,情感也可能通过影响与认知或监管资源均无关的瞬间反应倾向来影响绩效片段的表现。例如,心境给人们的认知笼罩了一层情绪色彩,并对与绩效有关的瞬间反应倾向产生一般性影响,从而改变了人们的工作策略(Weiss & Cropanzano,1996);情绪可以影响人们的创造力、谈判策略、亲社会行为和晕轮效应(Isen,Daubman,& Nowicki,1987;Forgas,1998;George,1991;Sinclair,1988)。同我们所讨论的其他过程一样,情感状态对瞬间反应倾向的影响是片段的、瞬间变化的,并且不是通过认知资源或资源分配而发生作用的。如果瞬间反应倾向与绩效片段的需求并不吻合,那么情感对绩效的影响可能就不是有益的。例如,积极情绪的人更具创造性,并能够以更具启发性的方式处理信息(Isen & Baron,1991)。但是,如果当前绩效片段高度重视细节并且依赖一般性知识结构,积极情绪产生的创造性将毫无必要,甚至会降低绩效水平。总之,情感必然影响人们的瞬间反应倾向,而这些瞬间反应倾向必然影响绩效。然而,只有当瞬间反应倾向与任务需求相一致的时候,情感才能提高绩效,反之,则会降低绩效(Beal et al.,2005)。

3.7 绩效的情感影响模型概述及其重要性

图 15.5 在图 15.4 的基础上进一步说明了情感对绩效片段的影响。情感体验会产生与当前任务无关的注意需求,并通过占用认知资源、监管资源从而影响绩效水平;而与当前任

务有关的情感还可能通过影响任务的注意拉力和瞬间反应倾向来影响人们的绩效水平(Beal et al.,2005)。

绩效的情感影响模型对情感—绩效关系的研究具有重要的指导价值。首先,它重视个体绩效在不同时间内的差异性,这点常常被学者忽视。同时,它并不否认研究人与人之间绩效差异的重要性,只是认为个体本身绩效的波动同样值得研究。其次,它为整体绩效的分割提供了一种新型方法,这使得绩效的性质与情感相一致,有利于分析研究两者之间的关系。第三,它详细地说明了绩效片段的加工过程,这些过程包括认知资源和监管资源、认知需求和监管需求、以及任务的注意拉力之间的相互作用。最后,它从各个角度探讨了情感经历为何会对绩效片段加工过程产生影响(Beal et al.,2005)。

§4 情感影响的实证研究

组织情境中情感的重要性得到了学者和管理者的充分认识,关于情感的研究也已渗透到组织的方方面面。众多研究者通过实证研究证实了情感会影响组织情境中员工的行为、动机和创造力等(Barsade & Gibson,2007;Elfenbein,2008;Miner & Glomb,2010)。

4.1 情绪劳动的研究

情绪劳动(emotional labor)是指员工要在工作中表现出令组织满意的情绪,例如:银行负责办理储蓄业务的员工,必须表现出礼貌和耐心;酒店的服务员,即使被惹怒了,也要用微笑迎合顾客。在服务业、销售以及其他需要频繁与人接触的岗位中,合理运用情绪劳动显得十分重要。

当内心的真实情感与情绪劳动的要求不一致时,员工可能会采取两种策略:表层动作(surface acting,SA)和深度动作(deep acting,DA)。表层动作是指员工仅调节情感的表现形式而不改变自己内心的真实情感;深度动作是指员工采取各种策略改变自己内心的真实情感,以使自己的真实情感与组织的情绪劳动要求相一致。Judge,Woolf和Hurst(2009)对25个不同地区的127名客服人员进行了情绪劳动的实证研究。研究的内容主要包括:一次性调查了客服人员的情绪劳动内容、人格特征、工作态度和人口学变量;连续一周测量客服人员在每天工作中的表层与深度动作策略的使用情况、工作满意度、情绪耗竭和心境状态。对收集到的数据进行分析发现:① 客服人员进行的表层调节越多,其情绪耗竭情况越严重;反之,情绪耗竭情况越轻。② 表层调节会引发更多的消极情绪,并会降低当天的工作满意度,而进行深度动作的员工有更高的工作满意度。③ 客服人员的外向性越高,由于表层动作引起的消极情绪和情绪耗竭就越少,满意度就越高。④ 客服人员的外向性越高,由于深度动作引起的积极情感和工作满意度就越高。

Spence和Rupp(2009)对美国中西部一所大学的206名学生进行了实验室研究,将所有的大学生分为两人一组,共同在一个模拟的组织中担任客服代表。他们与客户互动时,会遭到公平或不公平的待遇,并可以直接观察到同事(与他同组的另一位同学)遭遇到的公平或不公平的待遇。当客户离开后,他们会被要求填写一份问卷,以测试他们担任客服代表时的情感状态以及情绪管理行为。对收集到的数据进行方差分析发现:员工或者其同事受到顾客的不公平对待时,会产生愤怒感或内疚感,影响员工的情绪管理行为并增加情绪劳动。

　　Grandey、Tam和Brauburger(2002)对一些兼职雇员开展为期两周的实证研究,在研究刚开始时,研究者先通过积极/消极情绪量表测量了兼职雇员的积极/消极情感特质;接着,通过员工日记记录了员工两周内发生的工作事件;另外,员工每次记录工作事件的同时,会被要求填写一张情绪问卷,以测量员工当时的情绪状态;两周之后,通过问卷测量员工的工作态度(包括工作满意度和离职意愿)。对收集到的数据进行个体水平定量分析(individual-level quantitative analysis)和事件水平定性分析(event-level qualitative analysis)发现:消极情感特质与消极的情感反应(如失望、沮丧、不愉快)密切相关,顾客的不公平交往行为是诱发员工消极情感的主要工作事件,消极的情感反应会诱发员工的离职意愿;积极情感特质与积极的情感密切相关,"领导肯定"这一工作事件会引发员工的自豪感,并增加员工的工作满意度。

　　Rothbard和Wilk(2011)采用经验抽样法对一家大型保险公司29名客户服务代表进行了为期三周的跟踪研究。研究者在客服代表还没正式开始工作之前,先通过问卷测量其初始心境;在工作一段时间后,测量客服代表体验到的客户在电话中表露出来的情绪(客户的真实情绪会由专业人员通过通话录音进行评分),并紧接着对客服代表本身当时的情感状态进行测量;在当天工作结束后,通过听取客服代表一天的通话录音判断他们当天的工作效率和绩效水平,并通过听取客户的录音,判断客户当时真实的情绪表现。也就是说,研究者在三周内的每个工作日均会依照时间顺序依次测量客服代表的初始心境、客户的情绪表现、客服代表体验到的客户情绪表现、客服代表本身的情感状态、客服代表当天的工作效率和绩效水平。对收集到的数据进行多层线性模型分析发现:客服人员的初始心境会影响他们对客户真实情感的认知,而这种认知又会进一步影响他们自身的情感状态,并最终影响他们当天的工作绩效。在这一过程中,初始心境并不是决定性的因素,它只是使客服代表更倾向于以积极或消极的视角对客户的真实情感进行认知。客户真实情感才是最为重要的影响因素,它会导致客服人员的情绪不断波动变化,从而最终导致员工绩效的不同。

　　张秀娟、申文果(2008)等中国学者通过对广东某电话服务中心44个团队568名话务人员及主管进行实证研究,证实了情感对员工绩效及团体绩效的影响,研究发现:在个人层次上,顾客的不公平行为会触发员工的消极情绪,降低员工的积极情绪;员工的积极情绪会提高员工的绩效水平,而消极情绪则会降低员工的绩效水平。在团体层次上,团队不公平氛围水平越高,积极情绪对工作绩效的促进作用将越弱;氛围强度(同一团队的员工对顾客不公平感知的一致性程度)越高,团队的工作绩效也越高。

4.2　情感对动机的影响

　　动机能够激励和维持人的行动,并使行动朝向一定的目标,以满足个体特定的需要。动机在人类行为中起着十分重要的作用,它既提供人活动的动力,又对人活动的方向进行控制。因此,研究情感与动机之间的关系尤其重要。

　　Venkatesh(1999)通过对一家中等规模的会计公司的388名员工进行现场研究,证实了情绪会影响员工的动机及意图。在研究开始之前,将员工随机分为三组,其中两组分别观看一个时长为25分钟的视频短片,通过短片引起员工的积极或消极情绪,另外一组员工则不观看任何视频,使其保持原来的情绪状态。紧接着对员工进行电脑技能的培训。然后在两个时间点上(培训结束之后及培训结束之后的第六周)通过问卷测量了员工使用电脑技能的外在动机、内在动机和行为意向。在培训之后的第 12 周,测量了员工的培训内容实际使用情况。对收集到的数据进行方差分析发现:① 培训时期的积极心境只能在短期内提高员工的内部动机和意图;而培训时期的消极心境则会在较长的时间内降低员工的内在动机和意图。② 随着时间的推移,培训时期的积极心境、中性心境或消极心境对员工的外部动机的影响作用几乎趋于相同。

Erez 和 Isen(2002)通过对美国东北大学 97 名本科生的实证研究证实了积极情感对动机的影响作用。Erez 等人将参与实验的同学分为两组,其中一组因为获得礼品而产生了积极情绪,而没有获得礼品的一组则会维持原来的情绪状态,即中性情绪(他们并不知道另一组同学获得礼品)。接着,两组同学均被要求参与一个字谜测验。解决字谜的过程中,遵循自愿原则,即这些同学可以随时退出测验。Erez 等人通过三种方法测量了他们的动机水平。第一种方法是记录从参与到退出字谜测验一共持续的时间。动机越大,愿意为解决这些字谜花费的时间将会越长。第二种方法是直接通过问卷测量他们的动机水平。第三种方法是测量同学为解决没有答案的字谜而做出的努力程度,即计算他们尝试过多少种字母结合方式。对收集到的数据进行多元方差分析发现:无论采取哪种方式测量动机水平,积极情绪的同学其动机水平均高于中性情绪的同学。

4.3 情感对创造力的影响

创造性绩效(creative performance)是指由员工开发的、具有新颖性、同时又是切实可行的、对组织而言具有价值的产品(Amabile, 1983; Woodman & Schoenfeldt, 1990)。创造性绩效的产生过程受到情感的影响,且其本身也会产生一定的情感体验(Amabile, Barsade, Mueller, & Staw, 2005)。因此,研究情感对创造性的影响具有重要意义。

Amabile, Barsade, Mueller 和 Staw (2005) 通过对 7 家公司 26 个项目组的 222 名员工进行研究,探讨了情感与创造力的关系。实验开始前,研究者收集了员工的人口学变量(性别、年龄、教育程度以及公司任期);实验过程中,研究者要求员工完成每日调查问卷以及每月的同事评价问卷,以获得员工在完成一个完整的项目过程中,每天的情感状态和创造力水平。通过对收集到的纵向数据进行定量分析,发现积极情感能够促进创造力,且二者之间是简单的线性关系;时间滞后分析发现,积极情感是创造性思维的前因变量,其潜伏期长达两天之久;定性分析发现,创造性思维活动的过程及成果均会促使员工产生积极情感,而面临压力或挫折的员工,为摆脱困扰自己的消极情感,一般急于解决问题,放弃反复尝试和长期思考,导致较低的创造性绩效。

通过对直升机制造公司创意设计部门的 67 名员工进行实证研究,George 和 Zhou (2002)证实了情感对创造性绩效的影响作用。一方面,他们利用问卷调查法收集了关于员工过去一周的心境状态、情感清晰度(员工多大程度体验到自己的情绪状态)以及对创造性绩效认可程度的数据;另一方面他们又利用主管评价法收集了员工过去一周的创造性绩效水平;最后他们对收集到的数据进行分层回归分析发现:当员工的情感清晰度、对创造性绩效认可程度均很高的时候,消极心境有助于提高创造性绩效,而积极心境则会降低创造性绩效。

George 和 Zhou(2007)进一步研究了情感如何对创造力绩效产生影响,他们认为由于一系列因素的作用,员工常常会接连体验到积极和消极的心境。从本质上将,工作心境是指两种心境(积极或消极)的情感体验过程(Watson,2000)。研究者对油田服务公司的不同部门不同工种的员工进行了研究,通过问卷测量员工在工作中体验到的积极、消极心境和主管支持程度,并通过主管及同事评定测量其创造力水平。对收集到的数据进行分析之后发现:当主管支持员工的创造性活动并且员工的积极心境很高时,消极心境能够促进员工的创造性绩效。即:以主管支持为背景,在创造性的前期阶段,员工的积极心境促进发散思维;而后期阶段消极心境促使个体在发散的思维上进行思索,得出解决方案。

De Dreu,Baas 和 Nijstad(2008)通过四个不同的实验说明了心境何时以及为何会影响创造力。在实验1—3中,被试需要完成自我生成图像(self-generated imagery)任务以引起不同心境状态(愤怒、悲伤、快乐和放松),而在实验4中,实验者首先采用自我报告法测量被试当时的心境状态。然后要求被试完成不同的头脑风暴任务。在实验过程中,实验者分别收集了被试的心境状态数据、创造力的流畅性和独创性数据、认知灵活性和持久性指数。对收集到的数据进行方差和回归分析发现:① 与积极或消极的钝化心境(deactivating moods)(悲伤和放松)相比,积极或消极的活化心境(activating moods)(快乐和愤怒)更能促进创造的流畅性和独创性。② 与其他情绪状态相比,在积极的活化心境下(快乐),被试具有更高的认知灵活性。③ 与其他情绪状态相比,在消极的活化心境下(愤怒),被试具有更高的认知持久性。④ 创造的流畅性和独创性主要取决于认知的灵活性、持久性或者某些类似功能的组合。⑤ 活化心境能够促进创造的流畅性和独创性的原因在于:当处于积极心境下,活化心境能够增强认知的灵活性;而当处于消极心境下,活化心境能够增强认知的持久性。

Davis(2009)通过对62个实验性研究和10个非实验性研究进行元分析,检验了积极情感能够增强创造力这一论断。虽然元分析结果证实了积极情感能够增强创造力,但值得强调的是,这种效果的强度与情感状态的参照点(例如中性的或者消极心境)和创造性任务的类别有关。另外,情感对创造力的影响模式证实了情感强度与创造性绩效之间是一种曲线关系。一般而言,需要参照具体的情境以确定情感与创造力之间的具体关系。

4.4 情绪对工作态度和绩效的影响

以上研究着重考察了情绪对工作的某一方面或某一领域的影响,具体包括情绪对个体的情绪劳动、动机和创造力所产生的影响,所有的这些作用机制最终都会影响到个体的工作态度和工作绩效。因此有研究者考察了情绪对工作满意度和工作投入度等工作态度的影响,也有研究者考察了情绪对工作绩效和组织公民行为等工作结果变量的影响。

Judge 和 Ilies(2004)研究了情感与工作满意度之间的关系,以及工作中的情感对回家后情感的影响作用。实验开始前,通过问卷测量了74名员工的积极与消极情感特质;在实验过程中,通过经验抽样法连续两周、每天三次收集员工的工作满意度和在工作中的情感情况;每天两次收集员工在家庭中的情感状况。对收集到的数据进行回归分析和多层线性模型分析发现:① 工作满意度会影响员工下班后在家中的情感,并且这种影响会受到情感特质的调节作用。即积极情感特质高的人由于工作满意度而引起的积极情感会更多,而消极情感特质高的人由于工作满意度而引起的消极情感会更多。② 随着时间间隔的增加,工作中的情感对工作满意度的影响逐渐降低。③ 员工在工作中的积极情感越多,在家中的积极情感也会相应的增加;同样的,员工在工作中的消极情感越多,在家中的消极情感也会相应的增加。

Bledow 和 Schmitt(2011)对 6 家公司的软件开发人员或计算机科学家(共 55 名)进行了为期 2 周(9 个工作日)的实证研究,证实了情感影响员工的工作投入。在研究开始之前,研究者用问卷测量了员工的积极/消极情感特质和人口学变量;在研究开始后,每天两次(上午 11 点和下午 3 点)分别测量员工遭遇的情感事件、体验到的心境和工作投入程度。对收集到的数据进行多层线性回归分析发现:① 上午工作时遭遇到的消极工作事件对下午工作投入的影响受到积极心境的调节作用。即如果员工具有较高的积极心境,那么上午工作时遭遇到的消极工作事件能够增加下午的工作投入,而如果员工具有较低的积极心境,那么上午工作时遭遇到的消极工作事件将减少下午的工作投入。② 员工的积极情感特质越低,消极心境就越能够减少员工的工作投入。③ 员工的积极情感特质越低,消极工作事件就越能够减少员工的工作投入。

Wallace, Edwards, Shull 和 Finch(2009)通过对 87 名话务中心员工进行了实证研究,证实了情绪调控会影响员工的注意力,并最终影响工作绩效。一方面,Wallace 等人通过问卷法调查了员工倾向于使用的情绪调控策略(情绪压抑或情绪的重新评估)和工作时的注意力水平;另一方面,采用员工每小时处理电话的数量作为工作绩效。对研究数据进行分析发现:采取不同情绪调控策略的员工,其对任务的注意力水平不同,并导致其工作绩效水平的不同。具体来说就是,采取情绪压抑调控策略的员工会对资源有更多的需求,这会导致员工对工作任务注意力的下降,并最终使绩效水平降低;而采取情绪重新评估调控策略的员工对资源的需求相对较少,对注意力的影响也就相对较少,相比较采取情绪压抑调控策略的员工,其绩效水平也会较高。

Williams 和 Shiaw(1999)通过对 193 名来自不同公司的员工进行实证研究,证实了积极情感能够促进员工的组织公民行为。实验者通过问卷测量了员工的人格特质、当前情绪状态、曾经从事的组织公民行为以及现在从事组织公民行为的意图。对收集到的数据进行逐步回归分析发现:当前员工体验到的积极情感会促使员工产生更多的从事组织公民行为的意图。

§5 研究展望

绩效的情感影响模型不仅重视个体绩效在不同时间内的差异性,为整体绩效的分割提供了一种新型的方法,而且从各个角度探讨了情感为何会对绩效片段加工过程产生影响,对情感与绩效关系的研究具有重要的指导价值。但其相关的实证研究却还很少,其主要原因有三点。首先,绩效的情感影响模型描述的是在难以预测的、不断变化的时间框架下发生的多重微过程。很显然,我们不能用静态的模型结构来检验这些过程。因此,采取怎样的研究方法是存在的第一个问题。其次,即使合适的研究方法能够被成功的运用,如何测量绩效片段又将成为新的挑战。最后,只有充分认识到绩效的情感影响模型在管理实践中的实际意义,人们才会越来越多的对其进行实证研究。也只有通过实证研究证实了绩效的情感影响模型的正确性,才能更进一步的促进管理者将情感影响模型运用到具体实践中。为此,接下来我们就将从研究方法、测量方法和实际意义三个角度介绍绩效的情感影响模型未来的研究方向(Weiss et al.,2005)。

5.1 方法问题

鉴于绩效的情感影响模型这一研究领域所固有的复杂性,Weiss等人(2005)认为必须采用多种研究方法,并主要介绍了其中的三种研究方法。

首先,实验室方法能够特别有效地检验绩效的情感影响模型中的一些基本过程。例如,绩效的情感影响模型推测,某种情感体验可能干扰人们的即时绩效,因为情感体验可能使人们陷入反刍。具体来说,根据Martin和Tesser的观点,因为目标受阻而产生的情感很有可能使人们进行反刍(Martin & Tesser,1996)。实验室的设置使得研究者能够操纵这些情感体验,然后检验这些情感体验对复杂任务的绩效产生的影响。

其次,生态瞬时评估法(Weiss, Nicholas, & Daus, 1999)是第二个可行的研究方法,主要程序是每天多次对自然情境中的受测者进行简短的调查。生态瞬时评估法具有四个特征:首先,这种方法对行为对象的评定是即时的;其次,为了避免测量误差必须恰当地安排调查时间;再次,这种方法需要进行多次的重复测量;最后,这种测量方法只适用于自然情境。另外,通过生态瞬时评估法,研究者可以观测到个体内部变化、个体之间的差异以及两者之间的交互作用,为动态性的结构模型提供一个较完整的解释。考虑到生态瞬时评估法的这些特点,我们可以认为,这种方法尤其适用于检验绩效片段的可行性、特点以及界限等问题。

最后,更传统的纵向研究方法是第三个可行的研究方法。纵向研究也叫追踪研究,是指在一段相对长的时间内对同一个或同一批被试进行重复的研究。采取纵向研究有助于从动态性和长期性角度检验绩效的情感影响模型。例如,从监管资源的角度对情绪的调节、应对和倦怠进行纵向研究,发现:具有高情绪监管需求的工作会对员工的健康产生负面影响(Brotheridge & Grandey, 2002; Grandey, 2003),监管资源需求较高的工作可能取得较高的组织绩效,但往往是以个人的职业倦怠为代价的(Zapf, 2002)。

5.2 测量问题

正如前文描述的那样,当重叠的情绪片段、来自配偶的电话或者令人分心的事件等额外因素影响工作环境中的绩效片段时,这段时间内的绩效将会降低。在这段时间内测量到的绩效水平将会显示此时的工作质量比一般水平差,因此,该时间片段的绩效水平能够有效的代表该时间内的工作质量(Weiss et al.,2005)。

然而,在某些工作情境中,员工并不允许自己的绩效水平因为受到额外因素干扰而降低。并且为了保证绩效水平,员工完成此项绩效片段的时间将会被延长(Weiss et al.,2005)。例如,某教师原本打算利用两小时制作一份优质课件,但在执行这个绩效片段的过程中,教师受到多次的干扰。如果仍然希望两小时完成预期工作,课件质量势必下降。在这种情况下,责任心较强的教师会选择花费更长的时间反复做这项工作直到达到原本预定的工作质量。因此,在这个绩效片段中,教师的绩效水平并没有受到干扰因素的影响而降低,只是这个绩效片段的持续时间将变长。另外,许多任务并不需要一直保持高水平的绩效。例如,作家写一份手稿可能需要较长的一段时间,在这段时间中,作家并不需要一直维持较高水平的绩效。只要其中一些特别有效的绩效片段能够弥补其他不那么有效的绩效片段,作家的整体绩效仍然会很高。相反的是,在有些任务中,失败的绩效片段不可能由紧接着的绩效片段进行弥补,例如,如果飞机降落失败,就不可能期待接下来的绩效片段能够弥补这个失误(Weiss et al.,2005)。

因此,我们可以将任务分为补偿性任务(compensatory tasks)(如作家写一份手稿)和非补偿性任务(noncompensatory tasks)(如飞机降落),这种区分方法对于区别绩效片段测量与任务绩效测量尤为重要。补偿性任务的绩效测量主要以任务为中心,因为最终测量结果取决于多重绩效片段的共同表现;而非补偿性的任务更看重的是在单个绩效片段层面进行测量,因为这个任务内的绩效片段之间并不相关,不能相互补偿(Weiss et al.,2005)。

5.3 实际意义

虽然建立绩效的情感影响模型的目的是阐明情绪与绩效之间的关系,而不是提供具体的干预措施以提高组织绩效,但绩效的情感影响模型确实能为那些对提高绩效感兴趣的人提供指导。当然,这种指导主要来源于模型的核心要素,也就是情感状态通过资源监控和分配等中介过程影响绩效表现。绩效片段模型提供的干预措施主要是解决员工在日常组织工作中遭遇的资源枯竭和更新以及情绪调节等问题(Weiss et al.,2005)。

我们可以测量任务所需要的认知及监管资源,并且控制这些活动使其不超过人们的监管负荷。或者我们可以通过培训,让员工在绩效片段中能够更均衡地分配资源以完成工作。例如,在员工资源衰竭程度较高的时候,应该完成那些注意拉力较高的任务。同样重要的是,我们需要更加关注资源的重建与恢复,由于休息本身是否能够恢复资源仍有待商榷,因此,那些能够恢复监管资源的心理活动尤其重要(Weiss et al.,2005)。

除了以上方法,还可以通过增加任务的注意拉力来提高工作绩效。除了任务本身所固有的特点外,人们可以通过设计或重新设计工作以提高任务的注意拉力(Weiss et al.,2005)。

另外,如果我们可以证实监管资源确实能够有效的显示人与人之间的差异,那么从个体差异的角度考察绩效片段模型中的概念,我们就可以得出这样的结论:通过比较求职者的监管资源,面试官能够非常有效的选拔合适的人才。因为具有较多监管资源的员工能够更好的使用他们的认知资源,他们的工作效率也将更高。同样的,个人从资源枯竭中恢复的速度也可以成为选择申请者时需要考虑的因素(Weiss et al.,2005)。

当然,以上这些都是关于绩效的情感影响模型的推导结论,有待学者通过实证研究证实、修正或发展这些观点。

参考文献

Amabile, T. M., Barsade, S. G., Mueller, J. S., & Staw, B. M. (2005). Affect and creativity at work. *Administrative Science Quarterly*, 50, 367—403.

Ashkanasy, N. M., Hartel, C. E. J., & Daus, C. S. (2002). Diversity and emotion: The new frontiers in organizational behavior research. *Journal of Management*, *28*, 307—338.

Barsade, S. G., & Gibson, D. E. (2007). Why does affect matter in organizations? *Academy of Management Perspectives*, *21*, 36—59.

Beal, D. J., & Barros, E. (2005). An Episodic Process Model of Affective Influences on Performance. *Journal of Applied Psychology*, *6*, 1054—1068.

Beal, D. J., & Weiss, H. M. (2003). Methods of ecological momentary assessment in organizational research. *Organizational Research Methods*, *6*, 440—464.

Bledow. R., & Schmitt. A. (2011). The affective shift model of work engagement. *Journal of Applied Psychology*, *96*, 1246—1257.

Brief, A. P., & Weiss, H. M. (2002). Organizational behavior: Affect in the workplace. *Annual Review of Psychology*, *53*, 279—307.

Cropanzano. R., James, K., & Konovsky, M. A. (1993). Dispositional affectivity as a predictor of work attitudes and job performance. *Journal of Organizational Behavior*, *14*, 595—606.

Davis, M. A. (2009). Understanding the relationship between mood and creativity: A meta-analysis. *Organizational Behavior and Human Decision Processes*, *108*, 25—38.

De Dreu, C. K. W., Baas, M., & Nijstad, B. A. (2008). Hedonic tone and activation level in the mood-creativity link: toward a dual pathway to creativity model. *Journal of Personality and Social Psychology*, *94*, 739—756.

Duan, J., & Tian, X. D. (2011). Affective Events Theory: Contents, Application and Future Directions. *Advances in Psychological Science*, *Vol. 19*, 599—607.

Elfenbein, H. A. (2008). Emotion in organizations: A review and theoretical integration. *Academy of Management Annals*, *1*, 315—386.

Erez, A., Isen, A. M. (2002). The influence of positive affect on the components of expectancy motivation. *Journal of Applied Psychology*, *87*, 1055—1067.

Fisher, C. D., & Noble, C. S. (2004). A within-person examination of correlates of performance and emotions while working. *Human Performance*, *17*, 145—168.

George, J. M., & Zhou, J. (2007). Dual tuning in a supportive context: Joint contributions of positive mood, negative mood, and supervisory behaviors to employee creativity. *Academy of Management Journal*, *50*, 605—622.

Judge, T. A., & Ilies, R. (2004). Affect and job satisfaction: A study of their relationship at work and at home. *Journal of Applied Psychology*, *89*, 661—673.

Lazarus, R. E. (1991). Progress on a cognitive-motivational-relational theory of emotion. *American Psychology*, *46*, 819—834.

Merlo, A. P., Hartel, C., Mann, L., & Hirst, G. (2002). How leaders influence the impact of affective events on team climate and performance in R&D teams. *The Leadership Quarterly*, *13*, 561—581.

Pirola-Merlo, A., Hartel, C., Mann, Leon., & Hirst, G. (2002). How leaders influence the impact of affective events on team climate and performance in R & D teams. *The Leadership Quarterly*, *13*, 561—581.

Rodell, J. B., & Judge, T. A. (2009). Can "good" stressors spark "bad" behaviors? The mediating role of emotions in links of challenge and hindrance stressors with citizenship and counterproductive behaviors. *Journal of Applied Psychology*, *6*, 1438—1451.

Rothbard, N. P., Wilk, S. L. (2011). Waking up on the right side of the bed: The influence of mood on work attitudes and performance. *Academy of Management Journal*, 54, 959—980.

Venkatesh, V., & Speier, C. (1999). Computer technology training in the workplace: A longitudinal investigation of the effects of mood. *Organizational Behavior and Human Decision Processes*, 79, 1—28.

Walter, F., & Bruch, H. (2009). An affective events model of charismatic leadership behavior: a review, theoretical integration, and research agenda. *Journal of Management*, 35, 1428—1452.

Weiss, H. M., & Cropanzano, R. (1996). Affective events theory: A theoretical discussion of the structure, causes and consequences of affective experiences at work. *Research in Organizational Behavior*, 18, 1—74.

张秀娟，申文果，陈健彬，杜敏（2008）．顾客不公平交往行为对员工工作绩效的多层次影响.南开管理评论. 3, 96—103.

16

如何推进管理心理学的研究

前面这些章节介绍了管理心理学领域近十年来的最新研究成果,包括个人特质学说、社会交换理论、资源和自我调控理论以及态度和情感理论等领域的最新研究成果,且这些方面的研究成果有很大的应用价值。从企业的角度来讲,这些研究成果与企业的日常管理都是密切相关的,可以在企业的招聘制度、培训制度、组织架构和企业文化的建设中运用这些最新的研究成果。从学者研究的角度来讲,这些研究成果拓宽了管理心理学研究的领域,为今后的研究提供了新的思路。

在本书的最后一章,主要来探讨一下目前在管理心理学这个领域中还存在什么样的困难和问题,以及在今后的研究中应该如何克服和解决这样的问题,为今后的研究方向提供一些参考的意见。当然,需要注意的是,我们的观点和建议主要来源于个人对于管理心理学领域的研究实践,同时也将我们在担任相关学术期刊审稿人和编辑过程中积累的经验纳入其中(由于我们的一个主要研究领域是退休,因此在本章中会使用一些退休研究来说明我们的观点)。这部分写作的主要意图是希望能够抛砖引玉,激发管理心理学领域的研究者能够在今后的研究中更多地关注类似的问题,从而进一步提高科研成果的质量。

§1 管理心理学所面临的挑战

尽管前面已经介绍了很多的研究主题,每一个主题中都有非常丰富的研究成果。但是管理心理学的研究还是面临着很大的挑战,主要来自下面三个方面:① 不同学科之间缺乏沟通;② 急需积累因果推论方面的知识;③ 忽视研究的情境。对这些挑战的全面理解,将有助于我们提高管理心理学研究的质量以及更好地将理论应用于实践。

1.1 不同学科之间缺乏沟通

很多研究题目都是交叉学科研究的课题,例如现在在情绪劳动的研究中,我们可能经常会使用到临床与咨询心理学中的概念。当然,还有一些研究题目不仅仅局限于心理学的领域,就像退休这个主题就吸引了来自经济学、老年病学、社会学、心理学、公共健康、管理学(Wang & Shultz, 2010)等许多不同研究领域的学者。而每个领域又存在多个不同的分支,例如,在管理领域,人力资源管理、组织行为学、组织理论、战略管理等分支的学者都可以将退休视为自己的研究课题,并从他们独特的视角和范式开展研究。

交叉学科的性质对于知识的产生不无裨益,能够激发更多的研究想法,促进研究取向的多样性。事实上,对于很多管理心理学的主题而言,研究视角、研究问题和研究方法的多样性是必要且有效的。此外,交叉学科性质使得研究能更好地覆盖具有实践意义的课题,从而有利于科研与实践的相互转化与相互借鉴。然而,如果这些涉及的学科之间缺乏沟通,那么交叉学科研究的优势将难以得到充分的认识与重视。

不同学科之间缺乏沟通会导致研究中存在很多的问题。首先,不同学科可能使用不同的术语来描述相同的构念。例如,通常经济学家所指的幸福(happiness),在心理学中的相应术语是满意度(satisfaction)或主观幸福感(subjective well-being)。因此,当经济学家出于政策的需要而在国家水平上研究幸福时,他们所研究的内容实际上是心理学家在很多年前就已经开始研究的了,而且已经获得丰富成果的问题,例如幸福感研究中的校准幅度、文化偏见和归因谬误问题(Judge & Kammeyer-Muller, 2011)。然而,由于术语的区别,大多数经济学家没有意识到心理学中这一广泛的研究领域,使得他们做了很多的重复工作。在退休的研究领域同样存在着类似的问题。例如,关于退休后再就业的研究,研究者使用"过渡型就业"(bridge employment)、"职业重演"(encore career)、"退休工作"(retirement job)等术语来描述退休后的就业状况(e.g., Brown, Aumann, Pitt-Catsouphes, Galinsky, & Bond, 2010; Quinn, 2010; Wang, Zhan, Liu, & Shultz, 2008)。尽管这些概念指代的是同样的现象(即退休后的工作),但是在不同的研究中使用的术语却是不同的。这样后来的研究者在进行文献检索的时候必然会遇到很大的困难,难免会遗漏一些重要的文献。

Block (1995)评论了人格研究中的术语多样性问题,并指出,这种术语多样性所反映出的学者们为研究带来新鲜观点的愿望值得称赞,而创新思维必然有利于产生全新的研究前提、研究手段、研究流程和研究结果。然而,术语多样性是有成本的,如 Block 所言,无用的概念冗余是对时间的浪费,这使得学者们的研究经常以重复地发现相同的效应告终。在现代检索电子文献的年代,术语可以说是变得更加重要——选择了错误的搜索关键词(或错误的数据库)甚至可能导致学者在阅读相关文献前,就对某一课题得出错误的结论。这些问题对大多数科研学科都提出了重大挑战,但对于涉及交叉学科的研究(关于退休的研究就是一个典型的例子)而言,这一问题显得尤为重要,如果不及时进行处理,将会阻碍科学进步的速度以及科学知识向实践转化的速度。另外,某一领域的概念界定不清使得研究该领域不同学科的研究者之间,以及研究者与从业人员之间的沟通受到严峻挑战。

其次,学科之间缺乏沟通,使得我们难以结合不同的研究视角对感兴趣的现象进行全面了解。例如,在研究退休适应时,心理学领域的研究者经常采用压力的视角,强调退休是一项关键的生活过渡事件,并关注成功者如何应对退休适应过程中的压力。另一方面,经济学家在研究退休适应时,多采取资源—消费的视角(Gourinchas & Parker, 2002),并关注成功者如何维持所拥有的资源与消费需求之间的平衡。不难看出,资源与消费的不平衡可能是退休人员压力的重要来源,然而在以往的研究中,这两种观点的结合仅限于研究退休适应期间,退休人员的经济状况的变化如何影响其心理幸福感的变化(例如,Wang, 2007)。如果研究者可以进一步结合这两种观点,将资源—消费的视角运用到更广的范围中,研究退休人员在社会情感生活方面的资源—消费不平衡现象,考察这一现象对退休适应过程中压力体验的影响,将会获得更多的研究成果。这样一来,资源—消费的观点并不只限于解释退休的经济适应,而且可以通过解释压力的诱因来丰富退休的压力视角。显然,学科之间研究视角的扩展与相互启发有赖于研究者的交流。

第三,学科之间缺乏沟通也可能导致方法论难以达成一致。众所周知,不同的学科在研究方法上有不同的操作规范。例如,在调查研究中,经济学家和公共卫生研究者往往更重视抽样的方法,他们可以有效地处理调查结果中的抽样误差。但是,他们往往忽视了测量误差,而是认为测量工具具有较高的信效度,且能够有效、准确地测量到他们所要测量的理论结构。心理学家则对测量误差更加重视,他们更加关注用来测量理论结构的测量工具是否具有良好的信效度(Schmidt, 2011)。然而,心理学家在实证研究中往往使用小样本和方便抽样的方法,从而导致他们研究结果的普遍性受到质疑(Hanges & Wang, in press)。在今后的管理心理学的研究中,研究者如果能够同时控制抽样误差和测量误差,得到的研究结论必然会更加可靠。因此,提高多学科之间的沟通,可以帮助我们认识到各学科在研究方法上的优势和弱点,从而发展出更优的研究取向,以实现跨学科研究的利益最大化。

最后,多学科之间的研究方法缺乏沟通,也可能使研究者对某种特定的研究方法带有一定的偏见。例如,定性的研究方法往往被认为过于主观,缺乏因果关系推论的科学性(Schonfeld & Mazzola, in press)。然而,如果得到严格和正确的使用,定性研究方法也在以下方面具有众多的优势:① 可以为定量研究工具的发展做准备;② 可以促进理论的发展和假设的产生;③ 可以发现新的研究现象;④ 可以对难以量化的结果进行解释;⑤ 可以深入了解干预成功或失败的原因;⑥ 可以对所观察现象背后的复杂的动态过程进行描述(Schonfeld & Mazzola, in press)。因此,来自不同学科的研究者,就各自选择的方法论背后的原因和逻辑进行沟通是很重要的。这样一来,从某个特定方法论中产生的知识,就不会被其他的研究领域所忽视,也有利于不同领域间知识的积累。

1.2 急需积累因果推论方面的知识

众所周知,如果希望将研究的成果运用于企业的实践,如果希望根据研究的结果来采取相应的干预措施,如果希望根据研究的成果来制定国家政策,都需要解决一个问题——变量之间的因果推论。

解决变量之间因果推论的问题有两种方法。首先,可以采用实验室实验的方式来研究变量之间的关系。在现在的管理心理学的研究中,确实有一部分的研究是采用这样的研究范式的,例如前文所提到的信任和公正的研究,就可以采用实验室情境模拟的范式。但是管理心理学领域中有很大一部分主题是没有办法采用实验室实验的研究范式,就像前面章节中介绍的退休的概念,感知到的组织支持的概念和领导成员交换的概念等。因此对于这样的一些研究主题,只能采用实地调查的研究范式,我们必须在研究设计和数据分析上付出更多的努力。

在研究设计方面,之前绝大多数的管理心理学的研究都采用了横断研究的设计。尽管横断设计能够建立变量之间的相关关系,却很难基于其研究结果做出正确的因果推论。为理解变量之间的因果关系,我们要明确变量在时间序列上的变化,因此,今后管理心理学的研究应更多地采用纵向设计。具体来说,可以控制结果变量的基线水平,来估计预测源与结果变量之间的时间滞后效应(Hanges & Wang, in press),从而最终提高研究的内部效度。通过上述的数据收集的方法,我们也可以直接来考察倒置的因果关系存在的可能性。使用纵向设计的另一个优点是它能够提供变量在个体内的变化趋势,从而揭示时间是如何对这样的个体内变量产生影响的(Wang,2007)。就像我们现在有很多有关压力的研究,都是采用日志追踪式的研究范式,考察每一个员工每天的压力变化的情况(Liu, Wang, Zhan, & Shi, 2009; Wang, Liu, Zhan, & Shi, 2010; Wang, Liao, Zhan, & Shi, 2011)。因为在管理心理学的研究中,有很多变量并不是稳定的特质,对于同一个个体而言,这样的变量有可能会随时间发生较大的波动,因此在研究中,必须要对此加以考量。

此外,使用纵向设计还应注意,在研究中,研究者是否忽略了理论上的相关变量(Antonakis, Bendahan, Jacquart, & Lalive, 2010)。通常情况下,使用相关性研究设计(即使用一个变量来预测另一个变量)时,有三种类型的变量可能影响因果推论:① 存在同时影响预测源和结果变量的因素;② 预测源和结果变量之间的内在机制(即中介变量);③ 预测源和结果变量之间的重要边界条件(即调节变量)。

关于第一种类型的遗漏变量,当预测源和结果变量同时受一些共同因素的影响时,研究设计可能存在内生性问题。换句话说,预测源和结果变量之间关系的预测和估计受到了未被控制的其他变量的影响,所以最后的研究结果是有偏的。解决这样的问题,一般有两种方法。其一,研究人员在开始研究之前,应该全面阅读相关的文献,控制那些能够对结果变量造成显著影响的变量。在控制了这些变量的基础上,然后再去考察自变量对于因变量的影响。然而,在现实的社会科学研究中,控制所有的变异来源是不可行的。因此,在某些研究中,我们可以引入辅助变量(instrumental variable)的概念(如两阶最小二乘回归)来控制其他的相关变量。有兴趣的读者可以参考 Antonakis 等人(2010)以及 Foster 和 McLanahan (1996)有关如何使用辅助变量的方法来解决内生性问题的详细介绍。这在经济学中属于标准做法,但在其他社会科学学科如心理学、管理学中还不常用。

忽视中介变量的存在,常常导致研究中的理论机制与实际操作之间存在差异。例如,在退休的研究中,研究者可能会认为,老年工人更有可能鼓励提早退休,因为他们经常地在工作场所受到年龄歧视。因此,当测试工人的年龄与提早退休的观点之间的联系时,直接测量他们在工作场所感受到的年龄歧视,可以验证是否支持这一理论假设。如果不把年龄歧视作为中介变量进行直接测量,即使工人的年龄与提早退休的决定之间具有很强的相关关系,那么因果机制仍然不明确。因此在管理心理学的研究中,对于中介作用的关注实际上就是对于理论模型的验证。自变量和因变量之间存在的相关关系,有可能是通过几条不同的路径得到的,我们可以就两者之间的关系提出自己的理论假设;但是如果需要验证这样的理论假设是否成立,就要从中选择合适的中介变量进行模型的验证。只有在了解了自变量对因变量的作用机制之后,才能够对结果变量进行干预。

在建立因果关系时,边界条件往往解释因果关系对何种个体起作用,在什么时候起作用,以及在什么情况下因果关系会增强或者减弱的问题(Whetten, 1989)。因此,调节变量往往成为全面理解一定的因果关系的必要条件。因此,在研究中忽略调节作用可能会导致错误的统计模型的产生(Antonakis et al, 2010),也可能会造成遗漏因果关系中的理论差异(Wang & Hanges, 2011)。例如,之前退休领域的大部分研究都忽略了退休人群中可能存在很大的异质性这个可能。换句话说,退休人群可能由多个亚群体组成,这些亚群体具有不同的退休过程路径(Wang, 2007)。Pinquart 和 Schindler(2007)以及 Wang(2007)都提出,这种异质性不能简单归结为人口统计学变量的差异,因此难以通过传统的对多个观察组数据的比较的方法来充分获得。因此,退休的研究者可能需要使用潜变量的方法(如 Wang & Bodner, 2007; Wang & Chan, 2011; Wang & Hanges, 2011)来确定未观察到的调节变量。

最后,管理心理学的领域已经存在了大量的实证研究,也有不少的研究采用了元分析的方法定量地总结和回顾了以往的研究结果。在进行相关的研究之前,对这些元分析的结果进行仔细整理是非常有必要的。元分析可以帮助我们理解因果效应量的分布,消除抽样和测量误差,以及获得可能的调节变量。我们也可以通过其他研究者元分析研究的结果,了解相关主题的研究现状,能够避免在进行新的研究时遗漏掉重要的控制变量。同时,我们也建议各学科的研究人员都在研究中提供基本的统计信息(平均数、标准差和相关系数表),以便今后的研究者进一步进行元分析的研究。

1.3 对研究情境缺乏考虑

管理心理学中的第三个挑战就是缺乏对研究情境的考虑。以退休的研究作为例,如果不考虑退休发生的情境就很难完全理解退休过程。具体来说,我们可以在三个层次上确立退休相关的政策、措施和行为的情境结构。在宏观层面,这个情境包括文化,人口的结构如人口的年龄构成、生育率、结婚及离婚率,以及经济总体状况和劳动力市场等。中层结构是指本地和区域环境,包括基础设施建设以及经济和劳动力市场的情况等。微观层面的结构包括个体所在的组织、家庭和社会网络等。

再以有关情绪劳动的研究为例,这样的研究题目一共可以从四个研究水平来进行考虑——事件水平、个体内水平、个体间水平和团队水平。我们在前面的章节中已经详细说明了情绪劳动的相关概念和研究现状,我们可以发现在一些实验室的研究中,考察的就是事件水平的情绪劳动,即每一个工作事件对员工产生的影响。情绪劳动这种工作特性决定了这样的研究范式是很重要的,因为从事这种工作的个体,每天需要运用自己的情绪进行简单重复劳动,其每天的工作是由每一次的服务构成的。因此如果要最为清晰的了解员工,就需要考察每一个工作事件对他们的影响。

在此基础上,我们可以追踪每一个从事情绪劳动的员工每一天的工作情况,考察每一天的工作压力事件对员工造成的具体影响,同时还能够了解员工工作结果的波动情况,这是个体内水平的研究。

然后,我们还可以考察不同个性特点或其他的个体差异对员工情绪劳动的结果产生的影响,我们就可能发现某些员工的工作结果变量波动比较大,有些员工的工作结果变量波动比较小,这是个体间水平的研究。

最后,我们还可以考察整个团队的氛围,团队成员之间的关系以及团队成员与领导之间的关系对员工的情绪劳动造成的影响,这是团队水平的研究。

如果能够通过这四个水平的测量对员工的情绪劳动进行研究,研究者就能够客观全面地了解情绪劳动的工作特点以及内在机制。但是,读者从前面情绪劳动那一章的介绍中可以看到,现在的很多研究最多只能涉及其中的两个水平(个体内水平和个体间水平),偶尔有个别的研究能够同时涉及三个水平(加上一个团队水平)(Wang, Liao, Zhan, & Shi, 2011),这主要是因为数据收集的难度造成的。

最后，应当指出，当研究人员能够直接检验情境的影响时（如具有来自多个国家或组织的数据），需要特别注意理论发展和统计程序。从理论上讲，选择一个在逻辑上容纳多层次情境的理论观点尤为重要，因为这使得我们可以灵活地探讨不同情境水平下因素之间的交互作用。从统计上讲，这样的数据就需要具备多层次模型这样的统计方法了。

§2 如何推进管理心理学的研究

从前面的介绍中，读者们应该已经了解了在管理心理学的领域，我们现在面临的巨大挑战是什么，下面我们就来介绍如何应对这样的挑战，从而进一步推进管理心理学的研究。

研究者如果希望能够进行一个好的研究，应该遵循一般的研究规律：从现有的文献或者现实生活中发现有趣的研究现象，找出现有研究中存在的问题和理论分歧，寻找合理的理论解释来填补理论上的分歧，确定合适的测量方法来考察研究中的变量，最后使用合理的统计分析方法对数据结果进行统计分析。

我们有时候会发现，一些经验不是很丰富的研究者会采用数据驱动的方法实施研究，也就是先收集相关的数据资料，然后根据数据资料计算出来的结果，寻找合适的理论解释。这样的做法是不可取的。首先，从经济的角度来讲，研究者没有办法保证能够找到相应的理论来对数据结果进行合理的解释，这样先期的数据收集工作就可能作废了。其次，正如我们前面已经提到的，如果找到了相应的理论解释，研究者有可能会发现遗漏了重要的变量，这会使得研究的价值大大降低。

因此，我们建议研究者采用下面的五个研究步骤来展开研究工作。

2.1 确立研究问题

管理心理学的研究者在确定所要研究的问题时，不仅要考虑该问题是否有足够的实践意义和理论意义，也要考虑该研究问题是否新颖。这时，应进行跨学科的文献检索，来了解该问题相关研究的发展和不同学科研究者的研究取向。这样，多学科之间缺乏沟通的问题可以得到有效解决。此外，研究者可以查阅跨文化和跨学科的文献来更深入地了解研究问题，从而在研究的一开始就能形成研究问题的情境。这一步的理想结果是，就我们所感兴趣的研究现象形成一个比较全面的知识基础，从而使未解的研究问题浮出水面。

2.2 明确研究的贡献

在研究者确定了潜在的研究问题之后，他们需要决定如何通过解答这些研究问题来为该领域做出贡献。换句话说，虽然解答这些研究问题能产生新的知识和见解，研究者还需要确保填补具体的知识空白是对该领域有意义的。因此，这些新的知识不是孤立的，而是能够促进未来的科研工作。

研究要有所贡献，可以遵循以下四种典型方法。第一种方法是检验与发展已有理论和成果，这是科学研究中最可行的方法。通常的研究取向有两种，即分析与综合。首先，如果一个理论是完善的，那么当应用该理论能够解释未知的现象时，就可以证明该理论的普遍性，当产生与该理论不一致的结果时则能够激励研究者对理论进行完善和修订。其次，如果一个理论缺乏必要的细节,如缺乏对内在机制或边界条件的清晰说明,那么检验该理论潜在的内在机制或者边界条件可以帮助我们完善该理论。这两种取向都会导致产生新的实证研究结果,如发现鲜为人知的现象、发现新的理论或二者兼而有之。应当指出,采取这些方法进行研究时,相关的贡献是在前人研究基础之上的增值贡献(Hollenbeck,2008)。

第二种理论贡献的方法是通过研究新的结构或现象来发展新的理论。Locke(2007)指出,这种类型的研究往往结合以下组成部分:① 对新的现象进行观测并得到大量相关数据;② 在观测和数据的基础上,建立有效的概念来描述现象;③ 确立该概念相关的因果机制,并将这些机制整合为一个整体(即建立理论)。我们举一个退休领域中这类研究的一个例子。Feldman(1994)为理解提早退休现象而建立的决策模型就是这样一个开创性的工作。在该研究中,他首先回顾了提前退休是老工人中的一个稳定和有意义的趋势。然后,他明确了退休的概念,即退休区别于职业生涯早期阶段的工作变化和一般的人员流动,具有退出劳动的内在意图。基于这个概念,他进一步发展出决策树框架,找出了一组可能影响老工人提前退休决策的因素,并提出一套理论假设来描述决策树的结构。由于这种类型的研究通常解决尚未得到系统的定义和检验的问题,因而研究的成功完成会对该领域带来巨大贡献,并能为今后的研究开启大门。

第三种理论贡献的方法是,针对某一具体研究问题进行经验总结和理论建构,既可以是定性分析,也可以是定量分析(例如,元分析)。分析的关键是要总结以前的研究结果对于特定研究问题的共同点和矛盾。通常,这些研究结果的共性形成有关研究问题的理论的基本前提。与此同时,研究结果不一致的方面往往是未来的研究需要进一步完善的地方,如有关理论的具体化以及边界条件的确定。在退休研究中,Wang 和 Shultz(2010)首先提出了退休的概念化分类(即退休是一种决策,是一个适应过程,是一个职业生涯的发展阶段,是人力资源管理的一部分),然后总结了用于研究每类退休概念的理论机制的共性。这种类型的研究通常能够提供现有研究成果和未来研究方向的系统总结,因而对于该领域具有重大影响。

最后,第四种理论贡献的方法是整合现有的理论以及协调不一致的研究结果。这通常被称为"创造共识"做出的贡献(Hollenbeck,2008)。具体来说,共识产生于研究者们在某一问题上缺乏共识时(例如,以往的研究结果之间存在矛盾)。通过提供新的经验见解,争论得到明确,冲突得到解决,因而产生了共识。这种类型的研究通常在论文的开端就某一问题开展一个独立的小综述,在对相关文献的总结中明确所研究问题的定位和所研究现象的重要性。然后,介绍之前的相关研究中研究结果不一致的现象,需要通过理论解释或经验解释来协调这些不一致的结果。鉴于这种类型的研究的"共识创造"性质,它常常能够解决重要研究问题的争论,从而推动该领域的进步。对于这种研究类型例子,有兴趣的读者可以参考Wang(2007)。

总而言之,系统研究范式的第二步的目的是清晰地解释为什么被选择的研究问题能推动该领域的进步。研究者们应明确他们研究的目的是做出何种贡献,这将帮助他们更好地对研究进行定位以及将研究与已有文献相结合。

2.3 关键构念的概念化

在研究者明确了他们的研究所要做的贡献之后,他们需要将所要研究的关键构念概念化。这有利于解决之前所讲到的研究面临的挑战。首先,鉴于定义研究主题的复杂性,考虑来自不同研究领域的观点和特定研究问题的含义是很有必要的。第二,关键构念形成清晰合理的概念,可以帮助来自不同学科的研究者就现象的解释进行沟通,并选择相应的理论产生的假说。因此,它可以减少理论框架与关键构念的操作化之间潜在的割裂。第三,在关键构念的概念化过程中,研究者还应定义特定的样本特征(如人口统计学变量和职业)、企业环境变量(如企业文化)和社会制度等具体研究情境下的关键构念。这就把研究情境纳入了研究的理论发展阶段,而不必在事后审查其适用性。

实质上,此研究步骤的目标是确保关键构念的定义与理论框架和研究情境之间在逻辑上相符合。因此,它有利于之后研究结果的解释以及将研究结果应用于实践。

2.4 建立理论框架

在这一步中,研究者应选择最能解释研究问题的理论。有时,一个理论可能不足以支持有关研究问题的假设。当研究范围较大或研究结构复杂时,就需要研究者使用多个理论共同进行解释。当研究者致力于对已研究过的问题建立新的理论观点时,这一点显得尤为必要。在这种情况下需要证明,对于同一研究问题,新的理论观点的解释力必须优于之前的理论观点的解释力,这样的新理论才有存在的必要。

选择最合适的理论来形成理论框架也是避免遗漏变量问题的重要方面。这是因为,每个理论的独特因果机制是由特定的一批变量解释的。因此,最合适的理论不仅具有表明内在机制的过程变量,而且还有利于确定边界条件。通过使用这些理论,可以产生所要研究的问题的详细因果机制。

选择了建立理论框架的理论之后,研究者需要收集相关的实证研究的证据来推导已经建立起来的理论框架(在一般的论文中,都是以理论假设的形式出现的),推导在这个理论框架中变量与变量之间的因果关系。证据的质量取决于它们在多大程度上能够对建立研究变量之间的因果关系做出贡献。例如,实验设计的实证研究的证据应该优于基于横断设计的相关研究的证据。同样,已经获得了实证研究数据支持的理论应该优与尚未得到实证支持的理论。在此阶段,同样需要关注理论框架中预期关系可能存在的其他解释,并生成可验证的假设来排除这些不同的解释。

2.5 研究设计与数据分析

在此步骤中,研究者们应做好研究设计来建立因果推论。通常情况下,很多的管理心理学的主题难以在实验室情境中进行操纵,因而在自然情境中采取纵向设计和准实验设计是不错的选择。此外,研究者要严格控制实验程序,以避免威胁到因果关系推论的问题,如有偏抽样、测量误差以及共同方法偏差等。有偏抽样通常体现在被试不是随机分组的情况下(例如,在比较老龄职工和离退休人员身体状况时,他们的就业状况实际是不等价的)。解决这个问题的一个办法是采用 Heckman 两步法(Heckman, 1979),在研究设计中纳入辅助变量(instrumental variable)的方法来解决。测量误差通常是由研究设计中存在不能得到完全测量的变量或没有在分析中考虑测量误差变异造成的。这个问题可以采用统计建模的方法,即在分析数据时考虑测量误差(例,结构方程模型;Bollen, 1989),或通过刚才提到的两阶最小二乘回归来解决。共同方法偏差（common method biases，CMB），是指由于同样的数据来源或评分者、同样的测量环境、项目语境以及项目本身特征所造成的预测变量与效标变量之间的人为的共变性，共同方法偏差会歪曲对变量之间关系的估计。Podsakoff，MacKenzie，Lee和Podsakoff（2003）为尽可能地减小共同方法偏差提供了一些实验设计和数据分析的建议，有兴趣的读者可参阅该文献进行全面了解。

考虑到具体的研究情境，样本的特征、企业的环境和不同社会制度可能影响研究的理论机制，因此研究者应该阐明他们研究结果所针对的目标人群。为了解决这个问题，研究人员可以使用重复研究的方法，在不同的样本中交叉验证研究结果。此外，在数据分析中也有大量的统计程序来确保正确测量方法的使用（如信度分析，探索性和验证性因素分析），很多的统计分析方法可确保没有内生性问题会危害研究结果的因果推论（如联立方程模型（simultaneous equation models），断点回归模型（regression discontinuity models），动态模型和嵌套数据模型（dynamic modeling and nested data modeling）（Antonakis et al.，2010；Hanges & Wang，in press）。我们的目标是最大程度地利用现有的统计程序来消除威胁因果推论的因素。

§3 思索：管理心理学研究的收获

在本书的各个章节中，分别指出了每一个研究主题中存在的一些具体问题，也为读者指出了这个领域研究的未来研究方向。在本书的最后，我将与大家分享管理心理学领域的研究为我们带来的收获，并希望因此可以吸引更多的人参与到该领域未来的研究中。

首先，我们要强调管理心理学的研究领域，实际上是一个科研—实践模式的研究领域。换句话说，此处研究的大部分问题都是实践中出现的问题，这些问题可能涉及社会经济层面、组织层面、家庭层面或个人层面，我们的研究结果很可能解释这些问题并最终影响我们的日常生活。也就是说，从实践中发现问题，在科研中找到问题的答案，最终将科研的成果又运用到实践中，这种科研与实践之间的相辅相成使得我们的研究具有重大现实意义，同时研究结果又能在实践中得到不断的反馈。因此，研究者应该有很强的内源性动机去进行相关的研究。

其次，读者们应该有一个清晰的认识，很多研究的主题，从根本上来说是与其特定的社会、经济和政策环境交织在一起的。随着时间的推移，很多环境会发生变化，研究的问题也就会出现相应的改变。例如在退休的研究中，由于技术创新、社会保障制度改革、医疗改革以及提前退休措施的激励所带来的经济蓬勃发展，进而使研究问题发生改变（Wang & Shultz，2010）。在20世纪90年代末和21世纪初，出现了一个明显的工人提早退休的趋势，使研究者大量开始研究提前退休问题。然而，由于近期经济不景气，这种趋势已经发生逆转，越来越多适龄退休人员选择继续工作推迟退休。正因为如此，过渡性就业开始成为重点研究课题。此外，由于环境的变化，在不同的时间点，同样的现象很可能会受到不同因素的影响，这有利于解决这些问题的理论和方法的创新，进而推动了理论的进步。

最后，我们应该认识到，研究没有固定的范式，同样的一个研究主题，我们可以使用某一个理论模型来进行解释，也可以尝试着使用其他的理论模型进行解释。在前面介绍的情绪劳动的研究中体现得最为明显,有时候的研究结果是使用目标设定理论来进行解释,有些研究是使用控制理论来进行解释的,还有一些研究是使用资源保存的理论来进行解释的。关键就在于,使用哪一种理论模型能够更好的解释变量之间的因果关系,从而让我们认清其中的作用机制。

参考文献

Adams, G. A., Prescher, J., Beehr, T. A., & Lepisto, L. (2002). Applying work-role attachment theory to retirement decision-making. *International Journal of Aging & Human Development*, 54: 125—137.

Adams, G., & Rau, B. (2004). Job seeking among retirees seeking bridge employment. *Personnel Psychology*, 57: 719—744.

Alley, D., & Crimmins, E. M. (2007). The demography of aging and work. In K. S. Shultz & G. A. Adams (Eds.), *Aging and work in the 21st century* (pp. 7—23). Mahwah, NJ: Lawrence Erlbaum Associates, Publishers.

Antonakis, J., Bendahan, S., Jacquart, P., & Lalive, R. (2010). On making causal claims: A review and recommendations. *Leadership Quarterly*, 21, 1086—1120.

Beehr, T. A., & Adams, G. A. (2003). Concluding observations and future endeavors. In G. E. Adams & T. A. Beehr (Eds.), *Retirement: Reasons, processes, and outcomes* (pp. 293—298). New York: Springer.

Block, J. (1995). A contrarian view of the five-factor approach to personality description. *Psychological Bulletin*, 117, 187—215.

Bollen, K. A. (1989). *Structural equations with latent variables*. New York: Wiley.

Brown, M., Aumann, K., Pitt-Catsouphes, M., Galinsky, E., & Bond, J. T. (2010). *Working in retirement: A 21st Century Phenomenon*. New York, NY: Families and Work Institute.

Denton, F., & Spencer, B. (2009). What is retirement? A review and assessment of alternative concepts and measures. *Canadian Journal on Aging*, 28, 63—76.

Ekerdt, D. J. (2010). Frontiers of research on work and retirement. *Journal of Gerontology: Social Sciences*, 65B, 69—80.

Feldman, D. C. (1994). The decision to retire early: A review and conceptualization. *Academy of Management Review*, 19, 285—311.

Foster, E. M., & McLanahan, S. (1996). An illustration of the use of instrumental variables: Do neighborhood conditions affect a young person's change of finishing high school? *Psychological Methods*, 1, 249—260.

Gobeski, K. T., & Beehr, T. A. (2008). How retirees work: Predictors of different types of bridge employment. *Journal of Organizational Behavior*, 37, 401—425.

Gourinchas, P. & Parker, J. (2002). Consumption over the life cycle. *Econometrica*, 70, 47—89.

Hackman, J. R., & Oldham, G. R. (1976). Motivation through the design of work: Test of a theory. *Organizational Behavior and Human Performance*, 16, 250—279.

Hackman, J. R., & Oldham, G. R. (1980). *Work redesign*. Reading, MA: Addison-Wesley.

Hanges, P., & Wang, M. (in press). Seeking the Holy Grail in organizational science: Uncovering causality through research design. In S. W. J. Kozlowski (Ed.), *The Oxford Handbook of Industrial and*

Organizational Psychology. New York: Oxford University Press.

Heckman, J. J. (1979). Sample selection bias as a specification error. *Econometrica*, *47*, 153—161.

Hollenbeck, J. R. (2008). The role of editing in knowledge development: Consensus shifting and consensus creation. In Y. Baruch, A. M. Konrad, H. Aguinus, & W. H. Starbuck (Eds.), *Journal editing: Opening the black box* (pp. 16—26). San Francisco: Jossey Bass.

Judge, T. A., & Kammeyer-Mueller, J. D. (2011). Happiness as a societal value. *Academy of Management Perspectives*, *25*, 30—41.

Liu, S., Wang, M., Zhan, Y., & Shi, J. (2009). Daily Work Stress and Alcohol Use: Testing the Cross-Level Moderation Effects of Neuroticism and Job Involvement? *Personnel Psychology*. *62*, 573—595.

Locke, E. A. (2007). The case for inductive theory building. *Journal of Management*, *33*, 867—890.

Pfeffer, J. (1993). Barriers to the advance of organizational science: Paradigm development as a dependent variable. *Academy of Management Review*, *18*, 599—620.

Pinquart, M., & Schindler, I. (2007). Changes of life satisfaction in the transition to retirement: A latent-class approach. *Psychology and Aging*, *22*, 442—455.

Podsakoff, P. M., MacKenzie, S. B., Lee, J.-Y., Podsakoff, N. P. (2003). Common method biases in behavioral research: A critical review of the literature and recommended remedies. *Journal of Applied Psychology*, *88*, 879—903.

Quinn, J. F. (2010). Work, retirement, and the encore career: Elders and the future of the American workforce. *Generations*, *34*, 45—55.

Schmidt, F. L. (2011). An interview with Frank L. Schmidt. *The Industrial-Organizational Psychologist*, *48*, 21—29.

Schonfeld, I. S., & Mazzola, J. J. (in press). Strengths and limitations of qualitative approaches to research in Occupational Health Psychology. In R. Sinclair, M. Wang, & L. Tetrick (Eds.), *Research Methods in Occupational Health Psychology*. New York, NY: Psychology Press.

Shultz, K. S., & Wang, M. (2008). The changing nature of mid and late careers. In C. Wankel (Ed.), *21st Century Management: A Reference Handbook* (Volume 2, pp. 130—138). Thousand Oaks, CA: Sage Publications.

Shultz, K. S., & Wang, M. (2011). Psychological perspectives on the changing nature of retirement. *American Psychologist*, *66*, 170—179.

Szinovacz, M. E. (2003). Contexts and pathways: Retirement as institution, process, and experience. In G. E. Adams & T. A. Beehr (Eds.), *Retirement. Reasons, processes, and outcomes* (pp. 6—52). New York: Springer.

van Solinge, H., & Henkens, K. (2007). Involuntary retirement: The role of restrictive circumstances, timing, and social embeddedness. *Journals of Gerontology: Social Sciences*, *62B*: *S295-S303*.

van Solinge, H., & Henkens, K. (2008). Adjustment to and satisfaction with retirement: Two of a kind? *Psychology and Aging*, *23*: 422—434.

Wang, M. (2007). Profiling retirees in the retirement transition and adjustment process: Examining the longitudinal change patterns of retirees' psychological well-being. *Journal of Applied Psychology*, *92*, 455—474.

Wang, M., Adams, G. A., Beehr, T. A., & Shultz, K. S. (2009). Career issues at the end of one's career: Bridge employment and retirement. In S. G. Baugh and S. E. Sullivan (Eds.), *Maintaining Fo-*

cus, *Energy, and Options through the Life Span* (pp. 135—162). Charlotte, NC: Information Age Publishing.

Wang, M., & Bodner, T. E. (2007). Growth mixture modeling: Identifying and predicting unobserved subpopulations with longitudinal data. *Organizational Research Methods*, 10, 635—656.

Wang, M., & Chan, D. (2011). Mixture latent Markov modeling: Identifying and predicting unobserved heterogeneity in longitudinal qualitative status change. *Organizational Research Methods*, 14, 411—431.

Wang, M., Liu, S., Zhan, Y., & Shi, J. (2010). Daily Work-Family Conflict and Alcohol Use: Testing the Cross-Level Moderation Effects of Peer Drinking Norms and Social Support. *Journal of Applied Psychology*. 95, 377—386.

Wang, M., Liao, H., Zhan, Y., & Shi, J. (2011). Daily Customer Mistreatment and Employee Sabotage against Customers: Examining Emotion and Resource Perspectives. *Academy of Management Journal*. 54, 312—334.

Wang, M., & Hanges, P. (2011). Latent class procedures: Applications to organizational research. *Organizational Research Methods*, 14, 24—31.

Wang, M., Henkens, K., & van Solinge, H. (2011). Retirement adjustment: A review of theoretical and empirical advancements. *American Psychologist*, 66, 204—213.

Wang, M., & Shultz, K. S. (2010). Employee retirement: A review and recommendations for future investigations. *Journal of Management*, 36, 172—206.

Wang, M., Zhan, Y., Liu, S., & Shultz, K. (2008). Antecedents of bridge employment: A longitudinal investigation. *Journal of Applied Psychology*, 93, 818—830.

Whetten, D. A., (1989). What constitutes a theoretical contribution? *Academy of Management Review*, 14, 490—495.

Zhan, Y., Wang, M., Liu, S., & Shultz, K. (2009). Bridge employment and retirees' health: A longitudinal investigation. *Journal of Occupational Health Psychology*, 14, 374—389.